"十二五"江苏省高等学校重点教材（编号：2014-1-049）

普通高等教育汽车类专业"十二五"规划教材

汽车构造（上册）

第2版

主　编　许兆棠　黄银娣
副主编　李书伟　秦洪艳
　　　　朱为国
参　编　陈　勇　胡晓明
　　　　徐红光　王　军
主　审　范钦满　隽成林

国防工业出版社

·北京·

内 容 简 介

全书分为上、下册，共有26章，系统阐述了现代汽车的构造和工作原理，内容精炼，图例及解释详实，突出实用性和新颖性，力求较多地介绍汽车的新结构。上册内容包括：总论、发动机总体构造、曲柄连杆机构、配气机构、汽油机燃油供给系统、柴油机燃油供给系统、进排气系统及有害排放物控制系统、发动机增压系统、发动机冷却系统、发动机润滑系统、汽油发动机点火系统、发动机起动系统和新型车用动力装置。下册内容包括：汽车传动系统概述、离合器、变速器与分动器、自动变速器、万向传动装置、驱动桥、汽车行驶系统概述、车架、车桥与车轮、悬架、汽车转向系统、汽车制动系统、汽车车身、汽车仪表、照明及附属装置。

本书可作为高等院校车辆工程专业、汽车服务工程专业以及汽车检测与维修专业的本科生教材，也可作为高职、职大、成教等汽车类专业教材，还可供汽车产业工程技术人员和汽车运输、检测、维修部门的工程技术人员参考。

图书在版编目（CIP）数据

汽车构造. 上册/许兆棠，黄银娣主编. —2版.
—北京：国防工业出版社，2016.5
"十二五"江苏省高等学校重点教材　普通高等教育汽车类专业"十二五"规划教材
ISBN 978-7-118-10810-1

Ⅰ.①汽… Ⅱ.①许… ②黄… Ⅲ.①汽车—构造—高等学校—教材　Ⅳ.①U463

中国版本图书馆CIP数据核字（2016）第102842号

※

国防工业出版社出版发行
（北京市海淀区紫竹院南路23号　邮政编码100048）
三河市鼎鑫印务有限公司印刷
新华书店经售

＊

开本 787×1092　1/16　印张 20¾　字数 484千字
2016年5月第2版第1次印刷　印数 1—3000册　定价 44.80元

（本书如有印装错误，我社负责调换）

国防书店：(010) 88540777　　　发行邮购：(010) 88540776
发行传真：(010) 88540755　　　发行业务：(010) 88540717

"十二五"江苏省高等学校重点教材（编号：2014-1-049）
普通高等教育汽车类专业"十二五"规划教材

编审委员会

主任委员

陈　南（东南大学）　　　　　　葛如海（江苏大学）

委　员（按姓氏拼音排序）

贝绍轶（江苏理工学院）　　　　蔡伟义（南京林业大学）
陈靖芯（扬州大学）　　　　　　常　绿（淮阴工学院）
陈庆樟（常熟理工学院）　　　　戴建国（常州工学院）
鞠全勇（金陵科技学院）　　　　李舜酩（南京航空航天大学）
鲁植雄（南京农业大学）　　　　王　琪（江苏科技大学）
王良模（南京理工大学）　　　　吴建华（淮阴工学院）
殷晨波（南京工业大学）　　　　于学华（盐城工学院）
张　雨（南京工程学院）　　　　赵敖生（三江学院）
朱龙英（盐城工学院）　　　　　朱忠奎（苏州大学）

编写委员会

主任委员

李舜酩　鲁植雄

副主任委员（按姓氏拼音排序）

吕红明　潘公宇　沈　辉　司传胜　吴钟鸣　羊　玢

委　员（按姓氏拼音排序）

蔡隆玉　范炳良　葛慧敏　黄银娣　李国庆　李国忠　李守成　李书伟
李志臣　廖连莹　凌秀军　刘永臣　盘朝奉　秦洪艳　屈　敏　孙　丽
王　军　王若平　王文山　夏基胜　谢君平　徐礼超　许兆棠　杨　敏
姚　明　姚嘉凌　余　伟　智淑亚　朱为国　邹政耀

前 言

本书是国防工业出版社 2012 年出版的《汽车构造》教材的第 2 版。该书自出版以来，深受广大读者的欢迎，2014 年被评为"十二五"江苏省高等学校重点教材（编号：2014-1-049）。

本书在保持第 1 版的基本体系和内容的基础上，主要在以下方面进行了修订：

（1）删除了总论中的"国产汽车产品型号的编制规则"、第十五章中的"普通齿轮变速器的工作原理"和第二十一章中的"轮胎磨损与换位"。

（2）将第四章中的"典型电控汽油喷射系统"并入"汽油机燃油供给系统的组成及分类"中，并加强了第四章中的缸内直喷电控汽油供给系统的介绍；改写了总论中的"按用途分类汽车"、第三章中的"链传动式配气机构"、第五章中的"泵喷嘴时间控制式电控柴油喷射系统"、第七章中的"螺旋式转子增压器"、第十四章中的"从动盘和扭转减振器"、第十六章中的"辛普森式行星齿轮变速器"和"拉威娜式行星齿轮变速器"、第二十一章中的"转向驱动桥"、第二十二章中的"全主动悬架系统"和"主动液力弹簧"、第二十三章中的"转向系统的分类"和"机械转向系统"、第二十四章中的"概述"、第二十四章中的"制动防抱死系统"。

（3）增加了总论中的"车辆识别代号编码"、第三章中的"转子调节的连续可变配气定时机构"、第七章中的"汽油机上的双增压 TSI 系统"、第十二章中的"液化天然气发动机供气系统"、第十三章中的"混合动力汽车传动系统的布置方案"、第十六章中的"混合动力自动变速器"、第十八章中的"主动控制限滑差速器"和"变速驱动桥"、第二十章中碳纤维增强复合材料的"单壳体车身"、第二十一章中的"支持桥"和"防爆轮胎"、第二十三章中的"主动转向系统"、第二十四章中的"气压盘式制动器"和"电控制动系统"。

本书修订后，内容更合理，更易读，更实用，更紧密结合汽车的新技术与新结构，配套教学课件及课程网站，方便了教学。

全书分为上、下册，上册内容包括：总论、发动机总体构造、曲柄连杆机构、配气机构、汽油机燃油供给系统、柴油机燃油供给系统、进排气系统及有害排放物控制系统、发动机增压系统、发动机冷却系统、发动机润滑系统、汽油发动机点火系统、发动机起动系统和新型车用动力装置。下册内容包括：汽车传动系统概述、离合器、变速器与分动器、自动变速器、万向传动装置、驱动桥、汽车行驶系统概述、车架、车桥与车轮、悬架、汽车转向系统、汽车制动系统、汽车车身、汽车仪表、照明及附属装置。

本书第1版上册由淮阴工学院许兆棠、南京林业大学黄银娣任主编，盐城工学院李书伟、三江学院秦洪艳、淮阴工学院朱为国任副主编，淮阴工学院陈勇、胡晓明、徐红光、王军参编；第1版下册由淮阴工学院许兆棠、刘永臣任主编，金陵科技学院李志臣、盐城工学院刘绍娜、三江学院季丰任副主编，淮阴工学院余文明、朱为国、陈勇、王建胜参编；本书上册由许兆棠统稿，下册由许兆棠和刘永臣统稿，其中刘永臣统稿汽车行驶系统概述、车架、车桥与车轮和汽车制动系统；淮阴工学院范钦满、隽成林担任主审。许兆棠编写总论、第一章、第十三章、第十八章；黄银娣与许兆棠共同编写第五章；李书伟编写第六章、第七章；秦洪艳编写第九章、第十二章；朱为国编写第二章、第十四章、第十五章；陈勇编写第十章、第十一章、第二十三章；胡晓明编写第四章；徐红光编写第三章；王军编写第八章；刘永臣编写第十九章~第二十一章；刘绍娜编写第二十四章中的第一节~第三节；李志臣编写第二十四章中的第四节~第七节；季丰编写第二十二章、第二十五章；余文明编写第十六章、第十七章；王建胜编写第二十六章。本书第2版的修订工作主要由许兆棠、刘永臣、季丰、秦洪艳、李志臣、朱为国、陈勇、余文明、胡晓明、徐红光、王建胜完成，并由许兆棠统稿。

本书在编写及修订的过程中，参考了许多国内出版的书籍、网站的相关内容，得到了许多专家和汽车维修企业技术人员的大力支持，使得编写工作得以顺利完成并在内容上更加新颖、丰富，主审对全书进行了认真审阅，并提出了许多宝贵的修改意见，在此一并致谢。

由于时间仓促和编者水平所限，本书在章节安排和内容上难免存在不足和错误，恳请使用本教材的师生和读者批评指正，以便今后进一步完善。

编　者

目 录

总 论	1
思考题	11

第一章 发动机总体构造 12
- 第一节 发动机的分类 …… 12
- 第二节 四冲程发动机的工作原理 …… 13
- 第三节 发动机的总体构造 …… 19
- 第四节 发动机主要性能指标与特性 …… 21
- 第五节 内燃机产品名称和型号编制规则 …… 23
- 思考题 …… 24

第二章 曲柄连杆机构 26
- 第一节 机体组 …… 27
- 第二节 活塞连杆组 …… 37
- 第三节 曲轴飞轮组 …… 54
- 第四节 曲柄连杆机构的平衡 …… 64
- 思考题 …… 65

第三章 配气机构 67
- 第一节 配气机构的功用及类型 …… 67
- 第二节 配气定时 …… 74
- 第三节 气门组 …… 80
- 第四节 气门传动组 …… 88
- 思考题 …… 94

第四章 汽油机燃油供给系统 96
- 第一节 汽油的使用性能及可燃混合气 …… 96
- 第二节 汽油机燃油供给系统的组成及分类 …… 99
- 第三节 汽油供给系统主要部件 …… 107
- 思考题 …… 130

第五章 柴油机燃油供给系统 131
- 第一节 柴油的使用性能及柴油机燃油供给系统的组成 …… 131
- 第二节 喷油器与燃烧室 …… 134
- 第三节 柱塞式喷油泵 …… 139
- 第四节 分配式喷油泵 …… 148
- 第五节 调速器 …… 153
- 第六节 柴油机燃油供给系统的辅助装置 …… 161
- 第七节 电控柴油喷射系统 …… 165
- 思考题 …… 186

第六章 进排气系统及有害排放物控制系统 187
- 第一节 进气系统 …… 187
- 第二节 排气系统 …… 193

第三节 汽油机有害排放物的控制系统…… 195
第四节 柴油机有害排放物的控制系统…… 203
思考题…… 207

第七章　发动机增压系统　209
第一节 增压系统的功用及类型…… 209
第二节 机械增压…… 210
第三节 涡轮增压…… 213
第四节 气波增压…… 222
思考题…… 224

第八章　发动机冷却系统　225
第一节 冷却系统的功用及分类…… 225
第二节 机械控制发动机冷却系统的组成及循环路线…… 226
第三节 冷却系统的主要部件…… 228
第四节 电子控制发动机冷却系统…… 239
第五节 冷却液…… 242
思考题…… 243

第九章　发动机润滑系统　244
第一节 润滑系统的功用及组成…… 244
第二节 润滑系统的主要部件…… 247
第三节 润滑剂…… 254
思考题…… 255

第十章　汽油发动机点火系统　256
第一节 点火系统的功用及分类…… 256
第二节 无触点普通电子点火系统…… 257
第三节 微机控制点火系统…… 261
第四节 点火系统主要部件…… 269
第五节 汽车电源…… 275
思考题…… 284

第十一章　发动机起动系统　286
第一节 起动系统的功用及组成…… 286
第二节 起动机…… 287
第三节 起动预热装置…… 298
思考题…… 300

第十二章　新型车用动力装置　302
第一节 醇类燃料发动机…… 302
第二节 液化石油气发动机…… 303
第三节 天然气发动机…… 305
第四节 氢气发动机…… 309
第五节 电动汽车动力系统…… 312
思考题…… 322

参考文献　323

总 论

汽车是由动力驱动，具有四个或四个以上车轮的非轨道承载的车辆，主要用于载运人员和（或）货物、牵引载运人员和（或）货物及特殊用途。汽车用途广泛，在国家经济建设和人们生活中起着重要作用。

一、汽车类型

汽车的类型较多，通常可按其用途、动力装置类型、行驶道路条件、行驶机构的特征、发动机位置及驱动形式、乘客座位数及汽车总质量等进行分类。

（一）按用途分类

1. 普通运输汽车

现行国家标准（GB/T 3730.1—2001）将汽车分为乘用车和商用车。

1）乘用车

乘用车是指在设计和技术特性上主要用于载运乘客及其随身行李和临时物品的汽车，包括驾驶员座位在内座位数不超过9个座位。它也可以牵引一辆挂车。

乘用车包括：普通乘用车、活顶乘用车、高级乘用车、小型乘用车、敞篷车、仓背乘用车（以上6种乘用车俗称轿车）、旅行车、多用途乘用车、短头乘用车、越野乘用车及专用乘用车（如旅居车、防弹车、救护车和殡仪车）等。

2）商用车

商用车是指在设计和技术特性上用于运送人员和货物的汽车，并且可以牵引挂车。载运乘客及其随身行李的车辆，包括驾驶员座位在内座位数超过9座。

商用车包括客车（分为小型客车、城市客车、长途客车、旅游客车、铰接客车、无轨电车、越野客车、专用客车）、半挂牵引车、货车（分为普通货车、多用途货车、全挂牵引车、越野货车、专用作业车、专用货车）等。

2. 专用汽车

专用汽车是用基本车型改装，装上专用设备或装置，完成某种或某些专门作业任务的汽车。按其用途可分作业型专用作业车和专用运输车。

（1）专用作业车。它是指在汽车上安装各种特殊设备进行特定作业的汽车，如：售货车、电视转播车、检阅车、救护车、消防车、救险车、垃圾车、应急车、街道清洗车、扫雪车、清洁车等。

（2）专用运输车。它是车身经过改装，用来运输专门货物的汽车，如：冷藏车、自卸汽车、罐式车、乘用车运输车、集装箱运输车、挂车、半挂车等。

3. 特殊用途汽车

（1）竞赛汽车。它是按照特定的竞赛规范而设计或改装的汽车，如一级方程式汽车、拉力赛汽车等。

（2）娱乐汽车。它是指专供人们娱乐消遣汽车，如房车、高尔夫球场专用汽车、海滩游玩汽车等。

（二）按动力装置类型分类

1. 内燃机汽车

（1）活塞式内燃机汽车。它是以活塞式内燃机为动力的汽车。活塞式内燃机的燃料有汽油、柴油和代用燃料，代用燃料主要有合成液体石油、液化石油气、天然气、醇类等燃料。按照燃料的不同，内燃机汽车分为汽油机汽车、柴油机汽车和代用燃料汽车。

（2）燃气轮机汽车。它是以涡轮式内燃机为动力的汽车。与活塞式内燃机相比，燃气轮机功率大、质量小、转矩特性好，对燃油没有严格限制；但耗油量较多、噪声较大、制造成本较高。

2. 电动汽车

电动汽车是指以电动机为驱动机械，并有自身供电能源的车辆。电动汽车是汽车发展的重要方向。

（1）蓄电池式电动汽车。这是由蓄电池提供电能的汽车。蓄电池有铅酸电池、镍镉电池、镍氢电池或锂电池。传统的铅酸电池质量大、比能量低、充电时间长、寿命短等，使传统的铅酸电池式电动汽车的续驶里程短。目前，主要发展锂电池，替代传统的铅酸电池。蓄电池式电动汽车主要用于旅游景点观光旅行车、校园交通车等。

（2）燃料电池式电动汽车。这种车辆是使燃料在转化器中产生反应而释放出氢气，再将氢气输入燃料电池中与氧气结合而发出电力，推动电动机工作，再驱动车辆。

（3）混合动力汽车。它是装备两套动力装置的车辆。这种车辆通常装有内燃机—发电机组以及蓄电池。汽车低负荷时，发电机组除向驱动汽车的电动机供电外，多余的电能存入蓄电池；汽车高负荷时，蓄电池参与供能。这种车辆的优点是油耗和排放仅为同级别内燃机汽车的 1/3，而且克服了蓄电池式电动汽车动力性差、续驶里程短的缺点，其缺点是传动系统结构和动力控制系统复杂。

3. 喷气式汽车

这是依靠航空发动机或火箭发动机以及特殊燃料，并以喷气反作用力驱动的轮式汽车。这种汽车只能用于创造速度记录，普通汽车和竞赛汽车都不允许采用这种结构形式。

4. 太阳能汽车

这种车辆是以太阳能为动力。汽车上装太阳能电池板，将太阳能转变为电能供汽车使用。太阳能汽车的优点是使用太阳能，太阳能汽车的主要缺点是电池板供能低。

（三）按行驶道路条件分类

1. 公路用汽车

公路用汽车是指适于公路和城市道路上行驶的汽车。这种汽车的外廓尺寸（总长、总宽、总高）和单轴负荷等均受交通法规的限制。

2. 非公路用汽车

非公路用汽车分为两类：一类是其外廓尺寸和单轴负荷等参数超过公路用汽车法规的限制，只能在矿山、机场、工地、专用道路等非公路地区使用；另一类是在其设计上所有车轮同时驱动（包括一个驱动轴可以脱开的车辆），允许在非道路上行驶的一种车辆，称为越野汽车。根据国家标准 GB/T 3730.1—2001 的规定，越野汽车有越野乘用车、越野客车和越野货车。

（四）按驱动形式分类

按驱动形式，汽车分为非全轮驱动和全轮驱动两种类型。在非全轮驱动汽车中，部分车轮为驱动轮，有前轮驱动和后轮驱动两种形式，分别为前轮驱动的汽车和后轮驱动的汽车。所有车轮都是驱动轮的汽车为全轮驱动的汽车。前轮驱动、后轮驱动和全轮驱动的汽车分别为前轮、后轮和全部车轮与发动机相连，接受发动机输出的动力和运动，其驱动轮分别为前轮、后轮和全部车轮。普通轿车、客车和货车为非全轮驱动汽车，越野汽车为全轮驱动汽车。

汽车的驱动形式常用符号"$n \times m$"表示，其中 n 是车轮总数（装在同一个轮毂上的双轮胎仍算一个车轮），m 是驱动轮数。如汽车的驱动形式为 4×2，为非全轮驱动汽车，其车轮总数为 4，驱动轮数为 2；又如汽车的驱动形式为 4×4、6×6、8×8 等，为全轮驱动汽车，车轮总数和驱动轮数相同，分别为 4、6 和 8。

二、车辆识别代号

车辆识别代号 VIN（Vehicle Identification Number）是由制造厂为该车辆指定的一组代码，是汽车的"身份证号"。每辆车的车辆识别代号是唯一的，根据车辆识别代号，可识别车辆的身份，在车架或标牌上有 VIN 码的钢印，对于无车架的车身而言，在车身等不易拆除或更换的车辆构件上有 VIN 码的钢印，在行驶证上有 VIN 码。

根据国家标准 GB 16735—2004《道路车辆　车辆识别代号（VIN）》的规定，车辆识别代号由世界制造厂识别代号（WMI）、车辆说明部分（VDS）和车辆指示部分（VIS）三个部分组成，共十七位字码，包含了车辆的生产厂家、年代、车型、车身型式及代码、发动机代码及组装地点等信息。

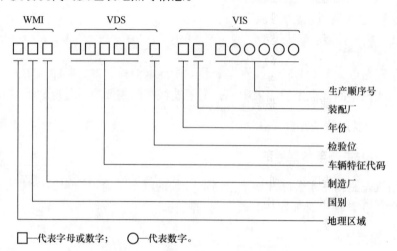

1. 第一部分——世界制造厂识别代号（WMI）

世界制造厂识别代号用以标识车辆制造厂，以便在世界范围内识别车辆制造厂，由三位字码组成，它包含下信息：

第一位字码是标明一个地理区域的字母数字，如 1~5 代表北美洲，S~Z 代表欧洲，A~H 代表非洲，J~R 代表亚洲，6 和 7 代表大洋洲，8、9 和 0 代表南美洲，车辆生产国家或地理区域字码见表 0-1。

第二位字码是标明一个特定地区内的一个国家的字母或数字。第一、二位字码的组合能保证车辆制造国家识别标志的唯一性，10~19 和 1A~1Z 代表美国，2A~2W 代表加拿大，W0~W9 和 WA~WZ 代表德国，L0~L9 和 LA~LZ 代表中国。

第三位字码是标明某个特定的制造厂的字母或数字，由各国的授权机构负责分配。当制造厂的年产量少于 500 辆的时候，第三个字码就是 9。

表 0-1 车辆生产国家或地理区域字码

代码	国家	代码	国家
1	美国	J	日本
2	加拿大	S	英国
3	墨西哥	K	韩国
4	美国	L	中国
6	澳大利亚	V	法国
9	巴西	R	台湾
W	德国	Y	瑞典
T	瑞士	Z	意大利

2. 第二部分——车辆说明部分（VDS）

车辆说明部分用以说明车辆的一般信息，由六位字码组成，表示车辆的类型和配置，其代号顺序由制造厂决定。该部分包含以下信息：车辆类型，车辆结构特征（如车身类型、驾驶室类型、货厢类型、驱动类型、轴数及布置方式等）、车辆装置特征（如发动机特征、变速器类型、悬架类型、制动型式等）、车辆技术特征参数（如车辆最大总质量、车辆长度、轴距、座位数等）。VDS 最后一位为检验位，用 0～9 或 X 表示。

发动机特征包括：发动机类型、排量或功率、缸数、燃油等。

驱动类型包括：前驱、后驱、全驱等驱动方式，4×2、4×4、6×2、6×6 等驱动形式。

3. 第三部分——车辆指示部分（VIS）

这部分是车辆制造厂为区别不同车辆指定的一组代码，由八位字码组成。第一位字码代表年份，按表 0-2 的规定使用（30 年循环一次）；第二位字码代表装配厂；第三～八位字码代表生产顺序号。

表 0-2 年份字码

年份	代码	年份	代码	年份	代码	年份	代码
1971	1	1981	B	1991	M	2001	1
1972	2	1982	C	1992	N	2002	2
1973	3	1983	D	1993	P	2003	3
1974	4	1984	E	1994	R	2004	4
1975	5	1985	F	1995	S	2005	5
1976	6	1986	G	1996	T	2006	6
1977	7	1987	H	1997	V	2007	7
1978	8	1988	J	1998	W	2008	8
1979	9	1989	K	1999	X	2009	9
1980	A	1990	L	2000	Y	2010	A

注意：车辆识别代号中仅能采用下列阿拉伯数字和大写罗马字母：1、2、3、4、5、6、7、8、9、0、A、B、C、D、E、F、G、H、J、K、L、M、N、P、R、S、T、U、V、W、X、Y、Z（字母 I、O 和 Q 不能使用）。

例1：中国第一汽车集团公司生产的红旗牌某轿车的车辆识别代码（VIN）见表 0-3，表 0-3 中，第 1～3 位 LFP 代表中国第一汽车集团公司汽轿车股份有限公司，第 4 位 H 代表红旗牌轿车，第 5～6 位的 4 和 A 代表为排量 2.02L 的直列式四缸发动机，第 7 位 C 代表折背式三厢四门式车身，第 8 位 B 代表手动安全带和驾驶员气囊，第 9 位 4 代表工厂检验数字代码，第 10 位 1 代表生产年份为 2001 年，第 11 位 1 代表汽轿车股份有限公司，第 12 位 C 代表直属总装汽车生产线装配，第 13～17 位 02010 代表汽车生产顺序号。

表 0-3 中国第一汽车集团公司生产的红旗牌某轿车的车辆识别代码

L	F	P	H	4	A	C	B	4	1	1	C	0	2	0	1	0
1	2	3	4	5	6	7	8	9	10	11	12	13	14	15	16	17

例2：德国大众（VOLKSWAGEN）汽车公司生产的某轿车的车辆识别代码（VIN）如下见表0-4，表0-4中，第1~3位WVW代表德国大众汽车公司，第4位D代表两门旅行轿车，第5位B代表四缸汽油机，第6位4代表主动式安全带，第7~8位50代表Corraolo（1990—1995年）车型，第9位5代表工厂检验数字代码，第10位L代表生产年份为1990年，第11位K代表奥斯纳布鲁克厂装配汽车，第12~17位005678代表汽车生产顺序号。

表0-4 德国大众（VOLKSWAGEN）汽车公司生产的某轿车的车辆识别代码

W	V	W	D	B	4	5	0	5	L	K	0	0	5	6	7	8
1	2	3	4	5	6	7	8	9	10	11	12	13	14	15	16	17

三、汽车总体构造

汽车的类型很多，具体构造差别很大，但它们的基本组成是一致的，通常由发动机、底盘、车身以及电器与电子设备四大部分组成。典型轿车的总体构造如图0-1所示。

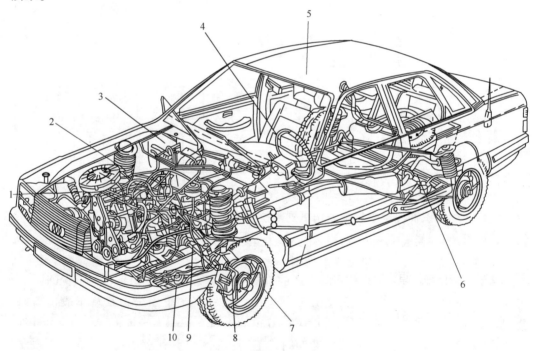

图0-1 典型轿车总体构造

1—发动机；2—悬架；3—空调装置；4—转向盘；5—车身；6—后桥；
7—转向驱动轮；8—制动器；9—半轴；10—副车架。

1. 发动机

发动机是汽车的动力源，它将汽油和柴油等燃料燃烧转变为机械能，供汽车使用。在现代汽车上，广泛使用的发动机是往复活塞式汽油和柴油内燃机，它一般由曲柄连杆机构、配气机构、供给系统、冷却系统、润滑系统、点火系统（仅用于汽油内燃机）和起动系统组成。

2. 底盘

底盘接受发动机的动力，使汽车运动，并按驾驶员的操纵正常行驶，发动机、车身、电器与电子设备及各种附属设备都直接或间接地安装在底盘上。它主要由传动系统、行驶系统、转向系统和制动系统四大系统组成。

（1）传动系统。将发动机 1 的动力传给转向驱动轮 7。传动系统包括离合器、变速器、主减速器及差速器和半轴 9 等。

（2）行驶系统。支承整车的质量，传递和承受路面作用于车轮上的各种力和力矩，缓和冲击，吸收振动，支承车身等，保证汽车在各种条件下正常行驶。行驶系统包括车架、悬架 2、车轮等。

（3）转向系统。使汽车按驾驶员选定的方向行驶。转向系统包括带转向盘 4 的转向操纵机构、转向器和转向传动机构等。

（4）制动系统。使汽车减速或停车，并保证汽车可靠地长时间驻车。制动系统包括前轮制动器 8、后轮制动器以及操纵装置等。

3. 车身

车身是驾驶员工作的场所，也是装载乘客和货物的部件。它有承载式车身和非承载式车身。轿车车身多为承载式车身 5，主要包括发动机罩、车身本体及副车架 10。货车车身多为非承载式车身，主要包括驾驶室和货箱等。

4. 电器与电子设备

电器设备包括电源组（蓄电池、发电机）、发动机点火设备、发动机起动设备、照明和信号装置、仪表、空调装置 3、刮水器、音像设备、门窗玻璃电动升降设备、客车电动门驱动设备、电视、电话等。

电子设备包括导航系统、电控燃油喷射及电控点火设备、电控自动变速设备、电子防抱死制动设备（ABS）、电子驱动防滑设备（ETS）、倒车雷达、车门锁的遥控及自动防盗报警设备等各种人工智能装置。

四、汽车行驶基本原理

汽车行驶必须具备两个基本的行驶条件：驱动条件和附着条件，即

$$F_f + F_w + F_i \leq F_t \leq F_\varphi$$

式中：F_f 为滚动阻力；F_w 为空气阻力；F_i 为坡度阻力；F_t 为驱动力；F_φ 为附着力。

（一）驱动条件

汽车行驶过程中，受到行驶阻力，包括滚动阻力、空气阻力、坡度阻力和加速阻力。汽车必须具有足够的驱动力，以克服行驶阻力，才能得以正常行驶。

1. 驱动力

汽车的驱动力来自发动机。驱动力的产生原理如图 0-2 所示。发动机发出的转矩

经过传动系统传至驱动轮,其转矩为 M_t,驱动轮便产生一个作用于地面的圆周力 F_0,地面对驱动轮作用力一个反作用力 F_t,为汽车的驱动力。

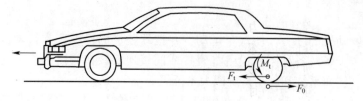

图 0-2 驱动力产生示意图

2. 滚动阻力

车轮滚动时,所需推力与车轮负荷之比,为滚动阻力。它由于车轮滚动时轮胎与路面两者在其接触区域发生变形而产生的。车轮在硬路面上滚动时,路面变形很小,消耗动力小,滚动阻力小,克服滚动阻力的动力消耗在轮胎变形的内摩擦上;车轮在软路面(松软的土路、沙地、雪地等)上滚动时,路面变形较大,滚动阻力大,路面变形所产生的阻力就成为滚动阻力的主要部分。

3. 空气阻力

空气阻力是在汽车行驶方向上空气作用力的分力。汽车在空气中向前行驶时,前部承受气流的压力而后部抽空,产生压力差。此外,空气与车身表面以及各层空气之间存在着摩擦,再加上引入车内冷却发动机和室内通风以及后视镜等外伸零件引起气流的干扰,就形成空气阻力。它与汽车的形状、汽车的正面投影面积、汽车与空气相对速度的平方成正比。

4. 坡度阻力

汽车上坡道行驶时,其总重力沿坡道方向的分力称为坡度阻力。汽车只有在上坡时才存在坡度阻力,并将上坡所做的功转化为重力势能。当汽车下坡时,重力势能促使汽车下坡并转化为动能。

5. 加速阻力

汽车加速行驶时,需要克服其自身质量加速运动的惯性力,就是加速阻力,用 F_j 表示。汽车的质量分为平移质量和旋转质量两部分。平移质量来自车身、行驶系统和货物等,旋转质量来自传动系统、车轮等。汽车的质量大,加速阻力大。

6. 驱动力与总阻力的关系

汽车驱动力与上述各项阻力之和(总阻力)的关系用汽车的行驶方程式表示:

$$F_t = F_f + F_w + F_i + F_j$$

当 $F_j = 0$ 时,汽车在坡道上匀速行驶;当 $F_j > 0$ 时,汽车在坡道上加速行驶;当 $F_j < 0$ 时,汽车将减速行驶或停驶;当汽车在平直的路面上以最高车速行驶时,只需克服滚动阻力和空气阻力。汽车要想开动,保持行驶,必须有加速能力,满足汽车的驱动条件,即

$$F_\mathrm{f} + F_\mathrm{w} + F_\mathrm{i} \leqslant F_\mathrm{t}$$

(二) 附着条件

汽车能否充分发挥其驱动力,还受到车轮与路面之间附着作用的限制。在平整的干硬路面上,汽车附着性能的好坏取决于轮胎与路面间摩擦力的大小,这个摩擦力阻碍车轮相对路面的滑动,使车轮能够正常地向前滚动并承受路面的驱动力。如果驱动力大于轮胎与路面间的最大静摩擦力时,车轮与路面之间就会发生滑转。在松软的路面上,除了轮胎与路面间的摩擦阻碍车轮滑转外,嵌入轮胎花纹凹处的软路面凸起部还起一定的抗滑作用。通常把车轮与路面之间的相互摩擦以及轮胎花纹与路面凸起部的相互作用综合在一起,称为附着作用。由附着作用所决定的阻碍车轮滑转的最大力称为附着力。附着力与车轮所承受垂直于路面的法向力 G 成正比,即 $F_\varphi = G\varphi$,其中,φ 称为附着系数,其值与轮胎的类型及路面的性质有关。汽车所能获得的驱动力受附着力的限制,即要满足汽车行驶的附着条件:

$$F_\mathrm{t} \leqslant F_\varphi$$

在冰雪或泥泞路面上,附着系数小,附着力小,根据附着条件,汽车的驱动力受附着力的限制而不能克服较大的阻力,导致汽车减速甚至不能前进。即使加大节气门开度,或变速器换入低挡,车轮也只会滑转而驱动力仍不能增大。为了增加车轮在冰雪路面的附着力,可采用特殊花纹轮胎或在普通轮胎上绕装防滑链,以提高其对冰雪路面的附着能力,满足汽车行驶的附着条件。非全轮驱动汽车的附着力只是在驱动轮上,全轮驱动汽车的附着力是在全部车轮上,其附着力较前者大,车轮防滑性好。

五、汽车主要技术参数

汽车主要技术参数包括质量、尺寸等参数,汽车主要尺寸参数如图 0 - 3 所示。

1. 汽车的质量参数

(1) 整车装备质量 (kg)。汽车完全装备好的质量,包括润滑油、燃料、冷却液、随车工具、备胎等装置质量,不包括人员和货物。

(2) 最大总质量 (kg)。汽车满载时的总质量。

(3) 最大装载质量 (kg)。最大总质量和整车装备质量之差。

(4) 最大轴载质量 (kg)。汽车单轴所承载的最大总质量。

2. 汽车的主要尺寸参数

(1) 车长 L (mm)。垂直于车辆纵向对称平面并分别抵靠在汽车前、后最外端突出部位的两垂面间的距离。

(2) 车宽 B (mm)。平行于车辆纵向对称平面并分别抵靠车辆两侧固定突出部位(除后视镜、侧面标志灯、方位灯、转向指示灯等)的两平面之间的距离。

(3) 车高 H (mm)。车辆支承平面与车辆最高突出部位相抵靠的水平面之间的距离。

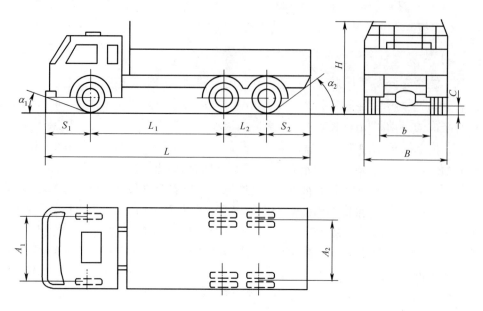

图 0-3 汽车常用结构参数

L—车长；B—车宽；H—车高；L_1、L_2—轴距；A_1、A_2—轮距；S_1—前悬；S_2—后悬；α_1—接近角；α_2—离去角；C—最小离地间隙。

(4) 轴距 L_1、L_2（mm）。汽车同侧相邻车轮的轴线在支承面上投影的距离。

(5) 轮距 A_1、A_2（mm）。在支承平面上，同轴左右车轮两轨迹中心间的距离（轴两端为双轮时，为左右两条双轨迹的中线间的距离）。

(6) 前悬 S_1（mm）。汽车直线行驶位置时，前端刚性固定件的最前点到通过两前轮轴线的垂面间的距离。

(7) 后悬 S_2（mm）。汽车直线行驶位置时，后端刚性固定件的最后点到通过最后车轮轴线的垂面间的距离。

3. 汽车的主要性能参数

(1) 最高车速（km/h）。汽车满载直线行驶时，在水平良好路面（混凝土或沥青）上能达到的最高行驶车速。

(2) 最大爬坡度（(°) 或%）。汽车满载直线行驶时，在良好路面上等速行驶所能克服的最大道路坡度。

(3) 等速百公里燃料消耗量（L/100km）。汽车在一定的载荷下以最高档在水平良好路面上等速行驶 100km 的燃料消耗量。

(4) 制动距离（m）。从驾驶员开始操纵制动控制装置（踩制动踏板）到汽车完全停止所驶过的距离。

(5) 转弯直径（mm）。外转向轮的中心平面在车辆支承平面上的轨迹圆直径。

(6) 最小离地间隙 C（mm）。满载时，车辆支承平面与车辆最低点之间的距离。

(7) 接近角 α_1。汽车前端凸出点向前轮引的切线与地面的夹角。

(8) 离去角 α_2。汽车后端凸出点向后轮引的切线与地面的夹角。

思考题

0-1 汽车有哪些类型?
0-2 简介车辆识别代号,并举例说明。
0-3 汽车由哪几部分组成?各部分有何功用?
0-4 解释非全轮驱动汽车和全轮驱动汽车的含义。
0-5 汽车行驶的驱动条件和附着条件有哪些?汽车行驶中受到哪些阻力?
0-6 汽车的主要技术参数有哪些?如何定义?

第一章 发动机总体构造

第一节 发动机的分类

发动机是将某一种形式的能量转化为机械能的机器，是汽车的动力源。发动机分内燃机和外燃机两种。将燃料在机器内部燃烧，产生热能，再转变为机械能的机器为内燃机；将燃料在机器外部燃烧，产生热能，再转变为机械能的机器为外燃机。内燃机包括活塞式内燃机和燃气轮机。外燃机则包括蒸汽机、汽轮机和热气机（也称斯特灵发动机）等。内燃机与外燃机相比，具有结构紧凑、体积小、质量小和容易起动等优点。因此，汽车上广泛使用活塞式内燃机，又称活塞式发动机。活塞式发动机有不同分类方法。

（1）按活塞运动方式分类。可分为往复活塞式和旋转活塞式发动机。在汽车上广泛使用往复活塞式发动机，它是一种将汽油、柴油等燃料在发动机内部燃烧，产生热能，再转变为机械能的装置。也有少数汽车使用旋转活塞式发动机。

（2）按所用燃料分类。可分为汽油机、柴油机、气体燃料发动机、煤气机、液化石油气发动机及多种燃料发动机等。

（3）按着火方式分类。可分为压燃式与点燃式发动机。压燃式发动机为压缩气缸内的可燃混合气，产生高温，引起燃料着火、不用火花塞点火的内燃机，如柴油机；点燃式发动机是先压缩气缸内的可燃混合气，再用火花塞点火燃烧的内燃机，如汽油机。

（4）按冷却方式分类。可分为水冷式、风冷式发动机。以水或冷却液为冷却介质的称为水冷式发动机；以空气为冷却介质的称为风冷式发动机。汽车上广泛使用水冷式发动机。

（5）按进气状态分类。可分为非增压和增压发动机。非增压发动机为进入气缸前的空气或可燃混合气未经压气机增压的发动机；增压发动机为进入气缸前的空气或可燃混合气已经在压气机内增压的发动机，通过增压，增大充气密度，提高发动机的功率。

（6）按气缸数分类。可分为单缸发动机和多缸发动机。仅有一个气缸的称为单缸发动机，有两个以上气缸的称为多缸发动机。

（7）按布置分类。可分为立式、斜置式与卧式发动机，其气缸中心线分别与水平面垂直、呈一定角度和平行；多缸发动机根据气缸间的排列方式可分为直列式（气缸呈一列布置）、对置式（气缸呈两列布置，且两列气缸轴线之间的夹角呈180°）和V形（气缸呈两列布置，且两列气缸轴线之间的夹角小于180°）等发动机。

（8）按冲程数分类。可分为二冲程和四冲程发动机。凡活塞往复四个单程（或曲轴旋转两转）完成一个工作循环的称为四冲程发动机；活塞往复两个单程（或曲轴旋转一转）完成一个工作循环的称为二冲程发动机。在汽车上，一般用四冲程发动机。

第二节 四冲程发动机的工作原理

一、发动机的基本结构及术语

1. 发动机的基本结构

汽油机的基本结构如图1-1所示，它由气缸10、曲轴箱6、活塞8、连杆7、曲轴3、进气门25、排气门15、电控油气混合装置20、火花塞24、水套9等组成。汽油机用汽油做燃料，采用点燃汽油的着火原理，其主要零部件的功用：活塞在气缸里做往复

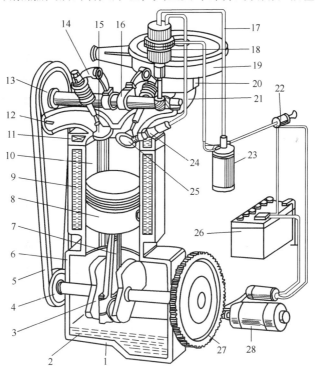

图1-1 发动机的基本结构

1—油底壳；2—机油；3—曲轴；4—曲轴同步带轮；5—同步带；6—曲轴箱；7—连杆；8—活塞；9—水套；10—气缸；11—气缸盖；12—排气管；13—同步带轮；14—摇臂；15—排气门；16—凸轮轴；17—高压线；18—分电器；19—空气滤清器；20—电控油气混合装置；21—进气管；22—点火开关；23—点火线圈；24—火花塞；25—进气门；26—蓄电池；27—飞轮；28—起动机。

直线运动。曲轴安装在曲轴箱中做旋转运动。飞轮固定在曲轴的一端,输出发动机的动力及储存动能。连杆用来连接活塞和曲轴,使活塞的往复运动转变为曲轴的旋转运动。电控油气混合装置将汽油和空气混合成可燃混合气。火花塞产生电火花,点燃进入气缸的可燃混合气,使其燃烧放出热量。进气门控制进入气缸的可燃混合气,排气门用于排出气缸内燃料燃烧后的废气。水套内充满冷却液,用于冷却高热的零件,保证发动机的正常运转。此外,发动机还附有机油泵,供应润滑油至各运动表面,以减少机件的磨损。起动机用于起动发动机。

柴油机的基本结构大体上与汽油机相同。由于使用柴油作燃料,采用压燃柴油的着火原理,故柴油机没有电控油气混合装置和火花塞,而设置喷油泵和喷油器等。喷油泵使柴油产生高压,然后通过喷油器喷入气缸,与压缩后的高温空气混合进行燃烧。

2. 发动机的基本术语

(1) 工作循环。在气缸内进行的每一次将燃料燃烧的热能转化为机械能的一系列连续过程称作发动机的工作循环。四冲程发动机的工作循环由进气、压缩、作功和排气四个行程组成。

(2) 上、下止点。活塞顶离曲轴回转中心最远处为活塞的上止点;活塞顶离曲轴回转中心最近处为活塞的下止点,如图1-2所示。在上、下止点处,活塞的运动速度为零。

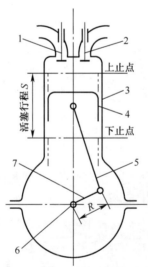

图1-2 往复活塞式发动机示意图
1—进气门;2—排气门;3—气缸;4—活塞;5—连杆;6—曲轴中心;7—曲柄

(3) 活塞行程。上、下止点间的距离 S 称为活塞行程。

(4) 曲柄半径。曲轴与连杆的连接中心至曲轴回转中心的距离 R 称为曲柄半径。活塞每走一个行程相应于曲轴旋转180°。对于气缸中心线与曲轴中心线相交的发动机,活塞行程 S 等于曲柄半径 R 的两倍,曲轴每回转一周,活塞移动两个活塞行程。

(5) 气缸工作容积。上、下止点间所包容的气缸容积称为气缸工作容积,记作 V_s(L),即

$$V_s = \frac{\pi D^2}{4 \times 10^6} S$$

式中：D 为气缸直径（mm）；S 为活塞行程（mm）。

（6）发动机排量。发动机所有气缸工作容积的总和称为发动机排量，记作 V_L（L），发动机的气缸数为 i，有

$$V_L = iV_s$$

（7）燃烧室容积。活塞位于上止点时，活塞顶面以上、气缸盖底面以下所形成的空间称为燃烧室，其容积称为燃烧室容积，记作 V_c（L）。

（8）气缸总容积。气缸工作容积与燃烧室容积之和为气缸总容积，记作 V_a（L），即

$$V_a = V_s + V_c$$

（9）压缩比。气缸总容积与燃烧室容积之比称为压缩比，记作 ε，即

$$\varepsilon = \frac{V_a}{V_c} = 1 + \frac{V_s}{V_c}$$

压缩比的大小表示活塞由下止点运动到上止点时，气缸内的气体被压缩的程度。压缩比越大，压缩终了时气缸内的气体压力和温度越高。一般汽油机的压缩比为 8～11，柴油机的压缩比为 15～22。

（10）工况。发动机在某一时刻的运行状况简称工况，以该时刻发动机输出的有效功率和曲轴转速表示。曲轴转速即为发动机的转速。

二、四冲程汽油机的工作原理

四冲程汽油机的工作循环包括四个活塞行程，即进气行程、压缩行程、膨胀行程（作功行程）和排气行程，曲轴旋转两周，如图 1-3 所示。在四个活塞行程中，气缸中

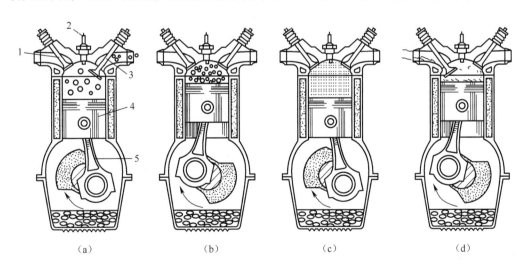

图 1-3 四冲程汽油机工作原理示意图
(a) 进气行程；(b) 压缩行程；(c) 膨胀行程（作功行程）；(d) 排气行程。
1—排气门；2—火花塞；3—进气门；4—活塞；5—连杆。

气体的压力 p 随气缸容积 V 的变化用示功图来表示，如图 1-4 所示。

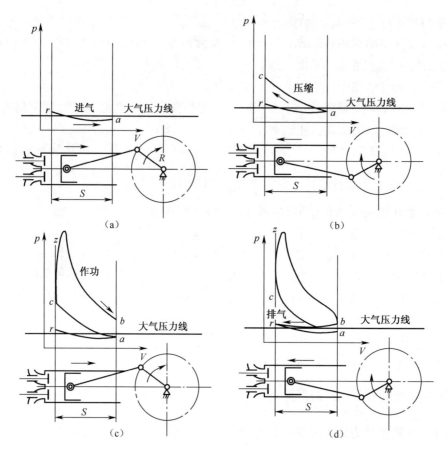

图 1-4 四冲程汽油机的示功图
(a) 进气行程；(b) 压缩行程；(c) 膨胀行程（作功行程）；(d) 排气行程。

1. 进气行程

进气行程如图 1-3 (a) 所示。进气过程中，进气门开启，排气门关闭，活塞在曲轴的带动下从上止点向下止点运动，其上方的气缸容积增大，气缸内形成一定的真空度，在发动机外与气缸内气体的压力差作用下，空气进入电控油气混合装置，与汽油混合成可燃混合气，再通过进气门被吸入气缸，并在气缸内进一步混合形成可燃混合气，活塞运动到下止点，进气门关闭，完成进气行程。

进气行程的示功图如图 1-4 (a) 所示，用曲线 ra 表示。在进气过程中，由于进气系统有阻力，气缸中气体的压力逐渐减小，曲线 ra 的大部分位于大气压力线下面，这部分与大气压力线纵坐标之差即表示气缸内的真空度，进气终了时气缸内的气体压力为 0.075~0.09MPa。流进气缸内的可燃混合气，因与气缸壁、活塞顶等高温机件表面接触，并与前一循环留下的高温残余废气混合，所以进气终了时气缸内的气体温度可升高到 370~400K。

2. 压缩行程

压缩行程如图1-3（b）所示。压缩过程中，进、排气门全部关闭，曲轴继续带动活塞由下止点向上止点运动，活塞上方的气缸容积减小，气缸内可燃混合气被压缩并进一步油气混合，活塞运动到上止点时，完成压缩行程，此时，混合气被压缩到活塞上方很小的空间，即燃烧室中。

压缩行程的示功图如图1-4（b）所示，用曲线 ac 表示。在压缩过程中，可燃混合气的压力和温度同时升高，压缩终了时可燃混合气压力 p_c 升高到 0.6～1.2MPa，温度可达 600～700K。

3. 膨胀行程（作功行程）

作功行程如图1-3（c）所示。在这个行程中，进、排气门仍旧关闭。当活塞接近上止点时，装在气缸盖上的火花塞发出电火花，点燃被压缩的可燃混合气，火焰迅速传遍整个燃烧室，可燃混合气燃烧后，放出大量的热能，其压力和温度迅速增加，推动活塞从上止点向下止点运动，并通过连杆带动曲轴转动，由曲轴一端的飞轮向外输出动力，同时，在飞轮中储存动能，供推动活塞完成进气、压缩和排气行程使用。

作功行程的示功图如图1-4（c）所示，用曲线 czb 表示。在作功过程中，可燃混合气开始燃烧时，气缸内气体压力迅速增加，用曲线 cz 表示，曲线在 z 处，气缸中压力最大，所能达到的最高压力 p_z 为 3～5MPa，相应温度为 2200～2800K。随着燃气推动活塞从上止点向下止点运动，气体压力和温度都降低，在作功行程终了的 b 点，压力降至 0.3～0.5MPa，温度降为 1300～1600K。作功行程终了，气缸内的气体为废气，气缸内气体的压力为剩余压力，高于发动机外大气的压力。

4. 排气行程

排气行程如图1-3（d）所示。在这个行程中，进气门关闭，排气门开启，飞轮释放能量，通过曲轴带动活塞由下止点向上止点运动，燃烧后的废气先在自身的剩余压力、后在活塞的推动下，经排气门、排气管排出气缸。活塞到上止点时，排气行程结束。

排气行程的示功图如图1-4（d）所示，用曲线 br 表示。在排气过程中，气缸中气体的压力减小，由于排气系统有阻力，气缸内压力稍高于大气压力，为 0.105～0.115MPa。排气终了时，由于燃烧室占有一定的容积，因此在排气终了时，不可能将废气排尽，废气的温度为 900～1200K，这一部分留下的废气称为残余废气。

在实际进气过程中，进气门早于上止点开启，迟于下止点关闭；在排气过程中，排气门早于下止点开启，迟于上止点关闭，即进、排气过程所占的曲轴转角超过180°。

三、四冲程柴油机的工作原理

四冲程柴油机与汽油机一样，每个工作循环同样经历进气、压缩、作功、排气四个行程。由于柴油机的燃料是柴油，其黏度比汽油大，不易蒸发，自燃温度较汽油低，因此,柴油机在混合气形成方法及点火方式上不同于汽油机。柴油机采用先向气缸内空气喷油形成可燃混合气、再压燃可燃混合气的方式。

1. 进气行程

进气行程如图1-5(a)所示。在柴油机进气行程中,被吸入气缸的只是纯净的空气。由于柴油机进气系统阻力较小,残余废气的温度较低,因此,进气行程结束时气缸内气体的压力较高,为0.085~0.095MPa,温度较低,为310~340K。

2. 压缩行程

压缩行程如图1-5(b)所示。在柴油机压缩行程中,进入气缸的空气及上一工作循环的残余废气被压缩。柴油机的压缩比大(一般为16~22),压缩行程终了时气体压力可高达3~5MPa,温度可高达750~1000K,大大超过了柴油的自燃温度(约500K)。

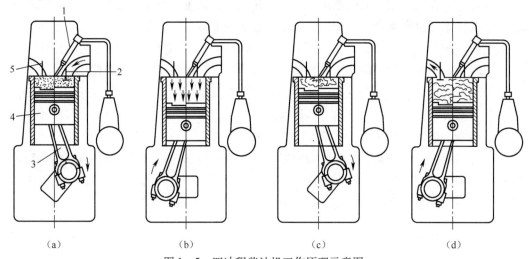

图1-5 四冲程柴油机工作原理示意图
(a)进气行程;(b)压缩行程;(c)膨胀行程(作功行程);(d)排气行程。
1—喷油器;2—进气门;3—连杆;4—活塞;5—排气门。

3. 作功行程

作功行程如图1-5(c)所示。在压缩行程结束时,喷油泵将柴油的油压提高到10MPa以上,泵入喷油器,并通过喷油器喷入燃烧室。因为喷油压力很高,喷孔直径很小,所以喷出的柴油呈细雾状,细微的油滴在炽热的空气中迅速蒸发汽化,并借助于空气的运动,迅速与空气混合形成可燃混合气。由于气缸内的温度远高于柴油的自燃点,因此柴油随即自行着火燃烧。使气缸内气体的压力、温度迅速升高,推动活塞下行作功,并通过连杆带动曲轴旋转对外输出动力。在作功行程中,燃烧气体的最大压力可达6~9MPa,最高温度可达2000~2500K。作功行程结束时,压力为0.2~0.5MPa,温度为1000~1200K。

4. 排气行程

排气行程如图1-5(d)所示,废气同样经排气管排入大气中。排气终了时气缸内残余废气的压力为 0.105~0.12MPa，温度为 700~900K。

柴油机与汽油机比较各有特点。柴油机因压缩比高，燃油消耗率平均比汽油机低 20%~30%，且柴油价格较低，所以燃油经济性好，且柴油机没有点火系统的故障。一般装载质量为 5t 以上的货车大都采用柴油机；其缺点是转速较汽油机低（一般最高转速为 2500~3000r/min）、质量大、制造和维修费用高（因为喷油泵和喷油器加工精度要求高），此外，柴油机作功行程开始时压力比汽油机大，工作比较粗暴，各机件也必须加大。目前柴油机的这些缺点正在逐渐得到克服，其应用范围正在向中、轻型货车扩展。国外有的轿车也采用柴油机，其最高转速可达 5000r/min。

汽油机具有转速高（目前轿车汽油机最高转速达 5000~6000r/min，货车汽油机转速达 4000r/min 左右）、质量小、工作噪声小、起动容易、制造和维修费用低等特点，故在轿车和轻型货车及越野车上得到广泛的应用；其不足之处是燃油消耗率高，燃油经济性差。

汽车上用多缸发动机，基本不用单缸发动机，用得最多的是 4 缸、6 缸、8 缸发动机，其基本工作原理与上述单缸发动机的工作原理相同，其结构比上述单缸发动机的结构复杂。

第三节　发动机的总体构造

发动机是一部由许多机构和子系统组成的复杂机器，其结构形式很多，即使是同一类型的发动机，其具体构造也是各种各样的。可以通过一些典型汽车发动机的结构实例来了解、分析发动机的总体构造。下面以一汽奥迪 100 型轿车发动机为例，介绍四冲程汽油机的一般构造（图 1-6）。

汽油机一般由机体组、曲柄连杆机构、配气机构、供给系统、点火系统、冷却系统、润滑系统和起动系统组成，即由一体、两机构和五大系统组成。

（1）机体组。包括气缸盖 19、气缸盖罩 10、气缸体 8 及油底壳 23 等。机体组的作用是作为发动机各机构、各系统的装配基体，而且其本身的许多部分又分别是曲柄连杆机构、配气机构、供给系统、冷却系统和润滑系统的组成部分。气缸盖和气缸体的内壁为燃烧室的一部分。在进行结构分析时，常把机体组列入曲柄连杆机构。

（2）曲柄连杆机构。包括活塞 24、连杆 25、曲轴 1 和飞轮 22 等。它是将活塞的直线往复运动变为曲轴的旋转运动并从飞轮输出动力的机构。

（3）配气机构。包括进气门 15、排气门 13、气门弹簧 14、液力挺杆总成 16、凸轮轴 17、凸轮轴定时齿轮 9 以及定时同步齿形带 6 等。其作用是使可燃混合气及时充入气缸并及时从气缸排除废气。

（4）供给系统。包括汽油箱、汽油泵、汽油滤清器、电控油气混合装置、空气滤清器、进气管、排气管、排气消声器等。其作用是把汽油和空气混合为成分合适的可燃混合气供入气缸，以供燃烧，并将燃烧生成的废气排出发动机。

（5）点火系统。包括蓄电池、发电机、分电器、点火线圈与火花塞 20 等。点火系统的功用是保证按规定时刻及时点燃气缸中被压缩的可燃混合气。

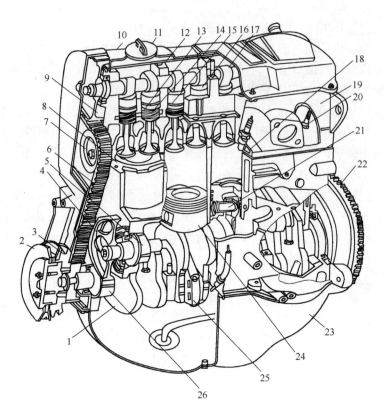

图1-6 一汽奥迪100型轿车发动机

1—曲轴；2—空气压缩机带轮；3—水泵、发电机曲轴带轮；4—中间轴定时齿轮；5—中间轴；6—定时同步齿形带；7—张紧轮；8—气缸体；9—凸轮轴定时齿轮；10—气缸盖罩；11—机油加油口盖；12—凸轮轴轴承盖；13—排气门；14—气门弹簧；15—进气门；16—液力挺杆总成；17—凸轮轴；18—气缸垫；19—气缸盖；20—火花塞；21—活塞销；22—飞轮；23—油底壳；24—活塞；25—连杆；26—曲轴主轴承。

（6）冷却系统。冷却系统主要包括水泵3、散热器、风扇、节温器、分水管以及气缸体和气缸盖里铸出的水套等。其功用是把受热机件的热量散到大气中去，以保证发动机正常工作。

（7）润滑系统。包括机油泵、机油集滤器、限压阀、润滑油道、机油滤清器等，其功用是将润滑油供给作相对运动的零件，以减少它们之间的摩擦阻力，减轻机件的磨损，并部分地冷却摩擦零件，清洗摩擦表面。

（8）起动系统。包括飞轮上齿圈、起动机及其附属装置，其功用是使静止的发动机起动并转入自行运转。

柴油发动机的结构如图1-7所示，由机体组、曲柄连杆机构、配气机构、供给系统、冷却系统、润滑系统和起动系统组成，即由一体、两机构和四大系统组成，没有点火系统，除此之外，其余组成部分基本和汽油机一样。供给系统包括柴油箱、输油泵、柴油滤清器、喷油泵、喷油器、空气滤清器、进气管、排气管、排气消声器等。供给系统的任务之一是向气缸供给清洁的空气，另一任务是将一定量的柴油，在一定时刻（压缩行程接近终了时），以一定压力喷到燃烧室内与空气混合。在增压柴油发动机的供给系统中，有涡轮增压装置，增加进气压力。

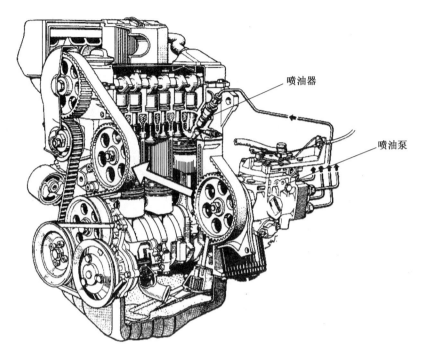

图1-7 柴油发动机的结构（大众1.47L发动机）

第四节 发动机主要性能指标与特性

发动机的主要性能指标有动力性能指标、经济性能指标和运转性能指标。发动机的主特性有速度特性和负荷特性。这些主要性能指标与特性均与发动机的使用有关。

一、动力性能指标

1. 有效转矩

发动机通过飞轮对外输出的转矩称为有效转矩，以 T_{tq} 表示，单位为 N·m。有效转矩与外界施加于发动机飞轮上的阻力矩相平衡。

2. 有效功率

发动机通过飞轮对外输出的功率称为有效功率，以 P_e 表示，单位为 kW。它等于有效转矩与曲轴角速度的乘积。发动机的有效功率可以用台架试验方法测定，用测功器测定有效转矩和曲轴转速 $n(\text{r/min})$，然后运用下面的公式计算出发动机的有效功率，即

$$P_e = T_{tq} \times \frac{2\pi n}{60} \times 10^{-3} \approx \frac{T_{tq} n}{9550}$$

发动机产品标牌上规定的功率及其相应的转速分别称为标定功率和标定转速。发动

机在标定功率和标定转速下的工作状况称为标定工况。标定功率是发动机所能发出的最大功率,它是根据发动机用途而制定的有效功率最大使用限度。同一种型号的发动机,当其用途不同时,其标定功率值并不相同。

二、经济性能指标

发动机每发出 1kW 有效功率,在 1h 内所消耗的燃油质量(单位为 g),称为有效燃油消耗率,用 b_e 表示,单位为 g/(kW·h)。有效燃油消耗率越低,经济性越好。在发动机的台架上测发动机在单位时间内的耗油量 B (kg/h),然后运用下面的公式计算出发动机的有效燃油消耗率,即

$$b_e = \frac{B}{P_e} \times 10^3$$

三、发动机的速度特性

发动机的速度特性是指发动机在燃料供给调节机构位置(汽油机为节气门开度、柴油机为供油拉杆位置)固定不变时,发动机性能参数(有效转矩、功率、燃油消耗率等)随转速变化的曲线。这个特性可以通过发动机在试验台上(如测功器试验台)进行试验而求得。

当燃料供给调节机构在最大供给位置时得到的速度特性,称为发动机外特性,如图 1-8 所示。发动机外特性曲线只有一组,反映了发动机所能达到的最高动力性能,确定了最大有效功率、最大有效转矩、最大有效燃油消耗率以及对应的转速,因而十分重要,发动机出厂时都必须提供该特性。

由发动机外特性曲线看出,随发动机的转速增加,有效转矩和有效功率由小到大,再由大到小变化,有最大值及对应的转速,有效转矩与有效功率最大值分别对应的转速不等,有效转矩变化平缓;有效燃油消耗率由大到小,再由小到大变化,有最小值及对应的

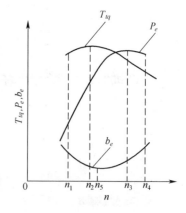

图 1-8 发动机外特性

转速。由图 1-8 还可看出,发动机最小燃油消耗率的相应转速为 n_5,它的数值一般介于最大有效转矩时转速和最大功率时转速之间。

燃料供给调节机构在部分开启位置下得到的速度特性称为部分负荷速度特性,如图 1-9 中Ⅱ、Ⅲ曲线所示。发动机部分负荷速度特性曲线有无数组,并与燃料供给调节机构位置对应。发动机的部分负荷速度特性曲线低于发动机外特性曲线。

四、发动机负荷

发动机运转状态或工作状态(简称发动机工况)常用功率和转速来表征,有时也用负荷与转速来表征。

发动机负荷是指当时发动机发出的功率与同一转速下发出的最大功率之比,以百分数表示。

图1-9表示某汽油发动机的一组速度特性曲线。Ⅰ表示相应于节气门全开时的外特性曲线,Ⅱ、Ⅲ分别表示节气门开度依次减小所得到的部分负荷速度特性。由图1-9可得,在 $n = 3500 \text{r/min}$ 时,发动机发出的功率分别是45kW、32kW和20kW的功率,最大功率为45kW。根据发动机负荷定义,可求出 a、b、c 和 d 四个工况下的负荷值:

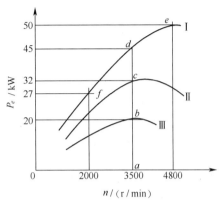

图1-9 发动机的负荷

工况 a:负荷为0(称为发动机空载工况)

工况 b:负荷 $= \dfrac{20}{45} \times 100\% = 44.4\%$(发动机部分负荷)

工况 c:负荷 $= \dfrac{32}{45} \times 100\% = 71.1\%$(发动机部分负荷)

工况 d:负荷 $= \dfrac{45}{45} \times 100\% = 100\%$(发动机全负荷)

应当注意的是,不要把负荷和功率的概念相混淆。如某一转速时全负荷(如 d 点),并不意味着是发动机发出的最大功率。发动机的最大功率,应当是工况 e 的功率。此外,在外特性曲线上各点都表示在各转速下的全负荷工况,但在同一条部分负荷速度特性曲线上各点的负荷值却并不相同。在同一转速下,节气门开度越大,表示负荷越大。

第五节 内燃机产品名称和型号编制规则

为了便于内燃机的生产管理和使用,我国对《内燃机名称和型号编制规则》作了统一规定,并颁布了国家标准(GB/T 725—2008)。该标准的主要内容如下:

(1)内燃机产品名称均按所采用的燃料命名,如柴油机、汽油机、天然气机等。

(2)内燃机型号由阿拉伯数字、汉语拼音字母或国际通用的英文缩略字母组成。

(3)内燃机型号由下列四部分组成。

①第一部分:由制造商代号或系列符号组成。本部分代号由制造商根据需要选择相应1~3位字母表示。

②第二部分:由气缸数、气缸布置形式符号、冲程形式符号和缸径符号(可用发动机排量或功率数表示,其单位由制造商自定)组成。气缸布置形式符号见表1-1。

③第三部分:结构特征和用途特征符号,见表1-1。

④第四部分:区分符号。同系列产品需要区分时,允许制造商选用适当符号表示。

表1-1 内燃机型号的符号

气缸布置形式符号		结构特征符号		用途特征符号		常用燃料符号	
符号	含义	符号	结构特征	符号	用途	符号	燃料符号
无符号	多缸直列及单缸	无符号	冷却液冷却	无符号	通用型及固定动力（或制造商自定）	无符号	柴油
V	V形	F	风冷	T	拖拉机	P	汽油
P	卧式	DZ	可倒转	G	工程机械	LNG	液化天然气
H	H形	Z	增压	Q	汽车	E	乙醇
X	X形	ZL	增压中冷	Y	农用三轮车（或其他农用车）	FME	生物柴油

内燃机型号的排列顺序及符号所代表的意义如下：

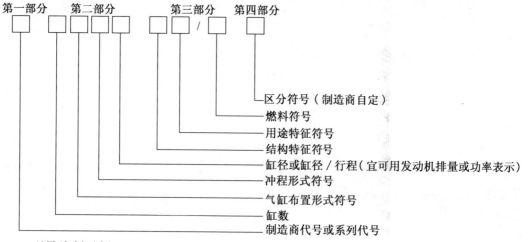

型号编制示例：

(1) 汽油机型号：

① 4100Q——4缸、直列四冲程、缸径100mm、冷却液冷却、汽车用。

② CA488Q——第一汽车制造厂制造、4缸、直列四冲程、缸径88mm、冷却液冷却、汽车用，CA为第一汽车制造厂代号。

③ 8V100——8缸、V形、四冲程、缸径100mm，冷却液冷却、通用型。

(2) 柴油机型号：

① YZ6102Q——扬州柴油机厂制造、6缸、直列四冲程、缸径102mm、冷却液冷却、汽车用，YZ为扬州柴油机厂代号。

② 6135 Q——6缸、直列四冲程、缸径135mm、冷却液冷却、汽车用。

 思考题

1-1 汽车发动机有哪些类型？

1-2 简述四冲程汽油机和柴油机的工作原理。

1-3 汽车发动机通常是由哪些机构与子系统组成的？它们各有什么功用？

1-4 柴油机与汽油机在可燃混合气形成方式与着火方式上有何不同？它们所用的压缩比为何不一样？

1-5 四冲程汽油机和柴油机在总体构造上有何异同？

1-6 CA-488汽油机有4个气缸，气缸直径87.5mm，活塞行程92mm，压缩比为8.1，试计算其气缸工作容积、燃烧室容积及发动机排量（容积以L为单位）。

1-7 简述发动机的动力性能指标、经济性能指标及发动机的速度特性。

第二章 曲柄连杆机构

曲柄连杆机构是往复活塞式发动机实现工作循环和完成能量转换的主要部件。它的功用是把燃气作用在活塞顶上的力转变为曲轴的转矩，向汽车传动系统等输出机械能。它包括活塞连杆组和曲轴飞轮组，活塞连杆组包括活塞组和连杆组，如图2-1所示。

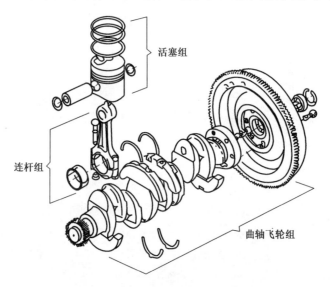

图2-1 曲柄连杆机构组成零部件

曲柄连杆机构的各部件连接如图1-6所示。活塞与机体相连，在机体的气缸中往复运动；连杆的上端与活塞相连，相对于活塞摆动；连杆的下端与曲轴相连，相对于曲轴转动；曲轴与机体相连，在机体上转动。

曲柄连杆机构的工作特点是在高温、高压及高速下工作。活塞顶部直接与高温燃气周期性地接触，燃气的最高温度可达2500K以上，使活塞顶部的温度可高达600～700K。高温一方面使活塞材料的机械强度显著下降；另一方面会使活塞的热膨胀量增大，容易破坏活塞与其相关零件的配合，并影响活塞与气缸的密封。活塞在作功行程时，其顶部承受着燃气带冲击性的高压力。汽油机活塞的瞬时压力最大值可达3～

5MPa，柴油机活塞的瞬时压力最大值可达 6~9MPa，采用增压时最大值可达 13~15MPa。高压导致活塞的侧压力增大，加速活塞外表面的磨损，也容易引起活塞变形。现代汽车发动机最高转速可达 3000~6000r/min，活塞每秒钟要行经 100~200 个行程，在气缸中作变速运动，其平均速度可高达 10~14m/s，惯性力很大，它将使曲柄连杆机构的各零件和轴承承受附加的大载荷。此外，活塞还受到可燃混合气和燃烧废气的化学腐蚀的作用，而且润滑困难。因此，曲柄连杆机构的工作条件恶劣，影响其结构。

第一节 机体组

机体组主要由气缸体、气缸盖、气缸垫以及油底壳等组成，如图 2-2 所示，为发动机上相对不动的部分，是发动机各机构和系统主要零件的装配基体，又分别是曲柄连杆机构、配气机构、供给系统、冷却系统和润滑系统的组成部分，各运动件的润滑和受热部件的冷却也都要通过机体组来实现。可以说机体组把发动机的各种机构和系统组成为一个整体，保持了它们之间必要的相互关系。

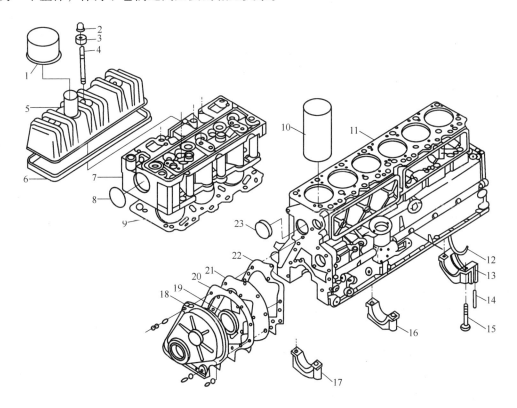

图 2-2 EQ6100-11 机体组的组成

1—曲轴箱通风管盖；2—螺母；3—垫片；4—螺柱；5—气缸盖罩；6—密封垫；7—气缸盖；
8、23—水堵（碗形塞）；9—气缸垫；10—干式气缸套；11—气缸体；12、14—密封条；
13、16、17—后、中间、前主轴承盖；15—主轴承螺栓；18—正时齿轮室盖；
19—曲轴前油封；20、22—衬垫；21—垫板。

一、气缸体

水冷发动机的气缸体和上曲轴箱通常制成一体,可称为气缸体—曲轴箱,也可简称为气缸体或缸体。气缸体一般用高强度灰铸铁或铝合金制成,有一定的刚度和强度,上半部有一个或若干个为活塞在其中运动导向的圆柱形空腔,称为气缸;下半部为支承曲轴的曲轴箱,其内腔为曲轴运动的空间。气缸体内部铸有水套、润滑油道和加强筋。

1. 气缸体的分类

根据气缸体和油底壳安装平面位置的不同,可以将其分为一般式、龙门式和隧道式三种,如图2-3所示。

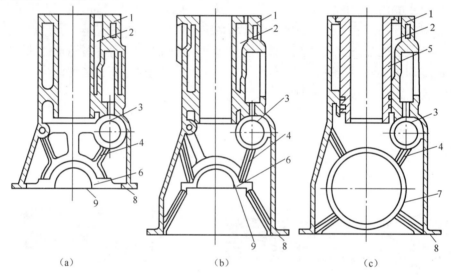

图2-3 气缸体的结构形式
(a) 一般式; (b) 龙门式; (c) 隧道式。
1—气缸体; 2—水套; 3—凸轮轴孔座; 4—加强筋; 5—湿缸套; 6—主轴承座;
7—主轴承座孔; 8—安装油底壳的加工面; 9—安装主轴承盖的加工面。

一般式气缸体:气缸体上安装油底壳的表面和曲轴旋转中心线位于同一平面的气缸体为一般式气缸体(图2-3(a))。其优点是便于加工,机体高度小,结构紧凑,质量小,曲轴拆装方便;但刚度较差,且前、后端与油底壳接合处的密封性差,多用于中、小型发动机,如北京BJ492Q、CA488-3型汽油机和90系列柴油机。

龙门式气缸体:气缸体上安装油底壳的加工面低于曲轴旋转中心线的气缸体,为龙门式气缸体(图2-3(b))。其优点是强度和刚度较大,密封简单可靠,维修方便,可承受较大的机械负荷;但其工艺性较差,结构较复杂,加工较困难。上海桑塔纳JV、捷达EA827、富康TU等型轿车发动机及解放CA6102、东风6100-1型载货汽车发动机都采用此型气缸体。

隧道式气缸体:主轴承座孔为整体式的气缸体,为隧道式气缸体(图2-3(c))。其优点是强度和刚度大,比龙门式还高,主轴承的同轴度易保证,但曲轴需从气缸体的一端穿入主轴承座孔,拆装不便;气缸体的加工工艺性差,精度要求高。它主要用于负荷较大的柴油机上,如黄河 JN1181C13 型汽车装用的 6135Q 型发动机。

2. 气缸体的冷却

为保证发动机能在高温下正常工作,应对气缸体和气缸盖进行冷却。有两种冷却方式:一种用冷却液来冷却(水冷);另一种用空气来冷却(风冷)。发动机用水冷却时,气缸周围和气缸盖中均有充入冷却液的空腔,称为水套,如图 2-4(a)所示,气缸体和气缸盖上的水套是相互连通的,即利用水套中的冷却水流过高温零件的周围而带走多余的热量。

发动机用空气冷却时,在气缸体和气缸盖外表面铸有许多散热片,以增加散热面积,保证散热充分,如图 2-4(b)所示。一般风冷发动机的缸体与曲轴箱是分开铸造的。

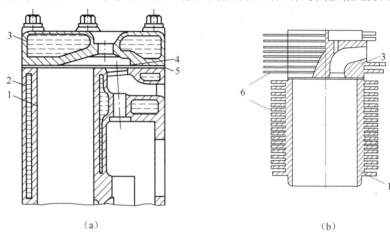

图 2-4 气缸体和气缸盖
(a)水冷发动机气缸体和气缸盖;(b)风冷发动机气缸体和气缸盖。
1—气缸体;2—水套;3—气缸盖;4—燃烧室;5—气缸垫;6—散热片。

3. 气缸体的排列形式

多缸发动机气缸的排列形式决定了发动机外形结构,对于发动机气缸体的刚度和强度也有影响,并关系到汽车的总体布置。汽车发动机气缸的排列形式基本上有四种形式:直列式、V形、对置式和W形。常见形式有两种:直列式和V形发动机。

直列式发动机的各个气缸排成一列,一般是垂直布置的(图 2-5(a)、图 2-2 气缸体 11)。直列式多缸发动机气缸体的结构简单、加工容易,发动机平衡性能最好,但长度和高度较大。一般 6 缸以下的发动机多采用直列式,如解放 CA1091 型、CA1040 型、红旗 CA7220 型、宝来、捷达、桑塔纳、大众波罗和北京 BJ2023 型等汽车的发动机。

V 形发动机气缸排成两列,双列主发动机左右两列气缸中心线的夹角 γ 小于 $180°$,γ 通常为 $90°$(图 2-5(b))。与直列式发动机相比,缩短了发动机的长度和高度,增加了气缸体的刚度,质量也有所减小;但加大了发动机的宽度,且形状复杂,加工困难,一般多用于 6 缸以上大功率的发动机,如奥迪 A6、新款雅阁等轿车装备的发动机。目前主要有 V4、V6、V8、V10、V12、V16 等。

对置式发动机气缸也排成两列,左右两列气缸在同一水平面上,即左右两列气缸中心线的夹角等于 $180°$(图 2-5(c))。该型发动机高度比其他形式的小得多,中心低,在某些情况下使得汽车（特别是轿车和大型客车）的总布置更方便，发动机平衡性能也好。气缸对置对于发动机风冷也是有利的。

W形气缸体呈两个V形结构，有W12、W16等。

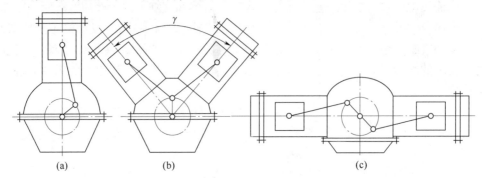

图2-5 气缸的排列形式
(a) 直列式；(b) V形；(c) 对置式。

4. 气缸套

根据气缸套是否与冷却水相接触，分为干式和湿式两种，如图2-6所示。缸套镶入缸体内形成不同材料组合的组合式气缸体。缸套用耐磨性较好的合金铸铁或合金钢制造，可延长气缸使用寿命，而缸体则采用价格较低的普通铸铁或铝合金等材料制造，这样，可降低制造成本。采用铝合金缸体时，由于铝合金耐磨性不好，必须镶缸套。

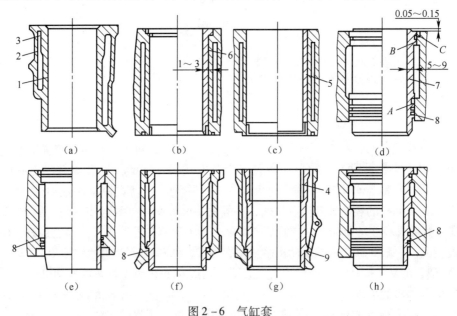

图2-6 气缸套
1—气缸壁；2—冷却水套壁；3—冷却水套；4—上置半截缸套；5—干缸套；
6—可卸式干缸套；7—可卸式湿缸套；8—橡胶密封圈；9—铜密封圈。

干缸套不直接与冷却水接触，壁厚一般为1~3mm（图2-6（b）、图2-6（c））。干缸套的外圆表面和气缸套座孔内表面均须精加工，以保证必要的形位精度和便于拆装。其优点是气缸体刚度大，气缸中心距小；缺点是传热性较差、温度分布不均匀、容易发生局部变形，同时加工面多、配合面长，加工要求高、拆装要求也高。

湿缸套与冷却水直接接触，壁厚一般为 5~9mm（图 2-6（d）~图 2-6（h））。缸套的外表面有两个保证径向定位的凸出圆环带 B 和 A（图 2-6（d）），分别称为上支承定位带和下支承密封带。缸套的轴向定位是利用上端的凸缘 C（图 2-6（d））。为了密封气体和冷却水，有的缸套凸缘 C 下面还装有纯铜垫片（图 2-6（h））。大多数湿缸套装入座孔后，通常缸套顶面略高出气缸体上平面 0.05~0.15mm。这样，当紧固气缸盖螺栓时，可将气缸盖衬垫压得更紧，以保证气缸的密封性，防止冷却液和气缸内的高压气体窜漏。湿缸套的优点是在气缸体上没有密闭的水套，因而铸造方便，容易拆卸更换，冷却效果也较好；其缺点是气缸体的刚度差，易于漏气、漏水。湿缸套广泛应用于汽车柴油机上。

无缸套的气缸如图 2-6（a）所示，是直接在气缸体上加工出气缸内壁，用在某些负荷比较小、缸径又不大的发动机中，其结构紧凑。

二、气缸盖与气缸垫

1. 气缸盖

气缸盖简称缸盖，如图 2-7 所示，其主要功用是密封气缸上部，并与活塞顶部、气缸一起形成燃烧室；同时，气缸盖也为气门、凸轮轴等零部件提供安装位置。气缸盖的燃烧室一侧直接受到高温、高压燃气的作用。在承受热负荷时，由于形状复杂，冷却不均匀，各部分温差大，特别是在进、排气门口之间，以及进、排气门口与汽油机的火花塞之间（或进、排气门口与柴油机的喷油器之间）的所谓"鼻梁区"，热应力很高，是容易出现裂纹损坏的部位；而气缸盖在机械负荷和热负荷作用下产生的变形会导致进、排气门的密封被破坏和气缸盖的密封（气封、水封、油封）被破坏，影响发动机的动力性、经济性和工作可靠性。因此，要求气缸盖具有足够的强度和刚度，同时通过良好的冷却，使温度分布尽可能均匀。

气缸盖一般采用优质灰铸铁或合金铸铁铸成，其导热性好、机械强度和热强度高、铸造性能好。有的汽油机气缸盖用铝合金铸造，因铝的导热性比铸铁好，有利于提高压缩比，此外，质量小，可减轻发动机的质量。铝合金气缸盖正在推广中，有取代铸铁气缸盖的趋势，如宝来、波罗、桑塔纳、夏利和富康等轿车发动机均采用铝合金的气缸盖。但铝是有色金属，受资源的限制，此外，铝合金缸盖还有刚度低的缺点，使用中容易变形。

发动机的气缸盖上有多个结构，形状复杂，对于常见的水冷发动机，其气缸盖上有进、排气门座孔，气门导管孔和进、排气通道，冷却水套及其进、出口，润滑油路及其进、出口，气缸盖螺栓孔及安装摇臂或配气机构凸轮轴座的螺栓孔等（图 2-7）。汽油机气缸盖还设有火花塞座孔，而柴油机则设有安装喷油器的座孔。气缸盖的下部还有燃烧室的一部分。

气缸盖有单体式、块状式和整体式，如图 2-7 所示。只覆盖一个气缸的气缸盖，称为单体气缸盖（图 2-7（d））。单体气缸盖刚度大，且在备件储存、修理及制造等方面都比较优越。但是采用单体气缸盖的气缸中心距大，结构不紧凑，增加发动机的重量，同时气缸盖冷却水的回流需装设专门的回水管，使结构复杂，一般气缸直径大于等于140mm的大功率发动机采用单体气缸盖；能覆盖部分（两个以上）气缸的，称为块状气缸盖（图2-7（c）），用于缸径较大的发动机；能覆盖全部气缸的气缸盖，则称为整体气缸盖（图2-7（a）、图2-7（b））。采用整体气缸盖可以缩短气缸中心距和发动机的总长度；其缺点是刚性较差，在受热和受力后容易变形而影响密封，损坏时必须整个更换，这种形式的气缸盖多用于缸径小于105mm的中小功率的发动机。

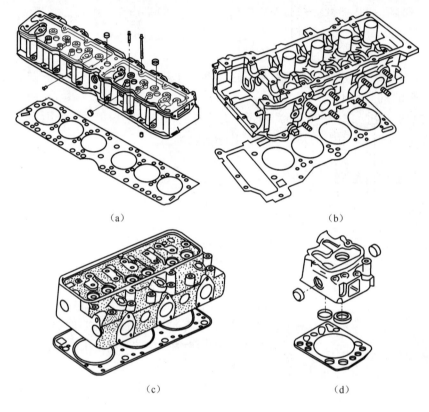

图2-7 不同形式气缸盖
(a)、(b) 整体气缸盖；(c) 块状气缸盖；(d) 单体气缸盖。

气缸盖有凸轮轴下、上置气缸盖。图2-7（a）所示为解放CA6102型汽油机采用凸轮轴下置的整体气缸盖，由于凸轮轴下置，因此气缸盖高度较小，结构比较简单，质量小。图2-7（b）所示为采用凸轮轴上置的整体气缸盖，由于在气缸盖上设置五道凸轮轴承孔，使气缸盖高度增加，刚度增大，质量增大。

汽油机的燃烧室由活塞顶部及缸盖上相应的凹部空间组成。燃烧室形状对发动机的工作影响很大，所以对燃烧室有两点基本要求：一是结构尽可能紧凑，表面积要小，以减少热量损失及缩短火焰行程；其次是使混合气在压缩终了时具有一定的气流运动，进一步混合汽油和空气，以提高混合气燃烧速度，保证混合气得到及时和充分的燃烧。汽油机常用燃烧室的形状有以下几种（图2-8）。

（1）楔形燃烧室（图2-8（a））。楔形燃烧室的形状像楔块，其结构较简单、紧凑，散热面积小，热量损失少，在压缩终了时能形成挤气涡流，有利于提高可燃混合气质量；但火花塞位于燃烧室高处，火焰传播距离较长；存在较大的激冷面积，对HC排放不利。

第二章　曲柄连杆机构

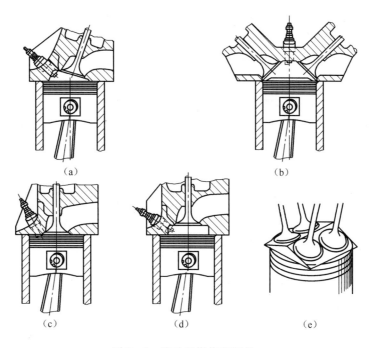

图 2-8　汽油机燃烧室形状
(a) 楔形；(b) 半球形；(c) 碗形；(d) 盆形；(e) 篷形。

(2) 半球形燃烧室（图 2-8 (b)）。半球形燃烧室结构较前两种更紧凑，火花塞位于中间，火焰传播距离最短，有利于燃烧，但因进、排气门分别置于缸盖两侧，故配气机构比较复杂。由于其散热面积小，有利于促进燃料的完全燃烧，减少排气中的有害气体，故现代发动机上用得较多。

(3) 碗形燃烧室（图 2-8 (c)）。碗形燃烧室是布置在活塞中的一个回转体，采用平底气缸盖，工艺性好；但燃烧室在活塞顶内使活塞的高度与质量增加，活塞的惯性力增大，同时活塞的散热性也差。

(4) 盆形燃烧室（图 2-8 (d)）。盆形燃烧室结构较简单，燃烧速度快，热效率较高，制造工艺性好，成本低，便于维修；但不够紧凑，进、排气效果较差。

(5) 篷形燃烧室（图 2-8 (e)）。篷形燃烧室性能与半球形相似，易实现多气门布置，组织缸内气流进行挤气运动要比半球形容易，燃烧室也可全部加工。

气缸盖的连接：气缸盖用螺栓或螺柱紧固在气缸体上。为了保证气缸垫均匀平整地夹在气缸体和气缸盖之间，避免缸盖翘曲变形造成漏气，拧紧螺栓时，必须按由中央对称地向四周扩展的顺序分 2～3 次进行，最后一次要用扭力扳手按发动机生产厂家规定的拧紧力矩值拧紧，以免损坏气缸垫和发生漏水现象。如果气缸盖由铝合金制成，则最后必须在发动机冷态下拧紧，这样热起来时会增加密封的可靠性，因为铝气缸盖的膨胀系数比钢制的螺栓大；而铸铁气缸盖则可以在发动机热态时最后拧紧。

2. 气缸垫

气缸垫用于气缸盖底面与气缸体顶面之间的密封，应满足以下要求。
(1) 在高温、高压燃气作用下具有足够的强度，不易损坏。

(2)耐热和耐腐蚀,即在高温、高压燃气下或有压力的机油和冷却水的作用下不烧损、不变质。

(3)具有一定弹性,能补偿接合面的表面粗糙度、平面度以及发动机工作时反复出现的变形,以保证密封,燃烧室不漏气,水道不漏水,油道不漏油。

(4)拆装方便,能重复使用,寿命长。

目前应用较多的有两种气缸垫:一种是金属—石棉气缸垫(图2-9(a)~图2-9(d));另一种是纯金属气缸垫(图2-9(e))。

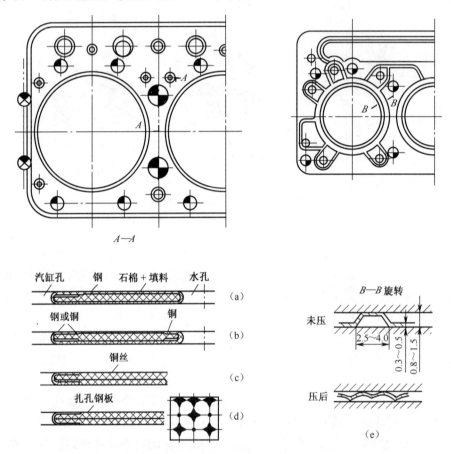

图2-9 气缸垫结构图
(a)~(d)金属—石棉气缸垫;(e)冲压钢板气缸垫。

金属—石棉气缸垫:在石棉之间夹有金属丝或金属屑,外覆铜皮或钢皮。水孔、油孔和燃烧室孔周围另用镶边增强,以防被高温燃气烧坏。这种气缸垫压紧厚度为1.2~2mm,有很好的弹性和耐热性,能重复使用,但厚度和质量的均一性较差。安装气缸垫时应注意,当气缸体和气缸盖的材料同为铸铁时,把光滑的一面朝气缸体,不光滑的一面朝变形较大又易修整的气缸盖;当气缸盖的材料为铝合金,气缸体的材料为铸铁时,不光滑的一面朝气缸体,以减少铝合金气缸盖产生压痕。

有的发动机还采用在石棉中心用编织的钢丝网(图2-9(c))或扎孔钢板(冲有带毛刺小孔的钢板)(图2-9(d))为骨架,以提高强度,节约铜,两面用石棉及橡胶黏结剂压成的气缸垫。近年来,国内还在试验采用膨胀石墨作为气缸垫的材料。

纯金属气缸垫:很多强化的汽车发动机采用实心的金属片作为气缸垫(图2-9(e))。这种气缸垫由单块光整冷轧的低碳钢板制成,在需要密封的气缸孔和水孔、油孔周围冲压出一定高度的凸纹,利用凸纹受压后的弹性变形来实现密封。

三、油底壳

油底壳的主要功用是储存机油(润滑油)并封闭曲轴箱。油底壳受力很小,一般采用薄钢板冲压而成,如图2-10所示。油底壳的形状取决于发动机的总体布置和机油的容量。在有些发动机上,为了加强油底壳内机油的散热,采用了铝合金铸造的油底壳,在壳的底部还铸有相应的散热肋片。油底壳与机体之间,用垫片密封,螺钉、放油螺塞前也有垫圈密封。

为了保证在发动机纵向倾斜时机油泵能经常吸到机油,采用集中储油的方法,油底壳后部一般做得较深(图2-10(b)),这可减少储油量。油底壳内还设有挡油板6,防止汽车行驶时油面波动过大。油底壳底部装有放油螺塞7。有的放油螺塞是磁性的或内含磁性元件,能吸附机油中的铁屑,避免铁屑随油流到润滑表面,在更换润滑油,应去掉放油螺塞上的铁屑。

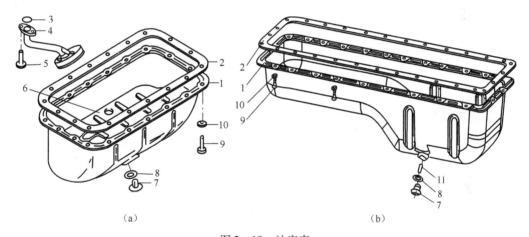

图2-10 油底壳
1—油底壳;2—垫片;3—橡胶垫片;4—机油集滤器;5、9—螺钉;6—挡油板;
7—放油螺塞;8—密封垫圈;10—平垫圈;11—放油螺塞磁铁。

四、发动机的支承

发动机的支承方法一般有三点支承和四点支承两种,通过气缸体和飞轮壳或变速器壳上的支撑,支承在车架上。三点支承的支点为前二后一或前一后二,用四点支承则前后各有两个支承点,如图2-11所示。

发动机在车架上的支承是弹性的,在发动机与车架之间有橡胶垫,这是为了减小在汽车行驶中车架的扭转变形对发动机的影响,以及减少传给底盘和乘员的振动和噪声。为了防止当汽车制动或加速时由于弹性元件的变形而产生的发动机纵向位移,用纵向拉杆将发动机与车架纵梁相连,如图2-11(a)所示。两端连接处装有橡胶垫。

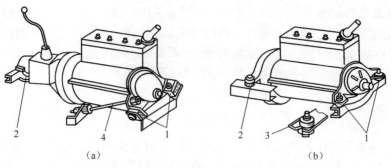

图 2-11 发动机的支承
（a）三点支承；（b）四点支承。
1—前支承；2—后支承；3—橡胶垫；4—纵向拉杆。

减振要求高的发动机采用液压悬置支承发动机。图 2-12 为支承发动机的液压悬置，连接螺栓 1 通过支架与发动机相连，连接螺栓 10 与车架相连，由橡胶主簧 3 和底膜 8 组成一个密封的空腔，空腔内被液体填充，空腔被惯性通道体 6 和解耦盘 5 分解成上下两个腔，发动机振动时，橡胶主簧 3 承受动态载荷上下运动，上下两个腔的体积发生变化，液体流过惯性通道 7、补偿孔 12，产生节流损失，同时解耦盘 5、底膜 8 也可能发生变形，共同消耗振动的能量，减小了发动机支承处的振动。如果液压悬置承受低频、大振幅的激励时，液体主要流经惯性通道 7，在惯性通道 7 的出、入口处产生节流损失，从而耗散掉振动能量，降低了发动机支承处的低频振动；如果在高频小振幅激励下，液体来不及在惯性通道 7 内流动，由于解耦盘 5 在小变形时刚度特别小，解耦通道 7 内的液体和解耦盘 5 高速振动，从而降低了液压悬置的高频动刚度，也即降低了发动机支承处的高频振动。

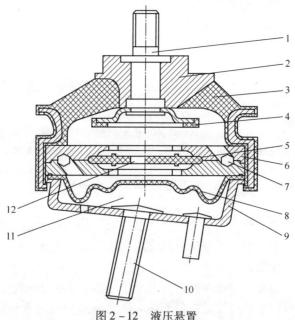

图 2-12 液压悬置
1、10—连接螺栓；2—金属骨架；3—橡胶主簧；4—缓冲限位盘；5—解耦盘；6—惯性通道体；7—惯性通道；
8—底膜；9—底座；11—空气室；12—补偿孔。

第二节 活塞连杆组

活塞连杆组将活塞的往复运动转变为曲轴的旋转运动，同时将作用于活塞上的力转变为曲轴对外输出的转矩，以驱动汽车车轮转动。活塞连杆组由活塞 11、活塞环 1、活塞销 10、连杆 4 等组成，如图 2-13 所示。

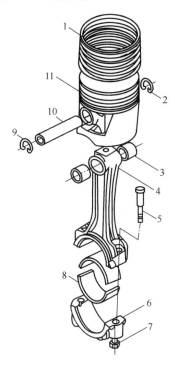

图 2-13 活塞连杆组
1—活塞环；2、9—活塞销卡环；3—连杆小头衬套；4—连杆；5—连杆螺栓；6—连杆盖；
7—连杆大头锁紧螺母；8—连杆轴承；10—活塞销；11—活塞。

一、活塞

活塞的主要作用是承受气缸中的气体压力，并将此力通过活塞销传给连杆，推动曲轴旋转。活塞顶部还与气缸盖、气缸壁共同组成燃烧室。

1. 活塞的材料

汽车发动机目前采用的活塞材料是铝合金，在个别汽车柴油机上的活塞采用高级铸铁或耐热钢制造。铝的密度约为铸铁的 1/3，这可减小惯性力。铝合金的导热性约为铸铁的 3 倍，这样有利于活塞上高的热量通过气缸很快传递给冷却液，使得熔点 600℃ 的铝合金能在与峰值温度高达 2000~2500K 的高温燃气相接触的情况下仍能正常工作。

2. 活塞的结构

活塞的基本构造可分为顶部、头部和裙部三部分，如图 2-14 所示。

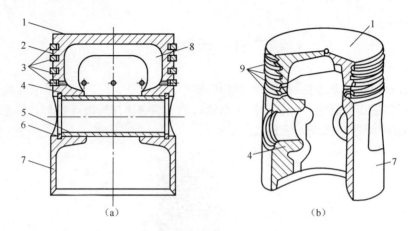

图 2-14 活塞结构剖视图
(a) 全剖；(b) 部分剖。
1—活塞顶；2—活塞头；3—活塞环；4—活塞销座；5—活塞销；
6—活塞销卡环；7—活塞裙；8—加强肋；9—环槽。

1) 活塞顶部

活塞顶部形状主要取决于燃烧室的选择与设计，而燃烧室的选择取决于活塞直径、发动机的转速、经济性、动力性、功率、可靠性及排放等。汽油机活塞顶部多采用平顶（图 2-15（a）），其优点是吸热面积小，制造工艺简单。有些汽油机为了改善混合气形成和燃烧而采用凹顶活塞（图 2-15（b）），凹坑的大小还可以用来调节发动机的压缩比。柴油机的活塞顶部常常设有各种各样的凹坑（图 2-15（c）、图 2-15（d）、图 2-15（e）），其具体形状、位置和大小都必须与柴油机混合气的形成或与燃烧要求相适应。

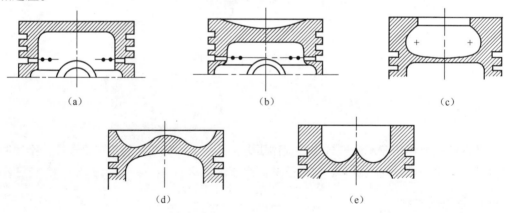

图 2-15 活塞顶部形状
(a) 平顶；(b) 凹顶；(c)、(d)、(e) 凹坑。

在活塞顶部除有燃烧室凹坑外，为了避免气门和活塞顶部发生碰撞，有的活塞顶还加工有让气门坑，如图 2-16 所示。为了减轻活塞顶部的热负荷，有的活塞顶部喷镀陶瓷，其镀层厚度为 0.2~0.3mm，能起到耐高温、防腐蚀和减少吸热的作用。有的活塞顶部刻有方向标记，安装时应注意按规定方向安装，绝对不允许反装。

2) 活塞头部

活塞头部是活塞环槽以上的部分。其主要功用有：①承受气体压力，并传给连杆；②与活塞环一起实现气缸的密封；③将活塞顶部吸收的热量通过活塞环传给气缸壁。

活塞头部的环槽：头部切有若干用于安装活塞环的环槽（图 2 – 14）。汽油机一般有 2～3 道环槽，上面 1～2 道安装气环，下面 1 道安装油环。在油环槽底面上钻有许多径向小的回油孔，被油环从气缸壁上刮下来的多余机油，经过这些小孔流回油底壳。

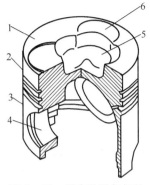

图 2 – 16 活塞的让气门坑
1—活塞顶；2—活塞头部；3—活塞裙部；
4—活塞销孔；5—燃烧室凹坑；6—让气门坑。

活塞头部的隔热槽：有的发动机活塞在第一道环槽上面车出较环槽窄的隔热槽（图 2 – 17 (b)），其作用是隔断从活塞顶部流下来的部分热流通路，迫使热流方向转折，把原来应由第一道活塞环散走的热量，分散给第二、第三道环，以消除第一道环过热后产生积炭和卡死在环槽中的可能性，但活塞顶部边缘的散热性下降。

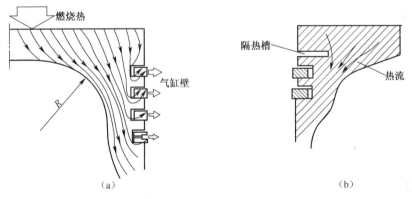

图 2 – 17 减轻第一道气环热负荷的隔热槽原理
(a) 由活塞顶到气缸壁的热流；(b) 活塞隔热槽。

活塞头部的镶槽：为了保护和加强活塞环槽，在活塞环槽部位铸入由耐热合金钢制造的环槽护圈，如图 2 – 18 (a)、图 2 – 18 (b) 所示，这样的活塞称为镶槽活塞。在高强化直喷式燃烧室柴油机中，在第一道环槽和燃烧室喉口处均镶嵌耐热护圈（图 2 – 18 (c)、图 2 – 18 (d)），以保护喉口不致因为过热而开裂。

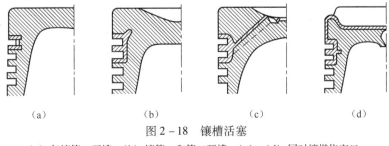

图 2 – 18 镶槽活塞
(a) 仅镶第一环槽；(b) 镶第一和第二环槽；(c)、(d) 同时镶燃烧室口。

3）活塞裙部

活塞裙部是指自油环槽下端面以下的部分。其作用是为活塞在气缸内往复运动作导向和承受侧压力。活塞裙部宏观为柱形，因受力和受热在结构上有所变化。

活塞裙部的截面形状：为短轴平行于活塞销轴线的椭圆。活塞工作时，燃烧气体压力 p 均匀作用在活塞顶上，而活塞销给予的支反力则作用在活塞裙部的销座处，由此而产生的变形使裙部直径沿活塞销座轴线方向增大（图2-19（a））。活塞在侧压力 F_N 的作用下，使圆形裙部有压扁的趋势，同时迫使活塞裙部直径沿销座轴方向上增大（图2-19（b））。此外，活塞销座附近的金属堆积，受热后膨胀量大，致使裙部在受热变形时，在沿活塞销座轴线方向的直径增量大于其他方向。所以，活塞工作时产生的机械变形和热变形，使得其裙部断面变成长轴在活塞销方向上的椭圆。为了使活塞在正常工作温度下成为圆形与气缸壁间保持比较均匀的间隙，把活塞销轴线作为活塞裙部椭圆的短轴（图2-19（c）），形成椭圆截面。为了减少销座附近处的热变形量，有的活塞将销座附近的裙部外表面制成下陷0.5~1.0mm。

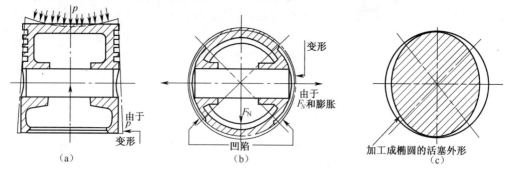

图2-19 活塞裙部的椭圆变形
(a) 由于燃烧气体压力的变形；(b) 由于侧压力的变形；(c) 截面形状。

活塞裙部的高度方向形状：活塞工作时沿高度方向温度分布很不均匀，越接近顶部温度越高，相应各断面的膨胀量也呈现上大下小。为使活塞在工作状况下接近圆柱形，保持小而均匀的间隙，把活塞裙部形状做成变椭圆筒形，即在裙部的不同部位其椭圆度不同，椭圆度由下而上逐渐增大，即裙部横截面越往上越扁，裙部纵向截面呈筒形，其轮廓线为一抛物线，故亦称抛物线形裙部。这种裙部不仅适应活塞的温度分布，而且裙部承受侧压力的一边与缸壁之间容易形成双向"油楔"，活塞无论向上或向下运动时，都能保证裙部有良好的润滑及较高的承载能力。

活塞裙部的镶钢片结构：即在活塞裙部或销座内嵌入钢片，如图2-20所示。它有镶铸恒范钢片、双金属壁自动热补偿和镶筒形钢片、镶复式钢片的活塞。前两种多用在汽油机上，后两种多用在柴油机上。这些活塞裙部的热膨胀系数为钢和铝热膨胀系数的综合值，可减小活塞与气缸壁之间的冷态装配间隙，使之不产生冷"敲缸"现象。

图2-20（a）为镶铸恒范钢片的活塞，它在活塞销座中镶铸有热膨胀系数低的恒范钢片。恒范钢是含镍33%~36%的低碳合金钢，它的膨胀系数仅是铝合金的1/10左右。活塞销座通过恒范钢片与裙部相连，这样，活塞销座的膨胀对裙部不直接产生影响，此外，由于裙部在膨胀时，受到膨胀量小的恒范钢片的牵制，使膨胀量大为减少。

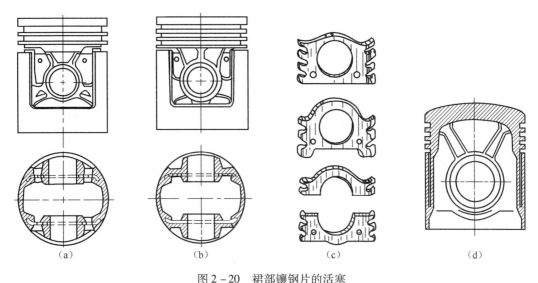

图 2-20 裙部镶钢片的活塞
(a) 镶铸恒范钢片的活塞；(b) 双金属壁自动热补偿的活塞；
(c) 钢片形状；(d) 镶筒形钢片的活塞。

图 2-20 (b) 为双金属壁自动热补偿的活塞，活塞销座通过低碳钢片和铝共同与裙部相连，低碳钢片贴在活塞销座铝层的内侧，它不仅依靠膨胀量小的钢片抑制膨胀量大的铝的作用来减少活塞的膨胀，还利用钢片与铝壳之间的双金属抗弯能力减少裙部推力面的横向变形，这时，活塞销座轴线方向的膨胀量虽有增大，但可用椭圆度等措施来补偿。这种活塞控制膨胀的作用是随着温度的提高而增大，因此称为自动热补偿的活塞。

图 2-20 (d) 为镶筒形钢片的活塞，在浇铸活塞时，将钢筒夹在铝合金中，由于钢筒与铝合金的膨胀系数不同，当浇铸冷却时，由于铝合金收缩比钢大，钢筒外面的铝层就包紧在钢筒上，使铝层产生拉应力而钢筒产生压应力；在钢筒的内侧，由于铝层的内缩，与钢筒之间形成了一个收缩缝隙。当发动机工作、活塞温度升高时，首先要使上述缝隙和外层铝层和钢筒的残余应力消除，才有可能向外膨胀，正因为如此，这种活塞的膨胀量相应减小。

活塞裙部的表面处理：为了改善铝合金活塞的耐磨性，通常对活塞裙部进行表面处理，对汽油机铸铝活塞的裙部外表面进行镀锡；对柴油机铸铝活塞的裙部外表面进行磷化；对于锻铝活塞，在裙部的外表面上可涂以石墨。

活塞裙部的拖板：图 2-21 所示为半拖板式或拖板式活塞裙部，图 2-21 (a) 所示活塞的两侧裙部长，活塞销下方裙部短，部分质量被去除，使裙部的导向性好，既防止活塞运动时的偏摆，又明显减轻了活塞的质量，惯性力小，对提高发动机转速有利，同时增加了活塞裙部的弹性，可使裙部与气缸装配间隙减小很多，也不会卡死。有的柴油机活塞在裙部还有一道下油环，如图 2-21 (b) 所示，用来加强活塞和缸套的润滑，同时有更好的刮油作用。

4) 活塞销座

活塞销座位于活塞裙部的上部，如图 2-14 所示，用于安装活塞销。活塞的销孔与活塞销组成一对摩擦副，它将活塞顶部气体作用力通过活塞销座传给活塞销，然后再传递到连杆，受力大，因而采用厚壁圆筒结构，使其有足够的强度、承压面积和耐磨性。

销座孔内有安放弹性卡环的卡环槽。用卡环限止活塞销轴向窜动。

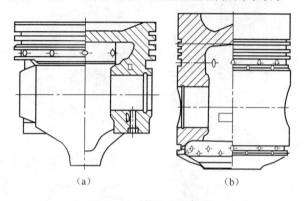

图 2-21 其他形状活塞
(a) 拖板式活塞；(b) 裙底有油环的活塞。

销座孔的中心线有对中布置和偏置形式，分别如图 2-22（a）和图 2-22（b）所示。在图 2-22（b）中，活塞销座轴线向在作功行程中受侧向力的一面偏移了 1~2mm，这是因为如果活塞销对中布置，则当活塞越过上止点时侧压力的作用方向改变，会使活塞敲击气缸壁面发出噪声。如果把活塞销偏置，则可使活塞较平稳地从压向气缸的一面过渡到另一面，而且过渡时刻早于达到最高燃烧压力的时刻，可以减轻活塞"敲缸"，减小噪声，改善发动机工作的平顺性，但活塞裙部两端的尖角负荷增大，易磨损。

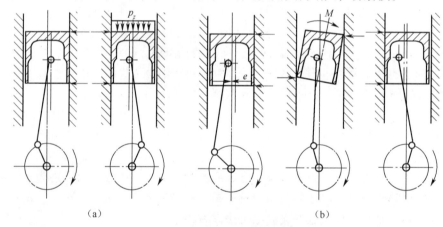

图 2-22 活塞销偏置时受力分析
(a) 活塞销对中布置；(b) 活塞销偏移布置。

3. 活塞的油冷

图 2-23（a）所示活塞的油冷结构是一种利用经过连杆杆身输送到连杆小头的机油喷到活塞顶部底面进行冷却，称为振荡冷却；图 2-23（b）所示活塞的油冷结构是在活塞顶部材料内用失蜡铸造法铸出蛇形管，利用安装在机体上的喷油嘴对蛇形管的一端喷入机油，机油吸收活塞顶部热量从蛇形管的另一端流出，回到油底壳。活塞的油冷结构多用于增压发动机。

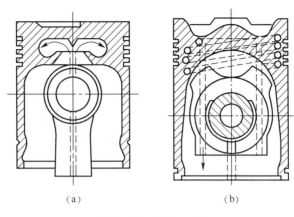

图 2-23 活塞的油冷
(a) 振荡冷却；(b) 喷油冷却。

二、活塞环

按活塞环所起的作用，分为气环和油环两种。

1. 气环

气环的作用：密封气缸中的高温燃气，防止气缸中的气体大量漏入曲轴箱，同时还起导热作用，将活塞顶部的大部分热量传给气缸壁，再由冷却液或空气带走。在气环所起的密封和导热两大作用中，密封是主要的，因为密封是导热的前提，如果气环密封性能不好，高温燃气将直接从气环外圆表面窜入曲轴箱，此时，不但由于气环和气缸壁贴合不严而不能很好地散热，相反地气环外圆表面还接受附加的热量，最后必将导致活塞和气环烧坏。

气环的工作条件：活塞环工作时受到气缸中高温、高压燃气的作用，其温度较高（尤其是第一道环，温度可达600K）。活塞环在气缸内作高速运动，加上高温下机油可能变质，使环的润滑条件变坏，难以保证液体润滑。活塞环在高温、高压、高速以及润滑困难的条件下工作，是发动机所有零件中工作寿命最短的零件。当活塞环磨损到失效时，将出现发动机起动困难，功率不足，曲轴箱压力升高，机油消耗增大，排气冒蓝烟，燃烧室、活塞等表面严重积炭等不良状况。

气环的密封原理：气环1安装在活塞2上部的环槽中。它有一个切口，且在自由状态下不是圆环形，其外形尺寸比气缸的内径大些，随活塞一起装入气缸后，便产生弹力而紧贴在气缸壁3上。第一道气环在燃气压力作用下压紧在环槽的下端面上（图2-24），于是燃气从环的上端面处的缝隙绕流到环的背面，并发生膨胀，其压力下降。同时，燃气压力对环背的作用力使环更紧地贴在气缸壁上。压力已有所降低的燃气，从第一道气环的切口漏到第二道气环的上平面时，又把这道气环压贴在第二道环槽的下端面上，于是燃气又绕流到这道环的背面，再发生膨胀，其压力又进一步降低。如此继续进行下去，从最后一道气环漏出来的燃气，其压力和流速已经大大减小，因而泄漏的燃气量也就很少了。因此，为数很少的几道切口相互错开的气环构成"迷宫式"封气装置，就足以对气缸中的高压燃气进行有效的密封。一般汽油机设有2道气环，而柴油机由于压缩比高，常设有3道气环。通常在保证密封的前提下，应该尽可能减少环数。

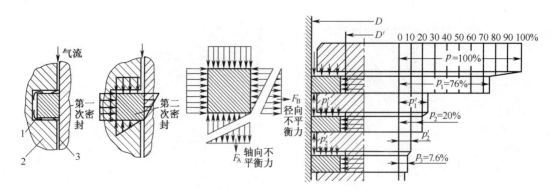

图 2-24 气环的密封原理

气环的切口形状：气缸内的燃气漏入曲轴箱的主要通路是活塞环的切口，因此，切口的形状和装入气缸后的间隙大小对漏入曲轴箱的燃气量有一定的影响。切口间隙过大，则漏气严重，使发动机功率减小；间隙过小，活塞环受热膨胀后就有可能卡死或折断。切口间隙值一般为 0.25~0.8mm。第一道气环的温度最高，因而其切口间隙值最大。气环的切口形状如图 2-25 所示，有直角切口、阶梯形切口和斜切口。直角形切口工艺性好（图 2-25（a）），但直通的气体通道，气体易通过；阶梯形切口的密封性好，但工艺性较差（图 2-25（b）），阶梯处强度较弱；图 2-25（c）所示为斜切口，斜角一般为 30°或 45°，其密封作用和工艺性均介于前两种之间，但其锐角部位在套装入活塞时容易折损；四冲程发动机的活塞环在环槽中一般不予周向定位。稍有周向转动对防止环的偏磨损和卡死是有利的。只是装配时要注意使各环的开口位置错开，以减少各开口重叠而使漏气的机会增多。

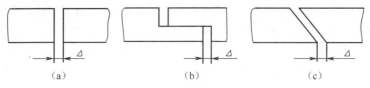

图 2-25 气环切口形状

(a) 直角切口；(b) 阶梯形切口；(c) 斜切口。

气环的断面形状：常见的气环断面形状如图 2-26 所示。根据气环的断面形状，有矩形环、锥形环、正扭曲内切环、反扭曲内切环、梯形环和桶面环。

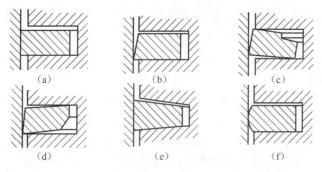

图 2-26 气环断面形状

(a) 矩形环；(b) 锥形环；(c) 正扭曲内切环；(d) 反扭曲内切环；(e) 梯形环；(f) 桶面环。

矩形断面环如图2-26（a）所示，其工艺性好，成本低，工作接触面积大，导热效果较好，但耐磨性、密封性较差，且有泵油作用。它一般应用在性能指标不高的发动机上，在高速、高负荷的强化发动机上很少应用。

矩形断面气环有泵油作用。当矩形断面的气环随活塞往复运动时，会把气缸壁上的机油不断送入气缸中，这种现象称为"气环的泵油作用"，其泵油原理如图2-27所示。活塞下行时，由于环与缸壁之间的摩擦阻力以及环本身的惯性，环将压靠在环槽的上端面，缸壁上的机油就被刮入下边隙与背隙内。当活塞上行时，环又压靠在环槽的下端面上，第一道环背隙里的机油经过上边隙进入气缸中，第二道环背隙里的机油经过上边隙进入第一道环背隙中，第三道环背隙里的机油经过上边隙进入第二道环背隙中。如此反复，结果就像油泵的作用一样，将缸壁的机油逐个泵过气环的背隙，最后压入燃烧室。窜入气缸内的机油会使燃烧室内形成积炭和增加机油消耗，并且还可能在环槽（尤其是温度较高的第一道气环槽）中形成积炭，使环被卡死在环槽中，失去密封作用，划伤气缸壁，甚至使环折断。

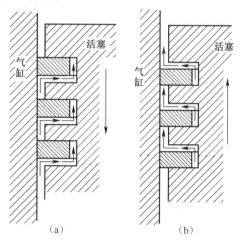

图2-27 矩形环断面环的泵油作用
(a) 活塞下行；(b) 活塞上行。

为了消除或减少有害的泵油作用，除在气环的下面装有油环外，现发动机广泛采用非矩形断面的气环，如图2-26所示。

锥形环如图2-26（b）所示，周向与气缸壁线接触，并在轴向形成楔形，上行时能良好地在气缸壁上滑动，下行有良好的刮油作用，具有良好的磨合性；但不能装反，否则窜机油。为避免装错，通常在环的上侧面标有向上记号。它用于高速柴油机和汽油机的第二、三道气环。

扭曲环如图2-26（c）、图2-26（d）所示，除了具有锥形环的优点外，还能减小泵油作用，减轻磨损，提高散热能力。正扭曲环是在矩形环的内圆上边缘或外圆下边缘切口（图2-26（c）），而反扭曲环是在矩形环的内圆下边缘或外圆上边缘倒角（图2-26（d））。

将这两种扭曲环随同活塞装入气缸时，由于环的弹性内力不对称作用而产生明显的断面倾斜，其中正扭曲环的作用原理如图2-28所示。活塞环装入气缸后，其外侧拉力

的合力 F_1 与内侧压力的合力 F_2 之间有一力臂 e，于是产生了扭曲力矩 M。它使环的断面扭转成盘状（反扭曲环在使用时被扭转成盖子状），从而使环的边缘与环槽的上下端面接触，提高了表面接触应力，防止活塞环在环槽内上下窜动而造成的泵油作用，同时增加了密封性。扭曲环还易于磨合，并有向下刮油的作用。正扭曲环常用于第二、三道气环，反扭曲环由于防窜油能力相对较差，而用于紧靠油环上面的气环。在安装正、反扭曲环时，必须注意环的断面形状和方向，不能装反。

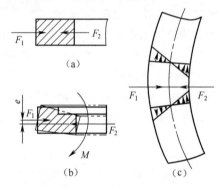

图 2 - 28　正扭曲环作用原理
(a) 矩形断面环；(b) 扭曲环；(c) 断面应力分布。

梯形环如图 2 - 26 (e) 所示，截面为梯形。梯形环主要优点是能使沉积在环槽中的油焦被挤出。当活塞在侧压力 F_N 的作用下横动时，环的侧隙 δ 相应发生变化（图 2 - 29 (a)），把胶状油焦从环槽中挤出，促使间隙中的机油更新，因此梯形环抗胶结能力特别好，同时避免了环被黏在环槽中而引起折断。作功行程中，作用在梯形环上的燃气作用力 F_R 的径向分力 F_{Rx}，加强了环的密封作用（图 2 - 29 (b)），使用寿命长。它的主要缺点是上、下两面的精磨工艺比较复杂。在热负荷较高的柴油机上，常被用作第一道气环。

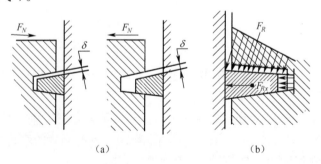

图 2 - 29　梯形环工作示意图
(a) 间隙变化；(b) 受力情况。

桶面环如图 2 - 26 (f) 所示，外圆面为外凸圆弧形，形成楔形，有利于桶面环上行和下行时在气缸表面形成油膜，对活塞在气缸内摆动的适应性好，但是凸圆弧表面加工比较困难。目前广泛地在高速、高负荷的强化柴油机中用作第一道环，如玉柴 YC6105QC 柴油机。

活塞环的材料及加工工艺：气环的材料一般是铸铁，如优质灰铸铁、球墨铸铁和合金铸铁,已试用散热性好的金属陶瓷的活塞环。铸铁活塞环先铸成筒状,然后切割成圆环,也可以单体离心铸造。常对气环的表面镀锡、磷化、喷石墨及硫化,第一道气环的表面进行镀铬或喷钼,以提高表面硬度,增加耐磨性。

2. 油环

油环的作用是刮除气缸壁上多余的机油,并在气缸壁面上涂布一层均匀的机油膜,这样既可以防止机油窜入气缸燃烧,又可以减小活塞、活塞环与气缸壁的磨损和摩擦阻力。此外,油环还起到封气的辅助作用。油环分为普通油环和组合油环两种。

1) 普通单体油环

普通单体油环的结构如图2-30(a)所示,一般用合金铸铁制造。其外圆面的中间车有一道凹槽,在凹槽底部加工出很多排油径向小孔或狭缝,形成泄油通道。这种环的结构简单,易加工,但刮油效果差。

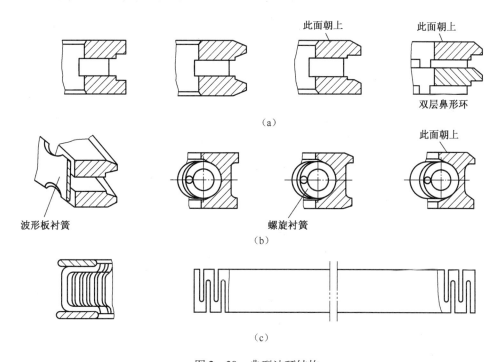

图2-30 典型油环结构
(a) 普通单体油环;(b) 加衬簧的油环;(c) 钢片组合式油环。

油环的刮油作用如图2-31所示,通常油环都要有一道或两道刮油锐边,活塞下行时,将飞溅到气缸壁上多余的润滑油刮去并形成均匀油膜。活塞上行时,将气环刮下的润滑油通过泄油通道排去。油环上和活塞上要有足够的泄油通道,使刮下的机油能顺畅地通过活塞上径向孔下泄,滴回油底壳,避免因节流使油压升高,将油环推离气缸壁而失去控油能力。

油环的泄油通道如图2-32所示,在图2-32(a)、图2-32(b)中,活塞上开两排泄油孔,一排开在油环槽底部,一排在油环槽下方的活塞裙部,上下两排孔的周向位置错开的,以减少泄油孔对活塞强度的影响。在图2-32(c)中,安装双层鼻形环,活塞的油环槽底部开一排泄油孔。

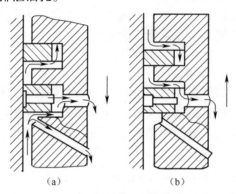

图2-31 油环刮油作用
(a) 活塞下行;(b) 活塞上行。

2) 加衬簧的油环

加衬簧的油环如图2-30 (b) 所示,油环的弹簧用于增加环背压力,使油环紧靠在气缸壁上,保证耐久性的刮油能力。油环的外圆表面和环背面(与螺旋衬簧接触的表面)都镀铬,以减少摩擦和磨损,带波形板衬簧的油环有较大的径向压力,用于一些小型汽油机;带螺旋衬簧的油环径向压力更大,刮油能力强,在车用柴油机中普遍使用,在一部分车用汽油机中使用。

油环的上下侧面有泵油的作用。单体油环的高度小于油环槽的高度,存在上下侧面间隙,因此当油环由于正常的轴向移动或由于颤振而处在油环槽中间时,虽有泄油通道泄油,但仍在少量机油通过上下侧隙泵油上窜。这是单体油环的一个缺点,高速时影响较大,所以现代高速发动机多改用钢片组合式油环(图2-32 (b))。

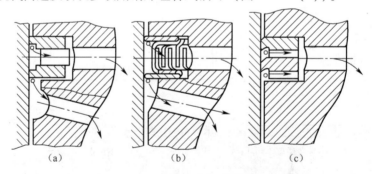

图2-32 油环安装结构及泄油通道
(a) 普通单体油环;(b) 钢片组合式油环;(c) 双层鼻形环。

3) 钢片组合式油环

钢片组合式油环的结构如图2-30 (c) 和图2-32 (b) 所示,有上、下两个刮油片,与缸壁的接触面积很小,上、下两片可以有不同的径向动作,对缸壁变形的适应性好,泄油通道大,质量小。安装状态下衬簧不仅加大了刮片的径向压力,同时将两刮片在轴向撑开,与油环槽的两侧面贴合,能够有效地防止机油上窜。因此,钢片组合式油环的控油能力最强,不过环和缸壁的磨损都比用螺旋衬簧的油环快一些,油环需用优质钢,成本高。这种油环应用于康明斯 B 系列、WD615 系列柴油机和奥迪 100、宝来、桑塔纳等轿车的发动机上,应用日益增多。

三、活塞销

活塞销的功用:连接活塞和连杆小头,并在活塞与连杆之间传递作用力。

活塞销的工作条件:活塞销在高温下承受很大的周期性冲击载荷,而且润滑条件很差,因而要求有足够的刚度、强度和耐磨性,而且质量要小。

活塞销的结构:活塞销通常做成中空管状,如图 2-33 所示,以减小质量。活塞销的内孔形状有圆柱形(图 2-33(a))、两段截锥形(图 2-33(c))以及两段截锥与一段圆柱的组合形(图 2-33(b))等。圆柱形内孔容易加工,但质量较大,两边有多余的材料未去除。两段截锥形内孔的活塞销质量较小,又接近于等强度梁的要求(因活塞销的中部弯矩大,距中部越远弯矩越小),但要加工锥形孔,没有加工柱形孔方便。组合形内孔的结构则介于两者之间。

活塞销的装配结构:活塞销一般多采用"全浮式"装配结构,如图 2-34 所示,即发动机工作时,活塞销与活塞及连杆在周向不固定,这样,在发动机运转过程中,活塞销不仅可以在连杆小头衬套孔内,还可以在销座孔内缓慢地转动,以使活塞销各部分的磨损比较均匀。铝活塞比钢活塞销的热膨胀量大,为实现"全浮式"装配,保证高温工作时活塞销与活塞销座孔之间有正常的工作间隙(0.01~0.02mm),在冷态装配时活塞销与活塞销座孔为过渡配合。装配时,先将铝活塞放在温度为 70~90℃ 的水或油中加热,然后将活塞销装入。为了防止活塞销轴向窜动而刮伤气缸壁,在活塞销两端用卡环嵌在销座孔的凹槽中,实现轴向定位。

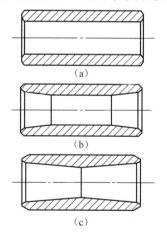
图 2-33 活塞销内孔形状
(a)圆柱形;(b)组合形;(c)两段截锥形。

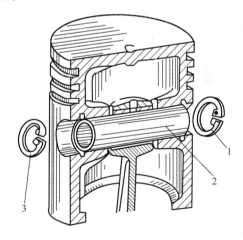
图 2-34 活塞销的连接方式
1、3—卡环;2—活塞销。

活塞销材料:活塞销一般用低碳钢或低碳合金钢(如 20、20Mn、15Cr、20Cr 或 20MnV 等)制造。表面渗碳或渗氮处理,提高表面硬度,获得良好的耐磨性,并保证芯部有一定的韧性以抗冲击,然后再进行精磨和抛光,提高尺寸精度和表面粗糙度。

四、连杆

1. 连杆功用

连杆的功用：连接活塞和曲轴，把活塞的往复运动转变为曲轴的旋转运动，并将活塞承受的力传给曲轴。

连杆的工作条件：连杆主要承受活塞销传来的气体作用力和活塞组往复运动时的惯性力。此外，由于连杆变速摆动而产生的惯性力矩，还使连杆承受一定的弯矩。这些力和力矩的大小和方向都是周期性变化的，使连杆受到的是压缩、拉伸和弯曲等交变载荷。为此，要求连杆在质量尽可能小的条件下有足够的刚度和强度。

2. 连杆材料

连杆一般用中碳钢（如45、40Cr等）或合金钢经模锻或辊锻而成，也有少数用球墨铸铁制成，然后再进行机械加工和热处理。为提高疲劳强度，连杆常进行表面喷丸处理。小型发动机的连杆常采用高强度铝合金制造。

3. 连杆结构

连杆（图2-35）由连杆小头、杆身和连杆大头三部分组成。

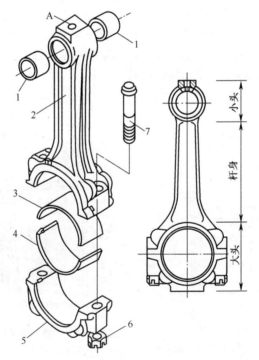

图2-35 连杆组件
1—连杆衬套；2—连杆体；3—上连杆轴瓦；4—下连杆轴瓦；
5—连杆盖；6—螺母；7—连杆螺栓；A—油孔。

1) 连杆小头

连杆小头内安装活塞销，小头孔中一般压入减摩的青铜衬套1，以减小工作时小头与活塞销之间相对摆动摩擦。为了润滑活塞销与衬套，在小头和衬套上钻出集油孔 12 或铣出集油槽 13（图 2-36），用来收集发动机运转时飞溅上来的机油，以便润滑。衬套有分开式（图 2-35）和整体式（图 2-36）。整体式衬套的中部孔内，加工一环形油槽，并在中部铣一缺口，或钻一油孔，与连杆小头上油槽（或油孔）相通。有的发动机在连杆杆身内钻有压力油的纵向通道（图 2-37（a）、2-38（b）），压力润滑连杆小头，润滑效果好，但需加工长度较大的油道。

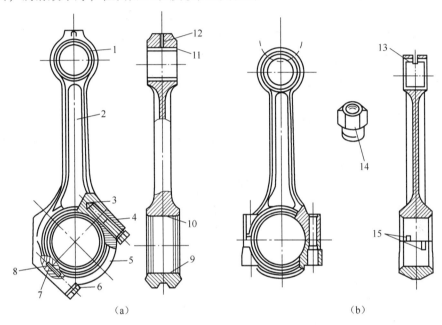

图 2-36 连杆构造

(a) 斜切口；(b) 平切口。

1—连杆小头；2—杆身；3—连杆大头；4、6—连杆螺栓；5—连杆盖；7—锯齿；8—定位销；9—下连杆轴瓦；10—上连杆轴瓦；11—连杆衬套；12—集油孔；13—集油槽；14—自锁螺母；15—轴瓦定位槽。

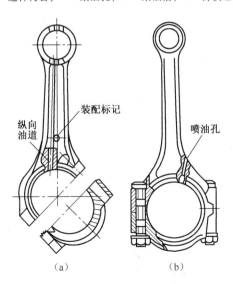

图 2-37 钻有纵向通道和喷油孔的连杆

2）连杆杆身

连杆杆身通常做成工字形断面以提高压杆稳定性、强度和刚度，减小质量，适于模锻制造。连杆杆身的两端与连杆小头、大头有弧形过渡连接。在有的杆身中间，打上朝发动机前部的装配标记（图2-37）。

3）连杆大头

连杆大头与曲轴的连杆轴颈相连，剖分成两部分，被分开的部分称为连杆盖，借特制的连杆螺栓紧固在连杆大头上（图2-36）。连杆盖与连杆大头是配对组合镗孔的，为了防止装配时配对错误，在同一侧刻有配对记号。连杆大头内安装下连杆轴瓦9和上连杆轴瓦10，孔内还铣有轴瓦定位槽15。有的连杆大头连同轴瓦还钻有1~1.5mm小喷油孔（图2-37（b）），从中喷出机油，对下置凸轮和气缸壁飞溅润滑。

连杆螺栓是一个承受交变载荷的重要零件，为了保证连接的可靠性，一般采用韧性较高的优质合金钢或优质碳素钢锻制或冷镦成形，安装时，必须以工厂规定的拧紧力矩，分2~3次均匀地拧紧，必须用防松胶（如乐泰243螺纹锁固胶）或机械锁紧装置紧固，以防止工作时自动松动。常用机械锁紧装置有自锁螺母、开口销等。

4. 连杆大头切口形式与定位

1）连杆大头切口形式

连杆大头的切口形式有两种。连杆大头沿着与杆身轴线垂直的方向切开，称为平切口连杆（图2-36（b）），多用于汽油机。有些发动机的连杆大头较大，为了维修拆装时仍能将其从气缸中抽出，将连杆大头与沿着杆身轴线成30°~60°（多用45°）的方向切开，称为斜切口连杆（图2-36（a）和图2-38）。

平切口优于斜切口，受力较好，易制造，所以绝大多数现代发动机的连杆均采用平切口，只有一部分柴油机和少数强化程度高的汽油机，由于受力较大，相应连杆轴颈直径尺寸加大，连杆大头尺寸也随之增大，而在装拆活塞连杆组件时无法使平切口连杆大头通过气缸时，才采用斜切口。

2）连杆大头切口定位

为防止连杆体与大头盖装配和工作时错位，在连杆大头盖之间必须定位可靠。平切口连杆大多数是利用连杆螺栓上精加工的圆柱凸台或光圆柱部分，与精加工的螺栓孔来保证的，是定位销与螺栓杆制成一体的定位结构。斜切口连杆常用的定位方法如下：

止口定位如图2-38（a）所示，在连杆体与大头盖之间有阶梯定位面，其优点是工艺简单，缺点是定位不大可靠，对连杆盖止口向外变形或连杆大头止口向内变形均无法防止。

套筒定位如图2-38（b）所示，是在连杆盖的每一个螺栓孔中压配一个刚度大而且剪切强度高的短套筒，其实质是定位销定位。它的定位精度高，装拆连杆盖方便。其缺点是定位套筒的工艺要求高，此外，连杆大头的横向尺寸也必然因此而加大。

锯齿定位如图2-38（c）所示，在连杆体与大头盖之间有锯齿形定位面，其优点是锯齿接触面大，贴合紧密，定位可靠，结构紧凑；缺点是对齿距公差要求严格。现在采用拉削工艺,保证齿距公差,能较好地实现定位。

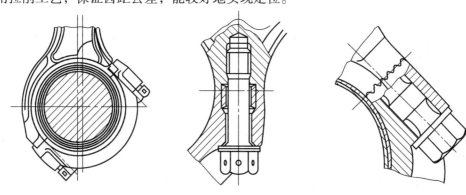

图 2-38 斜切口连杆大头定位形式
(a) 止口定位;(b) 套筒定位;(c) 锯齿定位。

5. 连杆轴瓦

连杆轴瓦的功用:保护连杆轴颈即连杆大头,减小摩擦。

连杆轴瓦的结构:连杆轴瓦是剖分成两半的滑动轴承(图 2-39),装在连杆大头孔内(图 2-35、图 2-36)。连杆轴瓦是在厚 1~3mm 的薄钢背内圆面上浇铸 0.3~0.7mm 厚的减摩合金层而成。为了防止连杆轴瓦在工作中发生随曲轴颈转动或轴向移动,在两个连杆轴瓦的剖分面上,分别冲压出高于钢背面的两个定位凸键 3。装配时,这两个凸键分别嵌入连杆大头和连杆盖上的相应轴瓦定位槽 15 中(图 2-36)。在连杆轴瓦内表面上还加工有油槽 2,用以储存、分布润滑油,保证可靠润滑。连杆轴瓦背面的表面粗糙度值很小。半个轴瓦自由状态下不是半圆形,当它们装入连杆大头孔内时,因有过盈,故能均匀地紧贴在大头孔壁上,具有很好的承受载荷和导热的能力,并可以提高其工作可靠性和延长使用寿命。

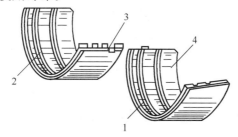

图 2-39 连杆轴瓦
1—钢背;2—集油槽;3—定位凸键;4—减摩合金层。

轴承减磨合金:具有保持油膜、减少摩擦阻力和加速磨合的作用;由于轴承减磨合金的硬度轻低,微小金属磨屑等异物可嵌藏在轴承减磨合金中,防止刮伤与连杆大头相连的轴颈表面。目前汽车发动机的轴承减磨合金主要有巴氏合金、铜铅合金、高锡铝合金等。

(1) 巴氏合金轴瓦。减磨性、嵌藏异物性好,很容易与轴颈跑合,机械强度较低,耐热性差，只能用于负荷不大的汽油机。

（2）铜铅合金轴瓦。机械强度高，承载能力大，耐热性比较好，减摩性和耐疲劳性差。常在表面镀一层厚度为 0.02～0.03mm 的铟或锡，用于高强度的柴油机。

（3）高锡铝合金轴瓦。具有较好的力学性能和减磨性，广泛应用于各类汽车的柴油机上。

6. V 形发动机连杆结构

V 形发动机左、右两侧对应的两个气缸的连杆是共同连接在一个连杆轴颈上的，它有三种形式。

（1）并列连杆式。如图 2-40（a）所示，两个相同的连杆一前一后并列安装在连杆轴颈上。这样布置的优点是连杆可以通用，两列气缸的活塞连杆组的运动规律完全相同；缺点是两列气缸中心线沿曲轴轴向要错开一段距离，使曲轴机体的长度增加，刚度降低，由于气缸中心线错开影响气缸的加工工艺性，此外，发动机的长度增加。

（2）主副连杆式。如图 2-40（b）所示，一列气缸装主连杆，另一列气缸装副连杆，副连杆与主连杆在主连杆大头处铰接。其优点是不增加发动机的轴向长度；缺点是主、副连杆不能互换，两列气缸的活塞连杆组的运动规律不同，惯性力不同，主缸活塞与连杆还受到副连杆施加的附加侧向作用力和附加弯矩。

（3）叉形连杆式。如图 2-40（c）所示，在叉形连杆大头的中间与曲轴相连另一根无叉形连杆的大头。其优点是两列气缸中心线在同一平面内，连杆长度相等，两列对应气缸活塞运动规律一致；缺点是叉形连杆大头制造工艺比较复杂，而且增加发动机的轴向长度，此外，连杆盖等数量增多。

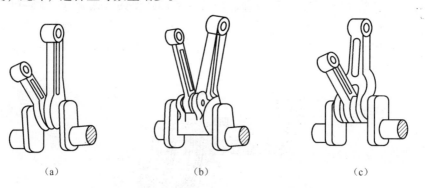

图 2-40　V 形发动机连杆结构示意图
(a) 并列连杆式；(b) 主副连杆式；(c) 叉形连杆式。

第三节　曲轴飞轮组

曲轴飞轮组如图 2-41 所示，主要由曲轴和飞轮以及其他具有不同作用的零件和附件组成。飞轮通过螺栓连接在曲轴后端。定时齿轮和带轮装在曲轴前端。

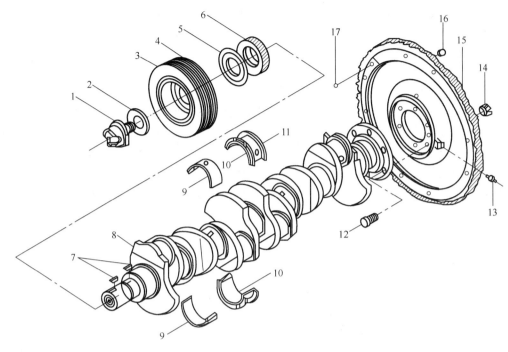

图 2-41 曲轴飞轮组

1—起动爪；2—起动爪锁紧垫圈；3—扭转减振器；4—带轮；5—挡油片；6—定时齿轮；7—半圆键；8—曲轴；9—主轴承上下轴瓦；10—中间主轴瓦；11—止推片；12—螺柱；13—润滑脂嘴；14—螺母；15—齿圈；16—定位销；17——、六缸活塞处在上止点的记号（钢球）。

一、曲轴

1. 曲轴功用

曲轴的功用：曲轴是发动机最重要的零件之一，它的功用是将连杆传来的力转变为绕自身轴线的力矩，并由飞轮对外输出转矩；同时还通过定时齿轮驱动配气机构、通过带轮驱动冷却系统的水泵等。

曲轴的工作条件：在发动机工作中，曲轴受到旋转质量的离心力、周期性变化的气体压力和往复惯性力的共同作用，使曲轴承受弯曲与扭转载荷。为了保证工作可靠，要求曲轴具有足够的刚度和强度，各工作摩擦表面要耐磨而且润滑良好。

2. 曲轴材料

曲轴要求用强度、冲击韧性和耐磨性都比较好的材料制造，一般采用中碳钢或中碳合金钢模锻。为了提高曲轴的耐磨性，其主轴颈和连杆轴颈表面上均需高频淬火或渗氮，再经过精磨，以达到高精度和较小的表面粗糙度值。

目前，曲轴多采用45、40Cr、35Mn2、50MnB等锻钢和球墨铸铁制成。上海大众和江西五十铃轿车的发动机曲轴采用49MnVS材料，提高了曲轴的韧性，改善了其切削性能。一汽奥迪100、捷达和二汽富康轿车的汽油机以及玉柴YC6105Q等柴油机采用球墨铸铁曲轴。

微合金非调质钢曲轴是近年来发展起来的新钢种,通过添加 V、Ni、Ti 等合金元素细化晶粒,提高了钢的强度,同时简化了工艺,节省了时间和能耗。德国奔驰、日本丰田、意大利菲亚特、美国福特等部分汽车发动机采用了微合金非调质钢曲轴。

3. 曲轴分类

按曲拐之间连接方式不同,多缸发动机的曲轴分为整体式(图 2-42)和组合式(图 2-43)两类。整体式曲轴的各个曲拐及前、后端都做成一个整体,一般采用滑动轴承,其结构简单、重量轻,在中小功率汽车发动机上常见。组合式曲轴的各个曲拐分段加工,然后再利用连接件将各个曲拐连成一体,一般采用滚动轴承,并且必须与隧道式气缸体配合使用,其结构复杂,在 135 系列柴油机等少数发动机上使用。

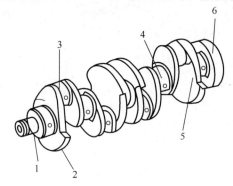

图 2-42 整体式曲轴
1—前端轴;2—平衡重;3—连杆轴颈(曲柄销);4—主轴颈;5—曲柄;6—后端凸缘。

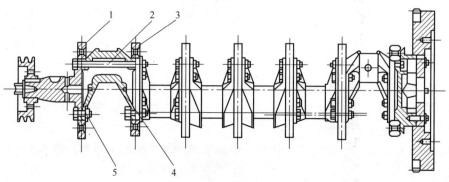

图 2-43 组合式曲轴
1、3—滚动轴承;2—连接螺栓;4—曲轴;5—定位螺栓。

按照曲轴的主轴颈数,可以把曲轴分为全支承曲轴和非全支承曲轴两种。在相邻的两个曲拐之间,都设置一个主轴颈的曲轴,称为全支承曲轴;否则称为非全支承曲轴。直列发动机的全支承曲轴,其主轴颈的总数(包括曲轴前段和后端的主轴颈)比气缸数多一个;V 形发动机的全支承曲轴,其主轴颈的总数比气缸数的 1/2 多一个。全支承曲轴的优点是可以提高曲轴的刚度和弯曲强度,并且可减轻主轴承的载荷。其缺点是曲轴的加工表面增多,主轴承增多,使机体和曲轴加长。这两种形式的曲轴均可用于汽油机,柴油机的载荷较大,多采用全支承曲轴。

4. 曲轴结构

整体式曲轴(图2-42)主要由三部分组成:曲轴的前端(或称自由端)、若干个曲拐和曲轴的后端凸缘6(或称功率输出端)。曲拐由一个连杆轴颈(曲柄销)3和其两边的曲柄5及相邻两个主轴颈4构成。

曲轴前端:它是第一道主轴颈之前的部分(图2-44),装有驱动配气凸轮轴的定时齿轮7(或定时链轮、定时齿带轮)、驱动风扇和水泵的带轮2及防止机油泄漏的油封5等,定时齿轮、带轮与曲轴用键周向连接。为了防止机油沿曲轴颈外漏,在曲轴前端上有一个甩油盘6随着曲轴旋转,当被齿轮挤出和甩出来的机油落到盘上时,由于离心力的作用被甩到定时齿轮室盖的壁面上,再沿壁面流下来回到油底壳中。即使还有少量机油落到甩油盘前面的曲轴轴段上,也被压配在定时齿轮室盖上的油封5挡住,甩油盘6的外斜面应向后,如果装错,效果将适得其反。此外,在某些中、小型发动机的曲轴前端还装有起动爪1,以便必要时用人力转动曲轴,使发动机起动。

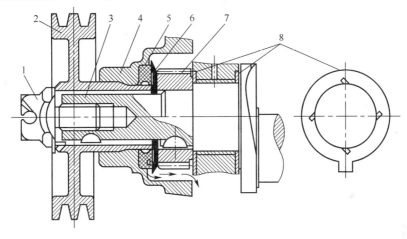

图2-44 曲轴前端结构
1—起动爪;2—带轮;3—曲轴;4—定时齿轮室盖;5—油封;
6—甩油盘;7—定时齿轮;8—推力滑动轴承。

曲轴后端:它是最后一道主轴颈之后的部分(图2-45),一般在其后端有安装飞轮的凸缘盘、回油螺纹和其他封油装置。凸缘盘上螺栓连接飞轮。回油螺纹和其他封油装置形成双重密封装置,共同密封润滑油。回油螺纹可以是梯形的或矩形的,其螺旋的方向应为右旋,回油螺纹的工作原理如图2-46所示。当曲轴旋转时,流到回油螺纹槽中的机油也被带动旋转。因为机油本身带有粘性,所以受到机体后盖孔壁的摩擦阻力F_r。F_r可分解为平行于螺纹的分力F_{r1}和垂直于螺纹的分力F_{r2},机油在F_{r1}的作用下顺着螺纹槽被推送向前,流回油底壳。如回油螺纹不能完全封油,仍有泄漏,则由填料油封7完成封油。

曲拐:曲拐上连杆轴颈与连杆相连。主轴颈支承在机体上,支承处有主轴瓦10(图2-41),主轴瓦与连杆轴瓦的结构类似。曲柄连接连杆轴颈和主轴颈,曲柄上有平衡重2(图2-42),还有主轴颈与连杆轴颈相通的油道(图2-47)。

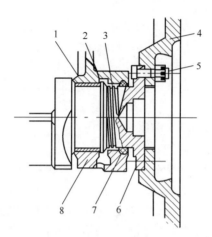

图 2-45 曲轴后端结构

1—轴承座；2—甩油盘；3—回油螺纹；4—飞轮；5—螺栓；
6—曲轴凸缘盘；7—填料油封；8—轴承盖。

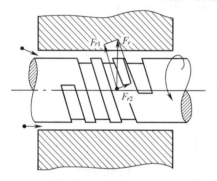

图 2-46 回油螺纹的封油原理

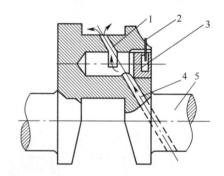

图 2-47 空心连杆轴颈中吸油管示意图

1—吸油管；2—锁销；3—放油螺塞；4—油道；5—曲轴。

连杆轴颈不少做成空心的，如图 2-47 所示，目的在于减小质量和离心力。空心部分兼做油腔，从主轴颈经曲柄油道输送来的机油就储存在此空腔中，连杆轴颈与轴瓦上钻有径向孔并通过吸油管与此油腔相通，当曲轴旋转时，进入油腔的机油在离心力作用下，将较重的杂质甩向油腔壁，油腔中心的清洁机油就经吸油管流到连杆轴颈工作表面。为了防止吸油管堵塞，应按时旋开放油螺塞，清除杂质。

5. 曲轴平衡重

平衡重的功用：用来平衡曲轴不平衡质量产生的离心力和离心力矩，有时还用来平衡连杆和活塞一部分往复惯性力，以使发动机运转平稳，减少振动和主轴承的负荷。

平衡原理：对于四缸、六缸等直列多缸发动机，因曲拐对称布置，就整机而言，其往复惯性力、离心力及其产生的力矩是平衡的，但曲轴的局部却受到弯矩作用。从图 2-48（a）中可以看到，每个曲拐的连杆轴颈和曲柄的质量分布在曲轴轴线的一边，产生离心力 F_1、F_2、F_3 和 F_4，第一和第四连杆轴颈的离心力 F_1 和 F_4 与第二和第三曲柄销的离心力 F_2 和 F_3 因大小相等、方向相反而互相平衡；F_1 和 F_2 形成的力偶矩 M_{1-2} 与 F_3 和 F_4 形成的力偶矩 M_{3-4} 也能互相平衡。但两个力偶矩都给曲轴造成了弯曲载荷。

若曲轴的刚度不够，就会产生弯曲变形，引起主轴颈和轴承偏磨。此外，由于制造误差，各个曲拐的质量有误差，使 F_1、F_3、F_2 和 F_4 的大小不等，引起曲轴不平衡。平衡曲轴的方法是在曲柄的相反方向设置平衡重，如图 2 - 48（b）所示，平衡重产生离心力 F_1'、F_2'、F_3' 和 F_4'，平衡重所造成的弯矩与 M_{1-2} 和 M_{3-4} 造成的弯矩平衡。

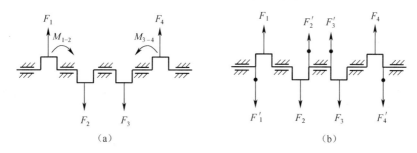

图 2 - 48　曲轴平衡重作用示意图
(a) 无平衡重；(b) 设置平衡重。

平衡重结构：有的平衡重与曲柄是一体的（图 2 - 42），有的则单独制造并用螺钉安装在曲轴上（图 2 - 49）。一般 4 缸发动机设置 4 块平衡重；6 缸发动机可设置 4 块、6 块、8 块平衡重，甚至在所有曲柄下均设有平衡重。加平衡重会导致曲轴质量和材料消耗增加，锻造工艺复杂，且需要曲轴动平衡。为获得良好动平衡的曲轴，应该加平衡重。

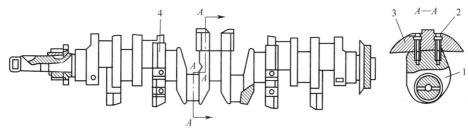

图 2 - 49　菲亚特 C40N 汽车发动机曲轴
1—曲柄；2—平衡重紧固螺钉；3—平衡重；4—紧固螺钉焊缝。

6. 曲轴轴向定位

曲轴的轴向窜动将破坏曲柄连杆机构各零件间正确的相对位置，必须轴向定位，曲轴长度大，受热后热膨胀量大，需要自由伸长，避免曲轴伸长产生的热应力，所以曲轴上只能有一处设置轴向定位装置，可位于曲轴的前端，也可在曲轴的中部，其他位置不设置轴向定位，以补偿轴的热变形伸长量。

曲轴的轴向定位一般采用滑动推力轴承，有两种形式：一种是翻边轴瓦（图 2 - 41 中间主轴瓦 10）；另一种是单制的具有减摩合金层的推力滑动轴承 8（图 2 - 44），轴承表面有油槽。

7. 曲轴形状

曲轴的形状和各曲拐的相对位置，取决于气缸数、气缸排列方式（直列或 V 形等）和各缸作功行程交替顺序。在安排多缸发动机的发火次序时，应使作功间隔均匀，对缸数为 i 的四冲程直列发动机而言，发火间隔角为 $720°/i$，即曲轴每转 $720°/i$ 时，就应有一缸作功，以保证发动机运转平稳。还应使连续作功的两缸相距尽可能远，以减轻主轴承的载荷和温度，同时避免相邻两缸进气门同时开启出现抢气现象而影响充气。

几种常用的多缸发动机曲拐布置和发火次序如下：

（1）直列4缸四冲程发动机。发火间隔角为 $720°/4 = 180°$。曲轴每转半圈作功一次，4缸交替进行，在 $720°$ 内完成，曲拐的布置如图 2-50（a）所示，采用全支承曲轴时，4个曲拐布置在同一平面内，具有良好的平衡性。发火次序有两种可能的排列法，即 1-2-4-3 或 1-3-4-2，其工作循环见表 2-1 和表 2-2。

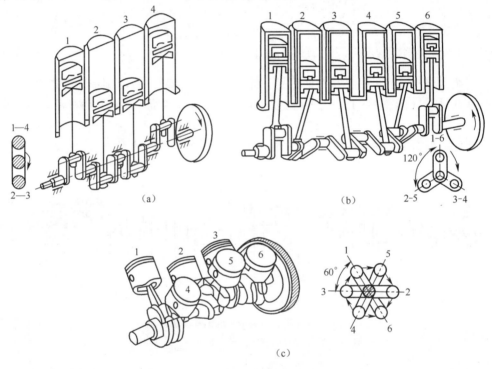

图 2-50 发动机的曲拐布置
(a) 直列4缸；(b) 直列6缸；(c) V型6缸。

表 2-1 第一种直列4缸发动机工作循环
（发火次序：1-2-4-3）

曲轴转角/（°）	第一缸	第二缸	第三缸	第四缸
0~180	作功	压缩	排气	进气
180~360	排气	作功	进气	压缩
360~540	进气	排气	压缩	作功
540~720	压缩	进气	作功	排气

表 2-2　第二种直列 4 缸发动机工作循环
（发火次序：1-3-4-2）

曲轴转角/（°）	第一缸	第二缸	第三缸	第四缸
0～180	作功	排气	压缩	进气
180～360	排气	进气	作功	压缩
360～540	进气	压缩	排气	作功
540～720	压缩	作功	进气	排气

（2）直列 6 缸四冲程发动机。发火间隔角为 720°/6 = 120°，曲拐布置如图 2-50（b）所示，6 个曲拐分别布置在夹角为 120°的三个平面内。曲拐的布置有两种方案，第一种发火次序是 1-5-3-6-2-4，这种方案应用比较普遍，国产汽车 6 缸发动机的发火次序都用这种方案，其工作循环见表 2-3；另一种发火次序是 1-4-2-6-3-5，性能与前一种没有差别，日本汽车常用这种方案。

表 2-3　直列 6 缸发动机工作循环
（发火次序：1-5-3-6-2-4）

曲轴转角/（°）		第一缸	第二缸	第三缸	第四缸	第五缸	第六缸
0～180	0～60	作功	排气	进气	作功	压缩	进气
	60～120						
	120～180			压缩	排气		
180～360	180～240	排气	进气			作功	压缩
	240～300						
	300～360			作功	进气		
360～540	360～420	进气	压缩			排气	作功
	420～480						
	480～540			排气	压缩		
540～720	540～600	压缩	作功			进气	排气
	600～660						
	660～720			进气	作功		压缩

（3）V 形 6 缸四冲程发动机。发火间隔角应为 720°/6 = 120°，曲拐均匀布置在互成 60°的 6 个平面内，如图 2-50（c）所示，发火次序为 1-4-3-6-2-5，其工作循环见表 2-4。

二、曲轴扭转减振器

曲轴扭转减振器的功用是减小曲轴的扭转振动，防止曲轴扭转共振。

常用的曲轴扭转减振器可以分为橡胶式扭转减振器、干摩擦式扭转减振器和硅油式扭转减振器。它们都是摩擦式减振器，其工作原理是使曲轴扭转振动能量逐渐消耗于减振器内的摩擦，从而使振幅逐渐减小。

表 2-4　V 形 6 缸发动机工作循环
（发火次序：1-4-3-6-2-5）

曲轴转角/(°)		第一缸	第二缸	第三缸	第四缸	第五缸	第六缸
0~180	0~60	作功	排气	进气	压缩	作功	进气
	60~120						
	120~180			压缩		排气	
180~360	180~240	排气	进气		作功		压缩
	240~300						
	300~360			作功	排气	进气	
360~540	360~420	进气	压缩				作功
	420~480						
	480~540			排气	进气	压缩	
540~720	540~600	压缩	作功				排气
	600~660			进气	压缩	作功	
	660~720		排气				

橡胶摩擦式扭转减振器由扭转振动惯性质量 2、橡胶环 5 和减振器壳体组成，如图 2-51 所示。扭转振动惯性质量 2 和减振器壳体 1 都与橡胶环 5 黏结。减振器壳体的毂部用紧固螺栓 3 固装于曲轴前端的风扇带轮轮毂 4 上。扭转减振器安装在带轮中，使结构紧凑。曲轴通过带轮的轮毂带动减振器壳体一起转动，减振器壳体通过橡胶环带动扭转振动惯性质量转动。由于扭转振动惯性质量的转动惯量较大，曲轴转动中，橡胶环在圆周方向产生扭转变形。曲轴扭转振动时，扭转振动惯性质量同减振器壳体就有相对角振动，使硫化的橡胶环产生正反方向交替变化的扭转变形，橡胶内部的分子摩擦，消耗扭转振动能量，使整个曲轴的扭转振幅减小。当曲轴发生扭转振动时，曲轴前端的角振幅最大，扭转减振器安装在曲轴的前端，减振效果好。橡胶减振器还有结构简单、质量小、工作可靠的优点，所以在汽车发动机上应用广泛，EQ6100-1 和玉柴 YC6105QC 等用这种扭转减振器。其主要缺点是对曲轴扭转振动的衰减作用不够强，而且橡胶由于内摩擦发热升温而容易老化。

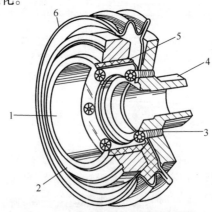

图 2-51　橡胶摩擦式扭转减振器
1—减振器壳体；2—扭转振动惯性质量；3—紧固螺栓；4—带轮轮毂；5—橡胶环；6—带轮。

干摩擦式扭转减振器由惯性盘1、弹簧2、摩擦片5组成,如图2-52所示。2个惯性盘1松套在带轮6的轮毂上,可作轴向相对移动,弹簧2将惯性盘紧压在摩擦片上,两摩擦片分别贴在带轮轮毂的侧面和平衡重4的端面上。当曲轴3旋转而发生扭振时,惯性盘与带轮及平衡重发生相对角振动,靠它们与摩擦片5之间的干摩擦减小振动。这种减振器在轿车获得较广应用。

硅油减振器由减振器壳体1、减振惯性体2、衬套3、侧盖4和注油螺塞5组成,如图2-53所示。减振器壳体1与曲轴连接。侧盖4与减振器壳体组成封闭腔,中间滑套着减振惯性体2,减振惯性体和减振器壳体之间具有一定的间隙(一般为0.45~1.0mm),中间充满一定高黏度的硅油。旋开注油螺塞5,可加注硅油。当曲轴旋转时,减振惯性体则被硅油的黏性摩擦阻尼和衬套的摩擦力所带动,它近似匀速运转。当曲轴发生扭转振动并带动减振器壳体一起振动时,这时壳体和惯性体之间发生滑动,惯性体剪切硅油而形成阻尼力矩,从而达到减振的目的。这种减振器在多种车辆上获得应用。

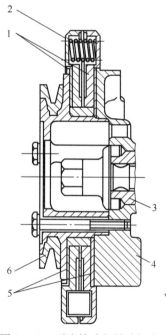

图2-52 干摩擦式扭转减振器
1—惯性盘;2—弹簧;3—曲轴;
4—平衡重;5—摩擦片;6—带轮。

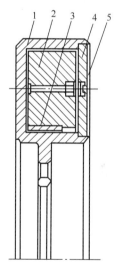

图2-53 硅油减振器
1—减振器壳体;2—减振惯性体;
3—衬套;4—侧盖;5—注油螺塞。

三、飞轮

1. 飞轮的功用

飞轮(图2-41)的主要功用是将在作功行程中传输给曲轴的一部分功储存起来,用以克服进气等辅助行程中阻力,使曲轴旋转均匀,并使发动机具有克服短时超载的能力。此外,飞轮用作汽车传动系统中摩擦离合器的主动盘。

2. 飞轮结构

飞轮是一个转动惯量很大的圆盘,轮缘宽而厚,这可获得较大的转动惯量,并尽可能减小飞轮的质量。

飞轮的轮缘上有起动齿圈，起动机上的齿轮工作时与其啮合，供发动机起动用。起动齿圈可在飞轮的轮缘上加工，也可镶在飞轮上，并在装配起动齿圈时，先加热起动齿圈，再套在飞轮上，起动齿圈冷却后收缩，紧固在飞轮上。

飞轮上通常刻有第一缸发火定时记号，以便调整和检查点火（喷油）正时和气门间隙。解放 CA6102 型发动机的发火定时记号 2 如图 2-54（a）所示，这个记号与离合器外壳上的刻线对正时，即表示 1、6 缸的活塞处在上止点位置。东风 EQ6100-1 型发动机在飞轮的轮缘上镶嵌一个钢球 2，如图 2-54（b）所示，作第一缸发火定时记号。有些发动机的上止点记号在发动机的前端，如北京 BJ492Q、长安 JL462Q 型 4 缸发动机等，当曲轴前端带轮上的正时缺口和正时齿轮盖上指针对准时，则第 1、4 缸处于上止点位置（图 2-54（c）），这更便于调整和检查点火正时。

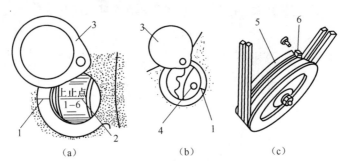

图 2-54　发动机发火定时记号

1—离合器外壳上的记号；2—飞轮上的记号；3—观察孔盖板；
4—飞轮缘上钢球；5—带轮；6—带轮上的正时缺口。

3. 飞轮平衡

飞轮与曲轴装配后一起进行静平衡和动平衡，通过曲轴上的平衡重和飞轮圆周的钻孔达到质量平衡，否则在旋转时因质量不平衡而产生的离心力，引起发动机振动并加速主轴承的磨损。平衡后，为了在拆装时不破坏原平衡状态和第一缸发火定时记号，飞轮用定位销（图 2-41 定位销 16）或不对称布置螺栓定位。飞轮与曲轴动平衡后不能互换。若发生变化，应对曲轴和飞轮重新进行动平衡。

4. 飞轮材料

飞轮多采用灰铸铁制造，此时飞轮轮缘的圆周速度不应超过 30~50m/s，否则会因离心力过大而遭到破坏，当轮缘的圆周速度超过 50m/s 时，要采用强度较高的球墨铸铁或铸钢制造。

第四节　曲柄连杆机构的平衡

曲轴和飞轮的平衡主要减小了曲轴和飞轮不平衡引起的发动机振动，未能很好地减小连杆和活塞的惯性力引起的发动机振动。在高档轿车上，为了减小曲柄连杆机构引起的发动机振动，提高乘坐的舒适性，除了对曲轴和飞轮平衡外，还采用专门的平衡机构对连杆和活塞的惯性力进行平衡。

广州本田 F23A3 发动机设置的平衡机构（图 2-55），包括前平衡轴 4 和后平衡轴 1。前平衡轴通过三个轴颈支承在气缸体上，由曲轴通过带轮和同步带带动转动，后平衡轴则是通过两个轴颈支承在气缸体上，并依靠齿轮室上的带轮带动。两根平衡轴的截面非圆形，重心不在轴线上，其支承处轴颈的轴线与曲轴主轴颈的轴线平行。曲轴转动时，平衡轴随之转动，由于重心不在轴线上，产生惯性力，并与连杆和活塞的惯性力抵消一部分，起减小发动机振动的作用。

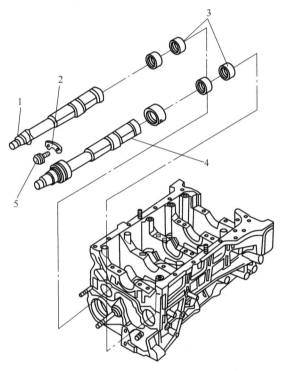

图 2-55 广州本田发动机双平衡轴机构
1—后平衡轴；2—持架；3—平衡轴衬套；4—前平衡轴；5—螺钉。

思考题

2-1 试说明曲柄连杆机构的功用及组成。
2-2 气缸体有哪些结构形式？各有何优缺点？
2-3 干缸套和湿缸套各有何优缺点？采用湿缸套时如何防止漏水？
2-4 汽油机常用燃烧室的形状有哪几种？绘制结构示意图。
2-5 气环切口有哪些形状？各有何优缺点？
2-6 简述扭曲环实现燃气密封的原理。装配时应注意什么？
2-7 简述全浮式活塞销的优点。轴向怎么定位？为什么要轴向定位？
2-8 试说明连杆轴瓦的结构及功用。

2-9 简述曲轴的结构形式。曲轴为什么要动平衡？简述平衡重的结构形式。

2-10 简述橡胶摩擦式扭转减振器的功用、结构和减振原理。

2-11 4缸四冲程汽油机的作功间隔角是多少度？当第一缸活塞正处于作功下止点时，试确定第二、四缸活塞的位置，画出发动机的曲拐布置图，确定该发动机的发火顺序。

2-12 简述飞轮的功用及主要结构。

第三章 配气机构

第一节 配气机构的功用及类型

一、配气机构的功用及充量系数

1. 配气机构的功用

配气机构的功用是按照发动机各缸的工作顺序和工作循环的要求,定时开启和关闭各缸的进、排气门,使新鲜气体及时进入气缸,将废气及时从气缸中排出。新鲜气体,对于汽油机就是汽油与空气的混合气,对于柴油机则为纯净的空气。配气机构应使发动机获得最佳的进气量和排气量,以保证发动机在各种工况下工作时具有最佳性能。

2. 充量系数

充量系数定义为气缸在每一工作循环中实际吸入气缸的新鲜空气质量与进气状态下理论充满气缸工作容积的空气质量比值,通常以 ϕ_c 表示,即

$$\phi_c = \frac{M}{M_0}$$

式中:M 是进气过程中,实际充入气缸的新鲜空气或可燃混合气质量;M_0 是在进气状态下充满气缸工作容积的新鲜空气或可燃混合气质量。

充量系数表明发动机配气机构吸入新鲜气体的能力。充量系数越高,表明充入气缸的新鲜空气量或可燃混合气质量越多,燃烧后放出的热量越多,发动机输出的功率就越大。

影响充量系数的因素较多:进气(或大气)的状态、进气终了的气缸压力和温度、残余废气量、进排气道布置结构、压缩比及进排气相位等。由于进气系统对进气流有阻力,使进气终了时的压力低于进气状态下气缸内的压力;上一循环中残余废气的压力和温度、发动机机体温度对新进气体的加热,都使进气终了的气体温度升高,造成实际新

鲜气体的质量小于进气状态下充满气缸内的新鲜气体质量。因此，一般情况下发动机的充量系数 ϕ_c 总是小于 1。四冲程汽油机的充量系数为 0.7～0.85；四冲程柴油机的充量系数为 0.75～0.90。采用增压或中冷技术后，充量系数 ϕ_c 有所提高，能够大于 1。

二、配气机构的组成

现代汽车发动机均采用气门顶置式配气机构，如图 3-1 所示。所谓气门顶置式就是将进气门和排气门倒挂安置在气缸顶上的布置形式。它由凸轮轴 1、挺柱 2、推杆 3、摇臂轴 4、锁紧螺母 5、气门间隙调整螺钉 6、摇臂 7、气门锁夹 8、气门弹簧座 9、气门弹簧 10、气门导管 11、气门 12、气门座圈 13 等组成。

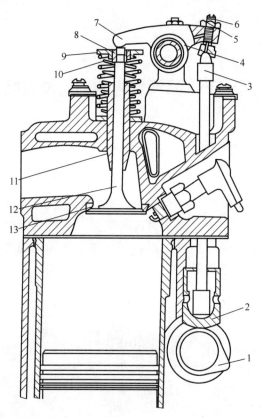

图 3-1 气门顶置式配气机构

1—凸轮轴；2—挺柱；3—推杆；4—摇臂轴；5—锁紧螺母；6—气门间隙调整螺钉；7—摇臂；8—气门锁夹；9—气门弹簧座；10—气门弹簧；11—气门导管；12—气门；13—气门座圈。

配气机构的工作原理：发动机曲轴带动凸轮轴转动，当凸轮与挺柱接触处的半径增大时，推动推杆向上移动，驱动摇臂绕摇臂轴逆时针转动，压下气门并压缩气门弹簧，气门开启，并逐渐增大开度；凸轮轴继续转动，当凸轮与挺柱接触处的半径减小时，气门弹簧推动气门上移，气门开度逐渐减小，直至关闭气门，同时，气门弹簧座推动摇臂绕摇臂轴顺时针转动，压下推杆；当凸轮上圆弧与挺柱接触时，推杆不动，摇臂不转动，气门保持在关闭位置。

三、配气机构的类型

1. 按凸轮轴的布置形式分类

1）凸轮轴下置式配气机构

凸轮轴置于曲轴箱内的配气机构为凸轮轴下置式配气机构，如图 3-2 所示，包括气门组和气门传动组，其中气门组零件包括气门 11、气门座圈 15、气门导管 14、气门弹簧 13、气门弹簧座 10 和气门锁夹 9 等；气门传动组零件则包括曲轴正时齿轮 16、凸轮轴正时齿轮 1、凸轮轴 2、挺柱 3、推杆 4、摇臂 8、摇臂轴 6、摇臂轴座 5 和气门间隙调整螺钉及锁紧螺母 7 等。

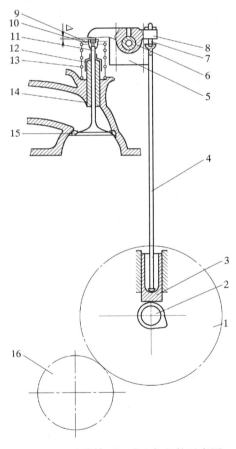

图 3-2 凸轮轴下置式配气机构示意图

1—凸轮轴正时齿轮；2—凸轮轴；3—挺柱；4—推杆；5—摇臂轴座；6—摇臂轴；7—气门间隙调整螺钉及锁紧螺母；8—摇臂；9—气门锁夹；10—气门弹簧座；11—气门；12—防油罩；13—气门弹簧；14—气门导管；15—气门座圈；16—曲轴正时齿轮；Δ—气门间隙。

发动机工作时，曲轴前端的正时齿轮 16 驱动凸轮轴 2 前端的正时齿轮 1，凸轮轴随之旋转。当凸轮的上升段顶起挺柱时，经推杆和气门间隙调整螺钉推动摇臂绕摇臂轴转动，使气门 11 克服气门弹簧 13 的张力，带动气门 11 下行，从而气门开启。当凸轮的下降段与挺柱接触时，气门弹簧通过气门推动摇臂反转，摇臂推动推杆和挺柱下行，气门在气门弹簧力的作用下回升落座,气门关闭。

凸轮轴下置式配气机构的主要优点是凸轮轴离曲轴近,曲轴和凸轮轴用一对齿轮传动。缺点是凸轮轴到气门的传动链长,零件多,要用细长的推杆,使整个机构的刚度差,在高转速时,可能破坏气门的运动规律和气门的开闭定时,因此多用于转速较低的发动机。解放 CA6102、东风 EQ6100-1、北京 BJ492Q、6135Q 等发动机均采用凸轮轴下置式配气机构。

2）凸轮轴中置式配气机构

凸轮轴置于机体上部的配气机构称为凸轮轴中置式配气机构,如图 3-3 所示。与凸轮轴下置式配气机构相比,中置式配气机构取消了推杆,缩短了传动路线,增大了机构的刚度,更适用于较高转速的发动机。南京依维柯 8210.22S、福特 2.5ID、玉柴 YC6105Q、CA6110A 等发动机采用的均是这种机构。但曲轴中心线与凸轮轴中心线相距较远,如采用一对齿轮传动时,齿轮直径可能过大,造成布置困难,需要加设中间齿轮。

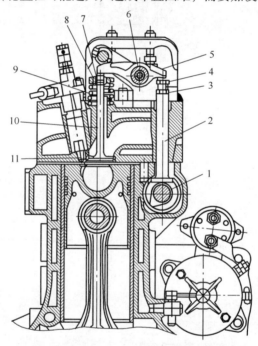

图 3-3 凸轮轴中置式配气机构

1—凸轮轴；2—挺柱；3—锁紧螺母；4—气门间隙调整螺钉；5—摇臂；6—摇臂轴；
7—气门锁夹；8—弹簧座；9—气门弹簧；10—气门；11—气门座圈。

3）凸轮轴上置式配气机构

凸轮轴置于气缸盖上的配气机构称为凸轮轴上置式配气机构（OHC）,如图 3-4 所示。其主要优点是传动链短,运动件少,整个机构的刚度大,适合于高速发动机。由于气门排列和气门驱动形式的不同,凸轮轴顶置式配气机构有多种结构形式。

图 3-4 所示为摇臂驱动、单凸轮轴上置式配气机构。凸轮轴推动液力挺柱 6,液力挺柱推动摇臂 3,摇臂再驱动气门 2（图 3-4（a））；或凸轮轴直接驱动摇臂 3,摇臂驱动气门 2（图 3-4（b）），应用于夏利 TJ376Q 型发动机。

图 3-5 所示为摆臂驱动、凸轮轴上置式配气机构。它比摇臂驱动式刚度好,更有

利于高速发动机,因此在轿车发动机上应用广泛,如 CA488-3、SH680Q、克莱斯勒 A452、奔驰 OM615、奔驰 M115 等发动机均为单上置凸轮轴(SOHC)摆臂驱动式配气机构(图3-5(a));而本田 B20A、尼桑 VH45DE、三菱 3G81、富士 EJ20 等发动机都是双上置凸轮轴(DOHC)摆臂驱动式配气机构(图3-5(b))。

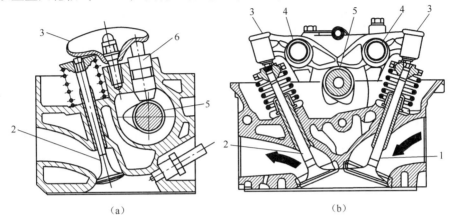

图3-4 摇臂驱动、单凸轮轴上置式配气机构
1—进气门;2—排气门;3—摇臂;4—摇臂轴;5—凸轮轴;6—液力挺柱。

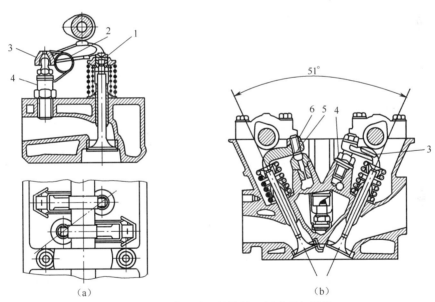

图3-5 摆臂驱动、凸轮轴上置式配气机构
(a) 单上置凸轮轴(SOHC);(b) 双上置凸轮轴(DOHC)。
1—气门间隙调整块;2—弹簧扣;3—摆臂;4—摆臂支座;5—气门间隙调整螺钉;6—锁紧螺母。

图3-6 所示为直接驱动、凸轮轴上置式配气机构。在这种形式的配气机构中,凸轮通过吊杯形机械挺柱驱动气门(图3-6(a));或通过吊杯形液力挺柱驱动气门(图3-6(b))。与上述各种形式的配气机构相比,直接驱动式配气机构的刚度最大,驱动气门的能量损失最小。因此,在高度强化的轿车发动机上得到广泛应用。如一汽奥迪、捷达,上海桑塔纳及欧宝 V6、奔驰 320E、南京依维柯 8140.01、8140.21 等,均采用了这种直接驱动式配气机构。

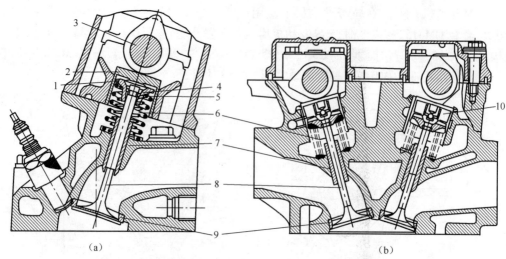

图3-6 直接驱动、凸轮轴顶置式配气机构

(a) 单顶置凸轮轴 (SOHC); (b) 双顶置凸轮轴 (DOHC)。

1—气门间隙调整垫片; 2—吊杯形机械挺柱; 3—凸轮轴; 4—气门弹簧座; 5—气门锁片;
6—气门弹簧; 7—气门导管; 8—气门; 9—气门座圈; 10—吊杯形液力挺柱。

2. 按凸轮轴的驱动方式分类

凸轮轴由曲轴驱动,两者间的传动机构有齿轮式、链条式和齿形带式三种。

1) 齿轮传动式配气机构

齿轮传动机构用于下置式和中置式凸轮轴的传动。汽油机一般只用一对定时齿轮(图3-2),即曲轴定时齿轮和凸轮轴定时齿轮。四冲程发动机每完成一个工作循环,曲轴旋转两周,而各缸的进、排气门各开启一次,即凸轮轴只旋转一周,所以曲轴与凸轮轴的转速比应为2:1,凸轮轴正时齿轮齿数是曲轴正时齿轮齿数的2倍。为了保证齿轮啮合平顺,噪声低,磨损小,定时齿轮都是圆柱螺旋齿轮并用不同的材料制成。曲轴定时齿轮采用中碳钢,凸轮轴定时齿轮则采用铸铁或夹布胶木制造,以减小噪声。为了保证正确的配气相位和喷油定时,在传动齿轮上刻有定时记号,装配时必须对正标记,如图3-7所示。

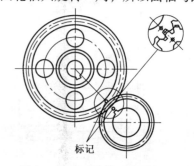

图3-7 定时齿轮及定时标记

2) 链传动式配气机构

上置式凸轮轴的传动常用链传动机构,如图3-8所示,曲轴定时链轮1通过链条11带动凸轮轴定时链轮10转动,凸轮轴随同凸轮轴定时链轮10转动。链条一般为节距小的滚子链,工作时应保持一定的张紧度,为此在链传动机构中装有导链板9并在链条的松边装置链条张紧器3和张紧器导板2。链传动工作时有运动不均匀性,使其不产生振动和噪声。智能型可变配气定时控制器4中有可变配气定时机构,用于改变配气定时。

3) 带传动式配气机构

顶置式凸轮轴的传动常用齿形带传动机构,如图3-9所示,曲轴定时带轮1通过同步带6带动凸轮轴定时带轮7转动,凸轮轴随同定时带轮7转动。它与齿轮和链传动机构相比,具有振动和噪声小、质量小、成本低、工作可靠和不需要润滑等优点,因此,被越来越多的汽车发动机特别是轿车发动机所采用。同步带6由氯丁橡胶制成,中间夹有玻璃纤维,齿面黏附尼龙编织物。在使用中齿形带不得与水或机油接触,否则容易引起跳齿。齿形带轮由钢或铁基粉末冶金制造。为了确保传动可靠,齿形带需保持一定的张紧力,为此在齿形带传动机构中也设置由张紧轮5与张紧弹簧组成的张紧器。

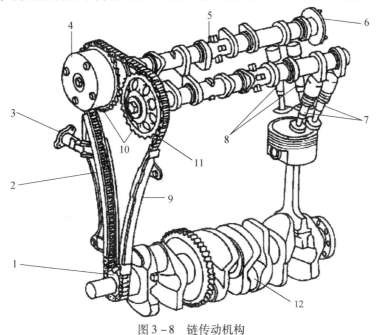

图 3-8 链传动机构
1—曲轴定时链轮;2—张紧器导板;3—链条张紧器;4—智能型可变配气定时控制器;5—进气凸轮轴;
6—定时转子;7—排气门;8—进气门;9—导链板;10—凸轮轴定时链轮;11—链条;12—曲轴

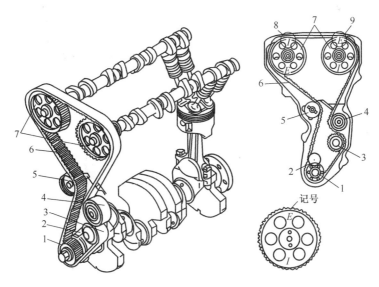

图 3-9 同步齿形带传动机构 DOHC 齿形带传动机构(马自达 FE)
1—曲轴正时带轮;2—定时记号;3—水泵传动同步带轮;4—中间轮;5—张紧轮;6—同步带;
7—凸轮轴定时带轮;8—进气凸轮轴定时记号;9—排气凸轮轴定时记号

第二节 配气定时

以曲轴转角表示的进、排气门开闭时刻及其开启的持续时间称为配气定时，又称配气相位。配气定时是影响进、排气量的重要因素之一，它直接关系到发动机的动力性和经济性。配气定时通常用相对活塞上、下止点时的曲拐位置的曲轴转角的环形图表示，如图3-10所示。

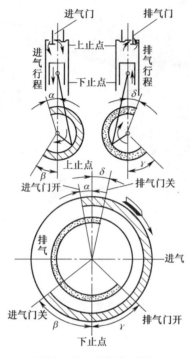

图3-10 配气定时图

一、进、排气门的配气定时

理论上，当活塞位于上止点时，进气门开启；活塞位于下止点时，进气门关闭。当活塞位于下止点时，排气门开启，活塞位于上止点时，排气门关闭。考虑进、排气门的开启和关闭有一个过程，为增加进、排气量，现代发动机的进、排气门都早开迟闭。

进气门在进气行程上止点之前即已开启，从进气门开启到上止点曲轴所转过的角度称作进气提前角（α）。进气门在进气行程下止点之后才关闭，从进气行程下止点到进气门关闭曲轴转过的角度称作进气迟后角（β）。因此，整个进气过程持续的时间为$180°+\alpha+\beta$曲轴转角，一般$\alpha=10°\sim30°$，$\beta=40°\sim80°$。进气门早开是为了在进气行程开始时进气门能有较大的开度，以减小进气阻力，使进气顺畅。进气门迟闭则是为了充分利用气流的惯性，在进气迟后角内继续进气，以增加进气量。

排气门在作功行程下止点之前即已开启，从排气门开启到下止点曲轴转过的角度称作排气提前角（γ）。排气门在排气行程上止点之后才关闭，从排气行程上止点到排气门关闭曲轴转过的角度称作排气迟后角（δ）。整个排气过程持续的时间即为$180°+\gamma+$

δ 曲轴转角，一般 $\gamma = 40° \sim 80°$，$\delta = 10° \sim 30°$。排气门早开是为了利用气缸内较高的压力，使废气能以很高的速度自由排出，在极短的时间内排出大量废气，从而使排气行程开始时的排气阻力和消耗的功率大为减小，还可防止发动机过热。排气门迟闭则是为了利用废气流动的惯性，在排气迟后角内继续排气，以减少气缸内残余废气量。

二、气门重叠

气门的早开迟闭产生气门重叠。由于进气门早开和排气门晚关，致使活塞在上止点附近出现进、排气门同时开启的现象，称其为气门重叠。重叠期间所对应的曲轴转角称为气门重叠角，它等于进气提前角与排气迟后角之和，即 $\alpha + \delta$。虽然进、排气门在一段时间内同时开启，但是由于新气和废气都有较大的流动惯性，要保持原来流向，它们各行其道而不互相掺混。因此，只要气门重叠角选得适当，可以使进气更充分，排气更彻底。如果气门重叠角太大，则会引起不良后果。例如，进气提前角过大，废气可能流入进气支管，使进气量减少；若排气迟后角过大，则新气可能随同废气一同排出。

不同的发动机，进、排气系统的结构不同，发动机的转速不同，进、排气的阻力不同，配气定时不同，气门重叠角不同；增压柴油机的进气压力较高，气门重叠角较大。

三、可变配气定时机构

不同的发动机，由于结构和转速不同，其配气定时也不相同。大多数发动机采用的都是不可变配气定时，它只适应发动机某一常用的转速，最有利的配气定时需通过反复试验确定，相应的配气机构为不可变配气定时机构，如图 3-2、图 3-9 等。

然而，发动机转速的高低对进、排气流动以及气缸内燃烧过程是有影响的。转速高时，进气流速高，惯性能量大，所以希望进气门早些打开，晚些关闭，尽量多进一些混合气或空气；反之，在发动机转速较低时，进气流速低，流动惯性能量也小，希望进气门晚些打开，早些关闭。所以要求配气定时随发动机转速变化，具有可变性，有相应的可变配气定时—升程的控制机构和连续可变配气定时机构。

1. 双凸轮不连续可变配气定时机构

双凸轮不连续可变配气定时机构由日本本田公司推出，是一种既可改变配气定时、又能改变气门运动规律的可变配气定时及升程的控制机构（Variable Valve Timing and Lift Electronic Control System，VTEC，图 3-11（a）），它的凸轮轴上布置了高速和低速两种凸轮，采用了设计特殊的摇臂，根据发动机转速的高低，自动切换凸轮，使摇臂分别被高速凸轮或低速凸轮驱动，这种结构既可改变配气定时，又能改变气门运动规律。凸轮轴 9 上的高速凸轮 11 处在中摇臂 2 的位置，左右各有一个低速凸轮 10 和 12，分别处在主摇臂 8 和次摇臂 3 的位置，在三个摇臂内装有同步柱塞 4 和 5、定时柱塞 6 以及阻挡柱塞 13。在转速低于 6000r/min 时（图 3-11（b）），同步柱塞不移动，主、次摇臂驱动两个气门。当转速高于 6000r/min 时（图 3-11（c）），在机油压力的作用下，定时柱塞6移动，并推动同步柱塞4和5移动，将中摇臂2与主、次摇臂锁在一起，三个摇臂一道在高速凸轮的驱动下驱动气门，而高速凸轮两边的低速凸轮则随凸轮轴空转。

这种机构对于配气定时的改变是阶段性的，也就是说其改变配气定时只是在某一转速下的跳跃，而不是在一段转速范围内连续可变。该机构在本田轿车的 D18C 型 1.8L 的 4 缸直列汽油机上得到了应用。

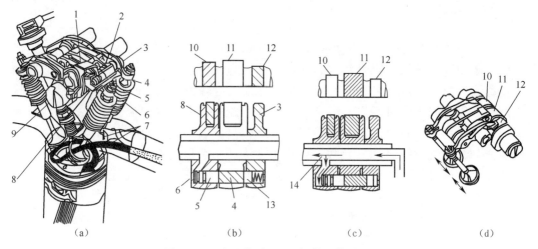

图 3-11 本田公司 VTEC 机构工作原理
(a) VTEC 工作原理；(b) 低转速时；(c) 高转速时；(d) VTEC 机构轴测图。
1—定时板；2—中摇臂；3—次摇臂；4、5—同步柱塞；6—定时柱塞；7—进气门；8—主摇臂；9—凸轮轴；10、12—低速凸轮；11—高速凸轮；13—阻挡柱塞；14—机油流。

2. 螺旋花键调节的连续可变配气定时机构

螺旋花键调节的连续可变配气定时机构由 Alfa Romeo 公司开发，如图 3-12 所示。链轮驱动的主要零部件包括外部具有螺旋花键而内部为直齿花键的定时套筒 10、外部直齿花键轴 2 安装在凸轮轴上，以及控制柱塞 3 和外部控制电磁阀 4（图 3-12（a））。

连续可变配气定时机构的工作原理：当发动机工作时，电磁阀杆缩回，在压力作用下，发动机润滑机油从轴承座进入凸轮轴，并沿轴向流向凸轮轴的左端，然后被径向转移到花键轴 2 的外表面以及控制柱塞 3 的孔内，最终通过柱塞侧面的溢流孔流入油底壳（图 3-12（a））。在某些预定的转速和负荷工况下，电磁阀由电控汽油喷射系统和点火管理系统所激励，它使电磁阀杆伸出（图 3-12（b）），推动控制柱塞 3 进入端盖直至挡住柱塞上的溢流孔，使来自柱塞的机油流动受到抑制，导致定时套筒 10 左侧的机油压力升高，结果使定时套筒 10 向花键轴 2 的凸缘端移动，因此，定时套筒 10 的外螺旋花键逐渐使花键套 1 的内螺旋花键扭转，引起花键套和链轮相对于凸轮轴的花键轴 2 向前旋转一定的角度，也使链轮旋转一个小的角度。于是进气门的提前角将增大，迟后角相应减小，其增减量相当于定时套筒 10 从花键轴 2 的左侧滑动到右侧时，花键套 1 相对定时套筒 10 的扭转角。

这种可变配气定时机构，由于定时套筒有螺旋花键，可使进气门的提前角连续增大或减小，同时也使进气门的迟后角随之减小或增大，由于凸轮的轮廓的形状一定，该可变配气定时机构没有进气门早开且同时晚闭的功能。

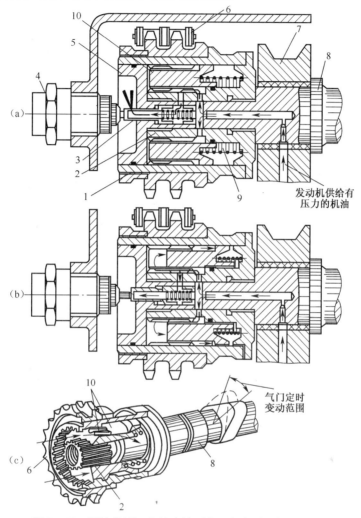

图 3-12 螺旋花键调节的连续可变配气定时机构工作原理
(a) 最小重叠位置；(b) 最大重叠位置；(c) 轴测视图。
1—花键套；2—花键轴；3—控制柱塞；4—外部控制电磁阀；5—端盖；6—驱动链轮；
7—轴承座；8—凸轮轴；9—回位弹簧；10—外螺旋内直齿花键定时套筒。

3. 转子调节的连续可变配气定时机构

转子调节的连续可变配气定时机构包括一个与凸轮轴定时链轮1结合为一体的壳体2、端盖5、止动销6以及与凸轮轴结合为一体的转子4（图3-13（a））。壳体的内腔被转子分隔成配气定时提前室9和配气定时迟后室10（图3-13（b）和图3-13（c））。在端盖和转子上均刻有记号，作为安装时的对正标记。

ECU控制的来自机油泵的润滑油沿凸轮轴8的上方、向下的箭头方向流入配气定时机构的配气定时提前室9，在油压的推动下，转子4相对壳体2向进气提前的方向旋转一定的角度，使进气提前（图3-13（b））。与此相反，来自机油泵的润滑油沿凸轮轴8的上方、向下的箭头方向流入配气定时机构的配气定时迟后室10，在油压的推动下，转子4相对壳体2向进气迟后的方向旋转一定角度，使进气迟后（图3-13（c））。

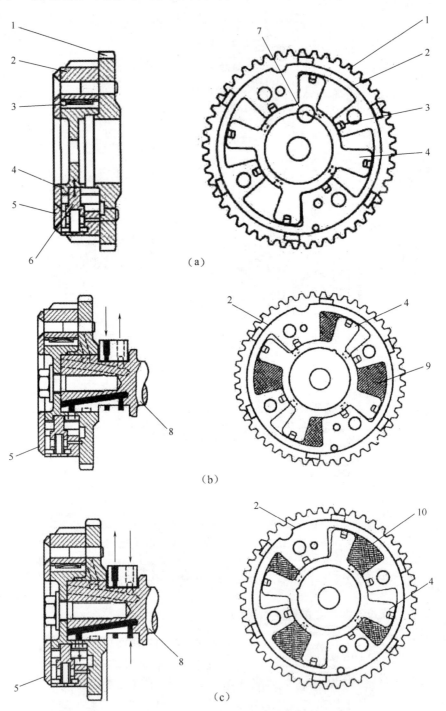

图3-13 转子调节的连续可变配气定时机构工作原理
(a) 配气定时机构；(b) 进气提前；(c) 进气迟后
1—凸轮轴定时链轮；2—壳体；3—密封条；4—转子；5—端盖；6—止动销；7—对正标记；
8—凸轮轴；9—配气定时提前室；10—配气定时迟后室

4. 链条调节的连续可变配气定时机构

链条调节的连续可变配气定时机构用于 Passat B5 轿车 2.8L V6 发动机，如图 3-14 所示，进、排气凸轮轴的端部有链轮，并通过链连接，液压缸将凸轮轴调节器压在链上。凸轮轴调节器向下拉长（图 3-15（a）），于是链条上部变短，下部变长，进、排气凸轮轴相对转动，改变配气定时，在这个位置时，对应发动机的中、低转速。凸轮轴调节器向上拉长（图 3-15（b）），链条下部变短，上部变长，在这个位置时，对应发动机的高转速。

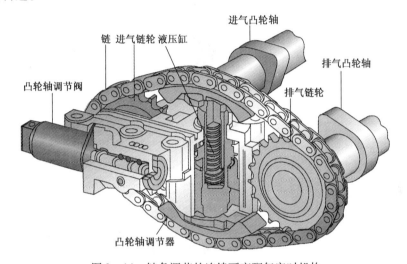

图 3-14 链条调节的连续可变配气定时机构

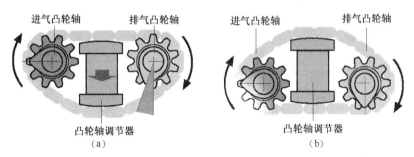

图 3-15 链条调节的连续可变配气定时机构工作原理

5. 可变气门升程的连续可变配气定时机构

可变气门升程的连续可变配气定时机构的作用是，当发动机转速变化时，通过改变气门升程来改变配气定时。当发动机低转速时使用短行程，高转速时使用长行程。

可变气门升程的连续可变配气定时机构如图 3-16 所示，控制机构由电机驱动。电机通过蜗杆带动蜗轮，然后由蜗轮通过凸轮带动控制摇臂改变控制角，凸轮轴通过控制摇臂、下摆臂带动气门运动。改变控制摇臂的控制角，即改变气门的行程。由于通过电机控制，所以可以在一定区域内无级调节气门的开度，改变配气定时。目前，以宝马

745i，530i，330i 为代表的直列 6 缸发动机和 V8 发动机都装备了该系统。

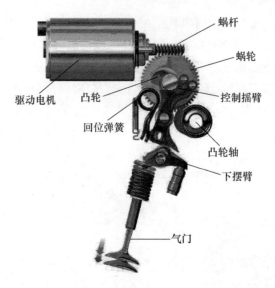

图 3-16　可变气门升程的连续可变配气定时机构

第三节　气　门　组

气门组包括气门 7、气门导管 6、气门弹簧座 2 和气门弹簧 3 等主要零件，各零件间的装配关系如图 3-17 所示。

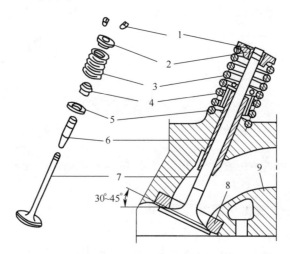

图 3-17　气门组的基本组成

1—气门锁夹；2—气门弹簧座；3—气门弹簧；4—气门油封；
5—气门弹簧垫圈；6—气门导管；7—气门；8—气门座；9—气缸盖。

气门组的功用是控制气体流过气门。其要求是在气门打开时气体流畅通过气门，在气门关闭时密封气门，气门弹簧的弹力足以克服气门及其传动件的惯性力，使气门能及时关闭，并保证气门紧压在气门座上。

一、气门

1. 气门的工作条件与材料

气门是在高热负荷、高机械负荷以及不良的冷却和润滑条件下工作。气门头部直接与高温燃气接触，受热严重，冷却和散热困难，排气门头部的最高温度可达 600 ~ 800℃，进气门的头部由于受到新气的冷却，温度稍低，为 300 ~ 400℃。气门承受气体力和气门弹簧力的作用，在气门落座时还受到冲击。气门杆在气门导管内往复运动，需要润滑，但润滑困难。此外，气门还受燃烧后废气体的腐蚀。因此，要求气门具有足够的强度、刚度，能耐热、耐磨和耐腐蚀。

进气门的材料一般采用中碳合金钢，如铬钢、铬钼钢和镍铬钢等。排气门的材料采用耐热合金钢制造，如硅铬钢、硅铬钼钢、硅铬锰钢、铬镍钨钼钢等。为了节省耐热合金钢，有的排气门头部用耐热合金钢，而杆部用普通合金钢制造，然后将二者对焊在一起。或者在气门头部堆焊或喷涂耐热合金。

2. 气门的结构

气门形状呈菌形，由头部和杆部组成，如图 3 - 18 所示，多为一种材料制造，也有在内部充钠，并用于排气门。

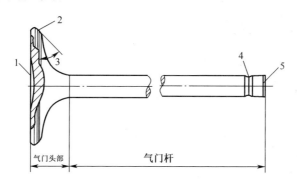

图 3 - 18　气门结构

1—气门顶面；2—气门锥面；3—气门锥角；4—气门锁夹槽；5—气门尾端面。

1) 气门头部

气门顶面的形状有平顶、凹顶和凸顶等（图 3 - 19）。目前应用最多的是平顶气门（图 3 - 19（a）），其结构简单，制造方便，受热面积小，进、排气门都可采用。凹顶气门（图 3 - 19（b））头部与气门杆有较大的过渡曲线，用作进气门时，可以减小进气阻力，但其受热表面积大，不适合作排气门。凸顶气门（图 3 - 19（c））头部刚度大，用作排气门时，凸顶的排气阻力较小，但受热面积大，质量大，加工也比较复杂。

进、排气门头部大小不同，为尽量减小进气阻力，提高进气量，进气门的头部直径往往大于排气门，一般进气门直径比排气门直径大 15% ~ 30%。

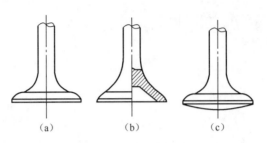

图 3-19 气门顶面的形状
(a) 平顶；(b) 凹顶；(c) 凸顶。

气门锥角是气门锥面与气门顶面之间的夹角（图 3-18），用于气门与气门座之间的密封和气体导流。进、排气门的气门锥角一般为 45°（图 3-20），少数发动机的进气门锥角为 30°。在气门升程 H 和气门头部直径相同的情况下，气门通过断面的大小取决于 h。显然，进气门锥角较小时，气门通过断面较大，进气阻力较小，可以增加进气量，但气门锥角小会使其气门头部边缘变薄，刚度较差，容易变形，致使气门与气门座圈之间的密封性变差，此外锥底温度高。较大的气门锥角可提高气门头部边缘的刚度，气门落座时有较好的自动对中作用，并与气门座圈有较大的接触压力，有利于气门与气门座圈之间的密封和传热，也有利于挤掉密封锥面上的积炭。气门头部边缘厚度一般为 1~3mm，以防止和气门座的冲击造成损坏或被高温气体烧蚀。

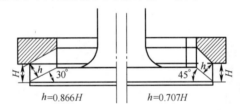

图 3-20 气门锥角及其对气门通过断面的影响

气门与气门座要配对研磨，以提高密封性，研磨之后不能互换。为提高气门头部的耐磨和耐蚀性能，有的排气门的密封锥面焊一层含有镍、铬、钴等材料的特种合金。

2）气门杆

气门杆为圆柱形，有较高的加工精度和表面粗糙度，与气门导管间保持良好的配合关系，以起到导向和散热作用。气门杆与气门头接合处过渡圆滑，以利于减小气阻。气门杆的尾部有气门锁夹槽，用于连接气门弹簧座。

3）充钠气门

充钠气门是在中空的气门中填入一半金属钠，如图 3-21 所示。气门受热严重，其主要通过气门导管连续散热和气门座间歇散热，一些高负荷的发动机为加强排气门的散热，采用充钠气门。钠的熔点是 97.8℃，沸点为 880℃，所以在气门工作时，钠变成液体，在气门杆内上下激烈地晃动且有对流，不断地从气门头部吸收热量并传给气门杆，再经气门导管传给气缸盖，使气门头部得到冷却，温度可下降 150~200℃，气门杆的温度下降不多。钠冷却气门的制造成本约是普通气门的 5 倍，在捷达等车发动机上得到了成功的应用。

3. 气门数及排列方式

一般发动机每个气缸有一个进气门和一个排气门。进、排气门沿机体纵向轴线排成一列，相邻两缸的同名气门合用一个气道，这样可使气道简化并得到较大的通过截面，降低进气阻力，提高进气效率；另外也可将进、排气门交替布置，每缸单独用一个气道，有助于气缸盖冷却均匀。

现代高性能汽车发动机普遍采用每缸三个、四个、五个的多气门结构，其中四气门发动机最多。四气门发动机每缸两个进气门，两个排气门（图3-22）。其优点是气门通过断面大，进、排气充分，进气量增加，发动机的转矩和功率提高；同时，每个气门的头部直径减小，气门的质量减小，运动惯性力减小，有利于提高发动机转速；另外，四气门发动机的火花塞可布置在燃烧室中央，火焰传播的路程短，有利于燃烧。缺点是发动机零件数量增多，制造成本增加。欧宝V6、奔驰320E、奥迪V8、尼桑VH45DE、富士EJ20等发动机均为四气门发动机。

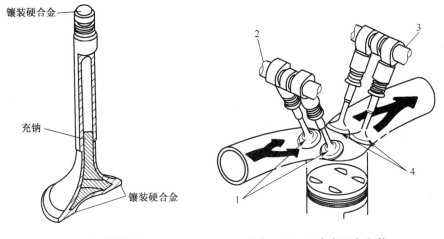

图3-21 充钠排气门　　图3-22 四气门配气机构
1—进气门；2—进气凸轮轴；3—排气凸轮轴；4—排气门。

四气门排列的方式有两种。一种是同名气门排成两列，如图3-23（a）所示，用一根凸轮轴通过T形杆同时驱动两个同名气门，并且所有气门都可以由一根凸轮轴驱动，但由于两个气门并联，气门到进气总管的距离不等，会影响进气门充气效率且使前、后两排气门热负荷不均匀，因此这种方案不常采用。另一种是同名气门排成一列，如图3-23（b）所示，这种结构在形成进气涡流、保证排气门及缸盖热负荷均匀等方面都具有相当的优越性，但一般需用两根凸轮轴。

三气门发动机的每缸有两个进气门和一个排气门，排气门头部直径比进气门大。进气量介于两气门发动机和四气门发动机之间，但火花塞很难布置在燃烧室中央，对燃烧不利。丰田A2E、斯巴鲁J12、德国大众VR6等发动机为三气门发动机。

五气门发动机的每缸有三个进气门和两个排气门（图3-24）。这种结构能明显提高充气效率，但结构非常复杂，加工难度大。五气门发动机多采用同名气门排成一列的方式。捷达 EA113 型、三菱 3G81 型等发动机均为五个气门。

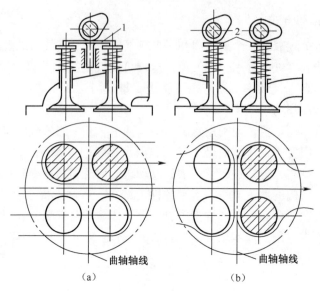

图 3-23 四气门配气机构的布置
(a) 同名气门排成两列；(b) 同名气门排成一列。
1—T 形驱动杆；2—气门尾端的从动盘。

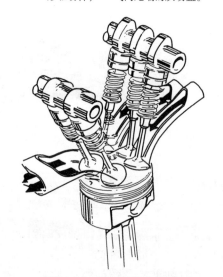

图 3-24 五气门配气机构

二、气门座

气缸盖上与气门锥面相贴合的部位称为气门座。气门座可直接在气缸盖上加工出来，也可以用合金铸铁或奥氏体钢制成单独的气门座圈，再镶嵌到气缸盖上相应的座孔中，构成镶嵌式气门座（图 3-25）。由于气门座的温度很高，又承受冲击载荷，容易磨损，因此，镶嵌气门座可以延长铝气缸盖和大多数铸铁气缸盖的使用寿命。

气门座圈的外圆面有圆柱面（图 3-25（a）），也有锥角不超过 12°的圆锥面

(图3-25（b））。在气门座圈的外圆面有环形槽，当气门座圈压入座孔后，气缸盖材料由于塑性变形而嵌入环形槽内，可以防止气门座圈脱落。图3-25（c）所示的镶嵌式气门座是将气门座圈装入座孔后，再将气门座圈周围的气缸盖材料辗压入气门座圈与气缸盖间的缝隙中，使气门座圈固定。气门座圈也可以和气缸盖一起铸造。

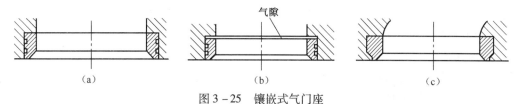

图3-25 镶嵌式气门座

气门座内圆面的锥角与气门锥角相适应，一般气门座锥角比气门锥角大0.5°~1°（图3-26（a）），其功用是使二者锥面不全接触，以增加密封锥面的接触压力，加速磨合，清除积炭，保持锥面良好的密封性。但是，如果在气门锥面上镀敷铬钴耐磨合金，气门座经过电感应硬化处理后，气门与气门座则采用相同的锥角（图3-26（b））。

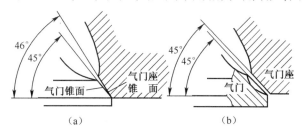

图3-26 气门和气门座锥角

三、气门导管

气门导管的功用是对气门运动导向，保证气门做直线运动，使气门与气门座正确贴合，并将气门杆的热量传导给气缸盖。

气门导管如图3-27所示，以一定的过盈量将气门导管压入气缸盖上的气门导管座孔之后，再精铰气门导管孔，以保证气门导管与气门杆的正确配合，它们之间一般有0.05~0.12mm的间隙，仅靠配气机构工作时飞溅来的机油润滑，容易磨损。有的气门导管在外圆面上加工有卡环槽，嵌入卡环，防止气门导管工作时下滑。气门导管大多数由灰铸铁、球墨铸铁或铁基粉末冶金制造，工作时温度高（约200℃）。

有的发动机不装气门导管，直接在气缸盖上加工出气门杆孔，作为气门的导向孔。同时，为了防止气门杆与气门导管孔间进入过量的机油及漏气，现代汽车发动机装有气门油封（图3-29（a））。

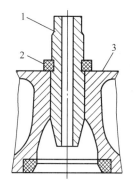

图3-27 气门导管及固定
1—气门导管；2—卡环；3—气缸盖。

四、气门弹簧及弹簧座

1. 气门弹簧

气门弹簧的功用是保证气门关闭时能与气门座紧密贴合,克服气门在关闭过程中气门及传动机构产生的惯性力,使气门始终受凸轮控制而不与其脱离。

气门弹簧有等距圆柱气门弹簧、变螺距气门弹簧、锥形气门弹簧、双气门弹簧,如图3-28所示。一般采用等距圆柱气门弹簧,为防止气门共振,采用变螺距气门弹簧、锥形气门弹簧、双气门弹簧。变螺距气门弹簧、锥形气门弹簧是通过工作频率的变化防止共振,双气门弹簧是通过内弹簧的阻尼减振,也可在弹簧外圈加装弹簧振动阻尼器(图3-29(a))。双气门弹簧的两个弹簧直径不同,旋向相反,当一个弹簧折断时,另一个弹簧仍可维持气门工作。弹簧的旋向相反,可以防止折断的弹簧圈卡入另一个弹簧。在柴油机和高性能汽油机上广泛采用双气门弹簧结构。一汽捷达、高尔夫、上海桑塔纳、一汽解放CA6102、北京4920汽油机均采用双气门弹簧。

气门弹簧多用中碳锰钢、铬钒钢等优质冷拔弹簧钢丝制造,并经热处理。为提高其抗疲劳强度,钢丝表面经抛光或喷丸处理。为了避免弹簧锈蚀,弹簧表面经镀锌和磷化处理。弹簧的两个端面要磨光并与弹簧轴线相垂直。

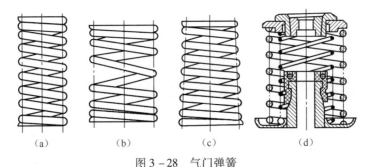

图3-28 气门弹簧

(a) 等距圆柱气门弹簧;(b) 变螺距气门弹簧;(c) 锥形气门弹簧;(d) 双气门弹簧。

2. 气门弹簧座

气门弹簧下端支承在气缸盖上,上端支承在气门弹簧座上(图3-4、图3-28),气门弹簧座与气门杆连接。

气门弹簧座与气门杆连接形式有两种,如图3-29所示。一是采用气门锁夹连接,气门锁夹3剖分成两半(图3-17)且外表面为锥面,气门杆8尾端有相应的槽,气门锁夹卡在槽中,这种结构连接可靠,拆装方便,因此得到了广泛应用,国产6120Q、492型发动机都采用此法因有锥面,加工有点不便。二是采用圆柱销连接,圆柱销2穿过气门杆8上圆柱形径向通孔,实现连接,这种结构简单,工作可靠,拆装有点不便,解放CA6102型发动机即采用这种结构。

五、气门旋转机构

气门旋转机构如图3-30所示。为了改善气门和气门座密封面的工作条件,在发动

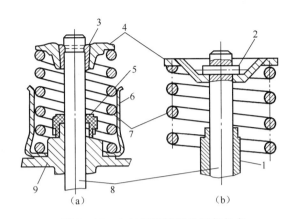

图 3-29　上气门弹簧座的固定方式

(a) 气门锁夹连接；(b) 圆柱销连接。

1—气门导管；2—圆柱销；3—气门锁夹；4—气门弹簧座；5—气门油封；
6—气门弹簧振动阻尼器；7—气门弹簧；8—气门杆；9—气缸盖。

机工作时缓慢旋转气门，这样可使气门头沿圆周温度均匀，减小气门头部的热变形，此外，能在密封锥面上产生轻微的摩擦力，有阻止沉积物形成的自洁作用。

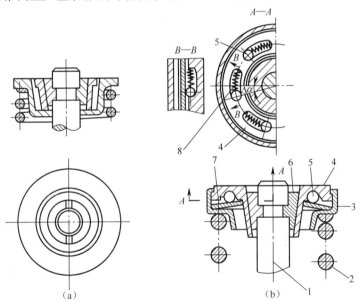

图 3-30　气门旋转机构

(a) 低摩擦型气门自由旋转机构；(b) 气门强制旋转机构。

1—气门；2—气门弹簧；3—气门弹簧座；4—旋转机构壳体；5—钢球；
6—气门锁夹；7—碟形弹簧；8—回位弹簧。

1. 自由旋转机构

图 3-30 (a) 为低摩擦型气门自由旋转机构，气门锁片并不直接与弹簧座接触，而是装在一个锥形套筒中，后者的下端支承在弹簧座平面上，套筒端部与弹簧座接触面上的摩擦力不大，在发动机运转振动下，能在某一短时间内可能为零，这就使气门有可能自由地作不规则运动，其结构简单。

2. 强制旋转机构

图 3-30（b）为气门强制旋转机构，使气门 1 每开一次便转过一定角度。在旋转机构壳体 4 中，有六个变深度的槽，槽中装有带回位弹簧 8 的钢球 5。当气门关闭时，气门弹簧 2 的力通过气门弹簧座 3 与碟形弹簧 7 直接传到旋转机构壳体上。当气门 1 升起时，不断增大的气门弹簧力将碟形弹簧 7 压平而迫使钢球 5 沿着凹槽的斜面滚动，钢球 5 通过回位弹簧 8 推动旋转机构壳体 4、气门锁夹 6 和气门 1 一起旋转一个小的角度。在气门关闭过程中，碟形弹簧 7 的载荷减小而恢复原状，钢球 5 即在回位弹簧 8 的作用下回到原来的位置，这种气门旋转机构结构复杂，气门旋转效果好。

第四节　气门传动组

气门传动组主要包括凸轮轴 1、挺柱 2、推杆 3、摇臂轴 4、摇臂 7 等零件，各零件间的装配关系如图 3-1 所示。随气门驱动形式和凸轮轴位置的不同，气门传动组的零件组成存在差别。

气门传动组的功用是使气门按发动机配气定时及时开启或关闭，并保证规定的开启高度。

一、凸轮轴

1. 凸轮轴的结构

凸轮轴主要由盘形凸轮 1、凸轮轴轴颈 2 等组成，如图 3-31 所示。对于下置凸轮轴的汽油机还具有用以驱动机油泵、分电器的锥齿轮 4 和用以驱动汽油泵的偏心轮 3。

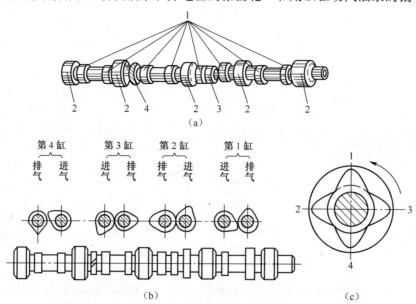

图 3-31　4 缸汽油机凸轮轴
(a) 发动机凸轮轴；(b) 各凸轮相对角位置图；(c) 同名凸轮相对角位置投影图。
1—凸轮；2—凸轮轴轴颈；3—驱动汽油泵的偏心轮；4—驱动分电器的锥齿轮

凸轮轴轴颈设置在每缸气门的两边，用于提高支承刚度，防止凸轮轴变形影响配气定时。下置式凸轮轴的轴承采用整体结构，凸轮轴轴颈的直径由风扇向飞轮方向依次减小，以便安装。上置式凸轮轴的轴承采用剖分结构，各凸轮轴轴颈的直径相等。

同一气缸进、排气凸轮的相对角位置即异名凸轮的相对角位置是由配气定时及凸轮轴旋向决定的。发动机各气缸进气或排气凸轮的相对角位置由各缸的点火顺序和点火间隔时间决定。对于 4 缸发动机，每完成一个工作循环，曲轴须旋转两周而凸轮轴只旋转一周，在这期间内，每个气缸都要进行一次进气或排气，且各缸进气或排气的时间间隔相等，即凸轮轴上各缸同名凸轮（各进气凸轮或各排气凸轮）间的夹角均为 $360°/4 = 90°$，如图 3 – 31（c）所示，如果从发动机风扇端看凸轮轴逆时针方向旋转，则发动机的点火顺序为 1 – 3 – 4 – 2。对于 6 缸发动机，凸轮轴逆时针旋转，其点火顺序为 1 – 5 – 3 – 6 – 2 – 4，则凸轮轴上各缸同名凸轮间的夹角均为 $360°/6 = 60°$，如图 3 – 32 所示。

凸轮轮廓如图 3 – 33 所示，控制气门开启和关闭的时刻、持续时间、气门开度以及开闭的速度等。转速较低的发动机，其凸轮轮廓由几段圆弧组成，这种凸轮称为圆弧凸轮。高转速发动机则采用函数凸轮，其轮廓由某种函数曲线构成。图中 O 点为凸轮轴的轴心，EA 为凸轮的基圆。当凸轮按图示方向转过 EA 弧段时，挺柱处于最低位置不动，气门处于关闭状态。凸轮转过 A 点后，挺柱开始上移。至 B 点，消除气门间隙，气门开始开启，凸轮转到 C 点，气门开度达到最大，而后逐渐关小，至 D 点，气门完全关闭。此后，挺柱继续下落，恢复气门间隙，至 E 点挺柱又处于最低位置。ϕ 对应着气门开启持续角，ρ_1 和 ρ_2 则分别对应着消除和恢复气门间隙所需的转角。凸轮轮廓 BCD 弧段为凸轮的工作段，其形状决定了气门的升程及其升降过程的运动规律，非常重要。

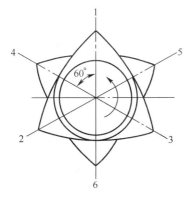
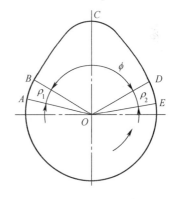

图 3 – 32 6 缸发动机同名凸轮相对角位置投影图　　图 3 – 33 凸轮轮廓

2. 凸轮轴的轴向定位

凸轮轴的轴向定位是为了限制凸轮轴在工作中的轴向移动或承受锥齿轮在传动时产生的轴向力，有推力轴承、止推板和止推螺钉轴向定位结构。推力轴承（图 3 – 34（a））利用凸轮轴承盖 1 的两个端面和凸轮轴 2 轴颈两侧的凸肩进行轴向定位，有间隙 $\Delta = 0.1 \sim 0.2 \text{mm}$，是凸轮轴的最大许用轴向移动量。止推板（图 3 – 34（b））用螺栓固定在机体前端面上,在第一凸轮轴轴颈和凸轮轴正时齿轮之间装入调整环4,止推板限制凸轮轴轴向移动,调整环比止推板厚 $\Delta = 0.08 \sim 0.20\text{mm}$,此厚度为凸轮轴最大轴向移动量。止推螺钉定位(图3-34(c))是将止推螺钉9拧在凸轮轴前端的正时传动室盖7上并用螺母锁紧,限制凸轮轴左移,有间隙 $\Delta = 0.10 \sim 0.20\text{mm}$,是凸轮轴的最大许用轴向移动量,正时齿轮右移受到机体限制。

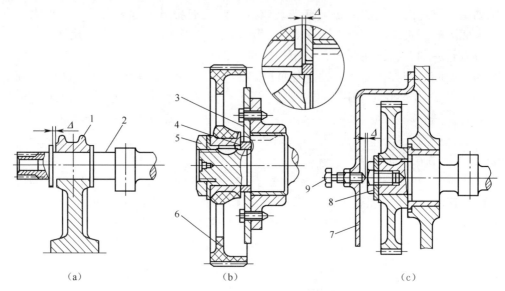

图3-34 凸轮轴轴向定位方式
(a)推力轴承;(b)止推板;(c)止推螺钉。
1—凸轮轴承盖;2—凸轮轴;3—止推板;4—调整环;5—螺母;
6—凸轮轴正时齿轮;7—正时传动室盖;8—螺栓;9—止推螺钉。

3. 凸轮轴的材料

凸轮轴通常由优质碳钢或合金钢锻造,也可用合金铸铁或球墨铸铁铸造。轴颈和凸轮工作表面经热处理后磨光,提高耐磨性。

4. 凸轮轴轴承

一般整体式轴承是制成衬套压入座孔内,再加工轴承内孔,使其与凸轮轴轴颈良好配合。剖分式轴承由上、下两片轴瓦对合而成,装入轴承座孔内。

轴承材料多与主轴承相同,在低碳钢钢背上浇敷减摩合金层,也有的凸轮轴轴承采用粉末冶金衬套或青铜衬套。

二、挺柱

1. 机械挺柱

机械挺柱的结构形式如图3-35所示。凸轮轴下置式配气机构的挺柱一般为筒式(图3-2,图3-35(a)),以减小质量和连接推杆下端。凸轮轴中置式配气机构的挺柱一般为菌式(图3-3,图3-35(c))。滚轮式挺柱(图3-35(b))的滚轮可在凸轮上滚动，摩擦和磨损小，多用于气缸直径较大的发动机上。制造挺柱的材料有碳钢、合金钢、镍铬合金铸铁和冷激合金铸铁等。

筒式和菌式挺柱下端有使挺柱转动的结构。挺柱工作时，由于凸轮侧向推力方向是一定的，将引起挺柱的导向面和底面的单面磨损，为此，挺柱在结构上有的制成球面，而且把凸轮面制成带锥度形状（图 3-35（a））；或在挺柱设计时，使平底挺柱的轴线偏离凸轮的对称轴线（图 3-35（c）），偏心距 $e = 1 \sim 3\mathrm{mm}$，这样凸轮与挺柱底面的接触点偏离挺柱轴线，当挺柱被凸轮顶起上升时，接触点的摩擦力使其绕自身轴线缓慢转动，以达到均匀磨损的目的。

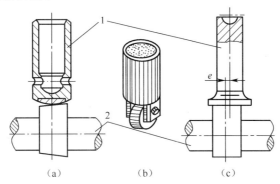

图 3-35 机械挺柱
(a) 筒式挺柱；(b) 滚轮式挺柱；(c) 菌式挺柱。
1—挺柱；2—凸轮轴。

2. 液力挺柱

发动机在冷态下装配，气门处于完全关闭状态下，在气门及其传动机构中要留有间隙，其目的是为补偿配气机构受热后的膨胀量。由于气门间隙的存在，配气机构在工作时将产生撞击而发出噪声。为解决这个问题，采用了液力挺柱，使配气机构零气门间隙传动。

奥迪轿车发动机的液压挺柱如图 3-36 所示。圆筒挺柱体 10 与柱塞 12 焊接成为一个构件，挺柱体的侧面有环形油槽 5 并开径向孔 15，挺柱体的底面有键形槽 8，使挺柱体的内腔与柱塞的内腔相通。补偿弹簧 14 与球阀 6 组成单向阀，把球阀 6 压靠在柱塞的阀座上，液压缸 13 外圆与挺柱体内导向孔相配合，内孔则与柱塞 12 配合，两者都可相对运动。

液力挺柱的工作原理：当挺柱体外圆上的环形油槽 5 与缸盖上的斜油孔 4 对齐时（图 3-36 中的位置），发动机润滑系统中的机油依次经量缸盖油道 2、油孔 3、斜油孔 4、环形油槽 5、径向孔 15、挺柱体的内腔、键形槽 8，流入柱塞的内腔，油压较低，为低压油腔，这时缸盖主油道与液压挺柱的低压油腔连通。当凸轮转动，挺柱体和柱塞向下移动时，球阀关闭，球阀下的油压升高，为高压油腔，这时高压油腔与低压油腔被分隔开。由于液体具有不可压缩性，整个挺柱如同一个刚体一样下移，推开气门并保证了气门应达到的升程。此时，挺柱体外圆上的环形油槽已离开了进油的位置。

当挺柱到达下止点后开始上行时，在气门弹簧上顶和凸轮下压的作用下，高压油腔继续封闭,球阀也不会打开,液压挺柱仍可认为是一个刚性挺柱,直至上升到凸轮处于基圆,使气门关闭时为止。此时,缸盖油道 2 中的压力油经量油孔、挺柱体环形油槽进入液压挺柱的低压油腔,同时,高压油腔内油压下降,补偿弹簧推动柱塞上行。从低压油腔来的压力油推开球阀而进入球阀下方的高压油腔,使两腔连通,补充高压油腔经过液压缸与柱塞间的缝隙泄漏的机油。这时,挺柱体顶面仍和凸轮紧贴。在气门受热膨胀时,柱塞和液压缸作轴向相对运动,高压油腔中的油液可经过液压缸与柱塞间的缝隙挤入低压油腔。因此,使用液压挺柱时,可以不预留气门间隙。

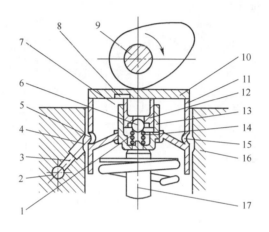

图 3-36 奥迪轿车发动机的液压挺柱

1—高压油腔;2—缸盖油道;3—量油孔;4—斜油孔;5—环形油槽;6—球阀;7—低压油腔;
8—键形槽;9—凸轮轴;10—挺柱体;11—柱塞焊缝;12—柱塞;13—液压缸;
14—补偿弹簧;15—径向孔;16—缸盖;17—气门杆。

液压挺柱结构复杂,加工精度要求高,而且磨损后无法调整只能更换,所以目前在一般载货车上用得较少。而在较高级的轿车上则应用很广,除在奥迪轿车发动机上使用外,还在桑塔纳、波罗和广州本田雅阁轿车上使用。

三、推杆

推杆位于挺柱和摇臂之间,其功用是将挺柱传来的运动和作用力传给摇臂。推杆可以是实心或空心的圆杆。钢制实心推杆(图 3-37(a)),一般是同球形支座锻成一个整体,然后进行热处理。图 3-36(b)所示为硬铝棒制成的推杆,推杆两端配以钢制的支承,用于缸体与缸盖都是铝合金制造的发动机。图 3-37(c)、图 3-37(d)都是钢管制成的推杆,以提高压杆稳定性,前者的球头是直接锻成的,然后经过精磨加工;后者的球支承则是压配的,并经淬火和磨光,以保证其耐磨性。

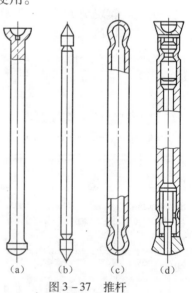

图 3-37 推杆

四、摇臂和摆臂

1. 摇臂

摇臂的功用是将推杆或凸轮传来的运动和作用力,改变方向传给气门使其开启。摇臂1是一个双臂杠杆,以摇臂轴为支点,两臂不等长(图3-38(a)),两边臂长的比值为1.2~1.8。短臂端加工有螺纹孔,用来拧入调整气门间隙的气门间隙调整螺钉2。长臂端加工成圆弧面,是推动气门的工作面。摇臂孔内镶有衬套4(图3-38(a))。摇臂一般由锻钢、可锻铸铁、球墨铸铁或铝合金制造,且将摇臂断面制成"T"字形或"工"字形,用于提高强度和刚度。

图3-37(b)所示为薄板冲压而成的摇臂,它与液力挺柱联用,所以摇臂上不安装气门间隙调整螺钉。

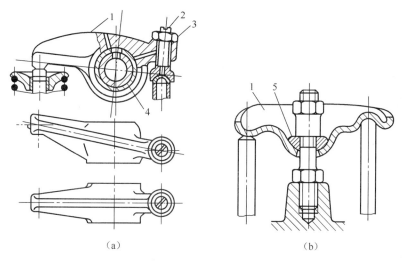

图3-38 摇臂
1—摇臂;2—气门间隙调整螺钉;3—锁紧螺母;4—摇臂衬套;5—摇臂支点球座。

摇臂套在空心的摇臂轴16上(图3-39),空心的摇臂轴16支承在摇臂轴座2和12上,摇臂轴座固定在气缸盖上。摇臂在其轴上的位置由限位弹簧8限定。摇臂和摇臂轴上钻有油道,将机油从机体经气缸盖和摇臂轴座中的油道引入摇臂轴,再从摇臂轴、摇臂衬套和摇臂上的油孔流向摇臂两端。

2. 摆臂

摆臂与摇臂的功用相同,两者的区别在于摆臂是单臂杠杆,其支点在摆臂的一端(图3-5,图3-40)。图3-5的摆臂与凸轮相对滑动。图3-40所示的摆臂上有滚针轴承11,摆臂与凸轮相对滚动,减轻了摩擦和磨损,但轴承增加摆臂的重量和零件数量。左边的柱塞2、壳体3、单向阀5、柱塞弹簧6等组成液力挺柱,长度能自动适应配气机构热膨胀量的变化,也能实现气门间隙的自动调整,为零气门间隙的摆臂支点。

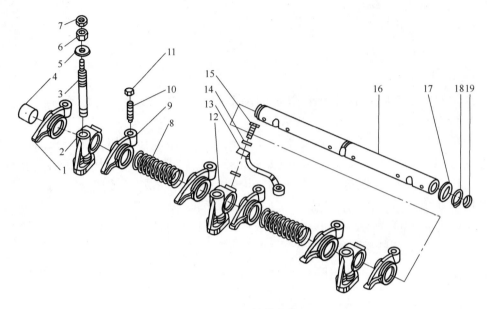

图 3-39 摇臂支架

1—进气门摇臂；2、12—摇臂轴座；3—摇臂轴座固定螺柱；4—气门摇臂衬套；5—垫圈；6、7—螺母；8—限位弹簧；9—排气门摇臂；10—气门调整螺钉；11—锁紧螺母；13—通油管；14—组合密封垫圈；15—接头螺栓；16—摇臂轴；17—摇臂轴垫圈；18—挡圈；19—碗形塞片。

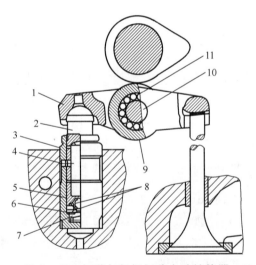

图 3-40 摆臂与气门间隙自动补偿器

1—摆臂；2—柱塞；3—壳体；4—进油孔；5—单向阀；6—柱塞弹簧；7—高压腔；8—单向阀保持架及单向阀弹簧；9—滚轮；10—销轴；11—滚针轴承。

思考题

3-1 配气机构的功用是什么？简述图 3-1 所示气门顶置式配气机构的组成及工作原理。

3-2 简述图3-4所示摇臂驱动、单凸轮轴上置式配气机构的组成及工作原理。

3-3 发动机的进、排气门为什么要早开迟闭？

3-4 简述图3-12、图3-13、图3-14所示可变气门定时机构的工作原理。

3-5 简述四气门排列和凸轮驱动的方式。双凸轮轴驱动的多气门机构的优缺点是什么？

3-6 如何根据凸轮轴找出各缸的进、排气凸轮和该发动机的发火顺序？

3-7 简述气门弹簧的功用。为什么在装配气门弹簧时要预先压缩？对于顶置式气门，如何防止弹簧断裂时气门落入气缸内？

3-8 为什么一般在发动机的配气机构中要保留气门间隙？气门间隙过大或过小有何危害？在哪里调整与测量？调整时气门挺柱应处于配气凸轮的什么位置？

3-9 简述图3-36所示奥迪轿车发动机的液压挺柱的工作原理。

3-10 图3-39所示的摆臂为何装滚针轴承？

第四章 汽油机燃油供给系统

汽油发动机所用的燃料是汽油。汽油机供给系统的任务是根据发动机运转工况的需要，供给一定数量清洁的、雾化良好的汽油，并与一定数量的空气混合形成可燃混合气，供入气缸，以供燃烧，并将燃烧后的废气排出气缸；同时，供给系统还需要通过油箱储存相当数量的汽油，以保证汽车的续驶里程。这就需要知道汽油的使用性能、可燃混合气、汽油机供给系统的组成和主要部件的构造等。

第一节 汽油的使用性能及可燃混合气

一、汽油的使用性能

汽油是石油制品，由石油中提炼而得到的密度小、易挥发的无色液体。它是碳氢化合物，由85%的碳和15%的氢组成。按照提炼方法，汽油可分为直馏汽油和裂化汽油等。将石油加热，在40~50℃至175~205℃的温度范围内蒸发出来的轻馏分蒸气经冷凝后即获得直馏汽油。汽油的裂化法有热裂化、催化裂化等，目前使用较多是催化裂化法。催化裂化汽油就是将原油在催化剂的作用下，在一定温度及压力下进行裂解反应，使原油中的大分子烃裂化为小分子烃并改变分子结构而得。

国产车用汽油按研究法辛烷值分为车用汽油Ⅲ、车用汽油Ⅳ和车用汽油Ⅴ，车用汽油（Ⅲ）和车用汽油（Ⅳ）分为90号、93号和97号3个牌号，车用汽油（Ⅴ）分为89号、92号、95号和98号4个牌号，其使用性能指标主要有蒸发性、热值、抗爆性、安定性等，它们对发动机性能有很大影响。车用汽油的国家标准见GB 17930—2013。

1. 汽油的蒸发性

蒸发性是指汽油由液体状态转化为气体状态的性能。在发动机中，汽油只有先从液体蒸发成蒸气，并与一定比例的空气混合成为可燃混合气后，才能在气缸中燃烧。对于高速发动机，形成可燃混合气的时间很短，一般只有几毫秒，因此，蒸发性的好坏对发动机的影响很大。汽油蒸发性好就易汽化，与空气混合均匀，燃烧速度快，燃烧完全，发动机易起动、加速及时，各工况转换灵敏柔和。蒸发性不好的汽油汽化不完全，造成燃烧不完全，增加油耗及排放污染，没有完全燃烧的油滴还可能破坏润滑油膜，增加机件的磨损。

汽油的蒸发性可通过燃料的蒸馏实验测定。将汽油加热，分别测定蒸发出10%、50%、90%馏分时的温度及终馏温度（分别称为10%蒸发温度、50%蒸发温度、90%蒸发温度及终馏点，统称为馏程）。

10%蒸发温度表示汽油中含低沸点轻质馏分的多少，与汽油机的冷态起动有关。此温度低，表明汽油中所含的轻质成分低温时容易蒸发，冷起动时就有可能使较多的汽油蒸气与空气混合形成可燃混合气，发动机较容易起动；此温度过高时，汽油蒸发性差，冬季或冷车不易起动。

50%蒸发温度表示汽油中的中间馏分蒸发性的好坏。此温度低，表明汽油中间馏分易于蒸发，从而汽油机的预热时间短，使暖机性能、加速性能和工作稳定性都好。

90%蒸发温度与终馏点表示汽油中不易蒸发和不能完全燃烧的重质馏分的含量。这两个温度低，表示其中不易蒸发的重质组分少，能够燃烧完全；反之，则表明汽油中重质组分多，汽油不能完全蒸发与燃烧。这样，就会增大油耗，排污增加且工作不稳定，甚至还会使未充分燃烧的燃油流入曲轴箱稀释润滑油，加剧机件的磨损。

需要指出的是，汽油的蒸发性过强也是不合适的。一方面，会使汽油在储运过程中轻质馏分损耗过多；另一方面，在温度较高时，汽油泵和油道中将产生大量汽油蒸气泡，阻滞汽油流通，使供油不畅甚至中断，造成发动机熄火，这种现象通常称为"气阻"。

2. 汽油的抗爆性

汽油的抗爆性是指汽油在发动机中燃烧时避免发生爆燃的能力。它是汽油的一项主要性能指标。

爆燃是汽油机的一种不正常燃烧。爆燃使机件产生过快磨损、热负荷增加、振动和噪声增大、功率下降和油耗上升等不良后果。影响爆燃的因素很多，如发动机结构与工作条件等，其中最主要的是压缩比，高压缩比发动机易产生爆燃。抗爆性好的汽油允许发动机采用较高的压缩比，从而提高了动力性和经济性。汽油抗爆性的好坏程度一般用辛烷值评定。辛烷值越高，抗爆性越好。

汽油辛烷值的测定是在专门设计的可变压缩比的单缸试验机中进行。标准燃料由异辛烷和正庚烷的混合物组成。异辛烷用作抗爆性优良的标准，辛烷值定为100；正庚烷用作抗爆性低劣的标准，辛烷值为0。将这两种烃按不同体积比例混合，可配制成辛烷值由0~100的标准燃料。混合物中异辛烷的体积百分数越高，它的抗爆性能越好。在一台专用的可改变压缩比的单缸试验机上，用被测的汽油作为燃料，在一定条件下运转，提高压缩比到出现标准爆燃强度为止，然后，保持压缩比不变，选择某一成分的标准燃料在同一试验条件下进行测定，使发动机产生同样强度的爆燃。这样，最后一种标准燃料中异辛烷含量的体积百分数即为被测汽油的辛烷值。国产汽油的辛烷值可以从其代号的数字中看出。例如 93 号汽油，其辛烷值不小于 93。

3. 汽油的安定性

汽油的安定性是指汽油在正常的储存和使用条件下，保持其性质不发生永久变化的能力。安定性不好的汽油，容易发生氧化反应，生成胶状物质和酸性物质，使辛烷值降低，酸值增加，颜色变深。使用这种汽油，易堵塞发动机的喷油器，气门关闭不严，积炭增加，气缸散热不良，火花塞积炭导致点火不良，增大爆燃倾向等。评定汽油安定性的指标主要有胶质含量和诱导期。

二、可燃混合气

1. 可燃混合气成分

可燃混合气是指空气与汽油等燃料的混合物，其成分影响发动机的动力性、经济性与排放性等。可燃混合气成分通常有三种表示方法。

（1）过量空气系数。燃烧 1kg 燃料实际供给的空气质量与理论上 1kg 燃料完全燃烧所需的空气质量之比称为过量空气系数，用符号 ϕ_a 表示。$\phi_a = 1$ 的可燃混合气为理论混合气；$\phi_a < 1$ 的可燃混合气为浓混合气，意味着燃烧时，燃料含量有余，空气含量不足；$\phi_a > 1$ 的可燃混合气为稀混合气，燃料在富氧下燃烧。

（2）空燃比。实际吸入发动机的空气质量与燃料质量的比值称为空燃比，用符号 α 表示。理论上，1kg 汽油完全燃烧约需 14.7kg 的空气。故对汽油机而言，将空燃比等于 14.7 的可燃混合气称为理论混合气，空燃比小于 14.7 的可燃混合气称为浓混合气，空燃比大于 14.7 的可燃混合气称为稀混合气。

（3）燃空比。空燃比的倒数称为燃空比。

2. 稳定工况对混合气成分的要求

发动机工作中，有稳定工况和过渡工况，各工况对混合气成分的要求各不相同。发动机的稳定工况是指发动机已经完成预热，转入正常运转，且在一定时间内没有转速或负荷的突然变化。稳定工况又可按负荷大小划分为怠速和小负荷、中等负荷、大负荷和全负荷三个范围。

（1）怠速和小负荷工况。怠速一般是指发动机在对外无功率输出的情况下以最低转速运转，此时混合气燃烧后所作的功，只是用以克服发动机内部的阻力，使发动机保持最低转速稳定运转。汽油机怠速转速一般为 400~800r/min。怠速工况时，节气门处于关闭位置，吸入气缸的可燃混合气不仅数量极少，且其中的汽油雾化蒸发也不良，此时混合气的燃烧不完全，排出的 HC 与 CO 很多。此外，由于进气管中的真空度很高，如果当进气门开启时气缸内的压力仍高于进气管压力，废气就可能膨胀而冲入进气管，而后又随着新鲜混合气一起被吸入气缸，因而吸入气缸的气体中废气含量较大。为保证这种品质不良而且被废气稀释过的混合气能正常燃烧，燃油供给系统提供浓混合气，$\phi_a = 0.7 \sim 0.9$。

(2) 中等负荷工况。车用汽油机在大部分工作时间内处于中等负荷状态。在此情况下，节气门有足够的开度，废气稀释的影响可以忽略不计。此时燃料经济性要求是首要的，燃油供给系统提供经济混合气，$\phi_a = 0.9 \sim 1.1$。

(3) 大负荷和全负荷。当汽车需要克服较大的阻力，例如上坡或在艰难的道路上行驶时，需要发动机能发出尽可能大的功率，此时驾驶员往往将加速踏板踩到底，使节气门全开，发动机在全负荷下工作，燃油供给系统提供功率混合气，$\phi_a = 0.85 \sim 0.9$。

3. 过渡工况对混合气成分的要求

发动机的过渡工况有冷起动、暖机、加速及急减速等几种。

(1) 冷起动。发动机在外力驱动下起动时，转速极低，只有 100r/min 左右，空气流速非常低，不能使汽油得到良好的雾化，其大部分将呈较大的油粒状态。特别是在冷起动时，这种油粒附在进气管壁上，不能及时随气流进入气缸内，从而使气缸内混合气过稀，以至无法燃烧。为使发动机得以顺利起动，燃油供给系统供给极浓的混合气，$\phi_a = 0.4 \sim 0.6$。

(2) 暖机。冷起动后，发动机各气缸开始依次点火而自动继续运转，发动机温度逐渐上升进行暖机，直到发动机能稳定地进行怠速运转为止。在暖机过程中，燃油供给系统供出的混合气的过量空气系数的值随着温度的升高，从起动时浓混合气的极小值逐渐加大到稳定怠速所要求的数值为止。

(3) 加速。发动机的加速是指负荷突然迅速增加的过程。当加速时，驾驶员猛踩加速踏板，使节气门开度突然加大，空气流量随之增加，进气管内的压力骤然升高，同时由于冷空气来不及预热，使进气管内温度降低。这种条件不利于混合气的汽油蒸发，致使燃料的蒸发量相对减少，会出现瞬时混合气过稀现象。为了改善汽车发动机的加速性能，在节气门突然开大时，应额外添加供油量，使混合气加浓到足够的浓度。

(4) 急减速。当汽车急减速时，驾驶员急速抬起加速踏板，节气门迅速关闭。这时由于进气管真空度激增而使沿进气管壁面流动的油膜迅速蒸发，使混合气变浓，燃烧恶化，排气中 HC 的含量迅速增加。因此，当汽车急减速时，应避免混合气过浓。

综上所述，车用汽油机在正常运转时，在小负荷和中负荷工况下，要求燃油供给系统能随着负荷的增加供给由较浓逐渐变稀的混合气成分；当进入大负荷范围直到全负荷工况下，又要求混合气由稀变浓，最后加浓到能保证发动机发出最大功率。

第二节 汽油机燃油供给系统的组成及分类

一、汽油机燃油供给系统的组成

为了适应日益严格的汽车排放法规要求，提高汽车动力性和经济性的迫切需求，自 20 世纪 90 年代以来，在汽车发动机中更多地采用电控汽油喷射供给系统，取代传统的化油器汽油供给系统,成为轿车与轻型汽车发动机上燃油供给系统的主流。我国政府也规定,自2001年起,新生产的轿车全部取消化油器。

电控汽油喷射燃油供给系统（Electronic Fuel Injection,EFI）是利用电子控制技术控制喷油器,将一定数量和压力的汽油直接喷射到进气管道或气缸中,与进入的空气混合而形成可燃混合气的汽油发动机燃油供给装置。一般电控汽油喷射供给系统如图4-1所示,由下列几部分组成：

（1）燃油供给系统,由油箱、汽油泵、燃油滤清器、燃油压力调节器、喷油器等组成,完成汽油的储存、输送及清洁任务。

（2）空气供给系统,由空气滤清器、进气总管、节气门、进气歧管等组成。空气供给系统为发动机可燃混合气的形成提供必需的空气。

（3）电子控制系统,由空气流量计、节气门位置传感器、氧传感器、爆燃传感器、电控单元（ECU）等组成。电子控制系统是根据各种传感器的信号,由ECU进行综合分析和处理,通过喷油器控制喷油量和喷油开始时刻等,使发动机具有最佳性能。

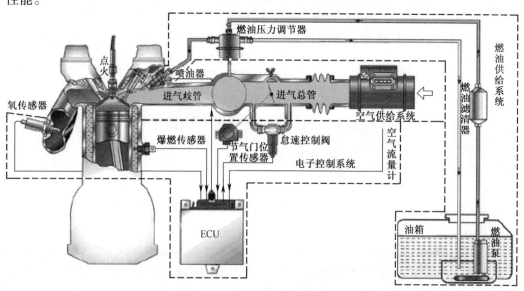

图4-1 电控汽油喷射供给系统

电控汽油喷射燃油供给系统的工作原理：

空气经空气滤清器、空气流量计、进气总管、节气门、进气歧管、进气门进入气缸。发动机的进气量由汽车驾驶员通过加速踏板操纵节气门来控制,由安装在进气管上的空气流量计计量,并将进气量变化转变为电信号传输给电子控制单元。节气门开度越大,进气量就越多,反之亦然。

汽油箱内的汽油被电动汽油泵吸出并加压,经燃油滤清器滤除杂质后被送至燃油分配管,均匀各喷油器输出压力。在燃油分配管的末端装有燃油压力调节器,用来调节油压使其保持稳定,多余的燃油从燃油压力调节器上的回油口经回流管返回燃油箱。燃油分配管与安装在各缸进气歧管上的喷油器相通,由喷油器向进气管喷油。喷油器喷出的燃油在进气歧管中雾化,与空气形成可燃混合气,再进入气缸燃烧。

喷油器的喷油持续时间和喷油开始时刻由电控单元控制。电子控单元首先根据曲轴转速传感器确定发动机转速，再根据发动机转速和进气量计算出相应的喷油量，并通过控制喷油持续时间来控制喷油量。

电控汽油喷射供给系统具有下列优点：

（1）进气管道中空气流动阻力小，提高了发动机的充气效率，增加了发动机的功率和转矩。

（2）汽油喷射系统能准确测量发动机的进气量，并根据发动机工况（转速、负荷）和目标空燃比，精确计量喷油量，在各种工况下均能配制最佳空燃比的混合气，使发动机在任何工况下都处于最佳的工作状态。

（3）发动机各缸可燃混合气量的分配均匀，节省燃油并减少废气排放中的有害成分。

（4）具有良好的加速等过渡性能。

二、汽油机燃油供给系统的分类

1. 按喷油器的喷射点分类

（1）单点喷射（Single-Point Injection，SPI）。在节气门之前的进气总管上安装一个（或两个）共用的喷油器，如图4-2（a）所示，将汽油喷入进气总管，再随空气气流流入进气歧管，与空气进一步混合后，分别进入各缸。这种喷射系统因喷油器位于节气门上集中喷射，故又称节气门体喷射系统。如 GM 公司的 EFI 系统、FORD 公司的 CFI 系统和博世公司的 Mono—Jetronic 系统等，均为单点喷射系统。

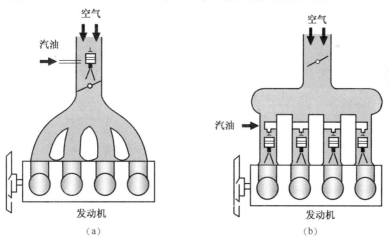

图4-2　单点和多点缸外喷射
(a) 单点喷射；(b) 多点喷射。

图4-3是单点汽油喷射系统，主要是由节气门体、电磁喷油器7、燃油压力调节器6与传感器等组成。喷油器安装在节气门上方的节气门体上。单点汽油喷射系统的工作原理与多点喷射系统相似，有些性能略低于多点喷射系统，但由于所用喷油器少，成本要比多点喷射系统低很多，因此具有性能与价格比高、结构简单、工作可靠以及维修

调整方便等优点。单点汽油喷射系统的喷油器距进气门较远，喷入的汽油有足够的时间与空气混合形成均匀的可燃混合气，因此对喷油的雾化质量要求不高，可采用较低的喷射压力（0.1MPa）。喷油器的头部采用球阀结构，精加工量减少，易于成批生产，而且球阀结构的工作可靠性好。

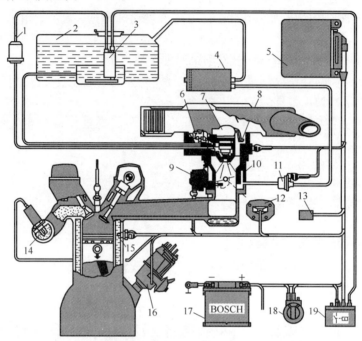

图4-3 单点汽油喷射系统（Mono—Jetronic系统）

1—滤清器；2—燃油箱；3—汽油泵；4—活性炭罐；5—电控单元；6—燃油压力调节器；
7—电磁喷油器；8—空气温度传感器；9—节气门执行机构；10—中央喷射单元；
11—蒸发排放控制阀；12—节气门电位器；13—故障诊断接头；14—氧传感器；
15—冷却液温度传感器；16—分电器；17—蓄电池；18—点火起动开关；19—继电器。

（2）多点喷射（Multi-Point Injection，MPI）。多点喷射系统是在每缸进气口的进气歧管上装有一个喷油器，如图4-2（b）所示，汽油直接喷射到各缸进气门的前方，再与空气一起进入气缸形成混合气。这种喷射系统能较好地保证各缸混合气的均匀。如博世公司的L型叶特朗尼克（L—Jetronic）系统、GM公司的EFI系统和日产公司的EGI系统、ECCS系统等，均为多点喷射系统。

图4-4为博世L型多点汽油喷射系统，由德国博世公司开发。喷油器安装在进气歧管上，冷起动喷油器16装在进气总管上，喷油器和冷起动喷油器分别通过油管与分配管13连接。发动机工作时，喷油器向对应气缸的进气歧管中喷油。发动机冷起动时，冷起动喷油器16向进气管额外喷入一定数量的汽油，使发动机得以顺利起动。

2. 按喷射位置分类

（1）缸外喷射。缸外喷射是将喷油器安装在进气管上，向进气管内喷射汽油，如图4-2、图4-3所示。缸外喷射又称进气道喷射，其喷射压力低（0.2~0.4MPa），成本低，工作效果好，是目前四冲程汽油机常用的喷射方式。

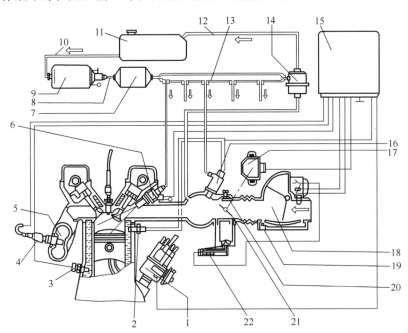

图4-4　博世L型多点汽油喷射系统

1—点火分电器；2—热正时器；3—发动机温度传感器；4—氧传感器；5—废气管；
6—喷油器；7—汽油滤清器；8—供油压力管；9—电动汽油泵；10—吸油管；11—汽油箱；
12—回流管；13—分配管；14—燃油压力调节器；15—电控单元；16—冷起动喷油器；
17—节气门位置传感器；18—空气流量计；19—急速混合气调节螺钉；20—急速转速调节螺钉；
21—节气门；22—补充空气阀。

（2）缸内喷射。缸内喷射又称缸内直喷（Gasoline Direct Injection，GDI），它是将喷油器（高压喷油嘴）安装在气缸盖上，如图4-5所示，在压缩行程开始前或刚开始时将汽油直接喷入气缸内，利用活塞的形状和缸内的紊流，在火花塞附近形成浓的混合气，远离火花塞的混合气相对较稀，实现稀薄燃烧和分层燃烧。在活塞顶部，有与高压喷油嘴相应有燃烧室形状。缸内喷射的优点是：空燃比较大，喷射压力较高（8～12MPa），可使缸内的直喷油雾颗粒直径较小（20～25μm），有利于汽油充分燃烧；由于燃油喷入缸内，汽油蒸发使缸内的充气温度降低，爆震的倾向减少，可提高发动机的压缩比（$\varepsilon=12$），从而使发动机的热效率得到提高；由于汽油是直接被喷射到气缸内的，与传统的缸外喷射相比，混合气体不需要经过节气门，因此减小节气门对混合气体产生的气阻，此外，没有进气管沉积油膜的缺点。缸内喷射的缺点：对供油装置要求较高，成本高，同时，要求喷射的汽油能随进气流分布到整个燃烧室，喷油器的布置与气缸内气流运动的良好匹配难度大。

图4-6是博世MED型（莫特朗尼克）缸内直喷电控汽油供给系统，其中"D"代表缸内直喷。燃油供给系统由低压油路和高压油路组成。与汽油缸外喷射的燃油供给系统相比，汽油缸内直喷的燃油供给系统的油压高，使系统增加了高压油路，主要包括提向高压的高压泵和适合缸内高压喷油汽油的喷油器。

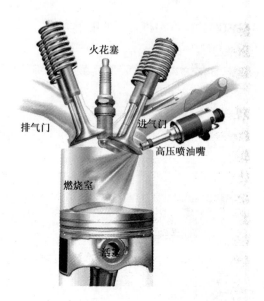

图 4-5 缸内喷射

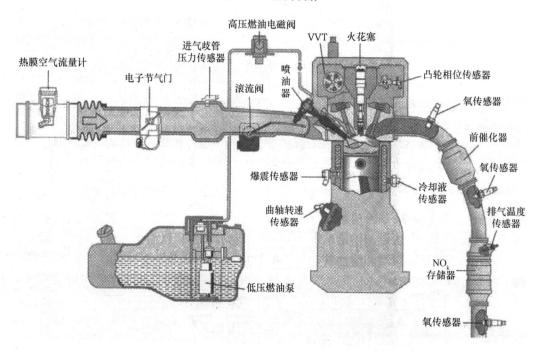

图 4-6 博世 MED 型（莫特朗尼克）缸内直喷电控汽油供给系统

低压油路位于系统的油箱一侧，由低压燃油泵、燃油滤清器及与之并联的压力调节器组成，并产生 0.35MPa 的压力。低压油路将燃油箱中的燃油供给高压泵。

高压油路由高压泵、高压油轨（高压燃油分配管）、高压燃油压力传感器、压力控制阀和喷油器组成。高压泵对低压燃油加压，最高可使燃油压力从 0.35MPa 升高到 20MPa；铝制、管状的高压油轨与喷油器、压力控制阀、高压泵相连，高压油轨中的压力由压力传感器测定；压力控制阀的任务是在发动机全部工况范围内，根据其脉谱图来调整高压油轨中燃油的压力，经过压力控制阀后多余的燃油并不返回油箱，而是回到高压泵进口，避免油箱中的燃油被加热和油箱的活性炭罐清洁系统过载；喷油器的开启和关闭用来控制喷油正时和喷油量。

由于 GDI 发动机既可以工作在理论空燃比也可以进行稀燃，因此在三元催化器的前后各安装一个宽频氧传感器和根据前级氧传感器信号调整喷油量进行空燃比的闭环控制，通过后级氧传感器信号判断三元催化器是否失效，由于稀燃时产生大量的 NO_x，普通的三元催化器 NO_x 的转换效率低，因此要采用 NO_x 吸藏型催化转换器。

3. 按喷射控制装置的形式不同分类

（1）机械式。汽油的计量是通过机械传动与液力传动方式实现的。

（2）电子控制式。汽油的计量是通过电控单元（ECU）和电磁喷油器实现的。

（3）机电混合式。汽油的计量是通过机械和电液方式实现的，但有 ECU 参与，同时增加了水温、节气门位置的修正值。

4. 按喷油时刻不同分类

（1）连续喷射式。该系统把汽油连续地、定量地喷射到进气门前面，其喷射量取决于被测出的吸入空气量。多用于机械式或机电混合式汽喷射系统。

（2）间歇喷射式。由 ECU 控制喷油器的喷油量在发动机运转期间间歇地喷油，其中还可按各缸喷射时间分为同时喷射、分组喷射和顺序喷射等三种形式，如图 4-7 所示，不同的组合方式，都是为了各缸油量分配均匀、燃烧完全、省油、简化电控单元。间歇喷射广泛应用于现代电控汽油喷射系统，喷油量大小取决于喷油器喷油阀开到关的时间。

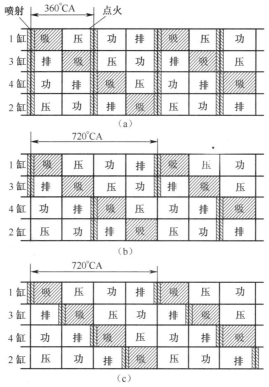

图 4-7　间歇喷射式

① 同时喷射。各缸喷油器同时喷油，发动机电控单元用一个喷油指令控制所有喷油器动作。

② 分组喷射。将各个气缸喷油器分成若干组交替喷油，点火间隔为360°，曲轴转角的两个喷油器为一组，同组喷油器同时喷油。分组喷射的在市内限速行驶时，ECU可自动停喷转换，使半数气缸运行，达到省油的目的，多在8缸机上使用。

③ 顺序喷射。多为多点喷射系统。各缸喷油器按照发动机的点火顺序分别进行喷油，间歇地喷在节气门的前方。如4缸机一个循环喷油四次，间隔时间为180°曲轴转角。

5. 按空气量的检测方式分类

（1）间接测量方式（压力 D 型）。博世 D 型多点汽油喷射系统以进气管压力和发动机转速作为控制喷油器的基本喷油量的参数，如图4-8所示，通过压力传感器测出进气管的压力，再根据发动机的转速间接地推算出进气流量，从而确定喷油量。压力传感器装接在节气门的后方，多用软管连通。因进气管压力与吸入的空气量间不是简单的线性关系，且管内压力有波动，故此法的检测精度不高。

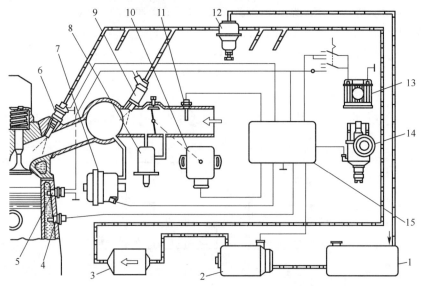

图4-8 博世D型多点汽油喷射系统

1—汽油箱；2—电动汽油泵；3—汽油滤清器；4—发动机温度传感器；5—热时间开关；6—喷油器；7—进气管压力传感器；8—补充空气阀；9—冷启动喷嘴；10—节气门位置传感器；11—进气温度传感器；12—油压调节器；13—蓄电池；14—分电器；15—电控单元。

（2）直接测量方式（流量 L 型）。用空气流量计直接检测出进气管的空气流量，再用测得的空气流量除以发动机的转速而得每一循环的空气量，由此算出每一循环的喷油量。空气流量计有翼片式（图4-4）、热线式（图4-1）、卡门涡流式。流量计装在节气门的前方，其开度与节气门同步变化。此方法检测精度高于 D 型，目前使用较为广泛。

6. 按有无反馈分类

（1）开环控制。发动机运行中，ECU检测发动机的各输入信号，并查出发动机ECU中固有的相应的控制参数，输出控制信号。它不检测控制结果，对控制结果的好坏不作分析和处理。

（2）闭环控制。ECU 控制的结果反馈给 ECU，ECU 再根据发动机实际运行状况决定控制量的增减。采用反馈控制是为了有效地控制排放、降低污染、提高效率。

第三节　汽油供给系统主要部件

一、燃油供给系统主要部件

燃油供给系统的功用是向气缸内供给燃烧所需的汽油，分为缸外喷射燃油供给系统和缸内喷射。低压燃油泵和燃油滤清器与普通电控燃油供给系统中燃油泵和燃油滤清器相同。

缸外喷射燃油供给系统主要由汽油箱、电动汽油泵、汽油滤清器、燃油分配管、压力调节器、喷油器和输油管等组成，其结构如图 4-9 所示。

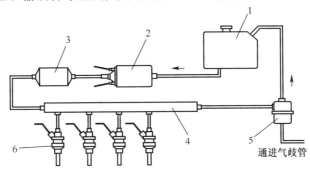

图 4-9　缸外喷射燃油供给系统

1—汽油箱；2—电动汽油泵；3—汽油滤清器；4—燃油分配管；5—压力调节器；6—喷油器。

缸内喷射燃油供给系统主要由汽油箱、高压泵、高压燃油压力传感器、高压油轨（高压燃油分配管）、压力控制阀、喷油器、汽油滤清器、压力调节器、低压汽油泵等组成，其结构如图 4-10 所示，燃油滤清器与压力调节器并联。高压泵之前的油路为低压油路，低压油路的结构与缸外喷射燃油供给系统的油路结构相似。

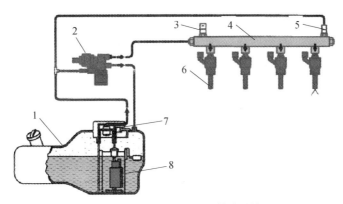

图 4-10　缸内喷射燃油供给系统

1—汽油箱；2—高压泵；3—压力传感器；4—高压油轨（高压燃油分配管）；
5—高压燃油压力控制阀；6—喷油器；7—汽油滤清器和压力调节器；8—低压汽油泵。

1. 汽油箱

汽油箱的功用是储存汽油。它的结构如图4-11所示,油箱体6一般由钢板冲压焊制,有的也采用高密度聚乙烯塑料吹塑而成,内部镀锌或镀锡,为了减轻汽车行驶时汽油的振荡,通常装有挡板。拧开油箱盖1,可向汽油箱中注入汽油。输油管4与汽油泵相连,输出汽油。回油管8与燃油压力调节器相连,用于回油。油箱体上装有油量传感器5,实时测量汽油箱的油量,当油量不足时发出警告。汽油箱通常是密闭的,这样可防止汽油因激烈振荡而溅出及箱内汽油蒸气的逸出。汽油箱的数目、容量、形状及安装位置均随车型而异。普通汽车只有一个汽油箱,其容量应使汽车的续驶里程达200~600km,越野汽车及长途运输汽车则常有两个油箱,分为主、副油箱,以适应使用要求。

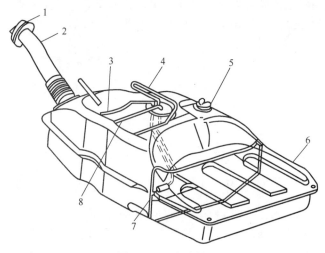

图4-11 汽油箱

1—油箱盖;2—加油管;3—燃油管;4—输油管;5—油量传感器;6—油箱体;7—浮子;8—回油管。

2. 汽油滤清器

汽油从汽油箱进入燃油分配管之前,先经过汽油滤清器除去其中的杂质和水分,防止燃油系统堵塞,减少机械磨损,确保发动机稳定运转。

汽油滤清器的结构如图4-12所示,由滤清器盖2、密封圈3、滤芯4和外壳6等组成。外壳和滤清器盖上分别有进油管接头8和出油管接头1。滤芯在支撑弹簧7的作用下被固定在支撑管5上,与滤清器盖用密封圈密封。滤芯用多孔陶瓷或微孔滤纸制造。陶瓷滤芯结构简单,不消耗金属,滤清效果较好,但滤芯不易清洗干净,使用寿命短。纸质滤芯滤清效果好,结果简单,使用方便。现代轿车发动机多采用一次性使用、不可拆式纸质滤芯汽油滤清器,其中滤纸叠成菊花形和盘簧形结构以增大过滤面积。一般每行驶30000km整体更换一次。

汽油滤清器的工作原理:发动机工作时,汽油在汽油泵的作用下,经进油管接头8进入滤清器中,由于此时容积变大,流速变小,比油重的水及杂质颗粒便沉淀滤清器的底部,轻的杂质随汽油流向滤芯4,被黏附在滤芯上,而清洁的汽油从滤芯的微孔渗入滤芯的内部,然后经出油油管接头1流出,实现汽油滤清。

第四章 汽油机燃油供给系统

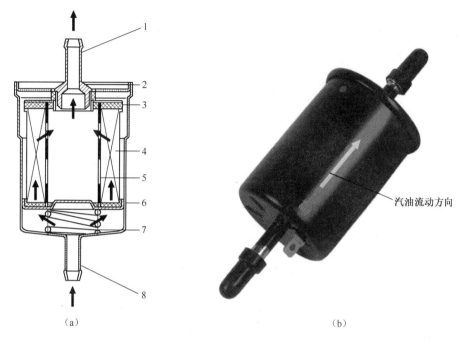

图4-12 汽油滤清器结构
（a）结构图；（b）实物图。
1—出油管接头；2—滤清器盖；3—密封圈；4—滤芯；5—支撑管；6—外壳；7—支撑弹簧；8—进油管接头。

3. 电动汽油泵

电动汽油泵从汽油箱中吸入汽油，加压后通过喷油器供给发动机。电动汽油泵有两种安装方式：一种是在汽油箱外，安装在输送管路中的外装串联式；另一种是安装在油箱中的内装式。在喷射式供给系统中应用的电动汽油泵，有滚柱式和涡轮式电动汽油泵等。

1）滚柱式电动汽油泵

滚柱式电动汽油泵是一个永磁电动机驱动的滚柱泵，滚柱泵泵油的工作原理如图4-13所示。装有滚柱的转子3与泵体1之间偏心安装，转子凹槽内的滚柱2在旋转惯性力的作用下紧压在泵体内表面上。相邻两滚柱与泵体内表面形成一个油腔。在转子转动过程中，油腔的容积不断发生变化，在转向进油腔时容积增大，吸入汽油；在转向出油腔时，容积减小，滚柱推动汽油向出油口流动，压力升高并泵出汽油。

滚柱式电动汽油泵属外装泵，主要由驱动电动机、滚柱泵、安全阀和止回阀等组成，如图4-14所示。电动机3输出轴上安装滚柱泵2的转子，驱动滚柱泵转动，汽油由进油口A进入滚柱泵，经滚柱泵提高压力后，流过电动机的转子、止回阀4，由出油口B流出。

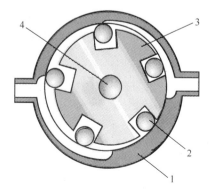

图4-13 滚柱泵工作原理图
1—泵体；2—滚柱；3—转子；4—轴。

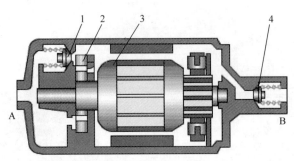

图 4-14　滚柱式电动汽油泵结构示意图

1—安全阀；2—滚柱泵；3—电动机；4—止回阀；A—进油口；B—出油口。

在喷射式供给系统中，要求汽油泵供给比发动机最大喷油量多的汽油，因而汽油泵的最大工作压力比实际需求值大得多，但喷射系统中油压不能过高，故在汽油泵中设有一安全阀 1。汽油泵工作压力升高到 400kPa 时，安全阀打开，汽油泵出油腔与吸油腔相通，汽油在泵内循环，避免供油压力过高。

为了防止发动机停转时，供油压力突然下降而引起汽油倒流，在汽油泵出油口安装了止回阀 4。当发动机熄火时，汽油泵停止转动，止回阀关闭，这样在供油系统中仍有残余压力。油路中残余压力的存在有利于发动机再起动，并能避免高温时气阻现象的发生。

汽油泵内部有电动机并允许汽油流过，为湿式电动机。因为电动机浸在汽油中，没有空气，不可能发生着火，但可能在无汽油而汽油泵旋转时，因转子上的滚柱与壳体内壁无法密封产生吸力及冷却不良而烧毁。

2）涡轮式电动汽油泵

涡轮式电动汽油泵的结构和工作原理如图 4-15 所示。旋涡式电动汽油泵由电动机驱动，带动叶轮 6 高速旋转，汽油由进油滤网 8 进入叶轮与泵体 7 之间的进油腔，位于叶轮外围沟槽前后的汽油因内摩擦作用产生压力差，由于叶轮很多沟槽产生的压力差循环往复作用，使汽油升压，汽油由进油腔沿转叶轮方向运动到出油腔，再通过电动机内部、经出油单向阀 1 流出。

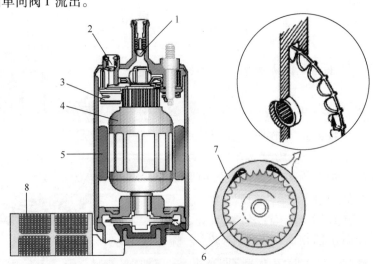

图 4-15　涡轮式电动汽油泵

1—出油单向阀；2—限压阀；3—电刷；4—电枢；5—磁铁；6—叶轮；7—泵体；8—进油滤网。

第四章　汽油机燃油供给系统

涡轮式电动汽油泵结构简单，汽油压力升高完全是由汽油的内摩擦实现的，因而效率不是很高。但此种泵压力波动小，已能达到普通滚柱泵带稳压器的水平，因而可取消压力脉动减振器，从而使泵的结构尺寸大为缩小，能够直接装入汽油箱。

3）柱塞式电动汽油泵

图4-16所示为国产B501型柱塞式电动汽油泵，主要由电磁式驱动机构和供油机构两部分组成。供油机构中的泵筒17固定在汽油泵中心，其底部装有进油阀24。在泵筒17中，带出油阀26的柱塞15可以在电磁线圈16和回位弹簧25的作用下进行直线往复运动。作为驱动部分的主要元件电磁线圈16的一端引至壳体外端接电源，另一端接固定触点30。活动触点31与永久磁铁10固定在触点支架11上。触点支架可以绕固定在下极板13上的小轴摆动，使两触点闭合或分开。

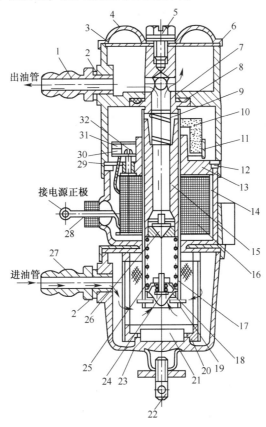

图4-16　柱塞式电动汽油泵

1—出油管接头；2、3—垫片；4—泵盖；5—螺栓；6—上体；7—出油接头；8、18—密封圈；9—缓冲弹簧；10—永久磁铁；11—触点支架；12—密封垫片；13—下极板；14—中体；15—柱塞；16—电磁线圈；17—泵筒；19—进油阀座；20—滤芯；21—磁钢块；22—螺杆；23—沉淀杯；24—进油阀；25—回位弹簧；26—出油阀；27—进油管接头；28—接线柱；29—绝缘套；30—固定触点；31—活动触点；32—圆头螺钉。

图4-17为其触点的工作情况。汽油泵不工作时如图4-17（a）所示，柱塞15被回位弹簧25推到如图4-17所示的上极限位置，永久磁铁10由于柱塞的吸引，带动触点支架11一起逆时针转动到使活动触点31与固定触点30闭合，电磁线圈的电路接通。

此时若接通电源，电磁线圈便产生磁场，吸引柱塞 15 克服回位弹簧 25 的压力向下移，使泵筒内的油压增高。在油压作用下，进油阀关闭，出油阀开启，汽油经出油阀进入柱塞 15 中心空腔。柱塞下移后，永久磁铁 10 上端不再受柱塞吸引，而下端却受到下极板 13 的吸引，于是带动触点支架作顺时针转动，使触点分开而切断电磁线圈的电源。电磁场消失后，柱塞由于回位弹簧的拉力作用而上移，将储存于其空腔内的汽油经出油室从图 4-16 所示的出油管接头 1 泵出。此时出油阀关闭，进油阀开启。汽油从进油管接头 27 流入，经滤芯 20 滤清后，通过进油阀流到柱塞下方的泵筒空腔内。柱塞上移到顶部后，对永久磁铁施加吸引力，又使触点闭合，重新接通电磁线圈电路，如此循环往复。泵油频率为 20~25 次/s。

4）高压泵

图 4-18 为单活塞高压泵结构示意图，图 4-19 为单活塞高压泵。单活塞高压泵位于发动机的进气凸轮轴端部，由一个三角形的三联凸轮驱动，泵内集成有柱塞、压力缓冲器、燃油低压力低压传感器和油量控制阀。三联凸轮上有三个凸起，柱塞行程小，燃油压力变化小，可减小供油波动。压力缓冲器通过腔体中容积的弹性变化减小供油波动。

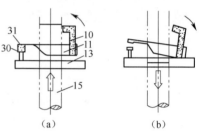

图 4-17 触点工作情况
(a) 闭合；(b) 分开。
（图注同图 4-6）

高压泵的工作原理：不需要高压油泵供油时，油量控制阀的电磁阀线圈不通电，油量控制阀处于打开状态，泵腔与低压油腔联通，使得泵腔内燃油始终保持低压状态，并在柱塞下行时进油，此时高压阀关闭。油量控制阀的电磁阀线圈通电时，柱塞受三联凸轮的作用向上运动，泵腔容积减小，燃油压力升高，高压燃油打开单向的高压阀，燃油流向高压油轨。

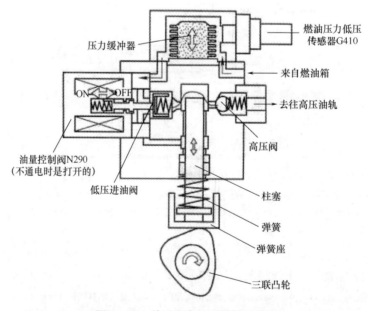

图 4-18 单活塞高压泵结构示意图

第四章 汽油机燃油供给系统

图 4-19 单活塞高压泵

4. 燃油压力调节器

燃油压力调节器的功用是调节至喷油器的燃油压力，使油路中的燃油压力与进气管压力之差保持常数，这样从喷油器喷出的燃油量便唯一地取决于喷油器的持续时间，使电控单元能够通过控制电脉冲宽度来精确控制喷油量。

燃油压力调节器如图4-20所示。膜片2将压力调节器分隔成上下两个腔，下腔有进油口1连接燃油分配管，回油管8与汽油箱连通。上腔通过进气管接头4与节气门后的进气管相连。当燃油压力与进气管压力之差超过预调的压力值时，膜片下方的燃油就推动膜片向上压缩弹簧5，打开回油阀6，超压的燃油流回燃油箱，以保持一定的燃油压力。燃油供给系统的压力与进气管压力之差由弹簧5的弹力限定，调节弹簧预紧力即可改变两者的压力差，也就是改变喷油压力。压力调节器可将燃油压力调节在0.25～0.3MPa范围内。

5. 压力脉动减振器

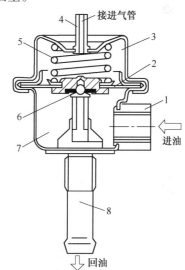

图 4-20 燃油压力调节器
1—进油口；2—膜片；3—空气室；4—进气管接头；
5—弹簧；6—回油阀；7—燃油室；8—回油管。

由于滚柱泵工作过程的非连续性，在油路中的油压有波动，为了使油压脉动衰减，在汽油泵出油端装有燃油压力脉动减振器，其结构如图4-21所示。膜片1将减振器内部分隔成燃油室（上部）和空气室（下部），空气室如同一个空气弹簧。当油路中油压不稳时，油压作用于膜片上，空气室容积变小而燃油室容积变大，使油压峰值减小，变得平稳，此外，膜片上下往复运动，其中的阻尼要消耗油压脉动的能量，起减振作用。弹簧2用于增加空气室的刚度，其压力可通过调节螺栓5调整。

6. 喷油器

喷油器是发动机喷射系统的一个关键的执行器，它接受 ECU 送来的喷油脉冲信号，精确地计算汽油喷射量。因此，它是一种加工精度非常高的精密器件。要求其动态流量范围大、抗堵塞和抗污染能力强以及雾化性能好。为了满足这些性能要求，先后开发研制了各种不同结构形式的电磁喷油器，主要有轴针式、球阀式和片阀式等。

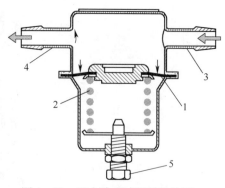

图 4-21 压力脉动减振器结构图
1—膜片；2—弹簧；3—进油口接头；
4—出油口接头；5—调节螺栓。

1）轴针式喷油器

轴针式喷油器的结构如图 4-22 所示，有上端供油式和侧面供油式，上端供油式多用于多点喷射系统，喷油器与燃油分配管连接，侧面供油式喷油器多用于单点喷射系统。喷油器由电磁线圈、衔铁、针阀、复位弹簧及外壳等构成。电磁线圈通电时，产生磁场，吸动衔铁，克服复位弹簧的弹力后上移，衔铁带动针阀从其座面上升约 0.1mm，汽油从精密环形间隙中流出，在压力下从喷嘴口喷出，喷油持续时间在 2~10ms 范围内。时间长，喷油量多。为使汽油充分雾化，针阀前端磨出一段喷油轴针。电磁线圈无电流时，喷油器内的针阀被螺旋弹簧压在喷油器出口处的密封锥形阀座上。电磁线圈的电流通断由 ECU 控制，ECU 根据传感器反馈的信号进行处理，发送电信号到喷油器，该电信号确定了喷油器开启和喷射汽油的时间。

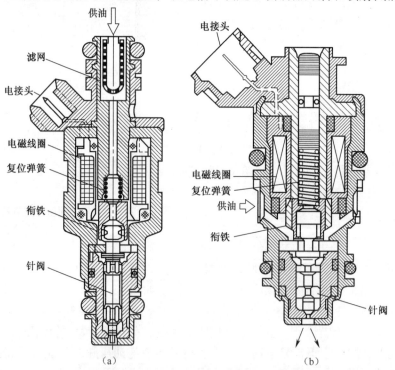

图 4-22 轴针式喷油器的结构
(a) 上端供油式；(b) 侧面供油式。

2）球阀式喷油器

球阀式喷油器如图4-23所示，其结构与轴针式的主要区别在于阀的结构不同，球阀的针阀是由钢球、导杆和衔铁用激光束焊接成整体构成，其质量（1.8g）只有轴针式的1/2，质量小，惯性力小，易控制。为了保证燃油密封性，轴针式必须有较长的导向杆，而球阀具有自动定心作用，无须较长的导向杆。也能保证良好的燃油密封能力。

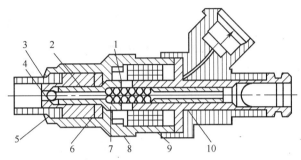

图4-23 球阀式喷油器的结构
1—弹簧；2—针阀；3—阀座；4—喷孔；5—护套；6—挡块；7—衔铁；
8—喷油器体；9—电磁线圈；10—壳体。

当ECU发出命令使电磁线圈通电后，在电磁线圈磁场的作用下，衔铁7和针阀2被吸起，汽油从喷孔4喷出。当电源切断后，针阀在回位弹簧1的作用下关闭喷孔。针阀开启时间（即喷油量）由ECU发出的电脉冲宽度控制。

3）片阀式电磁喷油器

片阀式电磁喷油器的结构如图4-24所示，它与其他类型喷油器的最大区别在于只用一块0.5g的圆形阀片来代替针阀（图4-25），并与孔式阀片组合成液压阀。由于片阀的运动惯量极小，有利于减少喷油器开闭时的滞后时间，因而可提高喷油器的计量精度，动态流量范围可高达20以上，工作噪声比普通轴针式喷油器低9dB，还具有良好的耐久性。无故障喷射6亿次后，动态流量变化小于±4%，静态流量变化小于±1%。此外，这种喷油器的抗阻塞能力明显优于轴针式喷油器。同样运行200个实验循环后，后者的流量减少47%，而前者只减少0.3%，甚至运行1000个循环后流量减少仍小于2%。

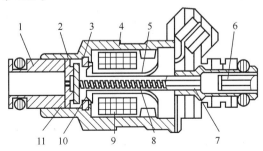

图4-24 片阀式喷油器
1—喷嘴套；2—阀座；3—挡圈；4—喷油器体；5—铁芯；6—滤清器；
7—调压滑套；8—弹簧；9—电磁线圈；10—凸缘；11—片阀。

片阀式电磁喷油器的工作原理如图4-25所示。当电磁线圈无电流通过时，片阀被螺旋弹簧和汽油压力紧压在阀座上。当ECU发出喷油脉冲信号时，喷油器的电磁线圈即刻通电产生电磁场，在衔铁磁场力的作用下，片阀克服弹簧和汽油压力的作用上移，脱离阀座密封环，直到抵住挡圈，压力油从密封环中计量孔喷出。待喷油信号结束后，喷油器电磁线圈的电流被切断，电磁力迅速消失。在螺旋弹簧和汽油压力的作用下，片阀迅速回位，挡圈落座，阀门关闭，喷油器停止喷油。

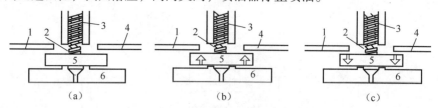

图4-25 阀片工作原理
(a) 阀片静止在阀片座上；(b) 阀片抬离阀座直到抵住挡圈；(c) 阀片离开挡圈落座。
1、4—挡圈；2—弹簧；3—衔铁；5—片阀；6—阀座。

4）旋涡式喷油器

旋涡式喷油器是用于缸内喷射燃油供给系统的高压喷油器，如图4-26所示，其主要任务是将高压燃油喷入气缸形成细雾，通过控制喷油持续期实现喷油的控制，燃油要在ECU中设定的喷油正时控制下及时喷入气缸，并准确地喷到燃烧室内相应区域。

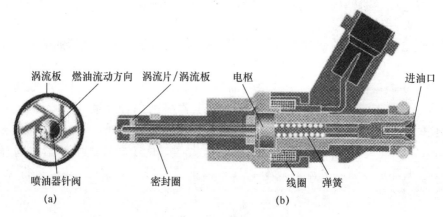

图4-26 旋涡式喷油器
(a) 燃油喷射方向；(b) 喷油器的结构。

旋涡式喷油器与轴针式喷油器的工作原理基本相同。为改善混合气的形成条件，旋涡式喷油器的内部装有涡流片/涡流板，以便使高压燃油从圆周分布的切线口高速喷出，在气缸内气流作用下，形成旋转的雾状燃油，雾化程度被进一步加强，燃油呈极细微状，其颗粒直径只有 $0.20\mu m$ 以下。为克服较高的喷油压力，喷油器驱动电压高达100~110V，比轴针式喷油器的12V驱动电压高出8倍以上，瞬间驱动电流可达17~20A，这也使得喷油器的喷油滞后时间大大缩短，控制精度高，响应速度快。因喷油压力较高，喷油器的自洁功能高，不易产生脏堵故障。

7. 冷起动喷油器

冷起动喷油器（又称冷起动阀）是一种装在进气总管中央部位进行燃油辅助喷射的电磁阀式喷油阀，它可以改善发动机的低温起动性能，与一般喷油器的主要区别：一是它只用于发动机起动时，因而要求工作电压较低；二是要求其喷雾微粒化且喷雾角较大。后一项是衡量冷起动喷油器性能的重要指标。

冷起动喷油器的结构如图4-27所示，冷起动喷油器由燃料入口连接器6、电插头5、电磁线圈4、柱塞阀3、漩涡喷嘴1等组成。在喷射管道2内部，柱塞阀在弹簧7作用下把柱塞阀推向阀座使阀孔关闭。当电磁线圈通电时，在电磁力吸引下，柱塞阀克服弹簧力被吸起，阀门即打开，燃油在漩涡喷嘴部位形成旋转流，并以微粒和锥角形式从喷孔喷射出去。

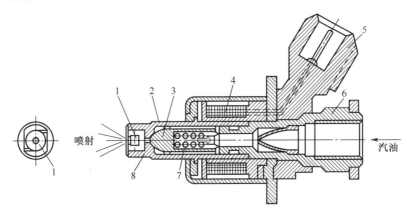

图4-27 冷起动喷油器
1—漩涡喷嘴；2—喷射管道；3—柱塞阀；4—电磁线圈；
5—电插头；6—燃油入口连接器；7—弹簧；8—阀座。

8. 高压燃油压力传感器

高压油轨内的压力保持恒定是精确控制喷油量的前提条件，同时对减少排放、降低噪声和提出高功率有重要意义。

高压燃油压力传感器如图4-28所示，其核心为一个钢质膜片，在膜片上有应变电阻，当燃油经压力接口作用于钢质膜片时，钢质片变形，引起应变电阻阻值发生变化，将燃油压力变化转变成电信号，高压燃油压力传感器与ECU相连，压燃油压力传感器传至ECU。高压燃油压力传感器有供电电压为5V，传感器的测量误差小于2%。

二、空气供给系统主要部件

空气供给系统的作用是提供和控制与发动机负荷相适应的清洁空气，与喷油器喷出的汽油形成最佳混合气。图4-29所示为空气供给系统部分示意图，空气由空气滤清器6吸入，滤去空气中的尘埃等杂质后，流经空气流量计2，再通过节气门1进入进气总管，再分配到各进气歧管。在进气歧管内，从喷油器喷出的汽油和空气混合后被吸入气缸内燃烧。汽车行驶时，空气流量是由驾驶员通过加速踏板操纵节气门控制的。

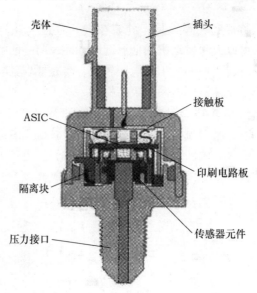

图4-28 高压燃油压力传感器

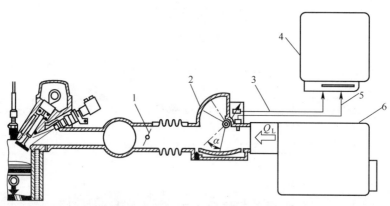

图4-29 空气供给系统示意图

1—节气门；2—空气流量计；3—空气流量信号；4—电控单元；5—空气温度信号；6—空气滤清器。

1. 空气流量计

空气流量计的功用是测量进入发动机的空气流量，并将测量的结果转换为电信号传输给电控单元。空气流量计有多种形式，如翼片式、热线式、热膜式和涡流式等。

1）翼片式空气流量计

翼片式空气流量计是利用吸入空气的流体动力与作用在空气翼片上弹簧力的平衡原理工作的。图4-30为翼片式空气流量计机构示意图。空气通过空气流量计主通道时，翼片3受到吸入空气气流的压力及回位弹簧6的弹力，空气的流量越大，则气流的压力越大，使翼片的转角越大，回位弹簧弹力增加，直到两力平衡为止。此外，翼片的转轴与电位计5是同轴结构，随着翼片转角的不同将产生不同的电阻值，此信号输入电控单元。由于发动机进气过程中进气管的压力波动，使之吸入的空气产生脉动。为了消除这一影响，翼片式空气流量计设计有缓冲室7和补偿挡板8，使翼片的脉动减小。

空气流量计翼片的一侧还设有一个旁通空气道 2，当发动机怠速工作时，主空气道内的空气翼片 3 关闭，只允许少量的空气经旁通道流过。在旁通道上还设有一个调节螺钉 1，控制旁通通道内的空气流量，以调节控制怠速工况下混合气成分。

2）热线式空气流量计

热线式空气流量传感器，按其铂金热线安装位置的不同可分为主流测量方式和旁通测量方式两种。

主流测量热线式空气流量计由测

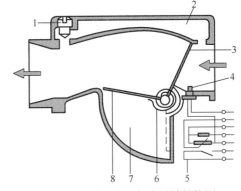

图 4-30　翼片式空气流量计结构图
1—调节螺钉；2—旁通空气道；3—翼片；4—空气温度传感器；
5—电位计；6—回位弹簧；7—缓冲室；8—补偿挡板。

试管、铂热丝、温度补偿电阻、控制线路板、电接头、防护网和壳体等组成，其结构如图 4-31 所示。铂热丝是一根直径为 70pm 的铂金丝，是正温度数的热敏电阻，通电后变热，也是热线电阻。温度补偿电阻是负温度数的热敏电阻，通电后变热，温度比热线电阻低，为冷线电阻，铂热丝和温度补偿电阻安装在测试管中，测试管则安装在主进气道的中央部位，两端有金属防护网，并用卡箍固定在壳体上。控制线路板上有电接头与发动机 ECU 连接。

热线式空气流量计工作原理如图 4-32 所示，热线电阻 RH、温度补偿电阻 RK、精密电阻 R_A、电桥电阻 R_B 组成惠斯顿电桥。发动机工作后，热线电阻由控制电路提供的电流加热到 120℃ 左右，温度补偿电阻的温度（100℃）始终低于热线电阻的温度。当空气流过热线电阻和温度补偿电阻时，受到冷却，热线电阻的阻值减小，温度补偿电阻的阻值增大，并随空气流量变化，使电桥失去平衡，会使精密电阻 R_A 两端的电压增大，只要测量 R_A 两端的电压，即可知流过空气流量的大小，精密电阻 R_A 两端的电压被送到 ECU。

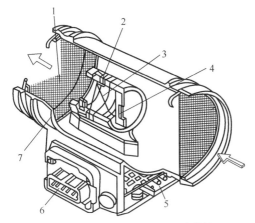

图 4-31　热线式空气流量计结构
1—金属防护网；2—测试管；3—铂热丝；
4—温度补偿电阻；5—控制电路板；
6—电接头；7—壳体。

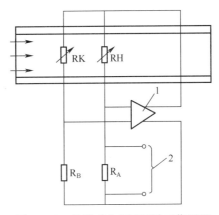

图 4-32　热线式空气流量计工作原理
1—集成电路；2—输出信号；RH—热线电阻；
RK—温度补偿电阻；R_A—精密电阻；R_B—电桥电阻。

在 ECU 中，装有自洁电路，发动机熄火后，自动将铂热丝加热到 1000℃，烧掉铂热丝上的污物，防止铂热丝上的污物影响流量计的测量精度和灵敏度。

旁通测量热线式空气流量计与主流测量热线式空气流量计的工作原理相同，主要区别是它把铂金热线和补偿电阻（冷线）绕在陶瓷螺旋管上，安装在旁通空气道上，从而提高了铂丝的寿命。结构如图 4-33 所示。

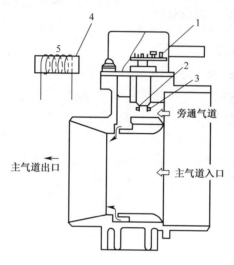

图 4-33　旁通测量热线式空气流量计
1—放大电路；2—铂丝组件；3—温度传感器；4—陶瓷管；5—铂丝。

3）热膜式空气流量计

热膜式空气流量计的结构如图 4-34 所示，它是热线式空气流量计的改进产品，其结构与热线式基本相同，只是它的发热体是热膜而不是热线，热膜由发热金属铂固定在薄的树脂膜上制成。这种结构使发热体不直接承受空气流动所产生的作用力，增加了发热体的强度，提高了流量计的可靠性。

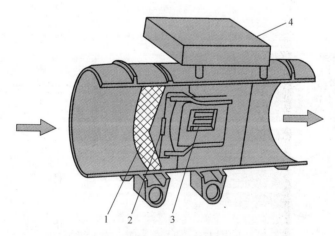

图 4-34　热膜式空气流量传感器工作原理
1—防护网；2—温度传感器；3—热膜；4—控制电路。

热线式和热膜式空气流量计的响应速度快，能在几毫秒内反映出空气流量的变化，所以它的测量精度不会受进气气流脉动的影响。特别是发动机在大负荷、低转速时进气气流脉动大，由于使用了热线式或热膜式空气流量计测量进气量，空气计量准确，在任何工况下都能保持最佳空燃比，发动机的起动性能、加速性能好。

4) 卡门涡流式空气流量计

卡门涡流式空气流量计是利用卡门涡流理论来测量空气流量的装置，其工作原理如图4-35所示。在流量计进气道的正中央有一个流线形或三角形的立柱，称为涡源体。当均匀的气流流过涡源体2时，在涡源体下游的气流中会产生一列不对称却十分规则的空气漩涡，即卡门涡流。据卡门涡流理论，此漩涡移动的速度与空气流速成正比，即在单位时间内流过涡源体下游某点的漩涡数量与空气流速成正比。因此，通过测量单位时间内流过的漩涡数量便可计算出空气流速和流量。

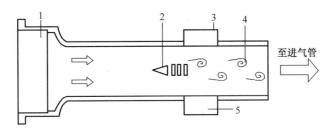

图4-35 卡门涡流式空气流量计
1—整流网；2—涡源体；3—超声波发生器；4—漩涡；5—超声波接受器。

单位时间内流过的漩涡数量可用超声波检测，它是利用卡门漩涡引起空气密度变化进行测量的。在空气流向的垂直方向安装超声波发生器3，在其对面安装超声波接收器5，从信号发生器发出的超声波，因受卡门漩涡造成空气密度变化的影响，到达接收器的时间有变化，可测出其相位差，将其整形放大成矩形波，矩形波的脉冲频率即为单位时间内流过的漩涡数量，即卡门漩涡的频率。进气量大时，信号频率高；进气量小时，信号频率低。矩形波的脉冲频率被送到ECU，也即空气流速和流量的信号送入ECU。

5) 进气管压力传感器

进气管压力传感器又称压感式空气流量传感器，是利用进气压力传感器来间接地测量发动机吸入空气量的，是采用速度密度方式检测进气量的汽油喷射系统（图4-7）中的传感器。可根据发动机的负荷状态测出进气歧管内绝对压力的变化，并转换成电压信号与转速信号一起输送给ECU，作为喷油器基本喷油量的依据。

进气管压力传感器种类较多，其中以半导体压敏电阻式进气管压力传感器应用最为广泛。它由硅膜片5、真空室4、半导体压敏电阻7、底座10、真空管11和电极引线9等组成。硅膜片封装在真空室内，一侧作用的是进气歧管压力，另一侧则为绝对真空，如图4-36（a）所示。

硅膜片是压力转换元件，用单晶硅材料组成，长和宽约为3mm，厚度约为160μm。在硅膜片的中央部位采用光刻腐蚀技术制作成一个直径为2mm、厚度约为50μm的圆形薄膜片，并采用集成电路加工技术与台面扩散技术在圆形薄膜片的表面制作四只梳状阻值相等的半导体压敏电阻,通常称为固态压阻器件或固态电阻,如图4-36(b)所示,再利用低阻扩散层(P型扩散层)将四只压敏电阻连接成惠斯顿电桥电路,如图4-36(c)所示。在进气管压力下,硅膜片产生应变,压敏电阻的阻值变化,导致电桥输出电压变化,这种进气管压力传感器的信号输出电压与进气歧管绝对压力成线性关系,集成电路将此电压信号放大后送至ECU。

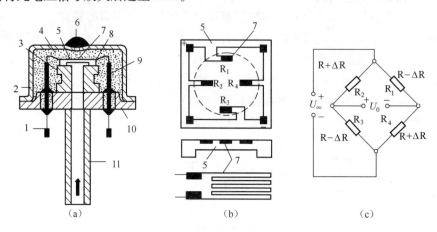

图4-36 半导体式进气管压力传感器及硅膜片的结构
(a)压力传感器;(b)硅膜片结构;(c)等效电路图。
1—引线端子;2—壳体;3—硅杯;4—真空室;5—硅膜片;6—锡焊封口;
7—半导体压敏电阻;8—接线电极;9—电极引线;10—底座;11—真空管。

2. 节气门体

节气门体(图4-37)位于空气流量计和发动机之间的进气管上,节气门由油门踏板控制,以便控制发动机的进气量。节气门体上有怠速通道,当怠速时可提供少量的空气。节气门位置传感器也装在节气门轴上,用来向ECU传递节气门开度信号。

3. 补充空气阀

补充空气阀是实现发动机快怠速的装置。汽油喷射系统多采用蜡式补充空气阀,如图4-38所示。发动机循环冷却液经软管通入补充空气阀的水套中,流经蜡盒周围。当发动机冷起动时,冷却液的温度低,蜡盒内的石蜡凝固收缩,锥阀在弹簧的作用下开启,打开旁通空气道,部分空气经补充空气阀进入发动机,使发动机的进气量

图4-37 节气门体

增加。由于这部分空气是经过空气流量计计量过的,因此喷油量将相应地有所增加,从而提高了怠速转速,缩短了暖车时间。随着发动机逐渐热起来,冷却液的温度升高,蜡盒内的石蜡受热熔化膨胀,使推杆伸出,推动锥阀将旁通空气道关闭。怠速正常时补充空气阀不补充空气,空气由旁通空气道供给。

怠速调整螺钉用来改变旁通气道的通过断面,控制怠速时的进气量,以调节怠速转速和提高怠速运转的稳定性。

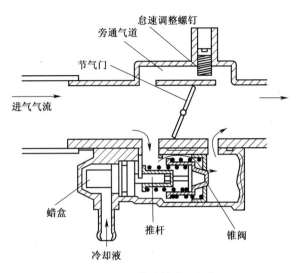

图 4-38 蜡式补充空气阀

4. 怠速控制阀

节气门体上装有步进电机式怠速控制阀,如图 4-39 所示。其功能是根据发动机实际工况来改变怠速时流入发动机的空气量,自动调节发动机的怠速转速,使发动机在设定的怠速转速下稳定运转。在使用空调器或转向助力器的汽车上,电控单元通过怠速控制阀自动提高怠速转速,以防止发动机因负荷加大而熄火。

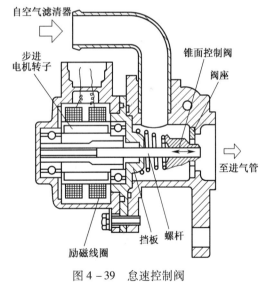

图 4-39 怠速控制阀

步进电机式怠速控制阀由步进电机、螺旋机构和锥面控制阀等组成。螺旋机构中的螺母和步进电机的转子制成一体,而螺杆和锥面控制阀制成一体。步进电机中有几组励磁线圈,改变励磁线圈的通电顺序,可以改变电机的旋转方向,步进电机由电控单元控制。当发动机摩擦力矩变化或其他因素变化,致使发动机怠速转速发生变化时,电控单元从发动机转速传感器获得发动机实际转速的信息,并将实际转速与预设程序中设定的转速相比较,根据两者偏差的大小向励磁线圈输出不同的控制脉冲电流,这时步进电机或正转或反转一定的角度,驱动螺杆和锥面控制阀或向前或向后移动一定的距离,阀门开度减小或增大,从而改变了进气量,达到控制怠速转速的目的。

三、电子控制系统主要部件

电子控制系统由电控单元、各种传感器、执行器以及连接它们的控制电路所组成,如图 4-40 所示。不同类型喷射系统的控制功能、控制方式和控制电路的布置不完全一样，但基本原理相似。

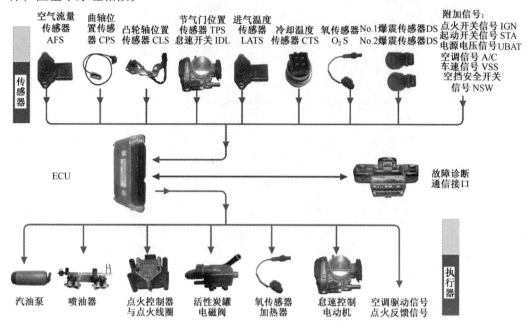

图 4-40　电子控制系统的组成

传感器按能量关系分为主动型和被动型两大类。汽车上使用的传感器大多是被动型的，该被动型传感器需要外加电源才能产生电信号。

1. 温度传感器

1) 冷却液温度传感器

发动机的冷却液温度传感器大多用负温度系数的热敏电阻制成，如图 4-41 所示。冷却液温度越低，热敏电阻的阻值越大；反之亦然。传感器的两根导线都和电控单元连接，其中一根为搭铁线。水温传感器安装在发动机机体或气缸盖上，与冷却液接触，用来检测发动机循环冷却液的温度，并将检测结果传输给电控单元以便修正喷油量。

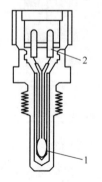 

图 4-41　冷却液温度传感器
1—热敏电阻；2—接线端子。

2）进气温度传感器

进气温度传感器通常安装在空气流量计上，用来测量进气温度，并将温度变化的信息传输给电控单元作为修正喷油量的依据之一。进气温度传感器内部也是一个热敏电阻，其电阻温度特性、构造、工作原理以及与电控单元的连接方式均与冷却液温度传感器相同，如图4-42所示。

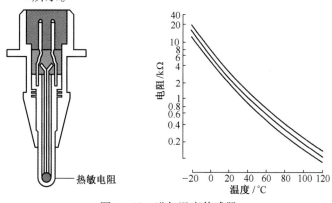

图4-42 进气温度传感器

2. 节气门位置传感器

节气门位置传感器安装在节气门轴上，与节气门联动。其功用是将节气门的位置或开度转换成电信号传输给电控单元，作为电控单元判定发动机运行工况的依据。节气门位置传感器有开关型和线性输出型两种。

1）开关型节气门位置传感器

开关型节气门位置传感器如图4-43所示，内有两个触点，分别为怠速触点和全负荷触点。与节气门同轴的接触凸轮控制两个触点的闭合或断开。当发动机在怠速时，节气门接近关闭，怠速触点闭合，这时电控单元将指令喷油器增加喷油量以加浓混合气。全负荷时，节气门全开，接触凸轮使全负荷触点闭合，这时电控单元将输出脉冲宽度最长的电脉冲，以实现全负荷加浓。

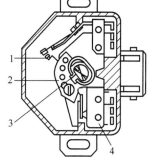

图4-43 开关型节气门位置传感器
1—全负荷触点；2—接触凸轮；
3—节气门轴；4—怠速触点。

2）线性输出型节气门位置传感器

线性输出型节气门位置传感器如图4-44所示，是一个线性电位计，由节气门轴带动电位计的滑动触点。当节气门开度不同时，电位计输出的电压也不同，从而将节气门由全闭到全开的各种开度转换为大小不等的电压信号传输给电控单元，使其精确地判定发动机的运行工况。

3. 曲轴位置传感器

曲轴位置传感器用于检测活塞上止点、曲轴转角及发动机转速，提供点火提前角、确认曲轴位置的信号，是发动机电子控制系统中最主要的传感器之一。曲轴位置传感器所采用的结构随车型不同而不同，可分为光电式、磁感应式和霍耳式三大类。它通常安装在曲轴前端、凸轮轴前端、飞轮上或分电器内。

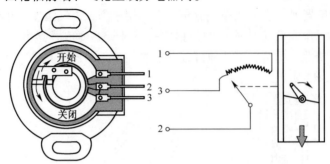

图 4-44 线性输出型节气门位置传感器
1—基准电压；2—输出电压；3—搭铁。

1) 光电式曲轴位置传感器

光电式曲轴位置传感器如图 4-45 所示，由发光二极管 2、光敏三极管 1、转盘 5 等组成，并安装在分电器底板 6 上。两对发光二极管和光敏三极管组成信号发生器。在转盘的边缘均匀地开有 360 个小细缝和 6 个大细缝。当转盘随分电器轴转动时，发光二极管通过细缝射向光敏三极管的光线使光敏三极管导通，光线被转盘遮断时，光敏三极管截止，由此产生脉冲信号。分电器每转一转，输出 360 个相间 1°的脉冲信号（相当于 2°曲轴转角）和 6 个相间 60°的脉冲信号（相当于 120°曲轴转角）。光电式曲轴位置传感器输出矩形脉冲信号，适合与电腔单元的数字系统配用。

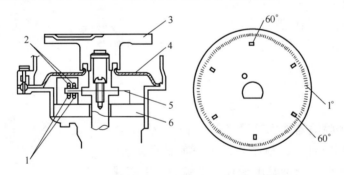

图 4-45 光电式曲轴位置传感器
1—光敏三极管；2—发光二极管；3—分火头；4—密封盖；5—转盘；6—分电器底板。

2) 磁感应式曲轴位置传感器

磁感应式曲轴位置传感器是一种磁感应检测传感器，如图 4-46 所示，由感应线圈 2 和触发轮 3 等组成。大部分的发动机在飞轮特制环上有 58 个齿（根据需要也可设计成其他齿数）的触发轮。每一齿占飞轮的 6°角，并带有一个 12°角间隔的齿，通常称为缺齿，它的位置可确定某一缸上止点位置。当发动机转动时，轮齿与感应线圈之间的空气间隙变化，导致感应线圈的磁场变化，在感应线圈产生感应电动势。轮齿靠近及远离磁头时，将产生一次增减磁通的变化，所以，每一个轮齿通过磁头时，都将在感应线圈中产生一个完整的交流电压信号，再通过整流、滤波等，获得反应曲轴位置的脉冲信号，输入 ECU。

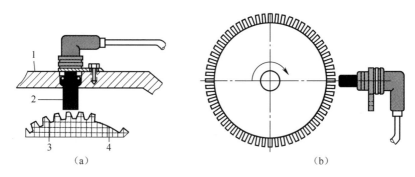

图 4-46 磁感应式曲轴位置传感器
1—发动机机体；2—感应线圈；3—触发轮；4—缺齿。

触发轮的轮齿顶部与感应线圈头部的间隙要求在（1±0.5）mm。间隙过大，输出信号较小，不易检测；间隙过小，会给安装和加工带来困难。信号的大小还与切割磁力线的速度有关，发动机的转速高，输出信号强；发动机的转速低，输出信号弱。其输出电压为 0.2~90V。

3）霍耳效应式曲轴位置传感器

霍耳效应式曲轴位置传感器由霍耳元件、永久磁铁和带缺口的信号盘组成，如图 4-47 所示。霍耳元件是带有集成电路的半导体基片。当把霍耳元件置于磁场中并通以电流，且使电流方向与磁场方向垂直，这时霍耳元件将在垂直于电流及磁场的方向产生霍耳电压，这一现象称作霍耳效应。改变磁场强度可以改变霍耳电压的大小，磁场消失，霍耳电压为零。

信号盘1的边缘有叶片，当信号盘上的叶片进入永久磁铁4与霍耳元件5之间的气隙2时，霍耳元件的磁场被叶片旁路，此时不产生霍耳电压，传感器无输出信号；当信号盘的叶轮缺口部分进入永久磁铁和霍耳元件之间的气隙时，霍耳电压升高，传感器输出电压信号。霍耳效应式曲轴位置传感器输出的信号是矩形脉冲，曲轴位置与输出电压矩形脉冲个数对应，适用于电控单元的数字系统，且其信号电压的大小与发动机转速无关，在发动机低速状态下仍可获得很高的检测精度。

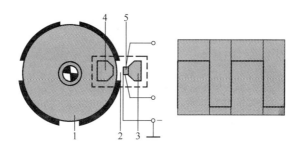

图 4-47 霍耳效应式曲轴位置传感器原理和输出波形
1—信号盘；2—气隙；3、4—永久磁铁；5—霍耳元件。

4. 氧传感器

氧传感器安装在排气管上，与三元催化转换器同时使用，三元催化转换器对排气管废气起净化作用，由于三元催化转换器只有在混合气的空燃比接近理论空燃比的狭小范围内净化效果才最好。因此，必须控制混合气的空燃比接近理论空燃比。

氧传感器的功用就是检测排气中氧的浓度并转化为电信号反馈给电控单元，由电控单元根据废气中含氧量修正喷油量，使混合气成分始终保持在最佳范围内，辅助实现良好的废气净化。

目前应用最多的是氧化锆氧传感器。氧化锆氧传感器是利用氧化锆高温时其内外两侧氧浓度差，使其产生电动势的特性来测量废气中氧的浓度，其本质是化学电池。它是以陶瓷材料氧化锆作敏感组件，制成管状，为锆管，在锆管内、外表面都覆盖着一层铂薄膜作内、外电极，为了防止铂膜被废气腐蚀，在铂膜外覆盖一层多孔陶瓷层，外面再加一个开有槽口的保护管。氧传感器的接线端有一个金属护帽，其上开有一个小孔，使氧化锆传感器内侧通大气，外侧裸露在排气中，如图4-48所示。

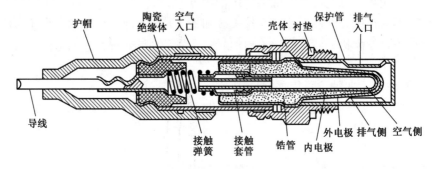

图4-48 氧化锆氧传感器结构

氧传感器的工作原理和输出特性如图4-49所示。当锆管接触氧气时，氧气透过多孔铂膜电极，吸附于二氧化锆，并经电子交换成为负离子。由于锆管内表面通大气，外表面通排气，其内外表面的氧气分布不同，则负离子浓度也不同，从而形成负氧离子由高浓度侧向低浓度侧的扩散。当扩散处于平衡状态时，两电极间便形成电动势，形成电池。由氧传感器的输出特性可以看出，当混合气在理论空燃比附近时，氧化锆传感器的输出电压会随着空燃比的改变而急剧变化，氧传感器起到一个浓、稀开关的作用，从而可以很灵敏地给出相应的控制信号。

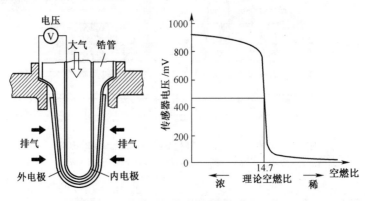

图4-49 氧传感器的工作原理和输出特性

5. 爆震传感器

爆震传感器用于检测发动机有无爆震或爆震倾向，通常安装在发动机的机体上，将发动机发生机体的振动转变换为电压信号，且当机体的振动频率与传感器的固有振动频率一致而发生共振时，传感器将输出最大电压信号。ECU 将根据此最大电压信号判定发动机是否发生爆燃。爆震传感器有压电式和磁致伸缩式。

1）压电式爆震传感器

压电式爆震传感器如图 4-50 所示。它是由与爆震几乎具有相同共振频率的振荡片和能够检测振动压力并将其转换成电信号的压电元件构成。传感器中压电元件 1 紧密地贴合在振荡片 2 上，振荡片则固定在传感器的基座 3 上。振荡片随发动机的振动而振荡，波及压电元件，使其变形产生电压信号，向 ECU 输出。当发动机爆震时，其振动频率与振荡片的固有频率相符合时，振荡片产生共振，此时，压电元件产生最大电压信号。图 4-51 为压电式爆震传感器特性。

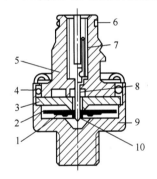

图 4-50 压电式爆震传感器

1—压电元件；2—振荡片；3—基座；
4、6—O 形圈；5—连接器；7—接头；
8—密封剂；9—外壳；10—引线端。

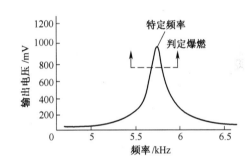

图 4-51 压电式爆震传感器特性

2）磁致伸缩式爆震传感器

磁致伸缩式爆震传感器它主要由磁芯 2、永久磁铁 3 及感应线圈 5 等组成，如图 4-52 所示。当机体振动时，磁芯（高镍合金）受振偏移，使感应线圈内的磁通量发生变化，而在感应线圈内产生感生电动势，在输出电压最大时，产生爆燃。图 4-53 为磁致伸缩式爆震传感器特性。

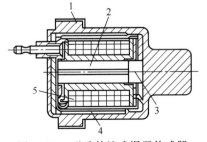

图 4-52 磁致伸缩式爆震传感器

1—外壳；2—磁芯；3—永久磁铁；4—内盖；5—感应线圈。

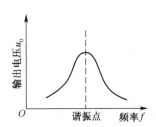

图 4-53 磁致伸缩式爆震传感器特性

思考题

4-1 何谓汽油的抗爆性？汽油的抗爆性用何种参数评价？汽油的牌号与其抗爆性有何关系？

4-2 汽油发动机稳定工况和过渡工况对混合气成分有何要求？

4-3 电控汽油喷射系统有何优点？由哪几部分组成？

4-4 试述缸内直喷电控汽油供给系统的工作过程和单活塞高压泵的工作原理。

4-5 在电控汽油喷射系统中，喷油器的实际喷油量是如何确定的？试述其控制过程。

4-6 试比较多点与单点喷射系统的优缺点。

4-7 滚柱式电动汽油泵的工作原理是什么？

4-8 油压调节器有何作用？它的结构和工作原理是什么？

4-9 试述轴针式喷油器的结构和工原理。旋涡式喷油器在结构上有何特点？

4-10 空气流量计有哪几种？试比较各种空气流量计的优缺点。

4-11 试述热线式空气流量计的工作原理。

4-12 氧传感器的结构和工作原理是什么？压电式爆震传感器的功用和工作原理是什么？

第五章 柴油机燃油供给系统

柴油发动机所用的燃料是柴油。柴油机燃油供给系统的任务是根据发动机运转工况的需要，向气缸高压喷射一定数量清洁的柴油，并在燃烧室中雾化、与一定数量的空气混合形成可燃混合气，以供燃烧。燃烧后的废气排出气缸；同时，供给系统还需要通过油箱储存相当数量的柴油，以保证汽车的续驶里程。这就需要知道柴油的使用性能、燃烧室、柴油机燃油供给系统的组成和主要部件的构造等。

第一节 柴油的使用性能及柴油机燃油供给系统的组成

一、柴油的使用性能

柴油发动机所用的燃料是柴油。柴油和汽油一样，都是石油的炼制品。在石油蒸馏过程中，温度在 200~360℃ 之间的馏分即为柴油，C 原子数为 C_{16}~C_{23}，相对分子质量为 180~200。

汽车柴油机使用普通柴油，普通柴油的国家标准见 GB 252—2015。普通柴油按凝点不同分为 5 号、0 号、-10 号、-20 号、-35 号和 -50 号六种牌号，分别在 8℃、4℃、-5℃、-14℃、-29℃ 和 -44℃ 以上的地区使用。

普通柴油的使用性能主要如下：

(1) 着火性。指柴油的自燃能力，用十六烷值评定。柴油的十六烷值大，着火性好，容易自燃。国家标准规定普通柴油的十六烷值不小于 45。

(2) 馏程。指柴油蒸发汽化的能力，用柴油馏出某一百分比的温度范围表示。比如，50% 馏出温度即柴油馏出 50% 的温度，此温度越低，柴油的蒸发性越好。国家标准规定此温度不得高于 300℃，但是没有规定最低温度限。

(3) 闪点。柴油的闪点指在一定的试验条件下，当柴油蒸气与周围的空气形成混合气并接近火焰时，开始出现闪火的温度。闪点低，蒸发性好。

(4) 低温流动性。用柴油的凝点和冷凝点评价它的低温流动性。凝点是指柴油失去流动性开始凝固时的温度,而冷滤点则是指在特定的实验条件下,在1min内柴油开始不能流过过滤器20mL时的最高温度。一般柴油的冷滤点比其凝点高3~6℃。

(5)黏度。它是评定柴油稀稠度的一项指标,与柴油的流动性有关。黏度随温度而变化,当温度升高时,黏度减小,流动性增强;反之,当温度降低时,黏度增大,流动性减弱。

柴油与汽油相比,馏分高,蒸发性差、黏度大等,柴油的使用性能决定了需要将柴油用高压法喷入气缸,形成可燃混合气,并压燃。

二、柴油机燃油供给系统的组成

根据喷油压力形成方式,柴油机燃油供给系统分为柱塞式和分配式。根据喷油的控制方式,柴油机燃油供给系统分为机械式和电控喷射式。

1. 柱塞式喷油泵柴油机燃料供给系统的组成

图5-1所示为直列柱塞式喷油泵的柴油机燃油供给系统,包括喷油泵3、喷油器1、调速器6等主要部件及燃油箱8、输油泵5、油水分离器7、燃油滤清器2、喷油提前器4、高压油管9、低压油管11等辅助装置。直列柱塞式喷油泵3一般由柴油机曲轴的定时齿轮驱动。固定在喷油泵体上的活塞式输油泵5由喷油泵的凸轮轴驱动。喷油泵前端装有喷油提前器,后端装有调速器,喷油泵、调速器、输油泵和喷油提前器组成一个整体。喷油器装在气缸盖上。

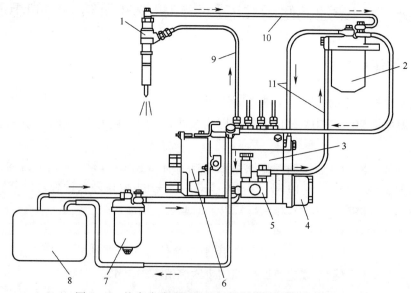

图5-1 柱塞式喷油泵柴油机燃料供给系统示意图

1—喷油器;2—燃油滤清器;3—直列柱塞式喷油泵;4—喷油提前器;5—输油泵;6—调速器;
7—油水分离器;8—燃油箱;9—高压油管;10—回油管;11—低压油管。

当柴油机工作时,输油泵从燃油箱吸出柴油,经油水分离器除去柴油中的水分,再经燃油滤清器滤除柴油中的杂质,然后送入直列柱塞式喷油泵3。在喷油泵内,柴油经柱塞增压和计量之后,经高压油管9供入喷油器,并通过喷油器将柴油喷入燃烧室,并与燃烧室中空气混合形成可燃混合气。输油泵供给的多余柴油及喷油器顶部的回油，均经回油管 10 返回燃油箱。

柱塞式喷油泵在柴油机上安装位置如图 5-2 所示。喷油泵 2 安装在机体的侧面，喷油泵的前端是调速器 4。喷油器 1 安装在气缸盖上，每缸一个喷油器。喷油器与喷油泵用高压油管连接。

图 5-2　柱塞式喷油泵在柴油机上安装位置
1—喷油器；2—柱塞式喷油泵；3—输油泵；4—调速器；5—燃油滤清器。

2. 分配式喷油泵柴油机燃料供给系统的组成

图 5-3 所示为分配式喷油泵的柴油机燃油供给系统。它用了两个输油泵，分别为一级输油泵 3 和二级输油泵 4。喷油泵 12 为分配式。

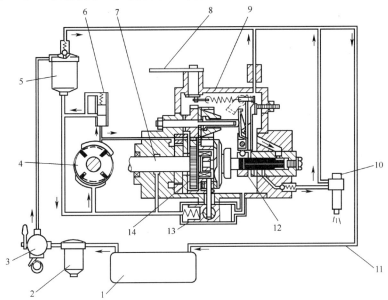

图 5-3　分配式喷油泵柴油机燃油供给系统示意图
1—燃油箱；2—油水分离器；3—一级输油泵；4—二级输油泵；5—燃油滤清器；6—调压阀；
7—分配式燃油泵传动轴；8—调速手柄；9—分配式喷油泵体；10—喷油器；
11—回油管；12—分配式喷油泵；13—喷油提前器；14—调速器传动齿轮。

当柴油机工作时，一级输油泵 3 将燃油从燃油箱 1 吸出，经油水分离器 2 及燃油滤清器 5，将其送入叶片式的二级输油泵 4，柴油在二级输油泵中加压后充入密闭的分配式喷油泵体 9 内，再经分配式喷油泵 12 增压计量后进入喷油器 10，喷油器将柴油喷入燃烧室。为使喷油泵的输入油压合适并保持稳定，在二级输油泵的出口设有调压阀 6。当输入喷油泵的油压超过规定值时，将一部分柴油经调压阀返回二级输油泵的入口。一级输油泵供给的多余柴油、喷油器工作间隙泄漏的极少量的柴油及喷油器顶部的回油同样经回油管返回燃油箱。分配式与柱塞式喷油泵在柴油机上安装位置类似。

第二节 喷油器与燃烧室

一、喷油器

喷油器的功用是根据柴油机混合气形成的特点，将柴油喷射到燃烧室特定的部位，并雾化成细微的油滴。

根据喷油嘴结构形式的不同，喷油器可分为孔式和轴针式喷油器两种，分别用于不同类型的燃烧室。

1. 孔式喷油器

孔式喷油器用于直喷式燃烧室柴油机上，其结构如图 5-4 所示。针阀 11 和前端带孔的针阀体 12 构成的喷油嘴，调压弹簧 7 通过顶杆 8 将针阀压紧在针阀体内的密封锥面上，使喷油嘴关闭。调压弹簧的预紧力由调压螺钉 5 调节。针阀和针阀体是孔式喷油器的关键部件，是喷油系统中的第一对偶件，针阀的密封锥面与针阀体内的密封锥面都是在精加工之后再配对研磨，以保证其配合精度。针阀的上锥面称作承压锥面，用来承受油压产生的轴向推力，使针阀升起，油压 17~25MPa。喷孔分单孔式、双孔式和多孔式，一般为 1~8 孔，多达 12 孔；孔径：0.15~0.8mm。喷孔直径不宜过小，否则既不易加工，又容易使喷孔在使用中被积炭堵塞。喷孔影响燃油喷射方向，有特定的要求，所以在喷油器体与针阀体之间设有定位销 14。拧紧螺母 10 与喷油器体 9 紧固在一起。

喷油嘴有长型和短型两种结构形式（图 5-5）。前者将喷油嘴加长，针阀的导向部分远离燃烧室，以减少针阀的受热及变形，从而避免针阀卡死在针阀体内，所以长型喷油嘴多用于热负荷较高的柴油机上。

孔式喷油器工作原理：当柴油机工作时，来自喷油泵的高压柴油通过高压油管送到喷油器，经进油管接头 16、喷油器滤清器 17 以及喷油器体 9 和针阀体 12 内的进油道（图 5-4）进入喷油嘴内的压力室 6（图 5-5）。油压作用在针阀的承压锥面上，产生向上的推力。当此推力超过调压弹簧的预紧力时，针阀升起并将喷孔打开，高压柴油经喷孔喷入燃烧室。针阀升起的最大高度即针阀升程，由喷油器体的下端面限制。当喷油泵停止供油时，喷油嘴压力室内的油压迅速下降，针阀在调压弹簧的作用下瞬即落座，将喷孔关闭，终止喷油。在喷油器工作期间，有少量柴油从针阀与针阀体配合表面之间的间隙中漏出，并沿顶杆周围的缝隙上升，最后通过回油管接头 1 进入回油管，流回燃油滤清器。这部分柴油在漏过针阀体偶件时对偶件起润滑作用。

第五章 柴油机燃油供给系统

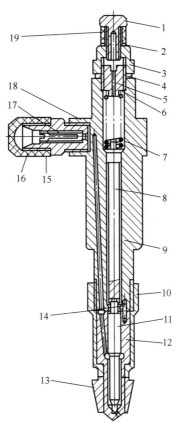

图 5-4 孔式喷油器结构

1—回油管接头；2、18—衬垫；3—调压螺钉保护螺母；4、6—垫圈；5—调压螺钉；7—调压弹簧；8—顶杆；9—喷油器体；10—喷油嘴拧紧螺母；11—针阀；12—针阀体；13—垫块；14—定位销；15—进油管接头保护螺母；16—进油管接头；17—喷油器滤芯；19—保护套。

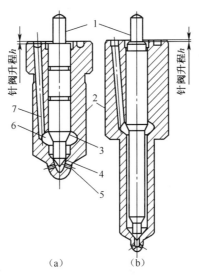

图 5-5 孔式喷油器喷油嘴的结构形式

(a) 短形；(b) 长形。

1—针阀；2—针阀体；3—承压锥面；4—密封锥面；5—喷孔；6—压力室；7—进油道。

2. 轴针式喷油器

轴针式喷油器用于雾化要求不高的分隔式燃烧室柴油机上。图5-6所示为轴针式喷油器，它与孔式喷油器结构相似，工作原理相同，只是喷油嘴头部的结构不同而已。

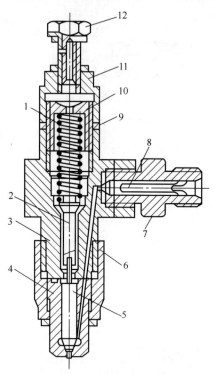

图5-6 轴针式喷油器

1—调压弹簧；2—顶杆；3—喷油器体；4—针阀体；5—针阀；6—喷油嘴拧紧螺母；
7—进油管接头；8—滤芯；9—垫圈；10—调压螺钉；11—保护螺母；12—回油管接头。

在轴针式喷油器中，针阀密封锥面以下有一段轴针，它穿过针阀体上的喷孔且稍突出于针阀体之外，使喷孔呈圆环形；轴针与喷孔有一定的空隙，因此，轴针式喷油器的喷柱是空心的。轴针可以制成圆柱形或倒锥形（图5-7）。圆柱形轴针喷柱的喷雾锥角较小，而倒锥形轴针喷柱的喷雾锥角较大。因此，轴针制成不同的形状，可以得到不同形状的喷柱，以适应不同形状燃烧室的需要。

轴针式喷油器工作时，轴针在喷孔内往复运动，能清除喷孔中的积炭，喷孔不易堵塞，喷油器工作可靠；由于其喷孔较大，一般为1~3mm，因此加工方便。喷射压力也较低，为12~14MPa。此外，轴针式喷油器由于轴针的形状和升程的节流作用，能较好满足前期少、中期多、后期少的喷油特点，使燃烧过程更为合理。

二、燃烧室

柴油机的可燃混合气在燃烧室内形成。在压缩行程接近上止点时，喷油器将高压柴油喷入燃烧室，形成雾状，并借助缸内的空气流和高温，直接在气缸内部形成可燃混合气。

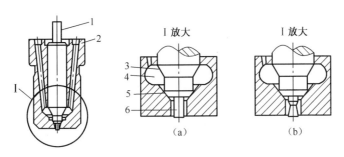

图 5-7 轴针式喷油嘴的结构形式
(a) 圆柱形轴针；(b) 倒锥形轴针。
1—针阀；2—针阀体；3—承压锥面；4—压力室；5—密封锥面；6—轴针。

柴油机混合气形成的特点是：①时间短；②蒸发性差。混合气形成的时间只占 $15°\sim35°$ 曲轴转角。燃烧室各处的混合气成分很不均匀，且随时间变化而变化。柴油机的空燃比在最大功率时的 15∶1 到怠速时的约 100∶1，空气总是过量的，但是在燃烧室内有的地方混合气过浓，燃烧不完全；有的地方混合气过稀，空气得不到充分利用。因此，喷油和燃烧室的形状对柴油机的各项性能都有直接影响。

柴油机燃烧室可分为直喷式燃烧室和分隔式燃烧室两大类，直喷式燃烧室又称统一式燃烧室。

1. 直喷式燃烧室

直喷式燃烧室如图 5-8 所示，燃烧室容积集中于气缸之中，且大部分集于活塞顶上的燃烧室凹坑内，采用喷射压力高、小孔径多孔式的孔式喷油器。凹坑形状多种多样，主要形状有 ω 形、球形，凹坑俯视形状有圆形、四边形、四角圆弧形和花瓣形等多种形状（图 5-9），这些形状有利用于喷油与气体流动配合，形成均匀的可燃混合气。

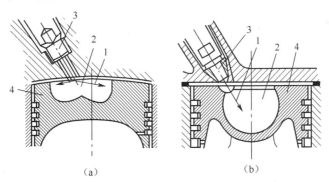

图 5-8 直喷式燃烧室
(a) ω 形凹坑；(b) 球形凹坑。
1—燃油喷注；2—燃烧室凹坑；3—喷油器；4—活塞。

直喷式燃烧室的优点是结构紧凑，散热面积小，热效率高，经济性好，起动效果好；缺点是喷油压力高，喷油器加工要求高，易堵塞，发动机工作粗暴。

2. 分隔式燃烧室

分隔式燃烧室把燃烧室分隔成两部分，中间由通道连接。主燃烧室位于活塞顶与缸

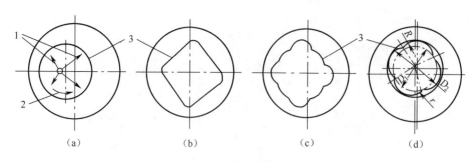

图 5-9 直喷式燃烧室的凹坑俯视形状
(a) 圆形燃烧室凹坑；(b) 四边形燃烧室凹坑；(c) 四角圆弧形燃烧室凹坑；(d) 花瓣形燃烧室凹坑。
1—燃油喷注；2—空气涡流；3—燃烧室凹坑。

盖底面之间，副燃烧室位于缸盖。由于热量损失大，一般和轴针式喷油器匹配，为克服冷车起动需设置电热塞。

分隔式燃烧室又可分为涡流室（图 5-10）和预热室式（图 5-11）燃烧室。涡流燃烧室的副燃烧室又称涡流室，在压缩过程中，受活塞挤压的空气通过连通道由主燃烧室进入副燃烧室，形成强烈的有组织的压缩涡流（一次涡流），着火后，气体通过连通道由副燃烧室流入主燃烧室，形成二次涡流，有利于燃烧。预燃燃烧室的副燃烧室则称预燃室，预燃室有单孔道倾斜偏置、多孔道中央正置和单孔道侧面正置的形式。

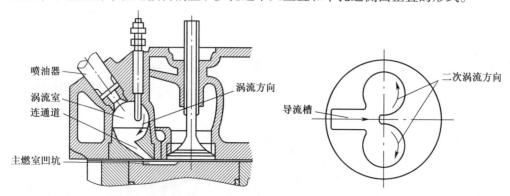

图 5-10 涡流室式的分隔式燃烧室

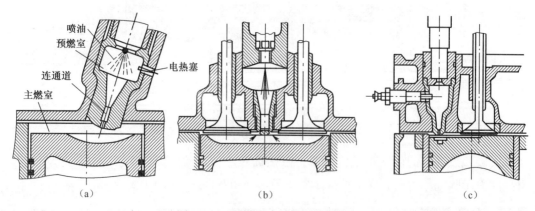

图 5-11 预燃室式的分隔式燃烧室
(a) 预燃室倾斜偏置，单孔道；(b) 预燃室中央正置，多孔道；(c) 预燃室侧面正置，单孔道。

分隔式燃烧室的优点是工作柔和，对喷油器要求低；缺点是散热面积大，热效率低，起动性能差。

第三节　柱塞式喷油泵

一、喷油泵的功用与分类

喷油泵的功用是根据柴油机的运行工况和各缸工作顺序，定时、定压和定量向喷油器输送高压柴油。并保证各缸供油量相等，供油迅速，停油干脆，不发生滴漏。

国产系列喷油泵有柱塞式喷油泵和转子式喷油泵。柱塞式喷油泵主要有A、B、P、Z系列。A、B系列喷油泵的基本结构相同，均为直列柱塞式喷油泵的传统结构。P型喷油泵采用不开侧窗口的箱式封闭泵体，使喷油泵结构得到强化，喷油压力大大提高。转子式喷油泵有VE、PDA系列。

二、A型喷油泵

1. 喷油泵的结构和工作原理

1）喷油泵的结构

A型柱塞式喷油泵如图5-12所示，每一个气缸对应喷油器的一个分泵，分泵内有一套泵油机构、驱动机构，多个分泵共用一个喷油泵体和一根凸轮轴20。

（1）泵油机构。泵油机构的主要零件有柱塞套7和柱塞10，柱塞弹簧14，上、下柱塞弹簧座13和15，出油阀5和出油阀座6，出油阀弹簧4，出油阀紧座3等。柱塞套7和柱塞10构成柱塞偶件，出油阀和出油阀座构成出油阀偶件。柱塞套安装在喷油泵体22的座孔中，柱塞套上的油孔与喷油泵内的低压油腔8相通。柱塞可以在油泵凸轮轴和柱塞弹簧作用下上下运动，形成柱塞上方油压的变化。为了防止柱塞套相对泵体转动和移动，用定位螺钉9与泵体固定。出油阀座被出油阀紧座3压在柱塞套上，通过拧紧出油阀紧座使出油阀座的下端面与柱塞套的上端面保持密合。出油阀弹簧4将出油阀压紧在出油阀座上，出油阀的锥面是阀门，随油压的变化开启或关闭，可通过出油阀弹簧调节出油阀开启压力，高压油从出油阀紧座上端的孔流出。柱塞弹簧14的上端通过上柱塞弹簧座13支承在喷油泵体上，下端则通过下柱塞弹簧座15支承于柱塞尾端。借助柱塞弹簧的预紧力使柱塞始终压紧在挺柱17上的供油定时调节螺钉16上，同时使挺柱的滚轮19始终与喷油泵凸轮21保持接触。

柱塞偶件的放大结构如图5-13所示，柱塞偶件也是喷油系统中的第二对精密偶件。柱塞上有螺旋槽3，与轴向的直槽4相通，直槽4伸到柱塞顶部。柱塞下端有榫舌7，用于转动柱塞，螺旋槽、直槽和榫舌用于调节供油量。柱塞套上有油孔5和6，用于进油。柱塞偶件一般用优质合金钢制造，经过精加工和配合研磨，使其配合间隙在0.0015~0.0025mm范围内。间隙过大，容易漏油，导致油压下降；间隙过小，对偶件润滑不利，而且容易卡死。柱塞偶件在使用中不能互换，修理时必须成对更换。

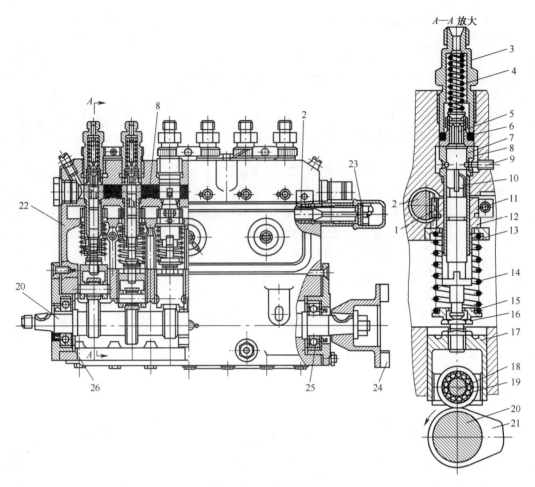

图 5-12 A 型喷油泵

1—齿圈；2—供油量调节齿杆；3—出油阀紧座；4—出油阀弹簧；5—出油阀；
6—出油阀座；7—柱塞套；8—低压油腔；9—定位螺钉；10—柱塞；11—齿圈夹紧螺钉；12—油量调节套筒；
13、15—上下柱塞弹簧座；14—柱塞弹簧；16—供油定时调节螺钉；17—挺柱；18—滚轮销；19—滚轮；
20—喷油泵凸轮轴；21—凸轮；22—喷油泵体；23—供油量调节齿杆保护螺钉；24—联轴器从动盘；25、26—轴承。

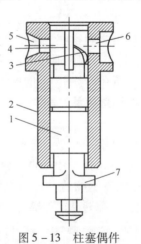

图 5-13 柱塞偶件

1—柱塞；2—柱塞套；3—螺旋槽；4—直槽；5、6—油孔；7—榫舌。

出油阀偶件的放大结构如图 5-14 所示。出油阀偶件也是喷油系统中的第三对精密偶件。出油阀的密封锥面 3 与出油阀座 1 的接触表面经过精细研磨，形成密封环带。密封环带下方有出油阀减压环带 4，它与出油阀座孔之间的配合间隙很小。减压环带以下的出油阀表面是在出油阀孔内往复运动的导向面，导向部分的横截面为十字形，其空间用于出油。此外，在出油阀紧座中还设有减容器 8，旨在减少高压管路系统的容积，改善燃油的喷射过程，减容器还限制出油阀的最大升程。

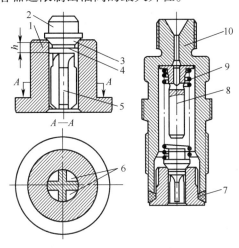

图 5-14 出油阀偶件

1—出油阀座；2—出油阀；3—密封锥面；4—减压环带；5—导向面；
6—切槽；7—密封衬垫；8—减容器；9—出油阀弹簧；10—出油阀紧座。

密封环带到减压环带下端"h"距离高度所在的空间为出油阀减压容积。当喷油器喷油结束时，希望高压油管中压力迅速下降，为避免喷油器针阀二次打开，造成喷油嘴滴油现象，设置出油阀减压容积。减压容积的工作原理是：喷油结束，由于出油阀落座供油结束过程中，减压环带先进入出油阀体里面，使出油阀芯的上面与减压环带下面隔绝，这样虽然出油阀阀芯继续下降，但是阀芯上面和阀芯下面还是隔绝，此时阀芯下降"h"，阀芯上腔的容积瞬间增加减压容积，使喷油器端高压油管中的油压迅速降低，从而避免喷油嘴滴油现象的发生。

（2）驱动机构。喷油泵驱动机构包括凸轮轴 20 和挺住体组件 17 等（图 5-12）。凸轮轴的前后端通过滚动轴承 25 和 26 支承在喷油泵体 22 上。凸轮轴上凸轮 21 的数目与喷油泵的柱塞偶件数相同，各凸轮间的夹角与气缸数对应，并与气缸工作顺序相适应。凸轮轴由曲轴通过传动机构驱动。四冲程柴油机的喷油泵凸轮轴转速是曲轴转速的 1/2，以实现在凸轮轴一转之内各气缸供油一次。

挺住体组件的结构如图 5-15 所示。加长的滚轮销 2 的两端插入挺柱孔 6 的定

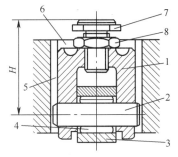

图 5-15 挺柱体部件

1—挺柱体；2—滚轮销；3—滚轮；4—滚针轴承；
5—定位长槽；6—挺柱孔；7—调整螺钉；8—锁紧螺母。

位长槽5中，使挺柱在挺柱孔中只能做上下往复运动，而不能绕其自身的轴线旋转，以避免滚轮与凸轮卡死。滚轮3在滚轮销2上转动。在滚轮与滚轮销之间装有无内圈的滚针轴承4，也可装衬套。在挺柱的顶端拧入供油定时调整螺钉7和锁紧螺母8。

（3）喷油泵体。喷油泵体是喷油泵的基础件，泵油机构、驱动机构都安装在喷油泵体上。A型喷油泵泵体为整体式，由铝合金硬膜铸造而成。泵体侧开有窗口，底部用盖板封闭。侧盖和底盖均用螺栓固定（图5-16），使喷油泵拆装、调整和维修非常方便。

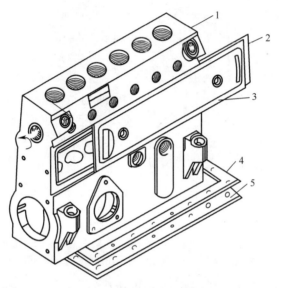

图5-16 A型喷油泵泵体
1—喷油泵体；2、4—衬垫；3—侧盖；5—底盖。

2）喷油泵的工作原理

喷油泵工作时，凸轮轴转动，通过挺杆推动柱塞在上、下止点间往复运动，按定时、定压和定量要求，实施高压供油。泵油过程分为进油过程、供油过程和停止供油，并随凸轮轴的转动，供油过程循环进行。油泵工作原理如图5-17所示。

进油过程如图5-17（a）所示。柱塞顶面位于柱塞套油孔5以下，柱塞1从下止点上移，柴油从低压腔经油孔进入柱塞上边的供油室，直到柱塞顶面封闭柱塞套油孔上边缘，即封住进油口，进油结束。

供油过程如图5-17（b）和图5-17（c）所示。柱塞随凸轮轴旋转而上升，由于柱塞顶面盖住供油孔，使供油室内油压骤增，油压克服出油阀弹簧预紧力，顶起出油阀，出油阀的锥面离开出油阀座，但出油阀减压环带还在出油阀套孔里面（图5-17（b）），出油阀不供油，在减压环带全部离开出油阀孔后，出油阀打开，高压油进入高压油管，喷油泵开始供油（图5-17（c））。柱塞继续上升时，当柱塞上螺旋槽到达供油孔下边时，柱塞腔内的高压柴油经柱塞上的直槽4、螺旋槽3和柱塞套油孔5流回喷油泵的低压油腔，压力供油过程结束。

停止供油过程如图5-17（d）所示。凸轮继续推动柱塞上升，由于供油室通过柱塞的直槽和螺旋槽与低压油腔相通，油压对出油阀推力小于出油阀弹簧的压力，出油阀关闭，停止供油，并保证高压管路中的高压柴油不会倒流。柱塞到达上止点后，在柱塞弹簧作用下，下降到下止点，再重复以上过程。

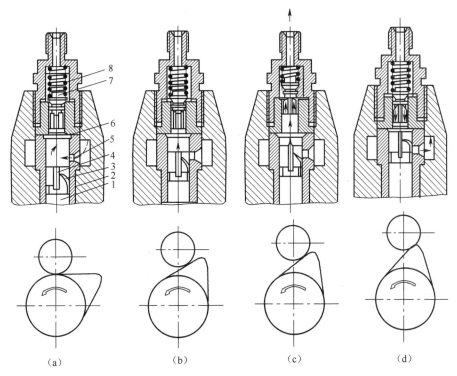

图 5-17　油泵工作原理

(a) 柱塞最低，进油；(b) 柱塞顶面封住进油口；(c) 出油阀打开，供油；(d) 通低压油腔，停止供油。

1—柱塞；2—柱塞套；3—螺旋槽；4—直槽；5—柱塞套油孔；
6—出油阀座；7—出油阀；8—出油阀弹簧。

2. 供油量调节

1）供油量调节机构

供油量调节机构用于调节供油量，如图 5-18 所示，包括调节齿杆 1、调节齿圈 2 和控制空置套筒 3 等。控制套筒空套在柱塞套 5 外面，调节齿圈固定在控制套筒上，与调节齿杆上齿条相啮合。柱塞 4 下端的榫舌嵌入控制套筒的径向槽中。柴油机负荷变化时，驾驶员或者调速器拉动调节齿杆时，与此啮合的调节齿圈连同控制套筒通过控制套筒下方的豁口带动柱塞相对柱塞套转动，以达到调节供油量的目的。

齿杆式供油量调节机构的特点：工作可靠，传动平稳，但制造成本高，且柱塞偶件间隙中心距大，在调节齿杆反向运动时，柱塞偶件间隙及调节齿杆与调节齿圈的啮合间隙影响供油量调节精度。

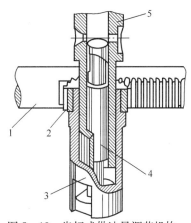

图 5-18　齿杆式供油量调节机构

1—调节齿杆；2—调节齿圈；
3—控制套筒；4—柱塞；5—柱塞套。

2）供油量调节原理

柱塞由其下止点移动到上止点所经过的距离称为柱塞行程，也就是喷油泵凸轮的最大升程。从图5-17可以看出，喷油泵并不是在整个柱塞行程内都供油，只是在柱塞顶面封闭柱塞套油孔到柱塞螺旋槽打开柱塞套油孔这段柱塞行程内供油。这段柱塞行程称为柱塞有效行程。显然，柱塞有效行程越大，供油的持续时间越长，喷油泵每一次的泵油量即循环供油量便越多。欲改变柱塞有效行程，只需转动柱塞即可。

供油量调节原理如图5-19所示。当柱塞上的直槽对正柱塞套油孔时，柱塞有效行程为零，这时喷油泵不供油（图5-19（a））。按照图5-19中的箭头方向，向右拉动调节齿杆，则调节齿圈按顺时针方向转动，柱塞有效行程增加（图5-19（b）），喷油泵循环供油量增多。图5-19（c）中的柱塞有效行程更大。如果朝相反方向拉动调节齿杆，则柱塞有效行程减小，循环供油量减少。

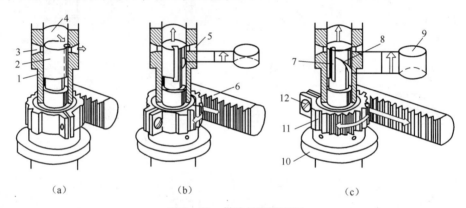

图5-19 供油量调节原理

（a）柱塞有效行程为零；（b）柱塞有效行程增加；（c）柱塞有效行程更大。
1—柱塞套；2—柱塞；3、5—柱塞套油孔；4—柱塞腔；6—调节齿杆；7—直槽；8—螺旋槽；
9—循环供油量容积；10—控制套筒；11—调节齿圈；12—调节齿圈紧固螺钉。

3）各缸供油量一致调节

多缸发动机的各缸供油量应一致，其误率差不超过规定的值，这可以减少各缸功率不等带来的发动机抖动。

各缸供油量一致的调节方法是：保持调节齿杆不动，拧松调节齿圈紧固螺钉12，适当地转动控制套筒10，使其带动柱塞在柱塞套内转动，改变柱塞的有效行程，便可使供油量增加或减少，然后拧紧调节齿圈紧固螺钉。根据需要再拧松另一个调节齿圈的紧固螺钉，重复上述步骤，直到各缸供油量均匀一致为止。这项工作须在专门的喷油泵试验台上进行。

4）供油定时的调节

供油定时是指喷油泵对柴油机有正确的供油开始时刻，而供油开始时刻用供油提前角表示。供油提前角是指从柱塞顶面封闭柱塞套油孔起到活塞上止点为止，曲轴所转过的角度。多缸喷油泵各缸供油提前角或供油间隔角应该相同。各缸供油间隔角取决于喷油泵凸轮轴上各凸轮的相对位置，但由于加工和装配误差而很难达到一致，因此必须进行调节。

供油定时的调节方法是改变供油定时调整螺钉伸出挺柱体外的高度（图5-15）。旋出调整螺钉，挺柱体的高度 H 增加，柱塞位置升高，柱塞套油孔提前被封闭，供油提前，即供油提前角增大。拧入调整螺钉，则使供油迟后，供油提前角减小。对各缸的供油定时调整螺钉逐个进行调节之后，可以使各缸供油提前角或供油间隔角达到一致。

这种调节供油定时的方法只是用来补偿加工和装配误差，调节的幅度很小。欲随时发动机转速同时或较大幅度地改变各缸供油提前角，须借助于喷油提前器。

三、P 型喷油泵

与一般柱塞式喷油泵相比，在安装尺寸不变的情况下，P 型喷油泵可以获得较高的供油压力和较大的供油量。因而对柴油机的不断强化和向高速发展有良好的适应性。

P 型喷油泵如图5-20所示。它的工作原理与 A 型喷油泵基本相同，结构上脱离了柱塞式喷油泵的传统结构，有如下一些特点。

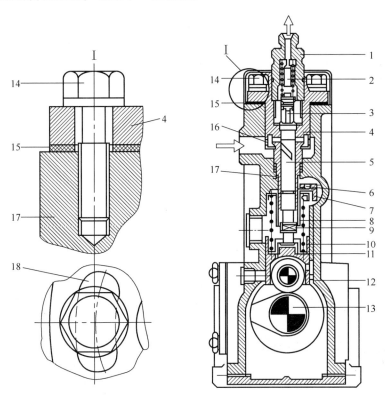

图5-20　P 型喷油泵
1—出油阀紧座；2—减容器；3—出油阀偶件；4—柱塞套；5—柱塞；6—钢球；
7—调节拉杆；8—控制套筒；9—柱塞榫舌；10—柱塞弹簧；11—弹簧座；12—挺柱；13—凸轮轴；
14—柱塞套紧固螺栓；15—调节垫片；16—导流罩；17—喷油泵体；18—柱塞套凸缘上的螺栓孔。

（1）吊挂式柱塞套。柱塞5和出油阀偶件3都装在凸缘套筒中，形成一个总成部件，用两个螺栓直接固定在泵体上，形成一个吊挂式结构。这种结构改善了柱塞套和喷油泵体的受力状态。

(2) 钢球式供油量调节机构。P 型喷油泵的供油量调节机构包括调节拉杆 7、控制套筒 8 和嵌入调节拉杆凹槽中的钢球 6。柱塞榫舌 9 嵌入控制套筒的豁口中。移动调节拉杆，通过钢球带动控制套筒使柱塞转动，从而改变供油量。这种供油量调节机构结构简单，工作可靠，配合间隙小。

(3) 供油定时和各缸供油量一致调节。供油定时可以通过增减凸缘套筒下面的调节垫片 15 来调整。各缸供油量一致则通过转动柱塞套 4 来实现。柱塞套凸缘上的螺栓孔是长圆孔，拧松柱塞套紧固螺栓 14，柱塞套可绕其轴线转动 10°左右。当转动柱塞套时，改变了柱塞套油孔与柱塞的相对位置，从而改变了柱塞的有效行程，即改变了循环供油量。

(4) 柱塞顶部起动槽。P 型喷油泵的柱塞顶部开有起动槽 3，如图 5-21 所示。当柱塞处于起动位置时，此槽与柱塞套油孔相对，在柱塞上移到起动槽的下边缘封闭油孔时开始供油。由于起动槽的下边缘低于柱塞顶面，因此供油迟后，供油提前角减小，这时气缸温度较高，柴油喷入气缸容易着火燃烧，有利于柴油机低温起动。

(5) 箱形封闭式喷油泵体。P 型喷油泵采用不开侧窗口的箱形封闭式喷油泵体，大大提高了喷油泵体的刚度，可以承受较高的喷油压力而不发生变形，以适应柴油机不断向大功率、高转速强化发展的需要。

(6) 压力润滑。利用柴油机润滑系统主油道内的机油，可对各润滑部位施行压力润滑，减少功效消耗。

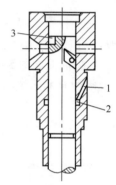

图 5-21 柱塞顶部起动槽
1—回油孔；2—集油槽；3—起动槽。

四、喷油提前器

喷油提前器的功用是在柴油机转速变化时自动调节供油提前角。供油提前角过大时，引起工作粗暴，怠速不稳；供油提前角过小时，又会使燃烧过程滞后，功率下降。喷油提前器一般接在喷油泵的前端，其零件结构如图 5-22 所示，其装配结构和工作原理如图 5-23 所示。

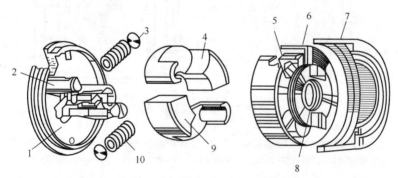

图 5-22 机械式喷油提前器的零件结构
1—从动盘；2—飞锤销；3—垫片；4—飞锤圆弧面；5—传动销；
6—主动盘；7—防护罩；8—密封圈；9—飞锤；10—提前器弹簧。

喷油提前器由防护罩 9 密封（图 5-23），其内部包括主动盘 6 和从动盘 1。主动盘凸缘 5 的外侧有两个传动爪 B，它们与喷油泵的驱动轴刚性连接。主动盘凸缘的内侧固定有两个传动销 4 和 7。在传动销的圆柱面上加工有平凹坑，作为提前器弹簧 8 的支座。从动盘 1 与喷油泵凸轮轴刚性连接，其上固定有两个飞锤销 2，在飞锤销的圆柱面上也加工有平凹坑，作为提前器弹簧 8 的另一端支座。飞锤 3 上的销孔套在飞锤销上。提前器弹簧 8 支承在传动销与飞锤销之间，并使飞锤的圆弧面压紧在传动销上，这样，主动盘与从动盘之间为弹性连接，并能相互转动一定的角度。

喷油提前器的工作原理：喷油提前器是通过飞锤 3 的离心力改变传力接触点的离心式联轴器。柴油机运行时，喷油泵驱动轴通过主动盘凸缘 5、传动销 4 和 7、飞锤圆弧面 10、飞锤销 2 和从动盘 1 来驱动喷油泵凸轮轴（图 5-23）。当柴油机转速升高时，飞锤以从动盘上的飞锤销为支点向外甩开，与此同时，飞锤的曲面沿传动销圆柱的外侧滑动，改变了飞锤 3 与传力销 4 的接触点，使从动盘与主动盘之间产生一个角度，从而使喷油提前角有所增大。喷油提前器的调节范围为 0°～10°。由于飞锤曲面内侧至飞锤销中心小于外侧至飞锤销中心的距离，所以当飞锤曲面内侧接触到传动销时，飞锤销与传动销距离相应缩短，弹簧受到压缩。

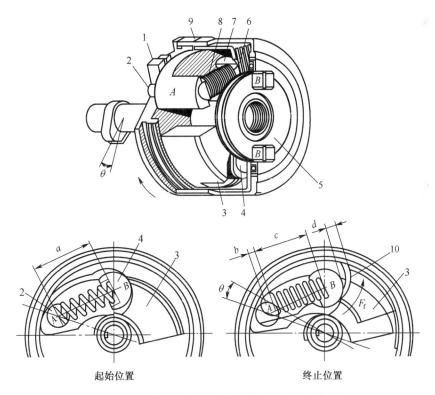

起始位置　　　　　终止位置

图 5-23　机械式喷油提前器的装配结构和工作原理

1—从动盘；2—飞锤销；3—飞锤；4、7—传动销；5—主动盘凸缘；6—主动盘；8—提前器弹簧；
9—防护罩；10—飞锤圆弧面；a—起始时弹簧长度；b—终了时飞锤销的移动距离；c—终了时弹簧长度；
d—终了时飞锤移动距离；θ—提前器调节范围；F_f—飞锤离心力。

第四节 分配式喷油泵

分配式喷油泵简称分配泵,有转子式和单柱塞式两大类。VE 型分配泵为单柱塞式,又称轴向压缩式。它具有结构简单、零件少、体积小、质量小、使用中故障少、容易维修的优点,国内柴油机较多使用 VE 泵,如依维柯车的 SOFIM 柴油机上配套 VE 型分配式喷油泵。

一、VE 型分配式喷油泵的结构

VE 分配泵如图 5-24 所示,由单柱塞高压分配泵、全程式机械调速器、二级叶片式输油泵、喷油提前角自动调节装置、供油量调节装置、熄火电磁阀等组成。整个泵体分为两部分:一部分为铝合金泵体,内装二级叶片式输油泵、调压阀、驱动轴,调速器驱动齿轮、滚轮、滚轮架、凸轮盘、喷油提前器、调速器等;另一部分为铸钢泵体,称为高压泵头,内装有柱塞套、分配柱塞、油量调节套筒、出油阀、高压管接头、电磁断油阀等。两部分泵体用螺栓紧连接。

VE 型分配式喷油泵有多种型号,它们的高压分配泵、调速器、二级叶片式输油泵等结构和工作原理基本上相同。

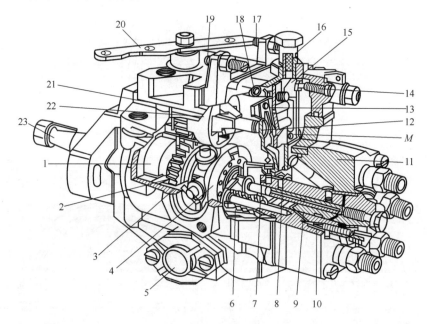

图 5-24 VE 分配泵

1—二级叶片式输油泵;2—调速器驱动齿轮;3—滚轮机构;4—平面凸轮盘;5—液压式喷油提前器;
6—柱塞弹簧;7—油量调节套筒;8—分配柱塞;9—柱塞套;10—出油阀;
11—高压泵头;12—起动杠杆;13—张力杠杆;14—最大供油量调节螺钉;15—校准杆;16—放气孔;
17—怠速调整螺钉;18—调速弹簧;19—高速调整螺钉;20—调速手柄;21—调速套筒;
22—调速器齿轮及飞锤总成;23—驱动轴。

图 5-25 所示为 VE 分配泵的二维结构。驱动轴 19 由柴油机曲轴定时齿轮驱动。驱动轴带动二级滑片式输油泵 1 工作，并通过调速器驱动齿轮 2 带动调速器轴旋转。在驱动轴的右端通过联轴器 3（图 5-26）与平面凸轮盘 4 连接，带动平面凸轮盘旋转，再利用平面凸轮盘上的传动销带动分配柱塞 7 一起旋转（图 5-25）。凸轮盘上平面凸轮的数目与柴油机气缸数相同。柱塞弹簧 6 将分配柱塞压紧在平面凸轮盘上，并使平面凸轮盘压紧在滚轮 5 上（图 5-26）。滚轮轴嵌入静止不动的滚轮架 2 上。当驱动轴 1 旋转时，在滚轮、平面凸轮和柱塞弹簧的共同作用下，凸轮盘还带动分配柱塞在柱塞套 9 内作左右往复移动。分配柱塞的往复移动使柴油增压，旋转运动则进行向各缸分配高压柴油。

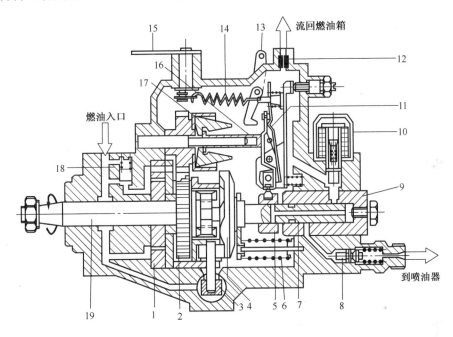

图 5-25　VE 分配泵的二维结构

1—二级滑片式输油泵；2—调速器驱动齿轮；3—液压式喷油提前器；
4—平面凸轮盘；5—油量调节套筒；6—柱塞弹簧；7—分配柱塞；8—出油阀；9—柱塞套；
10—断油阀；11—调速器张力杠杆；12—溢流节流孔；13—停油手柄；14—调速弹簧；15—调速手柄；
16—调速套筒；17—飞锤；18—调压阀；19—驱动轴。

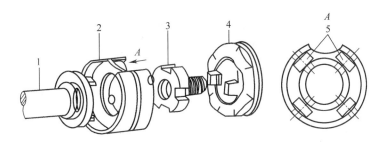

图 5-26　滚轮、联轴器及平面凸轮

1—驱动轴；2—滚轮架；3—联轴器；4—平面凸轮盘；5—滚轮。

分配柱塞的结构如图 5-27 所示。在分配柱塞 1 的中心加工有中心油孔 3，其右端与柱塞腔相通，而左端与泄油孔 2 相通。分配柱塞上还加工有燃油分配孔 5、压力平衡槽 4 和数目与气缸数相同的进油槽 6。

柱塞套 9（图 5-25）上有一个进油孔和数目与气缸数相同的分配油道，每个分配油道都连接一个出油阀 8，再通过高压油管通到喷油器，一个出油阀对应一个喷油器。

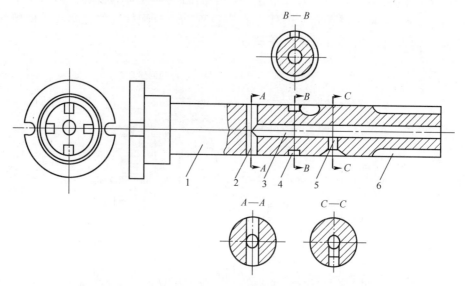

图 5-27 分配柱塞

1—分配柱塞；2—泄油孔；3—中心油孔；4—压力平衡槽；5—燃油分配孔；6—进油槽。

二、VE 型分配泵的工作过程

（1）进油过程。如图 5-28（a）所示，当平面凸轮盘 12 的凹下部分转至与滚轮 13 接触时，柱塞弹簧将分配柱塞 14 由右向左推移至柱塞下止点位置，这时分配柱塞上的进油槽 3 与柱塞套 20 上的进油孔 2 连通，柴油自喷油泵体 19 的内腔经进油道 17 进入柱塞腔 4 和中心油孔 10 内，此时油量调节套筒 15 关闭泄油孔 11。

（2）泵油过程。如图 5-28（b）所示，平面凸轮盘由驱动轴带动旋转，当平面凸轮盘由凹下部分转至凸起部分与滚轮接触时，分配柱塞在凸轮盘的推动下由左向右移动。在进油槽转过进油孔的同时，分配柱塞将进油孔封闭，这时柱塞腔 4 内的柴油开始增压。与此同时，分配柱塞上的燃油分配孔 18 转至与柱塞套上的一个出油孔 8 相通，高压柴油从柱塞腔经中心油孔、燃油分配孔、出油孔进入分配油道 7，再经出油阀 6、高压油管进入喷油器 5，喷油器向燃烧室喷入高压柴油。

平面凸轮盘每转一周，分配柱塞上的燃油分配孔依次与各缸分配油道接通一次，即向柴油机各缸喷油器供油一次。

（3）停油过程。如图 5-28（c）所示，分配柱塞在平面凸轮盘的推动下继续右移，当柱塞上的泄油孔 11 移出油量调节套筒 15 并与喷油泵体内腔相通时，高压柴油从柱塞腔经中心油孔和泄油孔流进喷油泵体内腔，柴油压力立即下降，出油阀6在其弹簧作用下迅速关闭，供油停止。

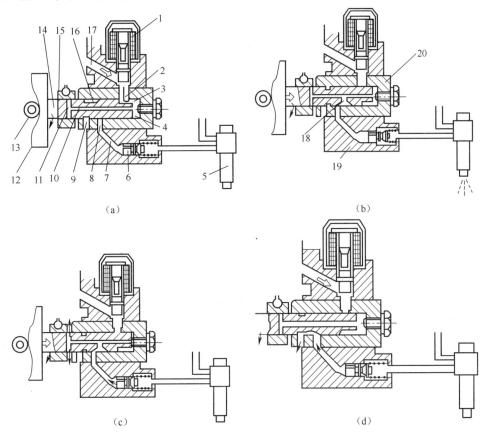

图 5-28 VE 型分配泵的工作过程
(a) 进油过程；(b) 泵油过程；(c) 停油过程；(d) 压力平衡过程。
1—断油阀；2—进油孔；3—进油槽；4—柱塞腔；5—喷油器；
6—出油阀；7—分配油道；8—出油孔；9—压力平衡孔；10—中心油孔；11—泄油孔；
12—平面凸轮盘；13—滚轮；14—分配柱塞；15—油量调节套筒；16—压力平衡槽；17—进油道；
18—燃油分配孔；19—喷油泵体；20—柱塞套。

从柱塞上的燃油分配孔18与柱塞套上的出油孔8相通的时刻起，至泄油孔11移出油量调节套筒15的时刻止，这期间分配柱塞所移动的距离为柱塞有效供油行程。显然，有效供油行程越大，供油量越多。移动油量调节套筒即可改变有效供油行程，向左移动油量调节套筒，停油时刻提早，有效供油行程缩短，供油量减少；反之，向右移动油量调节套筒，供油量增加，油量调节套筒的移动由调速器操纵。这也是根据速度调节供油量的原理。

各缸供油量一致性取决于分配柱塞上进油槽、柱塞套上出油孔及平面凸轮的加工精度。

(4) 压力平衡过程。如图 5-28 (d) 所示，分配柱塞上设有压力平衡槽16，在分配柱塞旋转和移动过程中，压力平衡槽始终与喷油泵体内腔相通。在某一气缸供油停止之后，且当压力平衡槽转至与相应气缸的分配油道连通时，分配油道与喷油泵体内腔相通，于是两处的油压趋于平衡。在柱塞旋转过程中，压力平衡槽与各缸分配油道逐个相通，致使各分配油道内的压力均衡一致，从而可以保证各缸供油的均匀性。

三、电磁断油阀

VE 型分配泵设有电磁断油阀，也称熄火电磁阀，是停止柴油发动机工作的阀门，其电路和工作原理如图 5-29 所示。电磁阀装在柱塞套进油孔的上方。在开关板上设有 ST、ON、OFF 开关，用以操纵电磁阀打开或关闭进入气缸的燃油通路。柴油机起动时，将起动开关 2 旋至 ST 位置，来自蓄电池 1 的电流直接流过电磁线圈 4，产生的电磁力压缩回位弹簧 5 将阀门 6 吸起，进油孔 7 开启。柴油机起动后，开关转至 ON 位置，此时由于电路中串入了电阻 3，通过电磁线圈的电流减小，但由于有油压的作用，阀门仍保持开启，进油路畅通无阻，保证向分配泵的柱塞腔供油。当柴油机停机时，将起动开关旋至 OFF 位置，电路断开，阀门在回位弹簧 5 的作用下关闭，切断油路，停止供油，发动机熄火。

行车过程中，如果电磁阀损坏或线路接触不良及线路断路，使电磁阀不能正常工作，可用扳手拆掉阀芯和弹簧，再重新装好电磁阀壳体，以进行应急，发动机应急后进行维修更换。

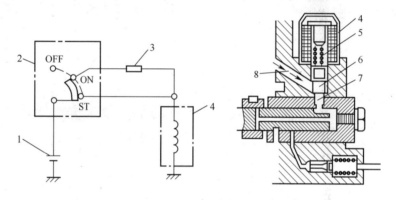

图 5-29　电磁式断油阀电路及其动作
1—蓄电池；2—起动开关；3—电阻；4—电磁线圈；
5—回位弹簧；6—阀门；7—进油孔；8—进油道。

四、液压式喷油提前器

在 VE 型分配泵体的下部安装有液压式喷油提前器，液压式喷油提前器的功用是在柴油机转速变化时能对各缸自动调节供油提前角，其结构如图 5-30 所示。在喷油提前器壳体 1 内装有活塞 2，活塞左端与二级叶片式输油泵的入口相通，并有弹簧 5 压在活塞上。活塞右端与喷油泵体内腔相通，其压力等于二级叶片式输油泵的出口压力。当柴油机在某一转速下稳定运转时，作用在活塞左、右端的力相等，活塞处于某一平衡位置。若柴油机转速升高，二级叶片式输油泵的出口压力增大，作用于活塞右端的力随之增加，推动活塞向左移动，并通过连接销 3 和传力销 4 带动滚轮架 7 绕其轴线转动一定的角度，直至活塞两端的力重新达到平衡为止。滚轮架的转动方向与平面凸轮盘的旋转方向正好相反，使平面凸轮提前一定角度与滚轮接触，供油相应提前，即供油提前角增大。反之，若柴油机转速降低，则二级滑片式输油泵的出口压力也随之降低，作用于活塞右端的力减小，活塞向右移动，并带动滚轮架向着平面凸轮盘旋转的同一方向转过一定的角度，使供油提前角减小。

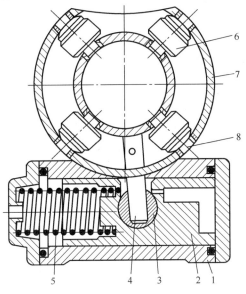

图 5-30 液压式喷油提前器
1—壳体；2—活塞；3—连接销；4—传力销；5—弹簧；6—滚轮；7—滚轮架；8—滚轮轴。

第五节 调 速 器

调速器的功用是根据柴油机负荷的变化，自动增减喷油泵的供油量，使柴油机能够以稳定的转速运行。

柴油机上需要装设调速器，这是由柴油机的工作特性决定的。因为汽车柴油机的负荷经常变化，当负荷突然减小时，若不及时减少喷油泵的供油量，则柴油机的转速将迅速增高并远远超出柴油机设计所允许的最高转速，这种现象称"超速"或"飞车"。当发生超速或飞车时，柴油机性能急剧恶化，并可能造成机件损坏。相反，当负荷骤然增大时，若不及时增加喷油泵的供油量，则柴油机的转速将急速下降直至熄火。另外，汽车柴油机还经常在怠速下运转。柴油机怠速时，与汽油机一样也是对外不输出有效转矩的工况，这时喷油泵的供油量很少，柴油机转速很低，气缸内燃烧气体所做的膨胀功全部用来克服柴油机内部的摩擦阻力和驱动外部的附件。在这种情况下，若出现气缸提供功率下降或内部阻力发生变化，将引起柴油机怠速转速的波动甚至熄火。柴油机超速或怠速不稳，往往出自于偶然的原因，汽车驾驶员难以作出响应。这时，调速器能够根据柴油机转速的变化，自动作出快速反应，无需驾驶员调控，及时自动调节喷油泵的供油量，保持柴油机稳定运行。

按调速器起作用的转速范围不同，又可分为两极式调速器和全程式调速器。

(1) 两极式调速器：两极式调速器只在柴油机的最高转速和怠速时起自动调节作用，防止超速和稳定怠速；在最高转速和怠速之间的其他任何转速，调速器不起调速作用，由驾驶员控制柴油机转速的变化。中、小型汽车柴油机多数采用两极式调速器。

（2）全程式调速器：全程式调速器除具有两极式调速器的功能外，还能对柴油机工作转速范围内的任何转速起调节作用，使柴油机在各种转速下都能稳定运转。

一、两极式调速器

德国博世公司生产的 RQ 型调速器是典型的两极式调速器，与 A、B、P 型等直列柱塞式喷油泵配套。型号中的 R 表示机械离心式，Q 表示可变杠杆比。

1. RQ 型调速器结构

RQ 型调速器的结构如图 5-31 所示。调速器壳体 11 用螺栓固定在喷油泵泵体的后端面上。调速器的动力由喷油泵凸轮轴 5 输入，喷油泵凸轮轴 5 通过半圆键 4 连接一个轴套，轴套上固定两个双头螺柱，在每个螺柱上套装一个飞锤 3。飞锤通过角形杠杆 18、调速套筒 22、调速杠杆 15 和连接杆 2 与喷油泵的供油量调节齿杆 1 连接，通过供油量调节齿杆调节供油量。飞锤内装有内、中、外三个弹簧，其外端均支承在外弹簧座 10 上。外弹簧 9 的内端支承在飞锤的内端面上，称怠速弹簧；中间弹簧 8 和内弹簧 7 的内端支承在内弹簧座 6 上，称它们为高速弹簧。当把它们安装在弹簧座上时有一定的预紧力，预紧力的大小可以调节。

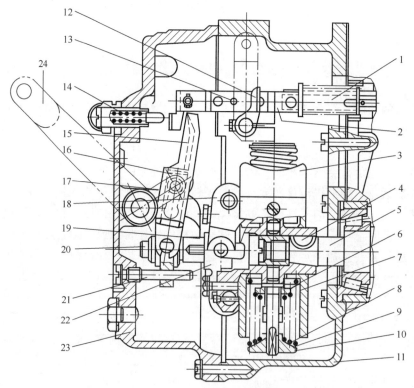

图 5-31 RQ 型两极式调速器

1—供油量调节齿杆；2—连接杆；3—飞锤；4—半圆键；5—喷油泵凸轮轴；
6—内弹簧座；7—内弹簧；8—中间弹簧；9—外弹簧；10—外弹簧座；11—调速器壳体；12—停油臂；
13—挡销；14—怠速稳定弹簧；15—调速杠杆；16—滑块；17—摇杆；18—角形杠杆；
19—转矩平稳装置；20—滑动销；21—导向销；22—调速套筒；23—调速器盖；24—调速手柄

加速踏板连接调速手柄 24，驾驶员通过调速手柄 24 控制供油量，摇杆 17 的一端与调速手柄 24 连接，另一端与圆柱形的滑块 16 铰接，滑块在调速杠杆 15 的长孔中滑动。为了保证滑动销 20 能灵活地移动，设有导向销 21，为滑动销导向。调速杠杆 15 的上端与供油量调节齿杆 1 连接，下端随调速套筒 22 轴向移动及相对转动。

在调速器壳体 11 的侧面装有停油臂 12，在连接杆 2 上固定有挡销 13，转动停油臂，拨动挡销，使其向左拉动油量调节齿杆直至停油，发动机熄火。

此外，RQ 型调速器在调速器盖 23 上装有怠速稳定弹簧 14，并可通过螺纹调整怠速。在滑动销 20 内装有转矩平稳装置 19，还可根据需要在飞锤内安装转矩校正装置等。

2. RQ 型调速器的基本工作原理

RQ 型调速器的工作原理是通过一套杠杆系统把随转速变化的飞锤的位移转变为供油量调节齿杆的位移，增减喷油泵的供油量，来实现发动机在最高转速和怠速时的转速稳定。

（1）起动。发动机起动时，调速器如图 5-32（b）所示，起动时，踩下加速踏板，将调速手柄 2 从停车挡块 1 移至最高速挡块 4 上。在此过程中，调速手柄 2 带动摇杆 3 摆动，摇杆 3 通过滑块 5 带动调速杠杆 6 以其下端的铰接点 17 为支点向右摆动，并推动喷油泵供油量调节齿杆 7 克服供油量限制弹性挡块 9 的阻力，向右移到起动油量的位置。起动时，供油量较多，多于全负荷油量，旨在加浓混合气，有利于柴油机低温起动。

（2）怠速。怠速时，调速器如图 5-32（c）所示，柴油机起动之后，将调速手柄 2 置于怠速位置。这时调速手柄通过摇杆 3、滑块 5 使调速杠杆 6 仍以其下端的铰接点 17 为支点向左摆动，并拉动供油量调节齿杆 7 左移至怠速油量的位置。

怠速时柴油机转速很低，飞锤 11 的离心力较小，只能与怠速弹簧力相平衡，飞锤处于内弹簧座与安装飞锤的轴套之间的某一位置。若此时柴油机由于某种原因转速降低，则飞锤离心力减小，在怠速弹簧的作用下，飞锤移向回转中心，同时带动角形杠杆和调速套筒，使调速杠杆下端的铰接点 17 以滑块 5 为支点向左移动，调速杠杆则推动供油量调节齿杆向右移，增加供油量，使转速回升。反之，当转速增高时，飞锤的离心力增大，飞锤便压缩怠速弹簧远离回转中心，同样通过角形杠杆和调速套筒使调速杠杆下端的铰接点以滑块为支点向右移动，而供油量调节齿杆则向左移动，减小供油量，使转速降低。可见，调速器自动保持怠速稳定。

（3）中速。中速时，调速器如图 5-32（d）所示，将调速手柄从怠速位置移至中速位置，供油量调节齿杆处于部分负荷供油位置，柴油机转速较高，飞锤进一步外移直到飞锤底部与内弹簧座接触为止。

柴油机在中等转速范围内工作时，飞锤的离心力不足以克服怠速弹簧和高速弹簧共同的作用力，飞锤始终紧靠在内弹簧座上而不能移动，铰接点 17 不移动，转速的变化并不能使调速器起调节作用，即调速器在中等转速范围内不起调节供油量的作用。此时，驾驶员可根据汽车行驶的需要，改变调速手柄的位置，使调速杠杆以其下端的铰接点 17 为支点转动，并拉动供油量调节齿杆增加或减少供油量。

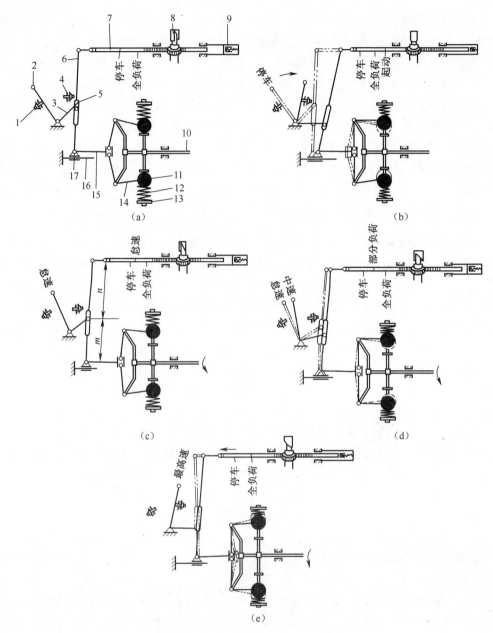

图 5-32 RQ 型调速器工作原理示意图
(a) 停车；(b) 起动；(c) 怠速；(d) 中速；(e) 最高转速。
1—停车挡块；2—调速手柄；3—摇杆；4—最高速挡块；5—滑块；
6—调速杠杆；7—供油量调节器齿杆；8—喷油泵柱塞；9—供油量限制弹性挡块；10—喷油泵凸轮轴；
11—飞锤；12—调速弹簧；13—调节螺母；14—角形杠杆；15—调速套筒；16—导向销；17—铰接点。

（4）最高转速。最高转速时，调速器如图 5-32（e）所示，将调速手柄置于最高速挡块 4 上，供油量调节齿杆相应地移至全负荷供油位置，柴油机转速由中速升高到最高速。此时，飞锤的离心力相应增大，并克服全部调速弹簧的作用力，使飞锤连同内弹簧座一起再向外移动，飞锤离心力与弹簧作用力达到新的平衡。若柴油机转速超过规定的最高转速，则飞锤的离心力便超过调速弹簧的作用力，使供油量调节齿杆向减油方向移动,从而防止了柴油机超速,避免因超速造成的机件损坏。

(5)停车。停车时,调速器如图5-32(a)所示,将调速手柄置于停车挡块1上,调速杠杆以其下端的铰接点为支点向左摆动,并带动供油量调节齿杆向左移到停油位置,柴油机停车,调速器飞锤在调速弹簧的作用下抵靠在安装飞锤的轴套上。

二、全程式调速器

机械离心全程式调速器的结构形式很多,有与柱塞式喷油泵配套的,也有装在分配式喷油泵体内的,但其工作原理却基本相同。在图5-25中的VE型分配泵使用机械离心全程式调速器,位于驱动轴的轴线上方,动力由调速器驱动齿轮输入。下面以VE型分配泵的调速器为例,说明机械离心全程式调速器的基本结构及工作原理。

1. VE型分配泵调速器的结构

VE型分配泵调速器结构示意如图5-33所示,在飞锤支架2上装有4个飞锤3,飞锤通过止推片推动调速套筒4移动。张力杠杆12、起动杠杆15和导杆16组成调速器杠杆系统。这三个杠杆通过销轴N连在一起,并可分别绕销轴N摆动。导杆16通过销轴M固定在分配泵体上,回位弹簧17对销轴M的力矩使导杆16的上端靠在最大供油量调节螺钉11上,也使销轴N成为随导杆位置变化的支点,导杆不绕销轴M转动时,销轴N位置不变。起动杠杆15的下端是球头销,嵌入供油量调节套筒21的凹槽中。当起

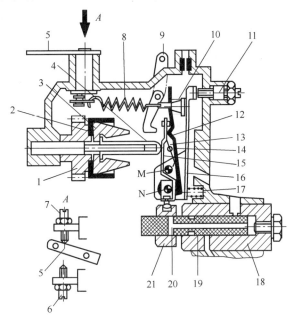

图5-33 VE型分配泵调速器结构示意图

1—调速器传动齿轮;2—飞锤支架;3—飞锤;4—调速套筒;5—调速手柄;
6—怠速调节螺钉;7—最高速限止螺钉;8—调速弹簧;9—停车手柄;10—怠速弹簧;
11—最大供油量调节螺钉;12—张力杠杆;13—起动弹簧;14—张力杠杆挡销;15—起动杠杆;16—导杆;
17—回位弹簧;18—柱塞套;19—分配柱塞;20—泄油孔;21—供油量调节套筒;
M—导杆支承销轴(固定);N—起动杠杆、张力杠杆及导杆支承销轴(可动)。

动杠杆摆动时,球头销将拨动供油量调节套筒,改变其与分配柱塞19上的泄油孔20的相对位置,从而改变分配柱塞的有效行程,也即改变了供油量。张力杠杆12上端通过怠速弹簧10与调速弹簧8连接,调速弹簧的另一端挂在调速手柄5的销轴上。导杆16的下端受回位弹簧17的推压,使其上端靠在最大供油量调节螺钉11上,轴向调整最大供油量调节螺钉11,可改变最大供油量。

此外,在VE型分配泵调速器上还装有一些附加装置,如增压补偿器和转矩校正装置等。

2. VE型分配泵调速器的工作原理

全程式调速器的基本调速原理是:发动机稳定转动时,飞锤的离心力与调速弹簧力相平衡,如果发动机工况变化引起两者不平衡,飞锤转动并使位置发生变化调速套筒便会移动,调速套筒通过调速器的杠杆系统使供油量调节套筒的位置发生变化,从而增减供油量,以适应柴油机运行工况变化的需要。转速降低时,调速套筒右移调速器加大供油量;反之,减小供油量,使发动机的转速稳定。

1) 起动

发动机起动时,调速器如图5-34(a)所示。起动时,踩下加速踏板,将调速手柄5推靠在最高速限止螺钉7上。这时调速弹簧8被拉伸,弹簧的张力拉动张力杠杆12绕销轴N向左摆动,并通过板形起动弹簧13将起动杠杆15压向调速套筒4,从而使静止的飞锤3处于完全闭合的状态。与此同时,起动杠杆15下端的球头销将供油量调节套筒21向右拨到起动加浓供油位置C,供油量最大。起动后,飞锤的离心力克服作用在起动杠杆上的起动弹簧的弹力,使起动杠杆绕销轴N向右摆动,直到抵靠在张力杠杆的挡销上。此时,起动杠杆下端的球头销向左拨动供油量调节套筒,供油量自动减少,结束起动。

2) 怠速

怠速时,调速器如图5-34(b)所示。柴油机起动后,将调速手柄5移至怠速调节螺钉6上。在这个位置,调速弹簧8的张力几乎为零,即使调速器传动轴的转速很低,飞锤也会向外张开,推动调速套筒,使起动杠杆和张力杠杆绕销轴N向右摆动,并使怠速弹簧10受到压缩。这时,飞锤离心力对调速套筒的作用力与怠速弹簧及起动弹簧对调速套筒的作用力平衡,供油量调节套筒21处于怠速供油位置D,柴油机在怠速下运转。

若由于某种原因使柴油机转速升高,则飞锤离心力增大,上述的平衡被打破,飞锤推动调速套筒、起动杠杆和张力杠杆进一步压缩怠速弹簧而向右摆动,供油量调节套筒则向左移,供油量减少,转速回落复原。若柴油机转速降低,飞锤离心力减小,怠速弹簧推动张力杠杆和起动杠杆向左摆动,供油量调节套筒则向右移,增加供油量,使转速回升,稳定怠速。

3) 中速

中速时,调速器如图5-34(c)所示。欲使柴油机在高于怠速而又低于最高转速的任何中间转速工作时,则需将调速手柄5置于怠速调节螺钉6与最高速限止螺钉7之间某一位置。这时,调速弹簧8被拉伸,同时拉动张力杠杆12和起动杠杆15绕销轴N向左摆动,而起动杠杆下端的球头销则向右拨动供油量调节套筒21,使供油量增加,柴油机遂由怠速转入中速状态由于转速升高，飞锤离心力增大。当其向右作用于调速套筒上的推力与调速弹簧向左作用于张力杠杆和起动杠杆上的拉力平衡时，供油量调节套筒便稳定在某一中等供油量位置，柴油机也就在某一中间转速稳定运转。

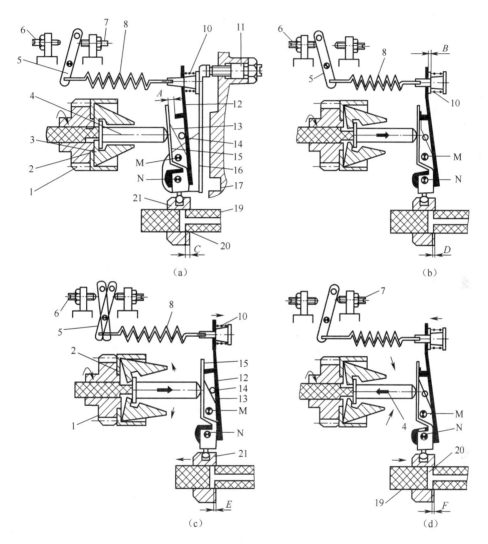

图 5-34 VE 型分配泵调速器工作原理示意图
(a) 起动；(b) 怠速；(c) 中速；(d) 最高速。
A—起动弹簧压缩量；B—怠速弹簧压缩量；C—起动加浓供油位置；D—怠速供油位置；
E—部分负荷最高转速供油位置；F—全负荷最高转速供油位置（图注同图 5-33）。

4) 最高速

当把调速手柄 5 置于最高速限止螺钉 7 上时，如图 5-34（d）所示调速弹簧 8 的张力达到最大，供油量调节套筒 21 也相应地移至最大供油量位置，柴油机将在最高转速或标定转速下工作。

不论柴油机在中速还是在最高速工作，若由于负荷发生变化而引起转速改变，则飞锤离心力与调速弹簧力的平衡遭到破坏，调速器将立即动作，通过增减供油量，使转速复原。如果突然全部卸掉柴油机负荷，调速器将把供油量减至最小，以防止柴油机超速。其调速过程与稳定怠速的过程相同。

5）最大供油量的调节

若拧入最大供油量调节螺钉11，则导杆16绕销轴M逆时针方向转动，销轴N也随之转动，并带动球头销向右拨动供油量调节套筒21，这时最大供油量增加。反之，旋出最大供油量调节螺钉11，则最大供油量减少。改变最大供油量，可以改变柴油机的最大输出及最高转速或标定转速。

3. 附加装置

VE 型分配式喷油泵有增压补偿器等附加装置，不同型号的 VE 型分配式喷油泵，附加装置不同。

1）增压补偿器

在增压柴油机上，分配式喷油泵附有增压补偿器（图 5-35 上方），其功用是根据增压压力的大小，自动增减供油量，以提高柴油机的有效功率和燃油经济性，并可减少有害气体的排放。

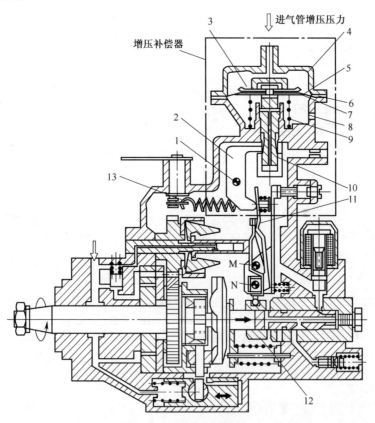

图 5-35 增压补偿器

1—销轴；2—补偿杠杆；3—膜片上支承板；4—补偿器盖；5—膜片；6—补偿器体；
7—膜片下支承板；8—通气孔；9—弹簧；10—补偿器阀杆；
11—张力杠杆；12—供油量调节套筒；13—调速弹簧。

增压补偿器的结构：在补偿器盖 4 和补偿器体 6 之间装有膜片 5，膜片把补偿器分成上、下两个腔。上腔与进气管相通，其中的压力即为增压压力。下腔经通气孔 8 与大气相通，膜片下面装有弹簧 9。补偿器阀杆 10 与膜片 5 相连，并与膜片一起运动，在补偿器阀杆上还钻有纵向长孔和横向孔，以保证阀杆在补偿器体内移动时不受气体阻力的作用。在补偿器阀杆的中下部加工成上细下粗的锥体，补偿杠杆 2 的上端与锥体相靠，并可绕销轴 1 转动，其下端靠在张力杠杆 11 上，调节供油量。

增压补偿器的工作原理：当进气管中的增压压力增大时，膜片 5 带动补偿器阀杆 10 向下运动，与阀杆锥体相接触的补偿杠杆 2 绕销轴 1 顺时针方向转动，张力杠杆 11 在调速弹簧 13 的作用下绕销轴 N 逆时针方向转动，使起动杠杆下端的球头销向右拨动供油量调节套筒 12，供油量增加；反之亦然，实现根据增压压力的大小自动调节供油量。

2) 负荷传感供油提前装置

负荷传感供油提前装置的功用是根据柴油机负荷的变化自动改变供油提前角，如图 5-36 所示。当柴油机转速一定时，若负荷减小，则喷油泵体内腔的燃油通过调速套筒 7 上的量孔 6，经调速器轴 8 的中心油道泄入二级叶片式输油泵 3 的进油口 1，使喷油泵体内腔的油压降低，液压式喷油提前器 4 内的活塞向右移动，供油提前角减小。反之，若柴油机负荷增加，调速套筒上的量孔被关闭，喷油泵体内腔的油压升高，喷油提前器内的活塞向左移动，供油提前角增大。调速套筒 7 上量孔 6 的位置使负荷传感供油提前装置在全负荷的 25%~70% 范围内起作用。

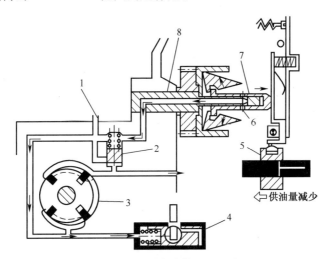

图 5-36 负荷传感供油提前装置

1—进油口；2—调压阀；3—二级叶片式输油泵；4—液压式喷油提前器；
5—供油量调节套筒；6—量孔；7—调速套筒；8—调速器轴。

第六节　柴油机燃油供给系统的辅助装置

一、输油泵

输油泵的功用是保证有足够数量的柴油自燃油箱输送到喷油泵，并维持一定的供油压力。输油泵的输油量一般为柴油机全负荷需要量的3~4倍。

输油泵有膜片式、叶片式、活塞式及齿轮式等几种形式。膜片式和叶片式输油泵分别作为分配式喷油泵的一级和二级输油泵,而活塞式输油泵则与柱塞式喷油泵配套使用。

1. 活塞式输油泵

活塞式输油泵安装在柱塞式喷油泵的侧面,并由喷油泵凸轮轴上的偏心轮驱动,其结构如图5-37所示,柴油由进油管接头1进入输油泵,由出油管接头10流出输油泵。在进油管接头左方有进油单向阀3。在出油管接头下方有出油单向阀14。手压泵拉钮9通过手压泵杆7与手压泵活塞6相连。滚轮15受喷油泵凸轮轴驱动,滚轮通过输油泵挺柱17、输油泵推杆19与输油泵活塞20相连,输油泵活塞下方有活塞弹簧21。

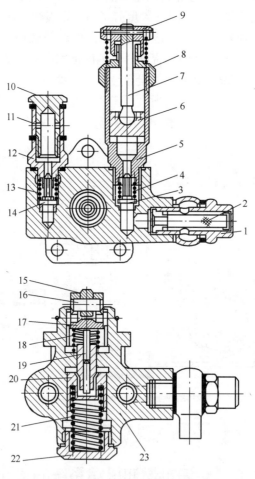

图5-37 活塞式输油泵

1—进油管接头;2—滤网;3—进油单向阀;4—进油单向阀弹簧;5—手压泵体;
6—手压泵活塞;7—手压泵杆;8—手压泵盖;9—手压泵拉钮;10—出油管接头;11—保护套;
12—接头;13—出油单向阀弹簧;14—出油单向阀;15—滚轮;16—滚轮销;17—输油泵挺柱;
18—输油泵推杆弹簧;19—输油泵推杆;20—输油泵活塞;21—活塞弹簧;22—螺塞;23—输油泵体。

图5-38为活塞式输油泵工作原理示意图,其工作原理说明如下:

(1) 吸油及泵油。当喷油泵凸轮轴13(图5-38)转动时,在偏心轮14和活塞弹簧17的共同作用下,输油泵活塞16在输油泵体15内作往复运动。当输油泵活塞在活塞弹簧的作用下向上运动时,A腔容积增大,产生真空,进油单向阀6开启,出油单向阀7关闭,柴油经进油口被吸入A腔,完成吸油。与此同时,B腔容积缩小,其中的柴油压力增高,B腔中的柴油经出油口被压出,送往燃油滤清器,完成泵油。

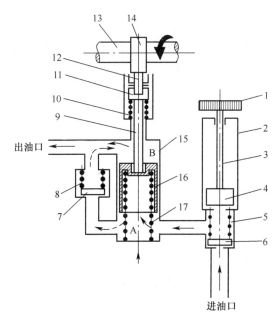

图5-38 活塞式输油泵工作原理示意图

1—手压泵拉钮;2—手压泵体;3—手压泵杆;4—手压泵活塞;5—进油单向阀弹簧;6—进油单向阀;7—出油单向阀;8—出油单向阀弹簧;9—推杆;10—推杆弹簧;11—挺柱;12—滚轮;13—喷油泵凸轮轴;14—偏心轮;15—输油泵体;16—输油泵活塞;17—活塞弹簧。

(2) 吸油及泵油准备。当偏心轮14推动滚轮12、挺柱11和推杆9,使输油泵活塞向下运动时,A腔油压增高,进油单向阀关闭,出油单向阀开启,柴油从A腔流入B腔,为吸油及泵油做好准备。

(3) 输油量调节。若喷油泵供油量减少,或燃油滤清器阻力过大,则使B腔油压增高。当活塞弹簧的弹力恰好与B腔的油压平衡时,活塞便滞留在某一位置而不能回到其行程的止点处。在这种情况下,活塞的行程减小,输油泵的输油量自然减少,从而限制了油压的继续增高,即实现了输油量与供油压力的自动调节。

(4) 手压泵油。在起动长时间停止工作的柴油机之前,先将燃油滤清器和喷油泵的放气螺钉拧松,再将手压泵拉钮旋出,上下反复拉动手压泵活塞,使柴油自进油单向阀吸入,经出油单向阀压出,并充满燃油滤清器和喷油泵的低压油腔,将其中的空气驱除干净;然后拧紧放气螺钉,旋进手压泵拉钮,再起动柴油机。

手压泵活塞与手压泵体、输油泵活塞与输油泵体以及推杆与导管等偶件,都经过选配和研磨,达到较精密的配合,在使用中不能互换。

2. 叶片式输油泵

在采用分配式喷油泵的柴油机燃油系统中有两个输油泵，即一级膜片式输油泵和二级滑片式输油泵，前者与汽油机燃油系统中的膜片式输油泵完全相同。分配泵燃油系统采用两级输油泵，是因为分配泵每次进油的时间很短，进油节流阻力较大。为了保证分配泵进油充分，需要增设一个叶片式输油泵，以提高输油压力，保证向喷油泵供油。

叶片式输油泵由输油泵体、输油泵盖、转子和叶片等零件构成。图5-39所示为叶片式输油泵的工作原理。输油泵转子4与喷油泵驱动轴通过半圆键连接，并由分配泵驱动轴驱动。四个叶片分别安装在转子的四个叶片槽内，转子偏心地安装在输油泵体的内孔中，在转子和输油泵体之间形成弯月形工作腔，并被四个叶片分隔成四个工作室。当转子旋转时，由于工作室的容积不断地由小变大或由大变小，从而产生吸油或压油的作用，来自油箱1的柴油进入输油泵，经输油泵提高压力后向喷油泵供油。

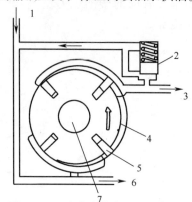

图5-39 叶片式输油泵的工作原理
1—来自油箱；2—调压阀；3—至泵壳；4—转子；
5—叶片；6—至喷油器；7—驱动轴。

叶片式输油泵出口油压随其转速增高而增大，为了保持油压稳定，在输油泵出口装置了调压阀2，当油压超过调压阀2的规定压力时，多余的柴油由调压阀流回输油泵入口。

二、燃油滤清器

燃油滤清器的功用是滤除柴油中的任何杂质。对滤清器的基本要求是阻力小、寿命长、过滤效率高。燃油滤清器的清洁程度对燃油系统，尤其是对喷油泵和喷油器中精密偶件的工作可靠性和使用寿命有很大的影响。

纸滤芯燃油滤清器如图5-40所示，来自输油泵的柴油从进油口5进入滤清器壳体6与纸质滤芯7之间的空隙，然后经过滤芯过滤之后，由中心杆8经出油口3流出。在滤清器盖上设有限压阀2，当油压超过0.1~0.15MPa时，限压阀开启，多余的柴油自进油口经限压阀直接返回燃油箱。

纸质滤芯具有质量小、体积小、成本低等优点，滤芯表面能过滤粒度为1~3μm的杂质，滤清效果好，因此纸滤芯燃油滤清器得到广泛应用。

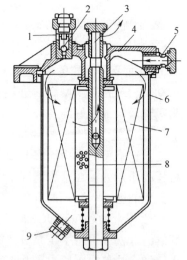

图5-40 纸滤芯燃油滤清器
1—旁通孔；2—限压阀；3—出油口；
4—滤清器盖；5—进油口；6—滤油器壳体；
7—纸质滤芯；8—中心杆；9—放油塞。

三、油水分离器

油水分离器的功用是去除柴油中的水分，在

一些柴油机上,于燃油箱和输油泵之间装设油水分离器。油水分离器如图5-41所示,由手压膜片泵1、液面传感器5、浮子6、分离器壳体7和分离器盖8等组成。

来自燃油箱的柴油经进油口2进入油水分离器,并经出油口9流出。柴油中的水分在分离器内从柴油中分离出来并沉积在壳体7的底部,实现油水分离。浮子6随着积水的增多而上浮。当浮子到达规定的放水水位3时,液面传感器5将电路接通,仪表板上的报警灯发出放水信号,这时驾驶员应及时旋松放水塞4放水。手压膜片泵1供放水和排气时使用。

第七节 电控柴油喷射系统

为了节省能源、降低排放,适应严格的柴油机排放标准的需要,从20世纪80年代初期开始,各种电控柴油喷射系统相继问世,它是利用电子控制技术控制向气缸喷射高压柴油的系统,至今,已经历了三代。第一代为位置控制式电控柴油喷射系统。第二代为时间控制式电控柴油喷射系统。第三代为时间—压力控制式电控柴油喷射系统,即电子控制共轨式燃油系统。

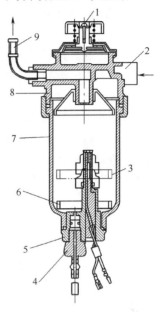

图5-41 油水分离器
1—手压膜片泵;2—进油口;3—放水水位;
4—放水塞;5—液面传感器;6—浮子;
7—分离器壳体;8—分离器盖;9—出油口。

在目前使用的汽车柴油机上,柱塞式、分配式喷油泵柴油机燃料供给系统与电控柴油喷射系统共存,柱塞式、分配式喷油泵柴油机柴油喷射系统将逐渐减少,电控柴油喷射系统正在增多,时间—压力控制式电控柴油喷射系统是今后电控柴油喷射系统的发展方向。

与传统的机械控制柴油喷射系统相比,电控柴油喷射系统具有以下优点:对喷油量、喷油定时控制精度高,控制灵活,反应速度快,大大提高了柴油机的动力性、冷起动性、燃油经济性和排放性。

一、位置控制式电控柴油喷射系统

位置控制式电控柴油喷射系统主要是在直列泵和分配泵基础上进行改进,有两种形式:直列泵式和分配泵式电控柴油喷射系统。

1. 直列泵位置控制式电控柴油喷射系统

1)喷射系统

直列泵位置控制式电控柴油喷射系统是通过电控直列喷油泵上调节齿杆位移来控制喷油量,通过电控喷油定时器来实现喷油正时控制,其特点是不仅保留了传统的喷油泵—高压油管—喷油嘴系统,而且还保留了喷油泵中齿条、齿圈、滑套、柱塞上控油螺旋槽等控制油量的机械传统机构,只是对调节齿杆的运动位置和喷油泵凸轮轴的相位电控,用电控调速器取代原来的机械式调速器,用电控喷油定时器取代原来的机械式喷油提前器，使控制精度和响应速度得以提高，柴油机的机构几乎无需改动，生产继承性好，便于对现有机器进行升级改造。其缺点是控制自由度小，控制精度差，喷油率和喷射压力难于控制，而且不能改变传统燃油系统固有的喷射特性，也很难大幅度地提高喷射压力。

图5-42所示为直列泵式位置控制式电控柴油喷射系统。从各个传感器传来的信号经计算机控制中心的微型计算机处理，转变成与发动机负荷及转速状态相适应的信号送往电控调速器和电控喷油定时器，使其动作，电控调速器通过供油拉杆改变供油量，电控喷油定时器通过喷油泵凸轮轴改变喷油定时。此外，在电控调速器和电控喷油定时器中，有检测实际动作值的传感器。将这些传感器送来的反馈信号输入电子控制单元，以控制最适当的喷油量和喷油时间。

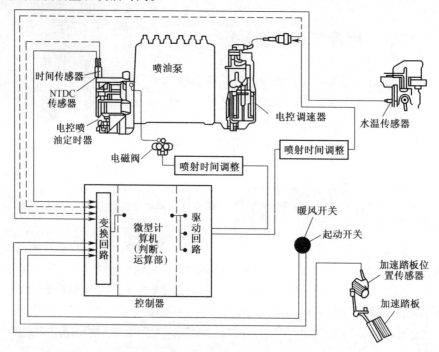

图5-42　直列泵位置控制式电控柴油喷射系统

2）传感器

传感器主要有发动机转速传感器、进气歧管压力传感器或空气流量计、供油提前角传感器、齿杆位置传感器、加速踏板位置传感器、进气温度传感器、冷却液温度传感器、燃油温度传感器、机油温度传感器、针阀升程传感器、大气压力传感器、涡轮增压传感器，其中，发动机转速传感器、进气歧管压力传感器或空气流量计等与汽油机供给系统的相应的传感器类似。这些传感器为电控调速器和电子提前器实现和实施最适当的喷油量和喷油时间的控制而设置。

3）电控调速器

电控调速器的结构如图5-43（a）所示，主要由线性螺线管、齿杆位置传感器、转速传感器、传感器放大器四部分构成。线性螺线管控制线圈中的电流，使喷油泵的调节齿杆移动；齿杆位置传感器检测出调节齿杆的位置；转速传感器检测出发动机的转速；传感器放大器将检测到的齿杆位置传感器的输出信号放大后送到电子控制单元（计算机）中。此外，还有将加速踏板的角度转换成电信号的加速踏板位置传感器、水温传感器和起动信号等。

电控调速器的工作原理图 5-43（b）所示，它是用电磁力控制齿杆的位移，从而控制供油量，喷油量由加速踏板位置和发动机转速决定。调节齿杆和滑动铁芯是连在一起的，和铁芯一起联动。当电流流过线性螺线管线圈时，滑动铁芯被拉向图 5-43（b）所示箭头方向，在复位弹簧力的作用下，滑动铁芯在某个平衡位置停住。如果铁芯向箭头相反的方向移动，则调节齿杆使喷油量向减少的方向移动。现在，假设调节齿杆向增加喷油量的方向移动，和调节齿杆连动的连接杆则以支点 A 为中心，向逆时针方向转动，连接杆的下端和齿杆位置传感器的传感器铁芯联动，所以传感器的铁芯向右方（箭头方向）移动，齿杆位置传感器的输出发生了变化。齿杆位置传感器送来的信号经过传感器放大器进行整流、放大，输入到电子控制单元中。然后，电子控制单元将该信号和齿杆位置的目标值进行比较，根据两者的差值向线性螺线管发出驱动信号，改变喷油量。

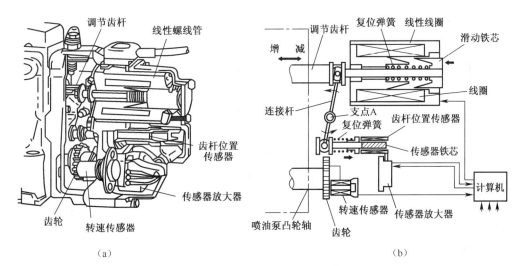

图 5-43　电控调速器的结构和工作原理
(a) 结构；(b) 工作原理。

4）电控喷油定时器

电控喷油定时器是通过改变发动机曲轴与喷油泵轴之间的相位角即喷油提前角，来实现对喷油定时控制的。

电控喷油定时器的结构如图 5-44 所示，由带动喷油泵转动的输入轴、输出轴和滑块组成。滑块是输入轴和输出轴的连接件，有一个内直花键和一个外螺旋花键，它们分别与输出轴的直花键与输入轴的螺旋花键相啮合（图 5-45）。此外，有一个环形接头装在输入轴的外部，它上面有油路直通滑块。

电控喷油定时器的控制原理：电磁阀在计算机的指令下驱动，控制推动滑块的油压，使滑块左右移动，从而改变输入轴和输出轴之间的相位。输入轴和输出轴之间的相位检测原理如图 5-46 所示。对应两个脉冲发生器分别装置了转速传感器和提前角传感器，ECU 从两个传感器的信号 n_e 和 n_p 可检测出两者的相位差。

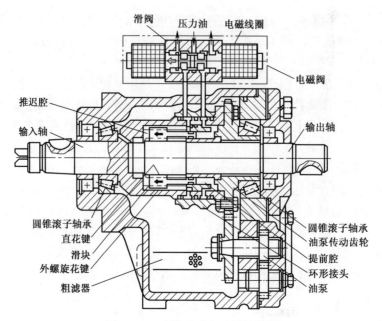

图 5-44 电控喷油定时器的结构

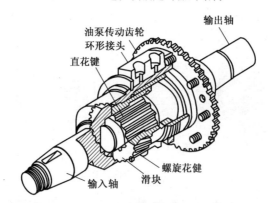

图 5-45 输入轴和输出轴的连接

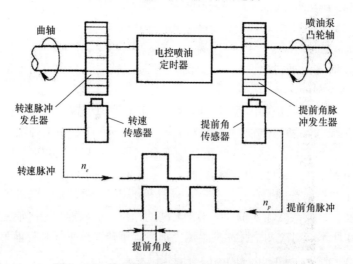

图 5-46 输入轴和输出轴之间的相位检测原理

2. 分配泵位置控制式电控柴油喷射系统

1）喷射系统

分配泵位置控制式电控柴油喷射系统是在传统的分配泵式柴油供给系统上发展起来，用供油量控制子系统（电控调速系统）取代原来的机械调速器，对滑套的运动位置电控，用供油定时的控制子系统（电控喷油提前系统）取代原来的机械式喷油提前器，对滚轮的位置电控，增加了与控制有关的传感器，扩展故障自诊断等功能，柴油机的机构几乎没有改动。它通过电控分配泵上滑套的位移来控制喷油量，通过电控分配泵上提前器或改变凸轮相位来进行喷油正时控制。

图 5-47 所示为日本丰田汽车公司的分配泵式位置控制式电控柴油喷射系统（ECD）。它由传感器、电控单元（ECU）和执行器等三部分组成。

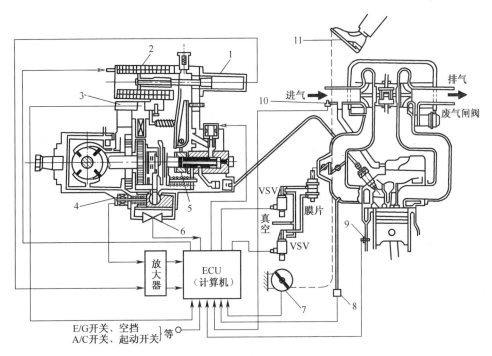

图 5-47 分配泵位置控制式电控柴油喷射系统
1—供油量调节套筒位置传感器；2—供油量控制电磁阀；3—转速传感器；
4—定时器位置传感器；5—供油量调节套筒；6—定时器控制阀；7—加速踏板位置传感器；
8—进气压力传感器；9—冷却液温度传感器；10—进气温度传感器；11—加速踏板。

传感器的作用是实时检测柴油机与汽车的运行状态，以及驾驶员的操作意向和操作量等信息，并将其输入电控单元，输入的信号主要有柴油机转速、加速踏板位置、供油量调节套筒位置、定时器位置、进气压力、进气温度、冷却液温度、车速、空挡开关、空调信号以及起动机信号等，由相应的转速、加速踏板位置、供油量调节套筒位置等传感器完成。

电控单元的核心部分是计算机，它与系统中设置的软件一起负责信息的采集、处理、计算和执行程序，并将运行结果作为控制指令输出到执行器。

执行器的功用是按照电控单元输送来的控制指令，调节供油量和供油定时，以达到调节柴油机运行状态的目的。该系统的主要控制项目是供油量、供油时刻，同时对进气节流、电热塞和故障自诊断等进行了控制功能扩展。

柴油机工作时，传感器采集柴油机转速、加速踏板位置、进气压力、进气温度等信号传入电控单元，经电控单元计算机处理，发出指令，由执行器完成供油量调节、供油时刻提前等，执行的结果由供油量调节套筒位置、定时器位置向电控单元反馈。

2）供油量的控制子系统

供油量的控制与修正子系统如图5-48所示，供油量控制电磁阀1与供油量调节套筒4连接，是供油量控制的执行器。供油量调节套筒位置传感器检测供油量调节套筒的位置。

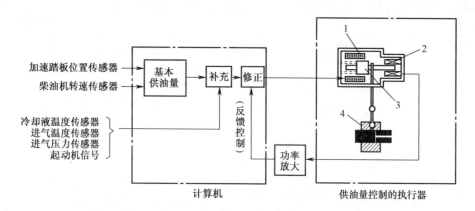

图5-48 供油量的控制与修正子系统

1—供油量控制电磁阀；2—供油量调节套筒位置传感器；3—可动铁芯；4—供油量调节套筒。

柴油机工作时，电控单元根据加速踏板位置传感器和柴油机转速传感器的输入信号，首先算出基本供油量，并得到供油量调节套筒的基本位置；然后根据冷却液温度、进气温度和进气压力等传感器的信号以及起动机的信号，对基本供油量进行修正；再按供油量调节套筒位置传感器信号进行反馈修正之后，确定最佳供油量（图5-48），由供油量控制的执行器完成供油量的控制。不论汽车是低温起动、加速，或是在高原行驶，ECD系统都能精确地确定柴油机运转时的最佳供油量。

供油量控制电磁阀及供油量调节套筒位置传感器如图5-49所示。电控单元把计算和修正的最后结果作为控制信号传到供油量控制电磁阀2，产生磁力，吸引可动铁芯5，带动供油量调节套筒。控制信号的电流越大，磁场就越强，可动铁芯向左的移动量越大，可动铁芯通过杠杆将供油量调节套筒向右推移得越多，供油量也就越多。

3）供油定时的控制子系统

供油定时的控制子系统如图5-50所示，喷油提前器活塞2与上方的滚轮相连，喷油泵喷油提前器活塞位置传感器1的铁芯直接与喷油提前器的活塞相连，借以检测活塞的位置。电控单元首先根据柴油机转速和加速踏板位置等传感器的输入信号，初步确定一个供油时刻，得到喷油提前器活塞2及其上方的滚轮位置，然后再根据进气压力、冷却液温度等传感器的信号和起动机的信号进行修正。再按喷油提前器活塞位置传感器1进行反馈修正之后，确定最佳供油定时。

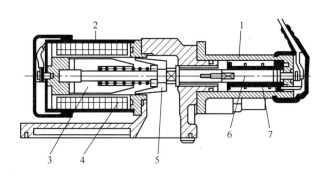

图 5-49 供油量控制电磁阀及供油量调节套筒位置传感器
1—供油量调节套筒位置传感器；2—供油量控制电磁阀；3—定子；
4、7—电磁线圈；5—可动铁芯；6—铁芯。

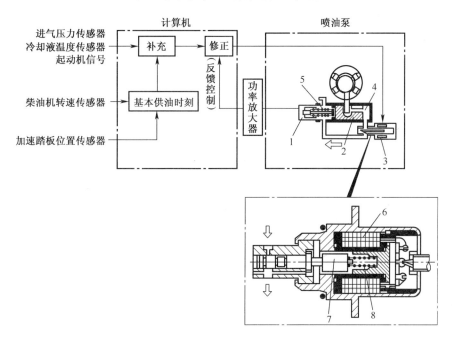

图 5-50 供油定时的控制子系统
1—喷油提前器活塞位置传感器；2—喷油提前器活塞；3—供油定时控制阀；
4—高压腔；5—低压腔；6—供油定时控制阀线圈；7—可动铁芯；8—弹簧。

供油定时控制阀是电磁阀。向供油定时控制阀 3 的线圈 6 通电，可动铁芯 7 被电磁铁吸引，压缩弹簧 8 向右移动，打开喷油提前器由高压腔 4 通往低压腔 5 的油路，使喷油提前器活塞两侧的压差缩小，活塞 2 向右移动，供油时刻推迟，即供油提前角减小。通过改变流过电磁线圈的脉冲电流的占空比，改变由喷油提前器的高压腔到低压腔的流通截面积，以调整喷油提前器活塞两侧的压力差，使活塞产生不同的位移，达到控制供油时刻的目的。

二、时间控制式电控柴油喷射系统

根据喷油泵不同，时间控制式电控柴油喷射系统可以分为直列泵、分配泵、泵喷嘴和单体泵电控燃油喷射系统。它们通过控制喷油的开始和结束时间来控制喷油量和喷油提前时刻。

1. 直列泵时间控制式电控柴油喷射系统

1）电控柴油喷射系统

直列泵时间控制式电控柴油喷射系统如图 5-51、图 5-52 所示，它在传统直列泵上实施时间控制的电控化改造，将与直列泵相连的原机械调速器取消，在喷油泵出油阀和喷油器之间的高压油管上，安装一个三通电磁阀，得到所谓的泵—管—阀—嘴（Pump—Pipe—Valve—Injector, PPVI）式电控燃油喷射系统，即通常的电控组合泵系统。与传统的泵—管—嘴的机械式喷油系统相比，每缸都对应安装了一个控制喷射过程的电磁阀。与此同时，传统柱塞上的斜槽、提前器、齿杆等被取消，柱塞泵的功能只是建立高压，不再具有喷油量调节的功能，真正的喷油控制由电磁阀来完成。

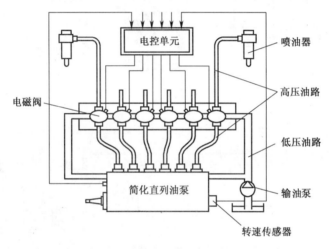

图 5-51　直列泵时间控制式电控柴油喷射系统的结构简图

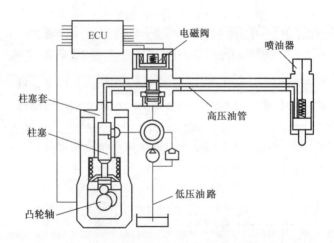

图 5-52　直列泵时间控制式电控柴油喷射系统的结构图

直列泵时间控制式电控柴油喷射系统的工原理：当柱塞上行时（图5-52），如果电磁阀通电，则高低压之间的连通被隔断，高压建立，燃油经过高压油管自喷油器中喷出。当电磁阀断电后，电磁阀阀杆在回位弹簧的作用下打开密封端面，高压油路和低压油路被连通，燃油经电磁阀迅速泄压，喷射过程随之停止。电磁阀通电开始时刻决定了喷射定时，电磁阀通电时间的长短决定了一定压力下的喷油量。在原来安装调速器的凸轮轴末端现在安装了指示凸轮轴相位的转速传感器，为喷射过程的相位计量提供基准，喷射过程的相位与电磁阀通电开始与关闭时刻有关。

2) 电磁阀

图5-53给出了电磁阀的基本结构。该结构采用了所谓的多极式电磁铁结构，以期在单位面积内产生最大的电磁力，衔铁与电磁铁之间的间隙很小（0.2mm左右），目的是使相同通电电流下的电磁力达到较大值，同时满足电磁阀打开和关闭的升程变化的需要，电磁阀线圈的匝数、电磁铁与衔铁的正对面积、衔铁的厚度、回位弹簧的刚度和预紧力以及电磁阀密封锥角的角度等都要经过仔细优化。

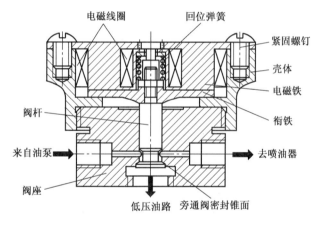

图5-53 电磁阀的基本结构

电磁阀的工作原理：电磁阀通电后，磁阀的阀杆上行，通低压油路的旁通阀关闭，来自油泵的高压油流入喷油器，由喷油器喷出。电磁阀断电后，电磁阀的阀杆在回位弹簧的作用下向下移动，打开旁通阀，高压油路和低压油路相通，燃油压力降低，喷油器停止喷射。

这种燃油供给系统，可以实现喷油量控制又可实现喷油定时的控制，并加强了高压喷油能力。但喷油压力依旧利用脉动柱塞供油，因此其对转速的依赖性很大。在低速、低负荷时，其喷油压力不高，而且难以实现多次喷射，极不利于**降低柴油机的噪声和振动**。

2. 分配泵时间控制式电控柴油喷射系统

分配泵时间控制式电控柴油喷射系统的显著特点是取消了原VE型分配泵上的供油量调节套筒，在进油通路上设置一个电磁溢流阀，其喷油量控制原理如图5-54所示。在柱塞泵油阶段，当电磁溢流阀断电时，溢流阀打开，高压燃油立即卸压，停止喷油。喷油始点并不取决于电磁溢流阀关闭的时刻，而是取决于分配泵端面凸轮的行程，与采用油量调节套筒改变喷油终点以控制油量的方式一样，电磁溢流阀打开得越晚，喷油量越多。端面凸轮行程始点就是图5-54上喷油泵角度信号上的无齿段终点的信号。喷油泵角度传感器装在滚轮环上。这样，即使喷油正时有变化，由于喷油泵角度信号传感器随着滚轮环一起移动，因此喷油泵角度并不改变，泵油始点与无齿段终点相对位置始终不变。

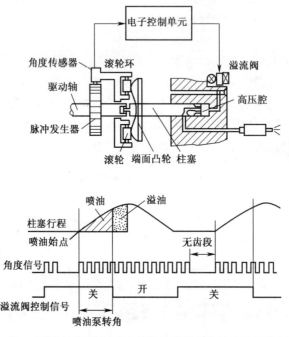

图5-54 分配泵时间控制式电控柴油喷射系统的喷油量控制原理

3. 泵喷嘴时间控制式电控柴油喷射系统

1）喷射系统

泵喷嘴时间控制式电控柴油喷射系统（Unit Injector System，UIS，泵喷嘴系统）如图5-55所示，主要由泵喷嘴、喷油凸轮、摇臂、电控单元、各种传感器等组成。泵喷嘴就是将喷油泵和喷油器合成一体，安装在缸盖上、原普通喷油器的位置，其外形与普通喷油器相似，由喷油凸轮通过摇臂驱动。主供油管和气缸盖上的各个喷油器之间用支管连接，溢出燃油通过连接各喷油器的溢油管经调压阀排出到气缸盖外部，大容量的齿轮泵向泵喷嘴供油。电控单元对泵喷嘴的喷油进行控制，传感器提供加速踏板位置、曲轴转速、涡轮增压压力、冷却水温度等控制所需的信号。

泵喷嘴时间控制式电控柴油喷射系统的燃油压力升高仍然是机械式的，喷油始点和终点由喷油电磁控制阀控制，即喷油量和喷油时间是由喷油电磁控制阀控制的。泵喷嘴的电磁控制阀针阀是常开的。当电磁控制阀针阀关闭时，泵油柱塞开始向喷油器压油，燃油从喷油孔喷入气缸；当电磁控制阀针阀打开时，溢油开始，喷油结束（图5-56）。泵喷嘴由于无高压油管，可以消除长的高压油管中的压力波和燃油压缩的影响，高压油的容积大大减少，喷射压力可很高。泵喷嘴的驱动机构比较特殊，必须是顶置式凸轮机构。

第五章 柴油机燃油供给系统

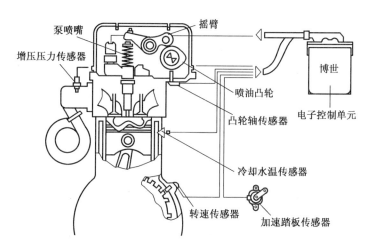

图 5-55 泵喷嘴时间控制式电控柴油喷射系统

2）泵喷嘴的结构

泵喷嘴实质上是由喷油泵、喷油器和喷油电磁控制阀三部分组成（图5-56）。喷油泵用于泵油，包括泵油柱塞4、泵油柱塞回位弹簧5等，喷油凸轮1通过摇臂2、球头螺栓3推动泵油柱塞4向下运动，产生高压油，供喷油使用。喷油器用于喷油，包括喷油针阀9、喷油器壳体10、喷油针阀阻尼器11、喷油针阀回位弹簧12、辅助柱塞13等；喷油器壳体的下方有喷油孔d，高压油推动喷油针阀9向上运动后，从喷油孔喷油；辅助柱塞13的上部为圆台，实际上是两个阀门，圆台的锥面用来开启和关闭高压

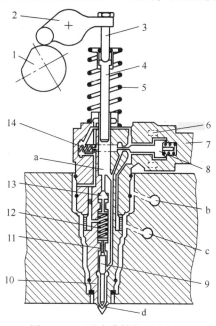

图 5-56 泵喷嘴结构示意图

1—喷油凸轮；2—摇臂；3—球头螺栓；4—泵油柱塞；5—泵油柱塞回位弹簧；
6—电磁控制阀；7—电磁控制阀阀体；8—电磁控制阀针阀；9—喷油针阀；10—喷油器壳体；
11—喷油针阀阻尼器；12—喷油针阀回位弹簧；13—辅助柱塞；14—电磁控制阀针阀回位弹簧。
a—高压油腔；b—回油道；c—低压油道（供油道）；d—喷油孔。

油腔与辅助柱塞腔之间的通道，而圆台的底面则用来开启和关闭辅助柱塞腔与喷油针阀回位弹簧腔之间的通道。喷油针阀阻尼器为倒"工"形，其作用是控制燃油的预喷量。喷油电磁控制阀用于控制喷油始点和终点，包括电磁控制阀 6、电磁控制阀阀体 7、电磁控制阀针阀 8、电磁控制阀针阀回位弹簧 14 等，电磁控制阀由 ECU 控制，电磁控制阀针阀 8 用于接通和切断高压油腔与低压油道之间的通道，实现控制喷油始点和终点。喷油凸轮 1 安装在控制气门打开和关闭的凸轮轴上，其上升段为陡峭的直线（有利于快速提高喷油压力），而下降段较平缓（有利于在喷油结束以后向高压油枪缓慢进油，避免在燃油中产生气泡）。

3）泵喷嘴的工作过程

泵喷油器的喷油过程分为预喷油开始、预喷油结束、主喷油开始、主喷油结束以及高压油腔进油 5 个过程。喷油时间和喷油量由辅助柱塞、喷油针阀、喷油针阀复位弹簧、喷油针阀阻尼器与电磁控制阀共同控制。

预喷油开始：当凸轮的直线段与摇臂接触时，电子控制系统向电磁控制阀供电，使电磁控制阀针阀向左移动，电磁控制阀针阀关闭切断高压油腔与低压油道之间的通道，与此同时，泵油柱塞在摇臂的作用下，克服泵油柱塞复位弹簧的弹力而向下运动，使高压油腔中的油压迅速上升。当油压上升到 18MPa 时，燃油在喷油针阀中部锥面上产生的向上推力大于喷油针阀复位弹簧的预紧力，就顶起喷油针阀，从喷油孔开始预喷油。

预喷油结束：预喷油开始后，喷油针阀继续向上运动，当凸轮转过喷油行程的 1/3 时，喷油针阀阻尼器下端进入喷油针阀阻尼器孔内，喷油针阀顶部的燃油就只能通过细小的缝隙流向喷油针阀复位弹簧腔内。这样，在喷油针阀的顶部形成了一个所谓的"液压垫圈"，阻止喷油针阀继续向上运动，使燃油的预喷量受到限制。随着泵油柱塞的继续向下运动，高压油腔里的油压继续上升，当油压达到规定值时，辅助柱塞在高压燃油的作用下向下运动后，高压油腔的体积突然增大，燃油压力瞬间下降。此时，喷油针阀中部锥面上的向上推力随之下降，喷油针阀在喷油针阀复位弹簧的作用下（由于受辅助柱塞的压缩而弹力增大）下复位，预喷油结束。

主喷油开始：预喷油结束后，泵油柱塞继续向下运动，导致高压油腔内的油压迅速上升。当油压上升到大于预喷油的油压（30MPa）时，喷油针阀向上移，主喷油开始，从喷油孔喷油。由于高压油腔内燃油油压上升的速度极快，所以高压油腔内的油压继续上升，直到 205MPa 左右。

主喷油结束：当电子控制系统停止向电磁控制阀供电时，电磁控制阀针阀在电磁控制针阀复位弹簧的作用下向右移动，接通高压油腔与低压油道。这时，高压油腔内的燃油经电磁控制阀流向低压油道，高压油腔里的燃油压力下降，喷油针阀在喷油针阀复位弹簧的作用下复位，辅助柱塞则在喷油针阀复位弹簧的作用下关闭高压油腔与喷油针阀复位弹簧之间的油道，主喷油结束，喷油孔不喷油。

高压油腔进油：当凸轮的下降段与摇臂接触时，泵油柱塞在泵油柱塞复位弹簧的作用下向上运动，高压油腔因体积增大而产生真空。这时，低压油道（与进油管相连接）内的燃油经电磁控制阀流向高压油腔，直到充满高压油腔为止，从而为下一次喷油做好准备。

4. 单体泵时间控制式电控柴油喷射系统

单体泵时间控制式电控柴油喷射系统（Unit Pump System，UPS，单体泵系统）如

图 5-57 所示,它与泵喷嘴时间控制式电控柴油喷射系统的主要区别在于,在单体泵和喷油器之间有一个短的油管,而控制喷油量的高速电磁阀位于单体泵的出口处。它们的组成和工作原理基本一致。

单体泵时间控制式电控柴油喷射系统的工作原理:柴油在齿轮式燃油输油泵的作用下,经燃油滤清器滤清后,进入位于柴油机缸体内的燃油道,分配给各缸的单体泵,柴油经单体泵加压后经高压油管进入喷油器,将柴油喷入气缸参加燃烧。单体泵处多余的柴油以及泄漏的柴油从缸体上的另一个油道经溢流阀流回到燃油箱。ECU 控制喷油器的喷射,ECU 的信号来自曲轴转速、水温、增压压力、凸轮轴转速等传感器。

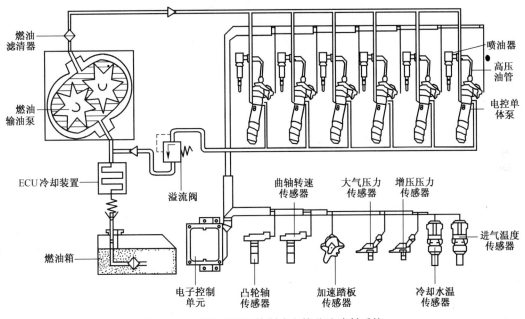

图 5-57 单体泵时间控制式电控柴油喷射系统

单体泵的安装位置与驱动如图 5-58 所示。单体泵外挂在气缸体上(图 5-59),由凸轮直接驱动。喷油器仍在原来的气缸盖的位置,单体泵与喷油器通过高压油管连接。

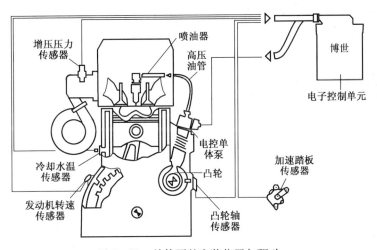

图 5-58 单体泵的安装位置与驱动

图 5-59 外挂单体泵

三、时间—压力控制式电控柴油喷射系统

时间—压力控制式电控柴油喷射系统即是电子控制共轨式燃油系统。这是国外于 20 世纪 90 年代中期开始，推向市场的一种新型柴油机电子控制喷油技术。它摒弃了以往传统使用的泵—管—嘴脉动供油形式，代之用一个高压泵在柴油机的驱动下，以一定的速比连续将高压燃油输送到共轨（即公共容器）内，高压燃油再由共轨送入各缸喷油器。高压油泵并不直接控制喷油，而仅仅是向共轨供油以维持所需的共轨压力，并通过连续调节共轨压力来控制喷射压力，采用压力—时间式燃油计量原理，用高速电磁阀控制喷射过程。喷油压力、喷油量及喷油定时由 ECU 灵活控制。柴油机的电子控制共轴式燃油系统与汽油机的电控汽油喷射系统有相似的结构形式和工作原理。

电子控制共轨式燃油系统具有以下优点：可实现高压喷射，喷射压力可比一般直列泵系统高出一倍，最高已达 200MPa；喷射压力独立于发动机转速，可以改善发动机低速、低负荷性能；可以实现预喷射，调节喷油速率形状，实现理想喷油规律；喷油定时和喷油量可自由选定；具有良好的喷射特性，可优化燃烧过程，使发动机耗油、噪声及排放等性能指标得到明显改善，并有利于改进发动机转矩特性；结构简单，可靠性好，适应性强，可在所有新、老发动机上应用。

1. 喷射系统

电子控制高压共轨燃油喷射系统，按功能可分为控制和燃料供给两部分，其基本组成如图 5-60 所示，高压共轨燃油喷射系统的安装位置如图 5-61 所示。

控制系统中有 ECU 和各类传感器（如发动机转速传感器、加速踏板位置传感器、各种温度传感器、增压压力传感器等）。与汽油机燃油供给系统相比，大部分传感器的工作原理相同。

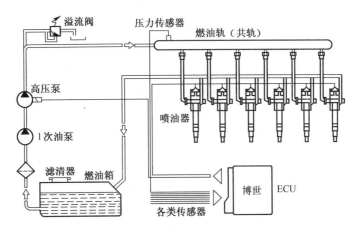

图 5-60 电子控制高压共轨燃油喷射系统的组成

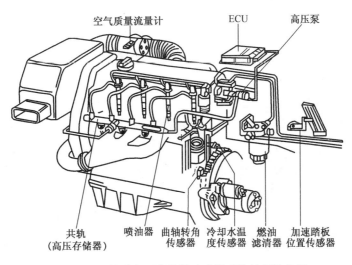

图 5-61 博世高压共轨燃油喷射系统的安装位置

燃料喷射系统主要由供油泵、共轨和喷油器组成。供油泵将燃油箱中的燃油经滤清器过滤后,加压成高压供入共轨内。供油泵共有 3 个,分别为滚柱式输油泵、齿轮式输油泵和三缸高压泵。滚柱式输油泵的工作原理与汽油供给系统滚柱泵的工作原理相同,安装在燃油箱中。齿轮式输油泵用于进一步提高压力,保证向高压泵供油。高压泵向共轨提供高压燃油。共轨实际上是一个喷油器共用的燃油分配管,也是高压油的存储器,储存在共轨内的燃油在适当的时刻通过喷油器喷入发动机气缸内。共轨安装在发动机的侧面(图 5-61),喷油器由喷油阀和电磁阀组成,电子控制单元控制喷油器的开启和关闭,喷油器开启时喷油,关闭时不喷油。

电子控制共轨系统的工作过程如图 5-62 所示。滚柱式输油泵和齿轮式输油泵将燃油从油箱中抽出,中间经过滤清器滤清,通过一个电子切断阀流入高压泵,此时的压力约为 0.2MPa,然后油流分为两路:一路经过安全阀上的小孔作为冷却油通过高压泵的凸轮轴流入压力控制阀,然后流回油箱;另一路充入高压泵的柱塞室(图 5-57)。在供油泵内,燃油压力上升到 135MPa,供入共轨。共轨上有一个压力传感器和一个限压阀，以这种方法来调节控制单元设定共轨压力。高压燃油从共轨流入喷油器后又分为两路：一路直接喷入燃烧室；另一路在喷油期间，与针阀导向部分和控制柱塞处泄漏出的燃油一起流回油箱。

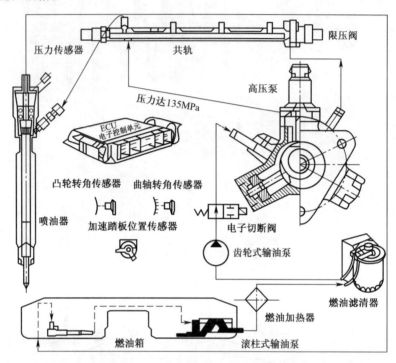

图 5-62 电子控制共轨系统的工作过程

控制系统根据各个传感器的信息，由 ECU 进行计算、完成各种处理后，求出最佳的喷油时间和最适合的喷油量，并计算出在什么时刻、在多长的时间范围内向喷油器发出开启电磁阀或关闭电磁阀的指令等，从而精确控制发动机的工作过程。

2. 主要部件

共轨燃油系统的主要部件有高压泵、压力控制阀、高压共轨管、限压阀、流量限制器、喷油器等。

1) 高压泵

高压泵的结构如图 5-63 所示，其作用是产生足够喷油器所需的高压油，其特点是出油量大，受载均匀。它采用平底移动从动杆盘形凸轮机构，三个径向布置的柱塞泵油元件9，相互错开120°，由偏心凸轮8驱动，偏心轮和柱塞垫块平面之间的接触应力比传统的凸轮—滚轮之间的接触应力要小得多，这种驱动更有利于高压喷射。

高压泵的基本工作原理：工作时，从输油泵来的柴油流过安全阀5，一部分经节流小孔流向偏心凸轮室供润滑冷却用，另一部分经低压油路6进入柱塞室。当偏心凸轮转动导致柱塞下行时，进油阀11打开，柴油被吸入柱塞室；当偏心凸轮顶起时，进油阀关闭，柴油被压缩，压力剧增，高于共轨压力时，顶开出油阀1，高压油被送去共轨管。在怠速或小负荷时，输出油量有剩余，可以经压力控制阀3流回油箱。还可以通过控制电路使切断阀12通电，使衔铁上的销子下移，顶开进油阀，切断某缸柱塞供油，以减少供油量和功率损耗。

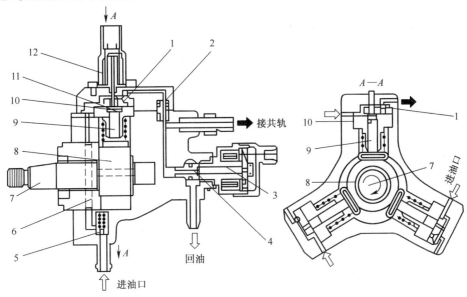

图 5-63　三缸径向柱塞型高压泵
1—出油阀；2—密封件；3—压力控制阀；4—球阀；5—安全阀；6—低压油路；7—驱动轴；
8—偏心凸轮；9—柱塞泵油元件；10—柱塞室；11—进油阀；12—切断阀。

2）压力控制阀

共轨压力的控制是在压力控制阀（Pressure Control Valve，PCV）的控制下完成的。图 5-64 给出了博世共轨系统中压力控制阀的结构。结合压力控制阀的安装位置可知，球阀的一侧是来自共轨燃油的压力，另一侧衔铁受弹簧预紧力和电磁线圈电磁力的作用，球阀是整个共轨压力控制的关键元件。

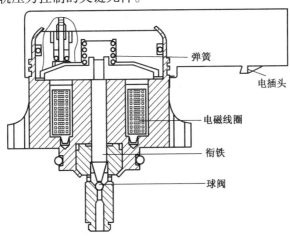

图 5-64　压力控制阀结构示意图

压力控制阀的工作原理：压力控制阀不通电时，电磁线圈不通电，衔铁不受电磁力作用，只受弹簧的作用力，共轨管中的高压油或高压油泵输出的油通过高压入口进入压力控制阀，高压油的压力大于弹簧的弹力时，球阀被顶开，压力控制阀开启大小由油压决定。弹簧预先设计最大压力约为 10MPa。

压力控制阀通电时，电磁线圈通电，衔铁受电磁力作用，使衔铁作用在球阀上的压力增加，此压力的大小决定了球阀是关闭还是打开以及打开时的开度，球阀打开，高压油通过球阀回油，降低了油压。因此，电磁线圈的电磁力的大小决定了共轨中的燃油压力，而电磁线圈产生电磁力的大小与电磁阀线圈中的电流大小有关，ECU 控制电磁线圈中电流的大小，从而控制油压，减小共轨管压力波动。

3）共轨管总成

共轨管的作用是存储高压燃油、保持压力恒定，其结构如图 5-65 所示。共轨管的压力波动取决于高压油泵的燃油分配和共轨管燃油容积的衰减。共轨管的容量较发动机一个喷油循环的油量大得多，当燃油排出时，几乎能维持内部的压力不变，这可确保喷油剩余的压力在喷油器打开时仍然恒定。高压共轨管上安装了压力传感器、限压阀和流量限制器。

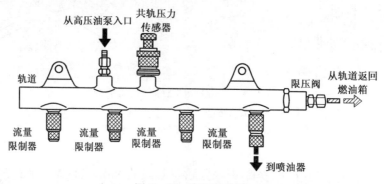

图 5-65 高压共轨管

限压阀：如图 5-66 所示，其功用是限制共轨管中的压力，允许短时间内轨道上的最大压力 150MPa。它包括底座、一端连接到油箱的回油管、可移动的柱塞、弹簧等部件。底座上有螺纹可拧到共轨管上，限压阀连接到轨道上以后，底座上还有一个通道，一个圆锥形的柱塞与底座的表面接触，形成密封面。在正常的工作压力（大于 135MPa）下，弹簧推动柱塞与底座接合，轨道保持压力。当压力过高时，柱塞被轨道压力推动，克服弹簧压力，燃油通过压力内部的通道流回燃油箱。当阀门打开时，轨道中的压力便会降低。

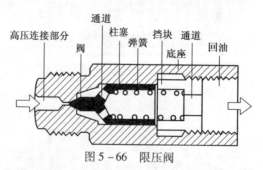

图 5-66 限压阀

流量限制器：如图 5-67 所示，喷油器总在打开位置，流量限制阀的功用是计量从共轨到各喷油器的燃油量的大小。当流量过大时，可以自动切断去喷油器的高压燃油。它主要由柱塞、弹簧、底座、外壳等零件组成，其内部有一个柱塞，通过弹簧直接与共轨管相连。不喷油时，柱塞位于上端停止位置。喷射燃油时，喷油器端部的喷射压力下降，使柱塞下移，通过柱塞移动补偿喷油器从导轨内喷出的燃油体积，而不是通过节流孔（因为通过这种方式是远远不够的）。在喷油末期，柱塞偏离底座而占据中间的位置，没有将出口完全关闭。弹簧迫使柱塞回到最初停止位置，同时燃油可以通过节流孔。弹簧与节流孔径是规定好的，那样即使在最大的喷油量状态（加上安全储备），柱塞也有可能返回上端停止位置，然后保持在这个位置，等候下一个喷油时刻的到来。严重泄漏时，由于大量燃油离开燃油导轨，柱塞被迫离开上端停止位置并且向下顶着密封底座，阻止燃油到达喷油器，直到发动机熄灭、切断喷油器的燃油输入为止。

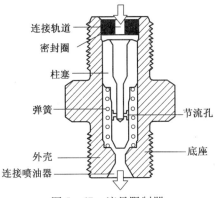

图 5-67　流量限制器

压力传感器：如图 5-68 所示，其功用是向 ECU 提供共轨管中高压油的压力信号。它用螺纹 6 紧固在共轨管上，其内部的压力传感膜片 4 感受共轨压力，通过分析电路，把压力信号转换成电信号传至 ECU。

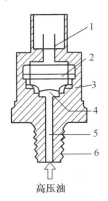

图 5-68　共轨压力传感器结构示意图
1—电气插头；2—分析电路；3—外壳；4—压力传感膜片；5—油道；6—固定螺纹。

4）电控喷油器

喷油器是共轨柴油喷射系统的核心部件，其功用是准确控制向气缸喷油的时间、喷油量和喷油规律。

（1）线圈式喷油器。图 5-69 所示为线圈式喷油器的结构简图，控制喷射过程的电磁阀安装在喷油器的顶端。电控喷油器回油阀受电磁阀控制。当电磁阀断电时，球阀在弹簧力的作用下压紧在电磁阀的阀座上，高压和低压之间的流通通道（高压回路—

进油截流孔—柱塞控制腔—溢流截流孔—球阀阀座—低压回路）被隔断，燃油的高压压力直接作用在控制柱塞顶部，克服喷油器底端针阀承压面上的燃油压力，加上弹簧的预紧力，使得柱塞—针阀向下紧压在喷油器针阀座面上，喷油器不喷射。

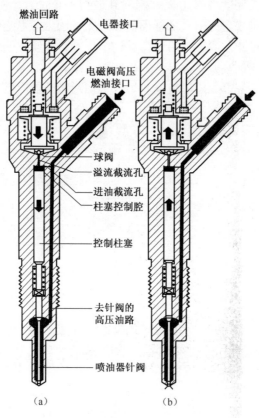

图 5-69 线圈式喷油器结构简图
(a) 喷油器关闭状态；(b) 喷油器喷射状态。

当电磁阀通电后，电磁力使球阀离开阀座，高压和低压之间的流通通道（高压回路—进油截流孔—柱塞控制腔—溢流截流孔—球阀阀座—低压回路）打开，部分高压燃油经过此通道进入低压回路。由于进油截流孔和溢流截流孔都很小，因此流体的截流作用导致柱塞控制腔的压力小于来自共轨的高压燃油的压力，高压燃油在喷油器针阀承压面上的压力使柱塞和针阀抬起，喷射器就开始喷油。

整个喷射过程简述如下：当电磁阀通电时，针阀抬起，喷射开始；当电磁阀断电时，针阀落座，喷射结束。由于共轨中的压力一直存在，所以任何时刻喷油器都可以在电磁阀的控制下喷油，这是与第二代时间控制式系统的喷油电磁阀最大不同之处。

(2) 压电晶体式喷油器。针对共轨喷油器中线圈式电磁阀的响应速度不够快、驱动功率要求大等缺点，博世、Continental 和 Denso 等企业研制了压电晶体形式的喷油器。压电晶体的喷油器和传统线圈式的喷油器相比，具有体积小、响应快、驱动功耗低、一致性好和控制更加灵活的特点，在多次喷射过程中的小喷射量精确控制方面更加具有优势，因此在近几年中得到大规模应用，并开始向汽油机缸内直喷的喷油器上推广。

图 5-70 所示为压电晶体式喷油器的结构图,当给压电晶体两端通上电压时(充能),压电晶体由于充入了电荷,产生纵向的变形和应力,通过顶块、驱动回油路上的阀芯,控制喷油器的打开和关断,通电时喷油器的打开,断电时,喷油器关闭。压电晶体由多块叠加,产生足够大的累积变形量,使之能够满足打开和关断喷射过程对应的位移量。

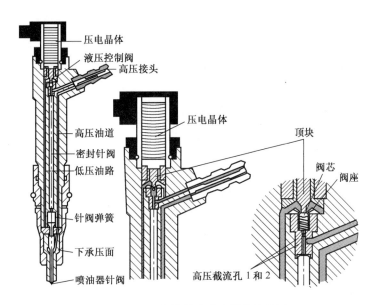

图 5-70 压电晶体式喷油器的结构图

5) 齿轮式输油泵

齿轮式输油泵如图 5-71 所示,由两个反向旋转的齿轮构成,利用齿槽将燃油从入口带到出口,并提高压力,再输入高压泵。它与高压油泵融为一体,且一同被驱动或附着在发动机上,直接受发动机驱动。

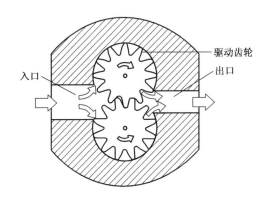

图 5-71 齿轮式输油泵

6) 燃油滤清器

高压喷射压力非常高,喷油器的喷孔非常小(如博世公司的喷油器有 6 孔、直径 0.169mm 的喷孔),为了使油泵、喷油器等元件保持清洁,在燃油系统必须安装滤清器；除此之外，滤清器可以减少燃油中水对喷油器的腐蚀。燃油滤清器如图5-72所示，燃油通过纸滤芯时被滤清。滤清器中有一个储水室，调整放水螺塞，可以排除滤清器中的水。当需要排水时，警告装置将点亮警告灯，提醒驾驶员。

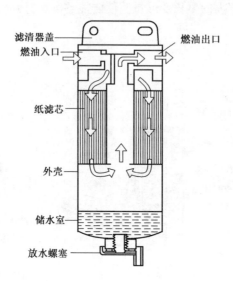

图5-72 带油水分离器的燃油滤清器

思考题

5-1 简述柱塞式喷油泵柴油机燃油供给系统组成。

5-2 简述分配式喷油泵柴油机燃油供给系统组成。

5-3 简述柴油机燃烧室的类型及特点。

5-4 柱塞式喷油泵与分配式喷油泵供油量的计量和调节方式有何差别？

5-5 简述机械式喷油器的工作原理。

5-6 简述供油提前器的功用及工作原理。

5-7 RQ型两级调速器是如何实现两级调速的？

5-8 第一代至第三代电控柴油喷射系统各为何种形式？第二代电控柴油喷射系统中有哪几种形式？

5-9 简述电子控制高压共轨燃油系统的组成与工作原理。

5-10 简述线圈式和压电晶体式喷油器的组成与工作原理。

第六章 进排气系统及有害排放物控制系统

第一节 进气系统

进气系统的功用是尽可能多地和尽可能均匀地向各气缸供给可燃混合气或纯净的空气。一般进气系统由谐振室、进气导流管 5、空气滤清器 4、节气门 1 和进气管 2 等组成，如图 6-1 所示。空气由谐振室、导流管流入空气滤清器，经空气流量计、进气管流入与各缸相连的进气支管，再进入气缸。

图 6-1 进气系统

1—节气门；2—进气管；3—空气流量计；4—空气滤清器；5—进气导流管。

一、空气滤清器

空气滤清器的功用主要是滤除空气中的杂质或灰尘,让洁净的空气进入气缸,另外,空气滤清器也有消减进气噪声的作用。空气滤清器有纸滤芯式和油浴式等。

1. 纸滤芯式空气滤清器

纸滤芯空气滤清器有质量小、成本低和滤清效果好等优点,广泛应用于汽车发动机上。纸滤芯有干式和湿式两种,有柱形、长方体形等。干式纸滤芯用压缩空气吹去杂质后,可以反复使用。纸滤芯经过浸油处理后即为湿式纸滤芯,其主要优点是使用寿命长、吸附杂质的能力强和滤清效率好,但它不能反复使用,需定期更换。

圆柱形纸滤芯式空气滤清器如图6-2所示。由经过树脂处理的微孔滤纸制成的滤芯1安装在滤清器外壳2中,滤芯的上、下表面是密封面,当拧紧碟形螺母4把滤清器盖3紧固在滤清器上时,滤芯上密封面9和下密封面8分别与滤清器盖及滤清器外壳底部的配合面贴紧密合。滤纸7打褶,以增加滤芯的过滤面积和减小滤芯阻力。滤芯外面是多孔金属网6,用来保护滤芯,提高强度。在滤芯的上、下端浇上耐热塑料溶胶,以保持滤纸、金属网和密封面相互间的位置固定,并保持其间的密封。在发动机工作时,空气从滤芯的四周穿过滤纸进入滤芯中心,随后流入进气管。杂质被滤芯阻留在滤芯外面。滤清效果与纸的筛孔大小有关,0.001mm的筛孔可将绝大多数杂质隔离,其滤清效果可达99.5%以上。

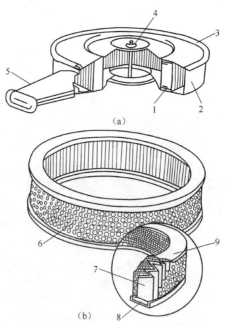

图6-2 圆柱形纸滤芯式空气滤清器
(a) 滤清器总成;(b) 纸滤芯。
1—滤芯;2—滤清器外壳;3—滤清器盖;4—碟形螺母;5—进气导流管;6—金属网;
7—打褶滤纸;8—滤芯下密封面;9—滤芯上密封面。

长方体形纸滤芯式空气滤清器如图6-3所示。空气从空气滤清器进气短管1经滤网3进到滤清器底部,再经纸滤芯5和空气滤清器出气短管7流出滤清器,进入进气支管。空气中大的杂质被滤网阻留,而细微杂质则被纸滤芯滤除在纸滤芯的下方。

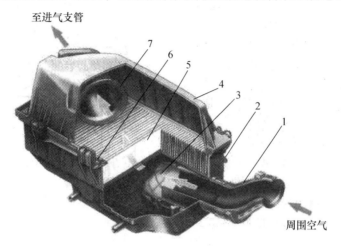

图6-3 长方体形纸滤芯式空气滤清器
1—空气滤清器进气短管;2—下壳体;3—滤网;4—上壳体;5—纸滤芯;
6—密封圈;7—空气滤清器出气短管。

2. 油浴式空气滤清器

油浴式空气滤清器如图6-4所示,包括外壳1、滤芯2、密封圈3和滤清器盖4等。外壳底部是储油池,其中盛有一定数量的润滑油。滤芯多用金属网卷成圆筒形或将金属填入有孔眼的壳体中制成。当发动机工作时,空气经外壳与滤清器盖之间的狭缝进入滤清器,并沿着滤芯与外壳之间的环形通道向下流到滤芯底部,再折向上通过滤芯后进入进气管。当气流转弯时,空气中粗大的杂质由于惯性力甩入润滑油中,被润滑油黏附,细小的杂质被滤芯滤除。黏附在滤芯上的杂质被气流溅起的润滑油所冲洗,并随润滑油一起流回储油池。

油浴式空气滤清器的优点是滤芯清洗后可以重复使用,空气中的杂质可被滤除95%~97%。多用于灰尘较多条件下工作的发动机。

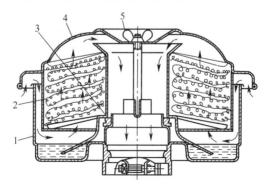

图6-4 油浴式空气滤清器
1—外壳;2—滤芯;3—密封圈;4—滤清器盖;5—碟形螺母。

二、进气导流管及谐振室

谐振进气系统是利用进气管中气体的压力波增加进气量,如图 6-5 所示,由后进气导流管 4、前进气导流管 5 和谐振室 6 等组成。由于进气过程具有间歇性和周期性,致使进气支管内产生一定幅度的压力波。此压力波以当地声速在进气系统内传播和往复反射。谐振进气系统利用一定长度和直径的进气支管或进气导流管与一定容积的谐振室配合,使其固有频率与气门的进气周期配合,那么在特定的转速下,就会在进气门关闭之前,在进气支管内产生大振幅的压力波,使进气支管的压力增高,从而增加进气量。

谐振进气系统的优点是没有运动件,工作可靠,成本低。但只能增加特定转速下的进气量,不能在发动机各工况下都有良好的进气效果。

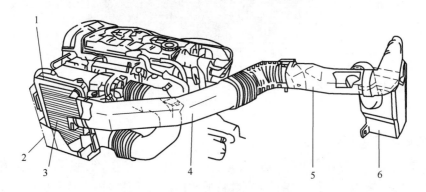

图 6-5　空气滤清器进气导流管及谐振室
1—空气滤清器外壳;2—空气滤清器盖;3—滤芯;4—后进气导流管;
5—前进气导流管;6—谐振室。

三、不可变进气支管

进气支管(歧管)指的是节气门体之后到气缸盖进气道之前的进气管路。它的功用是将可燃混合气或空气平均分配到各缸进气。进气支管一般用合金铸铁制造,轿车发动机多用铝合金制造。铝合金进气支管质量小、导热性好。

图 6-6 为节气门体燃油喷射式发动的进气支管,有安装节气门的安装面、废气再循环阀的安装面、循环冷却液管和进气支管的安装面,废气再循环阀安装面连接废气再循环系统,进气支管的安装面连接气缸盖。

图 6-7 为进气管燃油喷射式发动机的进气支管,上有喷油器安装位置。进气支管径较大,折弯处过渡圆滑,管的内壁光滑,以减小进气阻力。各支管长度相近,有利于平均分配各缸进气量。利用循环冷却液加热进气支管有利于汽油挥发,形成可燃混合气,但降低可燃混合气的密度,影响进气量。

在发动机工作中,图 6-6 和图 6-7 的进气支管的进气管径和长度均不变,为不可变进气支管。

第六章 进排气系统及有害排放物控制系统

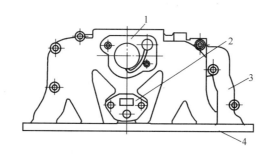

图6-6 节气门体燃油喷射式发动的进气支管
1—节气门体安装面；2—废气再循环阀安装面；3—循环冷却液管；4—进气支管安装面。

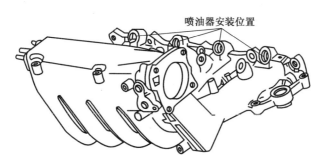

图6-7 进气管燃油喷射式发动机的进气支管

四、可变进气支管

可变进气支管的功用是根据发动机功率变化，用不同管径和长度的进气管进气，增大进气量。进气管的空气压力有波动，为了充分利用进气波动效应和尽量缩小发动机在高、低速运转时进气速度的差别，从而达到改善发动机经济性及动力性，特别是改善中、低速和中、小负荷时的经济性和动力性的目的，要求发动机在高转速、大负荷时装备粗而短的进气支管；而在中、低转速和中、小负荷时配用细而长的进气支管。可变进气支管就是为适应这种要求而设计的，有可变长度进气支管和双通道可变进气支管等。

1. 可变长度进气支管

可变长度进气支管如图6-8所示，由转换阀3、转换阀控制机构4、发动机电子控制装置5和进气支管组成。当发动机低速运转时，发动机电子控制装置发出指令，转换阀控制机构关闭转换阀，这时空气经空气滤清器1和节气门2沿着弯曲而又细长的进气支管流进气缸，为细长进气支管进气。细长的进气支管提高了进气速度，增强了气流的惯性，使进气量增多。当发动机高速运转时，转换阀开启，空气经空气滤清器和节气门直接进入粗短的进气支管，为粗短进气支管进气。粗短的进气支管进气阻力小，也使进气量增多。

可变长度进气支管不仅可以提高发动机的动力性，还由于它提高了发动机在中、低速运转时的进气速度而增强了气缸内的气流强度,从而改善了燃烧过程,使发动机中、低速的燃油经济性有所提高。

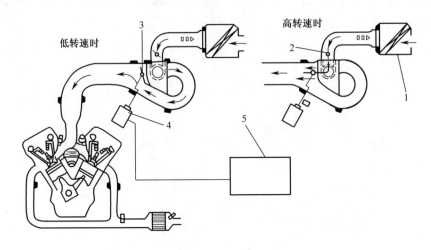

图6-8 可变长度进气支管
1—空气滤清器;2—节气门;3—转换阀;4—转换阀控制机构;
5—发动机电子控制装置。

2. 双通道可变进气支管

双通道可变进气支管如图6-9所示,由短进气通道1、旋转阀2、长进气通道3等组成,其每个支管都有两个进气通道,一长一短。根据发动机转速的高低,由旋转阀控制空气经哪一个通道流进气缸。当发动机在中、低速运转时,旋转阀将短进气通道封闭,空气沿长进气通道经进气道、进气门进入气缸。当发动机高速运转时,旋转阀使长进气通道一部分短路,同时打开短进气通道,这时空气同时经两个短进气通道进入气缸。

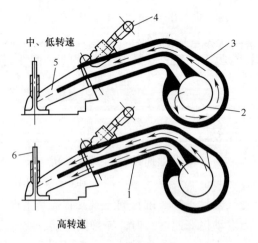

图6-9 双通道可变进气支管
1—短进气通道;2—旋转阀;3—长进气通道;4—喷油器;5—进气道;6—进气门。

第二节 排气系统

排气系统的功用是以尽可能小的排气阻力和噪声,将气缸内的废气排到大气中。排气系统主要包括排气支管、排气管和消声器。

一、单排气系统及双排气系统

1. 单排气系统

单排气系统如图6-10所示,由排气支管1、前排气管2、副消声器5、后排气管6、主消声器7、排气尾管8等组成。排气支管与气缸盖上出气口相连。催化转化器3和排气温度传感器4安装在排气系统中。后排气管6较长,可防止各缸排气相互干扰和排气倒流,并利用排气惯性降低排气阻力。

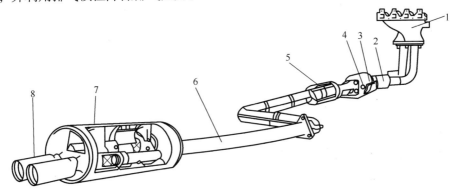

图6-10 单排气系统
1—排气支管;2—前排气管;3—催化转化器;4—排气温度传感器;5—副消声器;
6—后排气管;7—主消声器;8—排气尾管。

在发动机排气行程期间,气缸中的废气经排气门进入排气支管,再进入排气管、催化转换器和消声器,最后由排气尾管排到大气中。

2. 双排气系统

V形发动机有单排气系统和双排气系统,如图6-11所示。在大多数装配V形发动机的汽车上,仍采用单排气系统,即通过一个叉形管将两个排气支管连接到一个排气管上。来自两个排气支管的废气经同一个排气管、同一个消声器和同一个排气尾管排出(图6-11(a))。但有些V形发动机采用两个单排气系统,即每个排气支管各自都连接一个排气管、催化转化器、消声器和排气尾管(图6-11(b)),这种布置形式称为双排气系统。

双排气系统降低了排气系统内的压力,使发动机排气更为顺畅,气缸中残余的废气较少,因而可以充入更多的空气与燃油混合气或洁净的空气,发动机的功率和转矩都相应地有所提高,但增加了一套排气管、催化转化器、消声器和排气尾管。

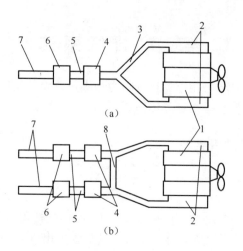

图 6-11　V形发动机排气系统示意图
(a) 单排气系统；(b) 双排气系统。

1—发动机；2—排气支管；3—叉形管；4—催化转化器；5—排气管；6—消声器；7—排气尾管；8—连通管。

二、排气支管

排气支管的功用是将各缸排出的废气收集起来，导入排气管。一般排气支管由铸铁或球墨铸铁制造，图 6-12 为捷达轿车的铸铁排气支管的结构，各个支管相互独立，1、4 缸排气支管汇合在一起，2、3 缸汇合在一起，可以完全消除排气干扰现象，为减小排气阻力，支管折弯处有较大的过渡圆角。

近年来采用不锈钢排气支管的汽车越来越多，其原因是不锈钢排气支管质量小、耐久性好，同时内壁光滑、排气阻力小。图 6-13 为丰田汽车的不锈钢排气支管的结构，各支管不等长，有利于消除排气干扰现象。

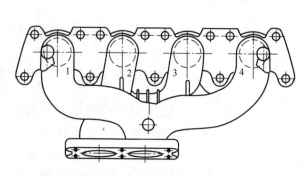
图 6-12　铸铁排气支管（捷达轿车）的结构

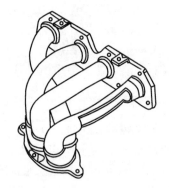
图 6-13　不锈钢排气支管（丰田汽车）的结构

三、排气消声器

排气消声器的功用就是消减排气噪声和消除废气中火星及火焰。图 6-14 所示为捷达轿车主消声器的结构，它包括消声器外壳 3、内壳 4、内隔板 5、外隔板 2、进口管 1

和出口管 6 等。消声器的两端各有一入口和出口，中间有隔板，将其分割成几个尺寸不同的膨胀消声室，消声室间由带许多小孔的管连接。消声器的外壳由双层钢板焊合而成，其间留有夹层，内壳为带孔波纹状并与外壳的内壁形成排气通道，以利于声压的衰减和声波的漫射，增强消声的效果。排气由进口管流入，经多孔的管子流入膨胀消声室，在此过程中，排气膨胀减压，改变流动方向和小孔节流衰减其压力和压力脉动，消耗其能量，最终使排气噪声得到消减，排气由出口管排出，入大气。

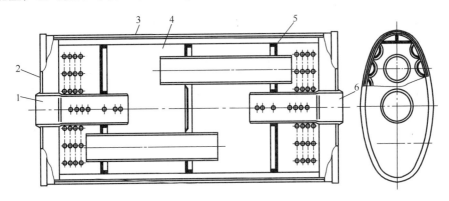

图 6-14 排气消声器（捷达轿车）的结构
1—进口管；2—外隔板；3—外壳；4—内壳；5—内隔板；6—出口管。

第三节 汽油机有害排放物的控制系统

汽车尾气排放物是汽车有害排放物的最主要因素，汽油机的有害排放物有一氧化碳（CO）、碳氢化合物（HC）和氮氧化合物（NO_x）。为了减轻汽油机尾气有害排放，已开发的排气净化装置有进气恒温控制装置、二次空气喷射系统、催化转换器、废气再循环系统等。

一、进气恒温控制系统

进气恒温控制装置的功用就是当发动机冷起动之后的暖机期间，把经排气加热后的热空气送入空气滤清器，提高进气温度，减少 CO 和 HC 的排放，并使发动机在低温下稳定工作。当发动机温度升高后，恒温进气空气滤清器向发动机供给环境温度的空气。

进气恒温控制装置是在普通空气滤清器上增设一套空气加热与控制系统构成，如图 6-15 所示。它由热炉 1、热空气管 5、真空控制膜盒 7、控制阀 8、进气温度传感器 9 等组成。热炉与排气支管 3 接触，并通过热空气管连接空气滤清器 10，进气温度传感器装在空气滤清器上，真空控制膜盒装在进气导流管上。控制阀在进气导流管与热空气管交汇处，控制空气滤清器从进气导流管和热空气管这两条管路进气。

进气恒温控制装置的工作原理如图 6-16 所示。发动机冷起动后，在环境温度低于 30℃ 时，双金属进气温度传感器 4 将通气阀 5 开启。进气管真空度经真空软管 6 作用到

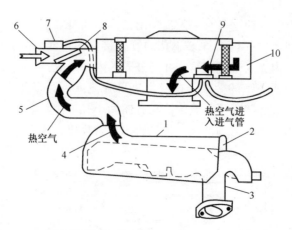

图6-15 恒温进气空气滤清器的空气加热与控制系统示意图
1—热炉；2—冷空气入口；3—排气支管；4—热空气入口；5—热空气管；6—进气导流管；
7—真空控制膜盒；8—控制阀；9—进气温度传感器；10—空气滤清器。

真空控制膜盒1，并吸引膜片2向上，膜片通过连杆带动控制阀9将通外部环境的进气导流管10关闭。这时，排气支管的热量传递到热炉，并对热炉内空气加热，热空气从热炉经热空气管7进入空气滤清器（图6-16（a））。发动机环境温度在30~53℃之间时，进气温度传感器根据温度的高低部分地开启通气阀，使进气管真空度只有一部分传送到控制膜盒。在此部分真空度的作用下，控制阀部分地开启导流管。这时将有部分热空气和部分环境空气供入发动机（图6-16（b）），使进气温度基本恒定。当进气温度超过53℃后，双金属进气温度传感器使通气阀关闭，真空软管与膜盒隔断，在这种情况下没有真空度传到膜盒，膜片在膜片弹簧3的推压下向下移动。这时，控制阀将进气导流管全部打开，而将热空气管完全封闭，于是进入空气滤清器的空气全部是环境空气（图6-16（c））。

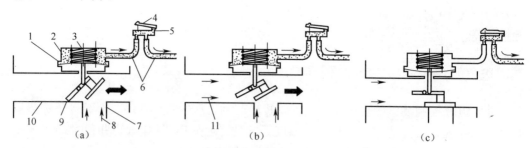

图6-16 恒温进气空气滤清器工作原理示意图
1—真空控制膜盒；2—膜片；3—膜片弹簧；4—进气温度传感器；5—通气阀；6—真空软管；
7—热空气管；8—热空气；9—控制阀；10—进气导流管；11—环境空气。

二、二次空气喷射系统

二次空气喷射系统的功用是利用空气泵将新鲜空气经空气喷管喷入排气道或催化转换器，使排气中的CO和HC进一步氧化或燃烧成二氧化碳和水。二次空气喷射系统主要用于要求二次空气量较多的6缸以上大排量的发动机。

图 6-17 所示为计算机控制器（ECU）控制的二次空气喷射系统，它由空气泵 1、旁通阀 2、分流阀 4、空气分配管 6、空气喷管 7 和单向止回阀 11 等组成。空气泵由发动机驱动，产生低压空气称作二次空气。在分流阀与排气道之间以及分流阀与催化转换器之间均装有单向止回阀，以防止排气进入二次空气喷射系统。旁通阀 2、分流阀 4 内分别有旁通线圈和分流线圈，分流线圈及旁通线圈由 ECU 控制。

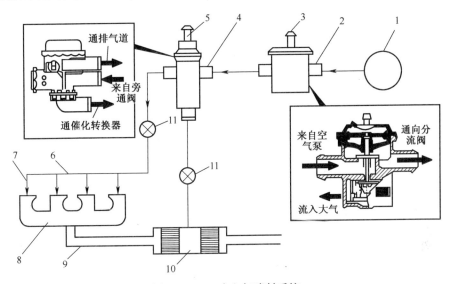

图 6-17 二次空气喷射系统

1—空气泵；2—旁通阀；3、5—真空管；4—分流阀；6—空气分配管；7—空气喷管；
8—排气支管；9—排气管；10—催化转换器；11—单向止回阀。

当发动机起动之后，ECU 使旁通线圈通电和分流线圈断电，于是这两个线圈同时把通向旁通阀和分流阀的真空隔断，这时空气泵送出的空气经旁通阀进入大气，若旁通阀与进入进气管相通时，空气泵送出的空气经旁通阀进入进气管，减少能量的浪费。这种状态称为起动工作状态，其持续时间的长短决定于发动机的温度。如果发动机的温度很低，起动工作状态将持续较长时间。

发动机在预热期间，ECU 使旁通线圈断电和分流线圈通电。这时进气管真空度分别经旁通线圈和分流线圈传送到旁通阀和分流阀。空气泵送出的空气此时经旁通阀流入分流阀，再由分流阀流入空气分配管，最后由空气喷管喷入排气支管 8。

当发动机在正常的冷却温度下工作时，ECU 同时使旁通线圈和分流线圈断电，通向分流阀的真空度被分流线圈隔断，这时，空气泵送出的空气经旁通阀进入分流阀，再经分流阀进入催化转换器 10。

三、催化转换器

催化转换器是实现排气中的 CO、HC 和 NO_x 转换为二氧化碳、水、氢和氮的执行装置。其中，反应用的催化剂是核心部分，常用 Pt（钯）和 Pb（铂）等贵重金属和稀土元素。

汽油机催化转换器通常有氧化催化转换器和三元催化转换器（Three-Way Catalytic

Converter，TWC）。氧化催化转换器只将排气中的 CO 和 HC 氧化为 CO_2 和 H_2O，因此这种催化转换器也称作二元催化转换器。必须向氧化催化转换器供给二次空气作氧化剂，才能使其有效地工作。三元催化转换器可同时减少 CO、HC 和 NO_x 的排放，它以排气中的 CO 和 HC 作为还原剂，把 NO_x 还原为 N_2 和 O_2，而 CO 和 HC 在还原反应中被氧化为 CO_2 和 H_2O。当同时采用两种转换器时，通常把两者放在同一个转化器外壳内，而且三元催化转换器置于氧化催化转换器前面。排气经过三元催化转换器之后，部分未被氧化的 CO 和 HC 继续在氧化转换器中与供入的二次空气进行氧化反应。

催化转化器有两种结构形式（图 6-18）。一种是颗粒型催化转换器（图 6-18（a）），其中有直径为 2~3mm 的多孔性陶瓷小球构成反应床，排气从反应床流过。另一种是整体型催化转换器（图 6-18（b）），其中是一个有很多蜂窝状小孔的陶瓷块，排气从蜂窝状小孔流过。转换器内的陶瓷小球或陶瓷块小孔表面有一层薄薄的铂、钯或铑的催化剂镀层。小球或陶瓷块均装在不锈钢外壳内。与颗粒型催化转换器相比，整体型催化转换器有体积小、与排气接触的表面积大和排气阻力小等许多优点。

催化转换器的使用条件相当严格。首先，装用催化转换器的发动机只能使用无铅汽油，防止铅覆盖在催化剂表面使催化剂失效。其次，仅当温度超过 350℃ 时，催化转换器才起催化反应。温度较低时，转换器的转换效率急剧下降。因此，催化转换器都安装在温度较高的排气支管后面。第三，必须向装有三元催化转换器的发动机供给理论混合比的混合气，才能保证三元催化转换器有较好的转换效果。如果混合气成分不是理论混合比，那么，CO 和 HC 氧化反应或 NO_x 的还原反应不可能进行得很完全。另外，发动机调节不当，如混合气过浓，或气缸缺火，都将引起转换器严重过热，影响转换效果。

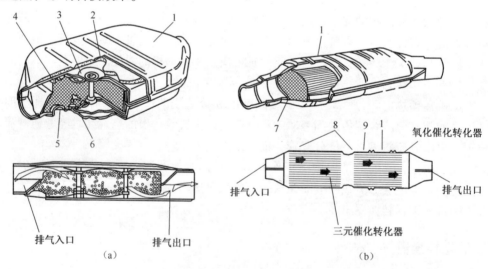

图 6-18 催化转化器
（a）颗粒型；（b）整体型。
1—转化装置外壳；2—隔热层；3—转化装置内壳；4—挡板；5—螺塞；
6—陶瓷小球；7—陶瓷块；8—密封件；9—金属网。

四、HC 捕捉器

HC 捕捉器是降低低温 HC 排放装置。安装催化转化装置后，排气初始阶段，催化剂处于冷态状况，未达到催化剂开始反应所需要的温度，所以要设置降低低温 HC 排放装置。

HC 捕捉器主要采用沸石或活性炭作为吸附剂，在低温时吸附的 HC，温度上升时被释放出来，常与三元催化转化器同时使用，一般将 HC 捕捉器设置在三元催化转化装置 1、8 之后，如图 6-19 所示。吸附剂上游的催化剂达到活性温度之前所排放出的 HC 被 HC 捕捉器 5 的吸附剂捕捉，随吸附剂温度的上升，由 HC 捕捉器释放的 HC，通过控制阀 6 的适当控制，经 HC 回流管 4 送到发动机 3 再次燃烧后，随排气通过三元催化转化装置 1、8 进行净化。

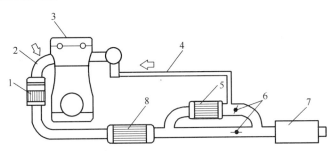

图 6-19 HC 捕捉器的安装位置

1、8—三元催化转化器；2—排气管；3—发动机；4—HC 回流管；
5—HC 捕捉器；6—控制阀；7—消声器。

五、稀薄 NO_x 催化转化装置

稀薄 NO_x 催化转化装置是用于稀薄混合气燃烧时 NO_x 的催化转化装置。稀薄混合气燃烧是指空燃比不小于 17 且保证动力性的发动机的燃烧。发动机在稀薄混合气燃烧时，空燃比大于理论空燃比，所以三元催化转化装置不再适用，需要用稀薄 NO_x 催化转化装置。这种催化转化装置主要有 NO_x 直接分解型和 NO_x 吸附还原型两种。

NO_x 直接分解型催化转化装置是一种在稀薄混合气下以 HC 为还原剂直接净化 NO_x 的方式。这种方式通过 Cu—沸石以及 Pt（铂）系列贵金属催化剂，将 NO_x 吸附在催化剂表面上，再由 HC 还原，消除贵金属表面上所吸附的氧，使 NO_x 直接分解为 N_2 和 O_2。

NO_x 吸附还原型催化转化装置是一种在稀薄燃烧时吸附 NO_x，在浓或者理论混合气时将吸附的 NO_x 进行还原净化的系统。NO_x 的吸附及还原机理如图 6-19 所示，在稀混合气时所排出的 NO，在 Pt 表面上氧化成 NO_2，并作为硝酸盐吸附在吸附剂表面上（图 6-20（a）），然后在理论空燃比或浓混合气时，由排气中的 HC、CO、H_2 等气体将吸附的 NO_x 还原净化（图 6-20（b））。

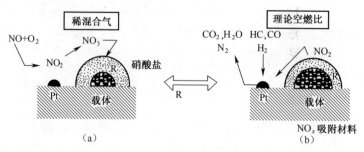

图 6-20 NO_x 的吸附及还原机理

(a) 作为硝酸盐吸藏；(b) 还原到氮气。

六、废气再循环系统

废气再循环（Exhaust Gas Recirculation，EGR）是指把发动机排出的部分废气回送到进气管，并与新鲜混合气一起再次进入气缸。由于废气中含有大量的 CO_2，而 CO_2 不能燃烧却能吸收大量的热，使气缸中混合气的燃烧温度降低，从而抑制 NO_x 的生成量。废气再循环是净化排气中 NO_x 的主要措施，应用广泛。

一种由 ECU 控制的废气再循环系统如图 6-21 所示。废气再循环阀（EGR 阀）8 用来控制再循环的废气量。进气管真空度经电磁阀 6 和真空调节阀 7 作用到 EGR 阀 8 的真空膜片室 12，吸引膜片 13 向上并带动锥形阀 14 升起，这时发动机排出的废气由

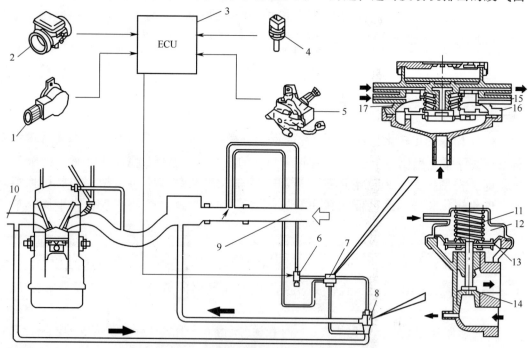

图 6-21 ECU 控制废气再循环系统

1—节气门位置传感器；2—空气流量计；3—ECU；4—冷却液温度传感器；
5—转速传感器；6—电磁阀；7—真空调节阀；8—EGR 阀；9—进气管；10—排气管；
11、15—弹簧；12、17—真空膜片室；13、16—膜片；14—锥形阀。

排气支管经锥形阀进入进气支管。作用在膜片上的真空度越大,锥形阀的开度就越大,再循环的废气量也越多。如果没有真空度传送到真空膜片室,弹簧11推压膜片向下,使锥形阀关闭,这时废气不能进行再循环。真空调节阀的作用是根据进气管真空度的变化或节气门开度的大小调节通往EGR阀的真空度,使再循环的废气量随节气门开度或发动机负荷的增大而增加。电磁阀由ECU3控制。ECU根据空气流量计2、节气门位置传感器1、冷却越温度传感器4和发动机转速传感器5等输入的信号,使电磁阀通电或断电。当发动机冷却温度低于50℃时,或发动机在怠速工作时,或发动机转速超过预定值时,ECU使电磁阀断电,电磁阀中的可动铁芯隔断真空传送通道,同时空气经电磁阀进入真空调节阀,使锥形阀14关闭,不进行排气再循环。

七、汽油蒸发排放控制系统

汽油蒸发排放控制系统(EVAP)又称为汽油蒸气回收系统。汽油是一种挥发性很强的物质,燃油箱中的燃油受热后,表面就会产生蒸气,如不妥善处理,就会散发到大气之中造成环境污染。燃油蒸发排放控制系统的功用就是防止燃油蒸气排入大气而污染环境,同时还可节约能源。

燃油蒸发排放控制系统利用活性炭吸附燃油箱中挥发的燃油蒸气,待发动机起动后,再将活性炭吸附的燃油送入燃烧室燃烧,不仅能使燃油蒸气排放减少(燃油蒸气的排放量降低95%以上),而且还能节约能源。

图6-22所示为典型的汽油蒸发控制系统。炭罐5内填满活性炭4,当发动机停机后,汽油箱1中的汽油蒸气经单向阀11和汽油蒸气滤网2进入炭罐5,汽油蒸气进入炭

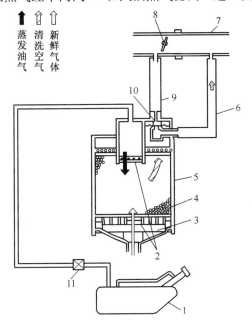

图6-22 典型的汽油蒸发控制系统

1—汽油箱;2—滤网;3—滤清器;4—活性炭;5—炭罐;6—蒸气软管;7—进气管;
8—节气门;9—真空软管;10—清洗控制阀;11—单向阀。

罐后被活性炭4吸附。发动机起动之后，在进气管真空度的作用下，清洗控制阀膜片上移而开启（清洗控制阀用来控制进入进气支管的汽油蒸气及空气的量），与此同时，新鲜空气自炭罐底部经滤清器3及滤网2向上流过炭罐，并携带吸附在活性炭表面的汽油蒸气，经清洗控制阀和汽油蒸气软管6进入进气管7。

有些发动机为了防止液态汽油流入炭罐，在汽油箱顶部设置气—液分离器，以分离液态汽油和汽油蒸气，分离出来的液态汽油从回油管返回油箱。在博世L-H型多点汽油喷射系统中，电控单元通过电磁阀控制汽油蒸气回收。

八、强制式曲轴箱通风系统

强制式曲轴箱通风系统又称PCV（Positive Crankcase Ventilation）系统，是回收窜入曲轴箱、气缸盖罩内可燃混合气和废气的净化装置。在发动机工作时，部分可燃混合气和废气经活塞环由气缸窜入曲轴箱内。当发动机在低温下运行时，还可能有液态燃油漏入曲轴箱。这些物质如不及时清除，将加速机油变质，并使机件受到腐蚀或锈蚀。窜入曲轴箱内的气体中含有HC及SO_2等其他污染物，所以不准许把这种气体排放到大气中。现代汽车发动机采用的强制式曲轴箱通风系统，这既避免了有害物质排到大气中，又有利于提高发动机的经济性。

曲轴箱通风系统的组成如图6-23所示。当发动机工作时，进气管真空作用到PCV阀，进气总管1中的部分气流经通风管2流入气缸罩6内产生一定的压力，使气缸罩内的油气以及曲轴箱内的油气经PCV阀5和回流管4进入进气支管8，最后经进气门进入燃烧室烧掉。

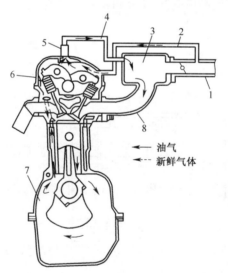

图6-23 曲轴通风系统的组成
1—进气总管；2—通风管；3—稳压箱；4—回流管；5—PCV阀；6—气缸盖罩；
7—曲轴箱；8—进气支管。

PCV阀的功用是根据发动机工况的变化自动调节进入气缸的曲轴箱气体的数量，有以下工作状态。

(1) 发动机不工作时，PCV阀中的弹簧2将锥形阀3压在阀座4上，关闭曲轴箱与进气支管的通路（图6-24（a））。

（2）发动机怠速或减速时，进气管真空度很大，真空度克服弹簧力把锥形阀吸向上端，使锥形阀3与阀体1之间只有很小的缝隙。PCV阀开度虽小，但由于此工况下窜入曲轴箱内的气体少，可足以使曲轴箱内的气体流出曲轴箱（图6-24（b））。

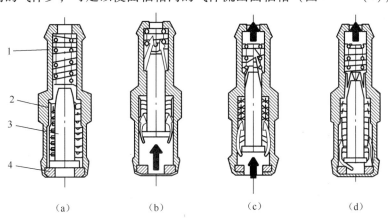

图6-24 发动机各种工况下的PCV阀开度
(a) 发动机不工作或回火时，PCV阀关闭；(b) 怠速或减速时，PCV阀开度较小；
(c) 中等负荷时，PCV阀开度较大；(d) 加速或大负荷时，PCV阀全开。
1—PCV阀体；2—弹簧；3—锥形阀；4—阀座。

（3）发动机节气门部分开度时，进气管真空度比怠速时还小，在弹簧的作用下锥形阀与阀体间的缝隙增大（图6-24（c））。较大的PCV阀开度可以使较多的曲轴箱气体被吸入进气管。

（4）发动机在大负荷时节气门开度增大，进气管真空度减小，弹簧将锥形阀进一步向下推移，使PCV阀的开度更大（图6-24（d））。发动机大负荷时气缸压力增大，产生更多的曲轴箱气体，因此只有增大PCV阀的开度，才能使曲轴箱内的气体全部流进进气管。

（5）当进气管发生回火时，进气管压力增高，锥形阀落在阀座上，如同发动机不工作时一样，以防止回火进入曲轴箱而引起发动机爆炸。

（6）当活塞或气缸严重磨损时，将有过多的气缸内气体窜入曲轴箱，这时即使PCV阀开度最大也不足以使这些气体都流入进气管。在这种情况下，曲轴箱压力将会升高，部分曲轴箱气体经空气软管进入空气滤清器，再随同新鲜空气一起流入气缸（图6-23）。

第四节 柴油机有害排放物的控制系统

柴油机的有害排放物除CO、HC、NO_x以外，还有微粒等。由于柴油挥发性弱，柴油机的燃烧过程主要在过量空气系数较大的情况下进行，所以CO和HC排放量相对较少，无燃油蒸发排放问题。因此对柴油机而言，其主要有害排放物是NO_x和微粒等颗粒物排放问题。

柴油机有害排放物的控制技术，除进气系统改善等机内措施之外，很有效的方法之一就是采用废气再循环（EGR）技术，而微粒的控制主要采用后处理装置，即微粒捕集器。CO 及 HC 氧化催化转化装置常采用如前所述的铂（Pt）/铑（Rh）系列氧化剂。随着排放法规的日趋严格，EGR 系统和微粒捕集器已在车用柴油机上得到广泛应用。

一、柴油机的 EGR 系统

第二节已经介绍了 EGR 系统部分内容，这里介绍的 EGR 系统主要用于降低柴油机 NO_x 的排放量。

1. 柴油机的 EGR 阀

柴油机 EGR 阀的示意图如图 6-25 所示。柴油机的进气和排气压力差比较小，为了保证所需的 EGR 气体流量，柴油机的 EGR 回流管 3 直径要比汽油机大，EGR 阀也随之变大。EGR 阀 4 常采用气门式。这种气门式 EGR 阀是通过气门弹簧和真空度来控制 EGR 阀的开度。发动机工作时，电控单元根据发动机工况的要求控制三向电磁阀 1，由此控制来自真空泵的空气，进而控制 EGR 阀的开度和进入气缸的废气量。

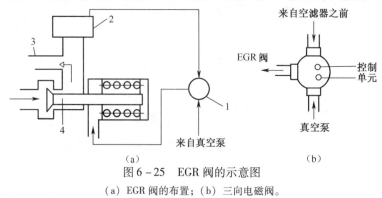

图 6-25　EGR 阀的示意图
(a) EGR 阀的布置；(b) 三向电磁阀。
1—三向电磁阀；2—空气滤清阀；3—EGR 回流管；4—EGR 阀。

2. 柴油机的 EGR 的类型

根据 EGR 的回流方式，车用增压柴油机的 EGR 系统分为外部 EGR 方式和内部 EGR 两种方式。

外部 EGR 方式又根据进、排气管的连接方式不同分为低压回路方式和高压回路方式，如图 6-26 所示。低压回路 EGR 方式是直接连接压气机 7 入口端和废气涡轮 5 出口端来实现 EGR 的方法（图 6-26 (a)）。这种方式的废气直接流过压气机 7 和中冷器 8，所以易造成压气机的腐蚀和中冷器的污染等。常用高压回路 EGR 方式（图 6-26 (b)），即直接连接压气机后的中冷器 8 出口端和废气涡轮 5 入口端来实现 EGR。这种方式的废气不流过压气机和中冷器，所以不存在对压气机和中冷器的腐蚀和污染问题；但要提高增压进气压力，在中、大负荷时很难实现 EGR。

内部 EGR 方式是利用 EGR 凸轮进行 EGR 的方式。为了实现内部 EGR 方式（图 6-27），在排气凸轮中除控制排气所需凸轮 1（主凸轮）以外，又增设内部 ECR 专用凸轮 2（EGR 凸轮）。通过这种机构，在排气凸轮工作时，正常排气（图 6-27 (a)）；在进气过程中的适当时刻，由 EGR 凸轮再次开启排气门 3，使排出的废气回流到气缸内部，以实现 EGR

第六章 进排气系统及有害排放物控制系统

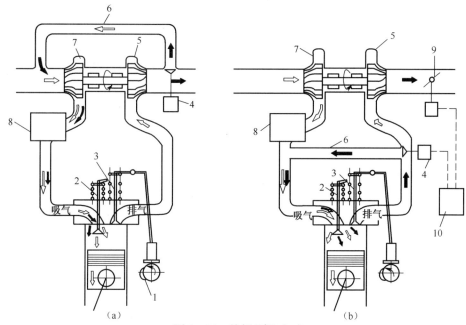

图 6-26 外部 EGR 方式
（a）低压回路 EGR 方式；（b）高压回路 EGR 方式。
1—排气凸轮；2—进气门；3—排气门；4—EGR 阀；5—废气涡轮；
6—EGR 回流管；7—压气机；8—中冷器；9—排气节流阀；10—控制单元。

（图 6-27（b））。由于内部 EGR 系统不需要排气节流，所以不影响泵气损失，因而对经济性无影响，同时不需要 EGR 阀以及 EGR 管路等，所以结构比较简单。

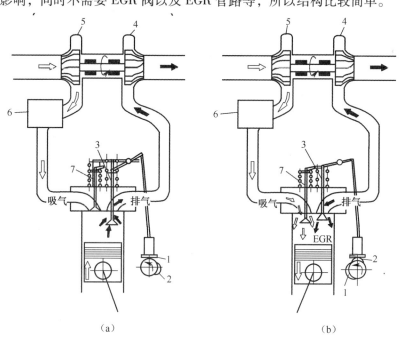

图 6-27 内部 EGR 方式
（a）正常排气；（b）EGR 凸轮顶开排气门（内部 EGR）。
1—排气主凸轮；2—EGR 凸轮；3—排气门；4—废气涡轮；5—压气机；6—中冷器；7—进气门。

二、微粒过滤器

柴油机的微粒主要采用过滤法处理。微粒过滤器（Diesel Particulate Filter，DPF）如图6-28所示，滤芯4由较高的过滤效率的多孔陶瓷制造。排气穿过多孔陶瓷滤芯，而微粒则滞留在滤芯上。在过滤器入口处设置一个燃烧器5，通过喷油器6向燃烧器内喷入少量燃油，并供入两次空气，利用火花塞或电热塞3将其点燃，将滞留在滤芯上的微粒烧掉，以恢复过滤器的工作能力和减小排气阻力。

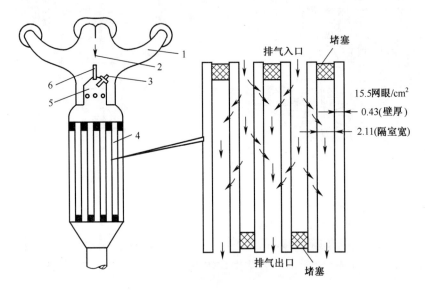

图6-28 柴油机微粒过滤器
1—排气支管；2—燃油；3—电热塞；4—滤芯；5—燃烧器；6—喷油器。

微粒过滤器的滤芯结构可以是陶瓷蜂窝载体（如 $Mg_2Al_4Si_5O_{18}$）、陶瓷纤维编织物（如 Al_2O_3—B_2O_3—SiO_2）和金属纤维编织物（如 Cr–Ni 不锈钢），如图6-29所示。滤芯应具有高的微粒捕集效率，同时背压低、耐久可靠、易于生产。目前，满足这些要求的微粒过滤器的滤芯主要是多孔薄壁和陶瓷孔塞组合而成的陶瓷蜂窝载体，其结构特点是相邻孔道为迷宫式。

微粒过滤器存在的最大问题是再生处理技术，即将滤芯捕集的微粒进行处理的方法。如果不处理掉滤芯捕集的微粒，滤芯上微粒堆积过多，使排气背压升高，则不仅影响经济性，严重时还会造成发动机停止工作，DPF的再生处理技术见表6-1。大部分微粒可通过周期性燃烧进行再生处理。

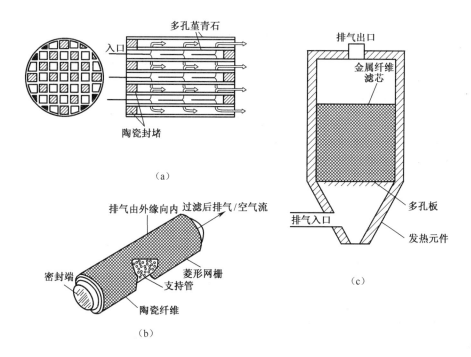

图 6-29 微粒过滤器的滤芯结构
（a）陶瓷蜂窝载体；（b）陶瓷纤维编织物；（c）金属纤维编织物。

表 6-1 DPF 的再生处理技术

再生方法		备 注
强制再生	电加热	采用电加热，以促使微粒燃烧
	微浓加热	
	轻柴油燃烧加热	
	低温等离子氧化	
	逆流空气喷射清洗	
	发动机控制 + 氧化催化	进排气节流，燃料后喷，排气系喷油
连续再生	催化剂载体 DPF	
	前段氧化催化	生成 NO_2
	催化剂载体 + 前段氧化	
	燃料添加型催化器	燃料添加剂

思考题

6-1 简述进、排气系统的功用和组成。

6-2 简述纸滤芯式空气滤清器的结构和工作原理。

6-3 为什么发动机在大负荷、高转速时应装备粗短的进气支管，而在低转速和中、小负荷时应装备细长的进气支管？

6-4 汽油机主要排放控制技术措施有哪些？主要采用什么样的控制原理？

6-5 什么叫三元催化转化装置？主要由哪几部分组成？其工作原理如何？

6-6 什么叫废气再循环？为什么要采用废气再循环？废气再循环系统的工作原理是什么？

6-7 发动机为什么要实施曲轴箱通风？图6-23所示曲轴通风系统的工作原理是什么？

6-8 柴油机排放控制的主要技术有哪些？与汽油机相比有何区别？

第七章 发动机增压系统

第一节 增压系统的功用及类型

一、增压系统的功用

发动机增压就是将空气在供入气缸之前增加压力,预先压缩,以提高空气密度、增加进气量。由于进气量增加,相应增加循环供油量,进而增加发动机功率。同时,可以改善燃油经济性,有效地降低有害排放物的排放,改善车辆的加速性。尤其在缺氧地区行驶的车辆,更需要发动机增压技术,提高汽车的动力性。

增压系统在汽车柴油机上早已泛应用,在汽车柴油机上采用涡轮增压已经有半个多世纪了,但在1980年以前,增压系统一直没有广泛地用于车用汽油机。汽油机增压比柴油机增压要困难得多,其主要原因如下:

(1) 汽油机增压后爆燃倾向增加。

(2) 由于汽油机混合气的过量空气系数小,燃烧温度高,因此增压之后汽油机和涡轮增压器的热负荷大。

(3) 车用汽油机工况变化频繁,转速和功率范围宽广,致使涡轮增压器与汽油机的匹配相当困难。

但是,近些年来,车用汽油机,特别是轿车汽油机的涡轮增压得到了较大的普及和发展。这是因为随着高速公路的发展,车主对汽车高动力性能的要求的追求日益强烈。另外,汽油缸内直喷和电控汽油供给技术的发展,以及小型增压器性能的改善,都为应用和发展汽油机增压技术创造了有利条件。

二、增压系统的类型

1. 按增压方式分类

根据增压或驱动压气机的方式不同,发动机增压可分为机械增压、涡轮增压、气波增压、串联复合增压和并联复合增压,其中,机械增压、涡轮增压和气波增压是三种基本增压形式。

(1) 机械增压。发动机曲轴通过带、齿轮、链等传动装置驱动增压器的增压方式。

(2) 涡轮增压。利用发动机排出的废气的动能推动涡轮增压器进行增压。

(3) 气波增压。利用空气在进气管中的波动效应和惯性效应来达到增压的目的。

(4) 串联复合增压。由机械增压器和涡轮增压器串联向发动机供给增压空气。

(5) 并联复合增压。由机械增压器和涡轮增压器同时向发动机供给增压空气。在低转速范围主要靠机械增压,而在高转速范围主要靠涡轮增压,这种增压系统使发动机低速转矩特性得到改善。

2. 按发动机类型分类

根据发动机类型,发动机增压可分为汽油机增压与柴油机增压。汽油机增压系统与柴油机增压系统在结构形式上有较多相似之处,但由于汽油机增压后又增加爆燃倾向、涡轮增压器热负荷大等问题,使得汽油机增压系统与柴油机增压系统在结构参数上有较大区别。汽油机多采用涡轮增压系统,用中冷器给增压后的空气降温,并与缸内直喷电控汽油供给系统紧密结合在一起。

第二节 机 械 增 压

一、机械增压系统

机械增压是一种通过发动机曲轴直接驱动压气机,以提高发动机的进气压力的增压方式,如图 7-1 所示。机械增压器 4 由发动机曲轴 1 经齿轮增速器 5 驱动(图 7-1 (a)),或由曲轴同步齿形带轮经同步齿形带 9 及电磁离合器 6 驱动(图 7-1 (b))。为

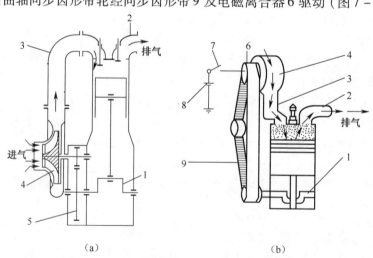

图 7-1 机械增压示意图

1—曲轴;2—排气管;3—进气管;4—机械增压器;5—齿轮增速器;
6—电磁离合器;7—开关;8—蓄电池;9—同步齿形带增速器。

了改善发动机的低速性能,通过发动机曲轴驱动增压器时,在二者之间设置增速器;同时在发动机高速时,降低增压器的转速,以免发动机过增压,为此,常采用电磁离合器来控制。机械增压的优点是低速增压效果更好,与发动机容易匹配;缺点是增压器消耗发动机的功率较大,使整机的机械效率下降,导致燃油消耗增加,燃油消耗率比涡轮增压发动机高,因此,仅在小功率的发动机上应用。

根据增压器的工作原理,机械增压器分为机械离心式、罗茨式、滑片式、螺旋式和转子活塞式等增压器,如图7-2所示。这些增压器均可作为图7-1中的增压器。

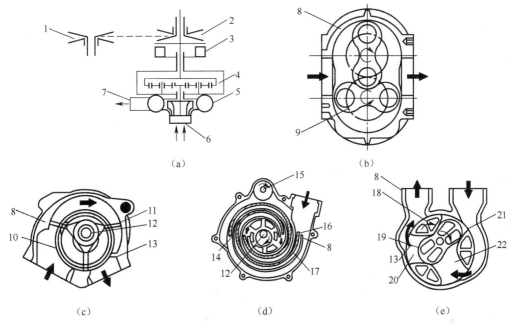

图7-2 机械式增压器的种类
(a) 机械离心式;(b) 罗茨式;(c) 滑片式;
(d) 螺旋式;(e) 转子活塞式。
1—初级变速带轮;2—次级变速带轮;3—电磁离合器;4—增速行星齿轮系;5—增压器;
6—进气口;7—排气口;8—外壳;9—旋转活塞;10—转子;11—滑片;12—驱动轴;
13—出口边缘;14—二级工作室空气进口;15—抽气导向器;16—第一级工作室空气进口;
17—抽气元件;18—外转子;19—内转子;20—工作腔Ⅲ;21—工作腔Ⅱ;22—工作腔Ⅰ。

二、罗茨式增压器

罗茨式增压器的结构如图7-3所示。它由转子3、转子轴4、传动齿轮7、壳体9、后盖5和齿轮室罩8等构成。在增压器前端装有电磁离合器2及电磁离合器带轮1。在罗茨式增压器中有两个转子,用传动比为1的齿轮7传动,转子的前后端用滚子轴承10支承在壳体上。发动机曲轴上的带轮经传动带、电磁离合器带轮1和电磁离合器2驱动其中的一个转子,传动齿轮7带动另一个转子,并与第一个转子同步旋转。

罗茨式增压器的转子有两叶的,也有三叶的。通常两叶转子为直线型(图7-4(a)),而三叶转子为螺旋型(图7-4(b))。三叶螺旋型转子有较低的工作噪声和较好的增压器特性。

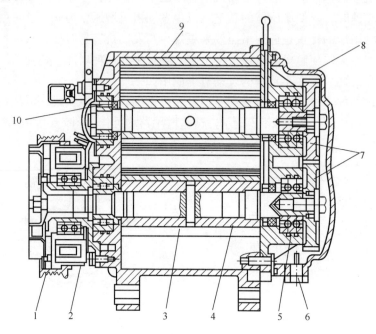

图 7-3 罗茨式增压器结构

1—电磁离合器带轮；2—电磁离合器；3—转子；4—转子轴；5—后盖；
6—放油螺栓；7—传动齿轮；8—齿轮室罩；9—壳体；10—滚子轴承。

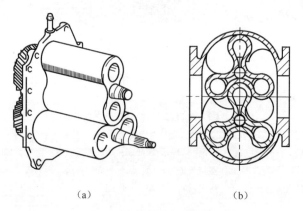

图 7-4 罗茨式增压器类型

(a) 两叶直线型；(b) 三叶螺旋型。

罗茨式增压器的工作原理如图 7-5 所示。当转子旋转时，空气从增压器入口吸入，在转子叶片的推动下空气被加速，然后从增压器出口压出。转子的齿廓共轭，在相互啮合的转子之间以及转子与壳体之间都有很小的间隙，并在转子表面涂敷树脂，以保持转子之间以及转子与壳体间有较好的气密性。出口与入口的压力比可达 1.8。

罗茨式机械增压器是一种较早应用于发动机增压的增压器，其优点是结构比较简单，使用寿命长，平衡性好，增压压力随转子转速变化的规律比较理想，适应发动机变工况工作的要求。缺点是质量较大，噪声较高。罗茨式增压器增压压力一般为 0.15~0.17MPa。

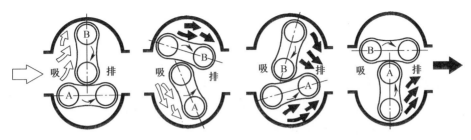

图7-5 罗茨式增压器的工作原理

三、螺旋式转子增压器

螺旋式转子增压器如7-6图所示。两个平行的转子制成螺旋形,由两齿轮传动,在壳体中旋转,进气口和出气口位于转子的两端,转子与壳体之间的间隙很小,转子的齿槽中充满空气。当转子旋转时,转子间的接触线逐渐地沿轴线方向由进气口向出气口移动,阻止空气回流,同时,空气沿螺旋槽由进气口向出气口移动,使出气口处空气量增多,实现空气增压。

螺旋转子增压器可连续而均匀地增压,能达到较高的压力。这种增压器的缺点是尺寸较大,因为横截面的大部分为转子本身所占满;此外,型线复杂,制造困难。

图7-6 螺旋式转子增压器
1—带轮;2—从动齿轮;3—转子;4—进气口;5—旁通阀驱动机构;6—出气口;
7—壳体;8—主动齿轮。

第三节 涡轮增压

一、涡轮增压系统

涡轮增压系统主要由涡轮机2和压气机3构成,如图7-7所示,涡轮机和压气机组成涡轮增压器。排气管6中的废气流过涡轮机,由于废气有动能,推动涡轮机2中的涡轮高速旋转,涡轮通过轴驱动压气机3上的叶轮旋转,实现空气增压。

涡轮增压器有效地利用排气能量给空气增压,使发动机的燃油经济性得到改善,并可大幅度地降低有害气体的排放和噪声,结构简单,工作可靠,所以涡轮增压系统得到广泛应用。其缺点是涡轮增压受发动机排出废气的影响，低速转矩输出性能差，在发动机工况发生变化时，瞬态响应特性较差，致使汽车加速性较差。

二、涡轮增压系统的分类

1. 按涡轮回收废气能量的方式分类

根据涡轮回收废气能量的方式不同，废气涡轮增压系统有两个涡轮机，可分为串联前复合增压、串联后复合增压以及并联复合增压等几种方式（图7-8）。

串联前复合增压（图7-8（b））是在废气涡轮增压器前串联一个涡轮机，发动机排出的废气先流入前置涡轮机，回收部分能量后再排入左下方的后置涡轮机，也即增压器的涡轮机，后置涡轮机带动右下方的压气机进行增压。前置涡轮机回收的部分能量变为动能，由输出轴经传动系统传递给曲轴。串联前复合增压系统的特点是，可以充分利用废气的能量，提高了整机的热效率；利用涡轮机事先回收废气的部分能量，可避免增压器的转速过高的现象。

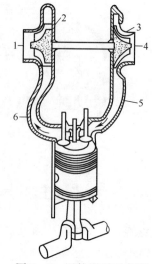

图7-7 涡轮增压示意图
1—排气口；2—涡轮机；3—压气机；
4—进气口；5—进气管；6—排气管。

串联后复合增压（图7-8（a））是在增压器的涡轮机后再串联一个涡轮机，其主要目的就是进一步回收利用经增压器的涡轮机后排出的废气能量，提高整机的热效率。

并联复合增压（图7-8（c））是将发动机排出的废气分两路同时排入一个废气涡轮和废气涡轮增压器的涡轮系统。通过这种复合系统提高整机热效率的同时减轻了废气涡轮增压器的工作负担。

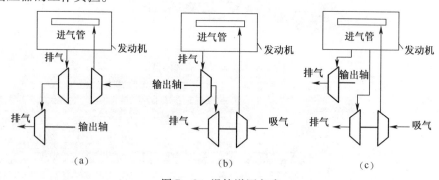

图7-8 涡轮增压方式
(a) 串联后复合增压；(b) 串联前复合增压；(c) 并联复合增压。

2. 按涡轮增压器的数量分类

根据涡轮增压器的数量可分为单涡轮增压系统、单涡轮复合增压系统和双涡轮复合增压系统。普通车型的发动机常用单涡轮增压系统（图7-7），即采用一个涡轮增压器的增压系统；单涡轮复合增压系统采用一个涡轮增压器与一个机械增压器复合的增压系统；而双涡轮增压系统采用两个涡轮增压器增压。根据两个涡轮增压器的连接方式不同,双涡轮增压系统又可分为直列双涡轮复合增压系统和并列双涡轮复合增压系统。

图7-9是大众1.4TSI汽油机上的双增压TSI系统,它采用涡轮增压器与机械增压器串联的单涡轮复合增压系统。机械增压器为螺旋式转子增压器,曲轴通过辅助设备带传动、电磁离合器、增压器带传动等带机械增压器转动。在低转速时,大部分的增压压力都由机械增压器产生,由于机械增压器低转速响应性好,又由于涡轮增压器低转速有迟滞效应,在低转速时由机械增压器增压,解决了这个矛盾,并使涡轮增压器的启动更加平顺。当转速达到1500r/min时,两个增压器同时产生作用,随着转速提高,废气涡轮增压器使发动机获得更大的动力,而机械增压器由于摩擦的增大,增压效果逐渐降低。当转速超过3500r/min时,ECU控制电磁离合器分离,使得机械增压器退出工作,减少摩擦损耗。此时,涡轮增压器完全提供发动机的增压压力。ECU通过切换阀和进气旁通阀分别控制空气流过机械增压器和涡轮增压器的强度,通过排气旁通阀控制废气流过涡轮增压器的强度,ECU通过这些控制,使双增压TSI系统提供合适的空气增压压力。

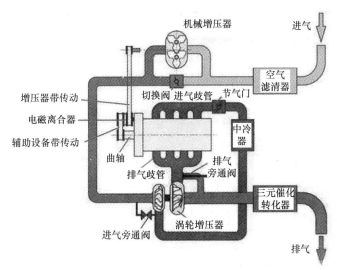

图7-9 单涡轮复合增压系统(双增压TSI系统)

直列双涡轮复合增压系统(图7-10(a))一般由一个小型增压器4和一个大型增压器5直列布置构成,并根据发动机转速分别使用。低速时关闭进气切换阀3和排气切换阀6,使小型增压器4工作,以提高低速进气量,改善低速转矩特性;中、高速时,打开排气切换阀6和进气切换阀3,使排气流向大型增压器5,以便增压发动机在高效率区进行匹配,提高发动机的经济性。此时,小型增压器4涡轮的进、出口压力相等,所以自动停止工作。

并列双涡轮复合增压系统(图7-10(b))中,废气流过涡轮时的排气流量减少1/2,所以采用小型增压器,由此达到兼顾低速转矩特性和中、高速在高效率区的良好匹配,达到提高整机性能的目的;多缸发动机采用并列式双涡轮复合增压系统的另一个目的,就是为了避免产生各缸排气干涉现象。并列双涡轮复合增压系统用于宝马N54发动机。

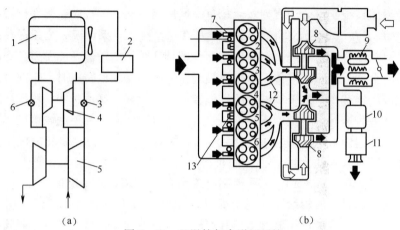

图 7-10 双涡轮复合增压系统

(a) 直列涡轮级复合增压系统；(b) 并列双涡轮复合增压系统。

1—发动机；2、9—中冷器；3—进气切换阀；4—小型增压器；5—大型增压器；6—排气切换阀；7—喷油器；8—增压器；10—催化转化装置；11—消声器；12—排气管；13—爆震传感器。

3. 按涡轮的驱动压力分类

根据涡轮的驱动压力，废气涡轮增压系统分为恒压系统和变压系统（图 7-11）。变压系统中，废气能量的利用率高，增压效果好。

恒压系统（图 7-11（a））的特点是涡轮前排气管内压力基本是恒定的。它把所有气缸的排气管都连接于一根排气总管，而排气总管的截面积又尽可能做得大。这样一来，排气管实际上就起了集气箱的作用，这时虽然各气缸的排气时间是岔开的，但是由于集气箱起了稳压作用，因而在排气总管内的压力振荡较小，实现恒压驱动增压器的涡轮。这种增压方式多用于大型高增压发动机。

变压系统（脉冲系统）（图 7-11（b））的特点是使排气管中的压力造成尽可能大的压力变动。为此，把涡轮增压器尽量靠近气缸，把排气管做得短而细，并且几个气缸（通常 2 缸或 3 缸）连一根排气管。这样在每一根排气管中就形成几个连续的互不干扰的排气脉冲波（或称排气压力波）进入废气涡轮机中，同时根据排气管的数目把涡轮的喷嘴环分组隔开，使它们互不干扰。这样，利用排气压力的峰值驱动增压器的涡轮，提高进气压力。这种系统使发动机加速性能变好，对改善发动机的低速转矩有利。这种增压方式一般用于低增压发动机。

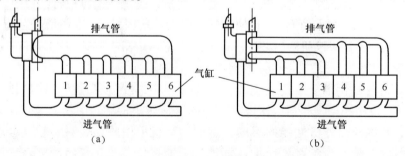

图 7-11 恒压和变压的涡轮增压系统

(a) 恒压系统；(b) 变压系统。

三、涡轮增压器

1. 涡轮增压器的结构

车用涡轮增压器由离心式压气机和径流式涡轮机及中间体三部分组成（图7-12），分别为左、右及中间部。增压器轴5通过两个浮动轴承9支承在中间体14内，两端装压气机叶轮3和涡轮10，中间体内有润滑和冷却轴承的油道。

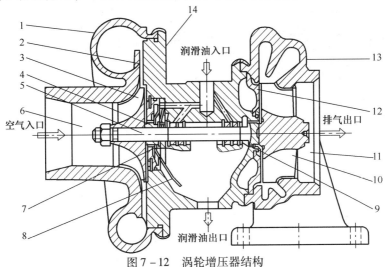

图7-12 涡轮增压器结构

1—压气机蜗壳；2—无叶式扩压管；3—压气机叶轮；4—密封套；5—增压器轴；
6—进气道；7—推力轴承；8—挡油板；9—浮动轴承；10—涡轮；11—出气道；
12—隔热板；13—涡轮机蜗壳；14—中间体。

2. 离心式压气机

离心式压气机由进气道1、压气机叶轮2、扩压器3及压气机蜗壳4等组成。叶轮包括叶片和轮毂，并由增压器轴带动旋转，如图7-13所示。压气机叶轮和蜗壳用铝合金压力铸造。

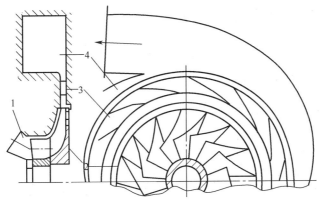

图7-13 离心式压气机简图

1—进气道；2—压气机叶轮；3—扩压器；4—压气机蜗壳。

离心式压气机的工作原理与鼓风机的鼓风原理相同，空气由叶轮的中间进入，增压后由叶轮的边缘流出。压气机壳的进气道与空气滤清器相连，而出气口通往发动机的气缸。当压气机旋转时，空气沿收敛型的轴向进气道 1 略有加速地进入压气机叶轮 2，随叶轮 2 旋转，并沿着压气机叶轮 2 上叶片所构成的通道流动，叶轮的机械能传递给气体，转变为气体的动能，使气体运动的线速度增大，克服气体所受径向压差的作用，沿着螺旋线轨迹向轮缘方向运动，沿压气机蜗壳上箭头方向由出气口流出，压力增大。

3. 径流式涡轮机

径流式涡轮机是将发动机排气的能量转变为机械功的装置。径流式涡轮机由蜗壳 4、喷管 3、涡轮和出气道等组成（图 7-14）。

径流式涡轮机的工作原理与风车的转动原理相同，废气由涡轮的边缘进入，减压并放出能量后由涡轮的中间流出。蜗壳 4 的进口与发动机排气管相连，发动机的排气经蜗壳引导进入叶片式喷管 3。喷管是由相邻叶片构成的渐缩形流道。排气流过喷管时降压、降温、增速、膨胀，使排气的压力能转变为动能。由喷管流出的高速气流冲击涡轮 1，并在涡轮叶片 2 所形成的流道中继续膨胀作功，推动涡轮旋转。

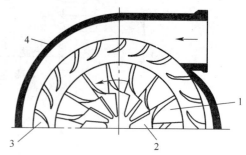

图 7-14 径流式涡轮机示意图
1—涡轮；2—涡轮叶片；3—叶片式喷管；4—蜗壳。

涡轮经常在 700℃ 左右高温的排气冲击下工作，并承受巨大的离心力作用，用镍基耐热合金钢或陶瓷材料制造。采用陶瓷材料可使涡轮机的涡轮的质量约减小 2/3，转动惯量小，涡轮增压加速滞后的问题也在很大程度上得到了改善。喷管叶片用耐热和抗腐蚀的合金钢铸造或经机械加工成形。蜗壳用耐热合金铸铁铸造，内表面应该光洁，以减少气体流动损失。

4. 中间体

中间体内装有增压器轴和轴承，涡轮和压气机叶轮等零件安装在增压器轴上，构成涡轮增压器转子。转子的转速超过 10×10^4 r/min，最高转速可达 20×10^4 r/min，需要对转子动平衡。

增压器轴承的结构是车用涡轮增压器可靠性的关键之一。现代车用涡轮增压器都采用浮动轴承。浮动轴承（图 7-12、图 7-15）实际上是套在轴上的圆环。圆环与轴以及圆环与轴承座之间都有间隙，轴承上有径向油道，润滑油流过轴承形成双层油膜。在增压器工作时，轴承在轴与轴承座中间转动。

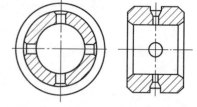

图 7-15 涡轮增压器浮动轴承

中间体上有润滑油道，来自发动机润滑系统主油道的机油经润滑油入口进入，润滑和冷却增压器轴和轴承。然后，机油经润滑油出口返回发动机油底壳（图 7-12）。在增压器轴上装有密封套 4，用来防止机油窜入增压器或涡轮机蜗壳内。如果密封套损坏，将导致机油消耗量增加和排气冒蓝烟。

汽油机增压器的热负荷大，因此在增压器中间体的涡轮机侧设置冷却水套，并用软管与发动机的冷却系统连通。冷却液从中间体上的冷却液进口流入冷却水套，从冷却液出口流回发动机冷却系统。冷却液在中间体的冷却水套中循环，对增压器轴及增压器轴承进行冷却。

在中间体 14 和蜗壳 13 之间装有隔热板 12（图 7 - 12），以减少高温废气对润滑油的不利影响，防止轴承 9 过热和由于热膨胀影响增压器轴转动。

四、增压压力的调节

1. 气控排气旁通阀增压压力的调节

采用涡轮增压技术后，由于平均有效压力的增加，发动机的爆燃倾向增加，热负荷增大。为了保证发动机在不同的转速及负荷等工况下能得到最佳增压值，并防止爆燃和限制热负荷，对涡轮增压系统增压压力必须进行控制。通常在涡轮增压系统中都设有进气旁通阀和排气旁通阀，用以控制增压压力。进气旁通阀的工作原理与排气旁通阀相似。

气控排气旁通阀增压压力调节的工作原理如图 7 - 16 所示。控制膜盒 1 中的膜片 2 将膜盒分为左室和右室，左室与压气机出口相通，右室设有膜片弹簧作用在膜片上。膜片与排气旁通阀 3 连接。当压气机的出口压力，也就是增压压力低于限定值时，膜片在膜片弹簧的作用下移向左室，使排气旁通阀关闭，排气管 4 排出的废气全部流过涡轮。当增压压力超过限定值时，增压压力克服膜片弹簧力，推动膜片移向右室，将排气旁通阀打开，使部分排气不经过涡轮机而直接排放到大气中，从而控制了涡轮机转速及增压压力。

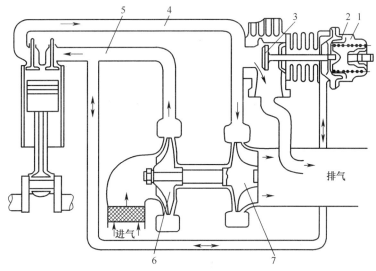

图 7 - 16　气控排气旁通阀增压压力调节的工作原理图

1—控制膜盒；2—膜片；3—排气旁通阀；4—排气管；5—进气管；6—压气机叶轮；7—涡轮。

2. 电控排气旁通阀增压压力的调节

排气旁通阀的开闭还可由电控单元操纵的电磁线圈控制。电控单元根据压气机出口压力的高低，确定当时的实际进气增压压力，并与理论压力值进行比较，对电磁线圈进行通电或断电控制，以开闭排气旁通阀。这种控制的结构复杂，控制的精度较高。

电控排气旁通阀增压压力调节的工作原理如图7-17所示，在压气机出口与作动器之间的管路上装有ECU控制的电磁阀。

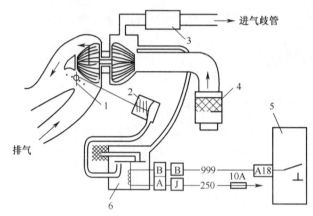

图7-17 电控排气旁通阀增压压力调节的工作原理图
1—排气旁通阀；2—作动器；3—中冷器；4—空气滤清器；5—ECU；6—电磁阀。

当ECU检测到进气压力在0.1MPa以下时，综合考虑进气压力、进气温度、发动机转速和节气门开度等信号和海拔高度等输入信号，控制电磁阀，将压气机出口与作动器之间的气体通路打开，作动器推动排气旁通阀，关闭废气的旁通通道，废气全部流经涡轮，带动压气机叶轮旋转，对进气增压。ECU通过控制电磁阀的占空比，控制旁通阀的开启程度，从而控制废气流经涡轮的流量，达到调整进气增压压力的目的。

当ECU检测到进气压力高于0.1MPa时，综合考虑各种输入信号，控制电磁阀，将压气机出口与作动器之间的气体通路切断，在作动器中弹簧力的作用下，排气旁通阀开启，打开废气的旁通通道，部分废气不流经涡轮直接排出，降低进气压力。

当发动机转速过高，可能引起发动机损坏时，ECU执行发动机超速断油和增压器超速切断控制。发动机运行时，ECU将发动机的实际转速与储存的最高转速进行比较，当转速超过设定转速时，ECU接通电磁阀的电路，旁通阀打开排气的旁通通路，废气不流经泵轮，涡轮增压器停止工作。同时ECU接通增压空气再循环阀的电路，使增压空气在进气管与空气再循环机械阀控制的内部通路中再次循环，以此降低进气压力，降低发动机转速，避免发动机超速损坏。

3. 转动喷管叶片增压压力的调节

转动喷管叶片增压压力调节的结构和工作原理如图7-18所示，用于VOLVO车的发动机上，执行机构转动喷管叶片，通过改变径流涡轮机喷管的出口面积和叶片方向，使废气流入涡轮的压力和方向变化，调节增压压力。图7-18中右上方和右下方的喷管叶片受执行机构作用后，绕其轴线转动，喷管的出口面积和叶片方向已发生明显变化。

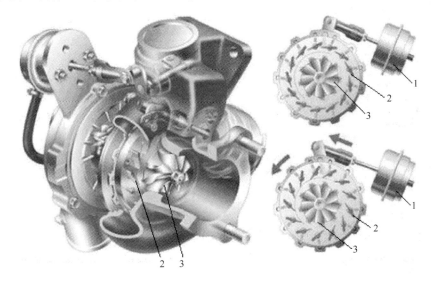

图 7-18　转动喷管叶片增压压力调节的结构和工作原理图
1—执行机构；2—喷管叶片；3—涡轮。

五、中冷器

中冷器的功用是冷却增压后的空气。空气被涡轮增压器强制增压后，温度升高，使进气温度升高，影响进气密度和充气效率，主要是容易产生爆燃。所以要将压气机出口的空气加以冷却。试验证明，增压空气的温度每降低 10℃，发动机的循环平均温度可降低 25~30℃，在压缩比为 1.5~2 时，供气量能时提高 10%~18%，发动机的动力性和经济性都会得到改善。

图 7-19 是中冷器冷却增压空气的示意图。中冷器是空气冷却器，可用风冷，也可用水冷。用水冷时，要有独立的水冷系统，结构复杂。发动机冷却水的温度高，中冷效果差。较好的冷却方式是风冷，在中冷器上应用较多。

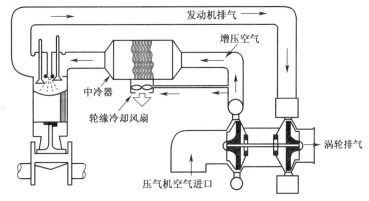

图 7-19　中冷器冷却增压空气的示意图

第四节 气波增压

一、气波增压系统

气波增压是一种利用排气压力波使空气受到压缩，以提高进气压力的增压方式。气波增压系统用于柴油机的空气增压。

图 7-20 为气波增压系统示意图，中间为气波增压器，内设有一个特殊形状的转子 2，由发动机曲轴上的带轮经传动带 3 驱动。转子沿转子轴向开有许多梯形截面的气体流道，两端分别与进、排气管相通，低压空气由空气滤清器流向转子，经转子增压后成为高压空气，高压空气由转子流向气缸；高压废气由气缸排出，流向转子，在流出转子后因膨胀而成为低压废气，低压废气经排气消声器排入大气。

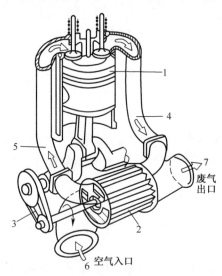

图 7-20　气波增压系统示意图
1—活塞；2—转子；3—传动带；4—高压废气；5—高压空气；
6—低压空气；7—低压废气。

二、气波增压器

气波增压器由转子 5、增压器壳 6、空气端盖 1 和排气端盖 8 等组成，如图 7-21 所示。转子 5 与增压器壳 6 以及空气端盖 1、排气端盖 8 都不接触，悬臂支承在传动轴 2 的一端，传动轴通过两个轴承 4 支承在空气端盖上。空气端盖分别接低压空气管和高压空气管；排气端盖分别接高压排气管和低压排气管。

空气端盖用铝合金铸造，排气端盖因直接与废气接触，温度高，用铸铁铸造，增压器壳和转子则用低膨胀钢制造。在增压器外面包敷绝热材料，以减少热量的散失。

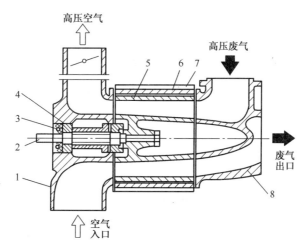

图 7-21 气波增压器
1—空气端盖；2—传动轴；3—油封；4—轴承；5—转子；6—增压器壳；
7—绝热层；8—排气端盖。

三、气波增压器的工作原理

气波增压器的工作原理可用图 7-22 所示的转子周向展开图来说明。在图 7-22 中 A 点，转子的流道中充满低压空气，图 7-22 中的竖直线表示气体处于静止状态。柴油机的排气先流入排气箱 1 中，以定压流入高压排气管 2；当转子旋转到充满低压空气的气体流道 3 与高压排气管相通时，排气的压缩波以声速传入转子的流道，并压缩其中的空气，使其向高压空气管 6 加速流动，排气则随压缩波之后流入流道，由于转子沿着方向 U 不停地转动，因此每个流道中压缩波波峰的连线相对转子的转动方向是一条斜线。在流道中被压缩的空气经高压空气管 6 流入空气箱 7，然后进入发动机的气缸；当流道的左端转过高压排气管时，排气不再流入转子，但流道中原有的压缩波继续传播；当压缩波抵达转子的右端时，转子流道已转过高压空气管，这时排气约充满流道长度的 2/3，前面是排气与空气的混合区，再前面是残留的高压空气，以保证废气不进入气缸。原压缩波的反射波仍为压缩波，在压缩波传播和反射过程中有所衰减，致使封闭流道内的静压力略低于高压排气管内的静压力，其总压力仍略高于高压空气管内的总压力，流道中的排气与残留的高压空气混合也是封闭流道内的静压力降低的原因。当转子继续转动过程中，流道中的排气在区域 B 内处于静止状态；当转子流道的左端与低压排气管 4 相通时，压缩波反射为膨胀波传入流道，并向流道的右端推进，致使流道内的压力下降；当流道右端与低压空气管相通时，大气中的低压空气从右端流入流道，流道内的排气则加速倒流进低压排气管。当排气及排气与空气的混合气完全从流道中清除出去后，整个工作循环又从 A 点开始。

气波增压器结构简单，加工方便，工作温度不高，不需要耐热材料，也无需冷却；与涡轮增压器相比，其低速转矩特性好，对变工况反应快。但质量、体积和噪声大；转子由曲轴驱动，其安装位置受到一定的限制；进、排气阻力对压力波影响大。

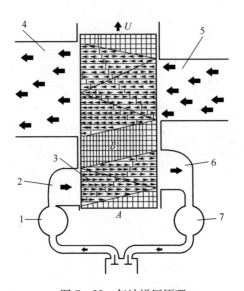

图 7-22 气波增压原理

1—排气箱；2—高压排气管；3—气体流道；4—低压排气管；5—低压空气管；
6—高压空气管；7—空气箱。

7-1 什么叫发动机增压？它有几种类型？各有何特点？
7-2 简述汽油机增压困难的主要原因。
7-3 简述罗茨式增压器的工作原理。
7-4 简述涡轮增压器的工作原理。
7-5 为什么要控制涡轮增压系统增压压力？如何控制或调节增压压力？
7-6 中冷器有何功用？在增压系统中安放在何位置？
7-7 简述气波增压器的工作原理。

第八章 发动机冷却系统

第一节 冷却系统的功用及分类

一、冷却系统的功用

冷却系统的功用是维持发动机在各种工况下均在最适宜的温度内工作，使发动机得到良好的动力性与经济性。

汽车发动机是将热能转变为机械能的机器。然而发动机只利用了热能的1/3，被废气带走的热量占1/3，剩余的则被发动机零部件吸收，这些吸热零部件需要通过冷却来保证持续可靠的工作。

发动机要在适宜温度内工作。发动机工作时，气缸内气体温度高达2200～2800K，这使得发动机的零件温度升高，特别是直接与高温气体接触的机件（如气缸壁、缸盖、气门、活塞等），如果不采取适当的冷却措施，难以保证发动机正常工作。过高的温度将使金属材料的强度显著下降，运动件可能因热膨胀而破坏正常的配合间隙，润滑油也将因高温变质或黏度下降，使发动机零件之间不能保持正常的油膜，从而导致零件卡死或者加剧磨损。因此，对发动机必须冷却。但如果冷却过度，则由于散热损失增多，热效率下降，不仅浪费了热量，而且还会引起一些不良的后果，如：由于缸壁温度过低会使可燃混合气不能很好地形成和燃烧，使点火困难或燃烧迟缓，导致发动机功率下降，燃油消耗量增加；由于混合气与冷气缸壁接触，使其中原已汽化的燃油又凝结并流至曲轴箱，冲刷、稀释零件（气缸壁、活塞、活塞环等）表面上的油膜，使零件磨损加剧；润滑油在低温时粘度增高，零件运动的阻力增加，输出功率下降。因此，对发动机冷却不可过度。此外，在冷态下起动发动机，冷却系统还要迅速升温发动机，尽快达到正常工作温度。总之，通过冷却系统，应使发动机在适宜温度内工作。

二、冷却系统的分类

根据所用冷却介质不同，汽车发动机的冷却系统有两种基本形式：水冷式和风冷式。以冷却液为冷却介质的称为水冷系。以空气为冷却介质的称为风冷系。发动机采用水冷却系统，需要包括水泵、水箱、散热器等散热系统，结构复杂。发动机采用风冷，只需散热片，结构简单。由于冷却液比空气导热系数大，冷却效果好，冷却均匀，发动机的热效率高，运转噪声小，因此，汽车发动机上较多采用水冷却，并用水泵强制冷却液进行循环。风冷主要用于小型发动机上。

根据冷却液循环的控制方式不同，分为机械控制发动机冷却系统和电子控制发动机冷却系统，机械控制发动机冷却系统为传统的发动机冷却系统，用蜡式节温器控制冷却液的循环路线。电子控制发动机冷却系统由 ECU 通过电子节温器控制冷却液的循环路线。

第二节　机械控制发动机冷却系统的组成及循环路线

一、冷却系统的组成

发动机水冷系统的组成如图 8-1 所示，采用强制水冷循环，一般由铸造于气缸盖和气缸体中的冷却水套、水泵 11、节温器 10、散热器出水软管 4、散热器进水软管 14、冷却风扇 12 以及补偿水桶 3 组成。散热器通过散热器进水软管、散热器出水软管分别与节温器的出水口和水泵进水口相连，机体水套分别与水泵出水口和节温器的进水口相连，形成冷却系统。

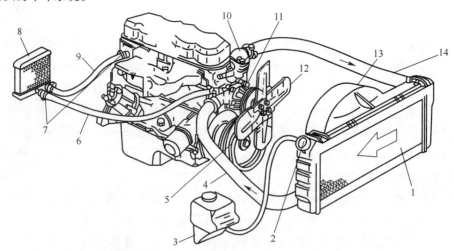

图 8-1　发动机强制循环水冷系统

1—散热器；2—散热器盖；3—补偿水桶；4—散热器出水软管；5—风扇传动带；
6—暖风机出水软管；7—管箍；8—暖风机芯；9—暖风机进水软管；10—节温器；
11—水泵；12—冷却风扇；13—护风圈；14—散热器进水软管。

二、循环路线

冷却液的循环路线如图 8-2 所示。水冷发动机的气缸盖和气缸体中分别铸出储水的气缸盖水套 8 和气缸体水套 10，使冷却液得以接近受热零件，并可在其中循环流动。水泵 6 将冷却液吸入并加压，使之经分水管 11 流入气缸体水套和气缸盖水套，在此，冷却液从气缸壁吸收热量，温度升高，继而流到气缸盖水套，从气缸盖水套壁吸热之后经节温器 7 及散热器进水软管 4 流入散热器 15。风扇 3 强力抽吸空气，由前向后高速从散热器中流过，带走散热器表面的热量，使散热器中的冷却液得到冷却。冷却后的冷却液流到散热器的底部，又在水泵的作用下，由散热器出水软管 12 流入水泵，经加压后再流入水套，如此不断地循环，使得发动机在高温条件下工作的零件不断地得到冷却。

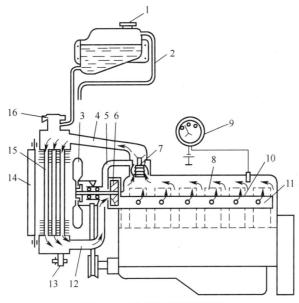

图 8-2 冷却液的循环路线

1—补偿水箱；2—通气管；3—风扇；4—散热器进水软管；5—旁通管；6—水泵；7—节温器；
8—气缸盖水套；9—水温表；10—气缸体水套；11—分水管；12—散热器出水软管；
13—放水阀；14—百叶窗；15—散热器；16—散热器盖。

设置分水管的目的是使多缸发动机各气缸冷却强度均匀。分水管是一根铜制的扁管，沿纵向开了若干个出水孔。离水泵越远处，压力越小，出水孔越大，可使各出水孔的流量相近，这样可使发动机前后气缸有相近的冷却强度。

为了保证发动机在不同的负荷和转速条件下，经常处于最适宜的温度范围内工作，冷却系统中还设有调节温度的装置，如百叶窗 14 和节温器 7 等。为使驾驶员能经常掌握冷却系统的工作情况，还设有水温表 9 等指示装置。补偿水箱 1 用于补偿冷却系统损失的冷却液。

通常冷却液在冷却系统内循环流动的路线有两条：一条称为小循环；另一条称为大循环。大循环是指水温高时，冷却液全部经过散热器而进行的循环流动，其水流循环路线为6—11—10—8—7—4—15—12—6；小循环是指水温低时，冷却液不经过散热器而进行的循环流动，从而可使水温很快升高，其水流循环路线为6—11—10—8—7—5—6。冷却液是进行大循环还是小循环，由节温器来控制。

另外，部分汽车还装有通向驾驶舱室的暖风机芯8（图8-1），形成暖风系统，利用冷却液的热量取暖。在装有暖风机的水冷系统中，热的冷却液从气缸盖或气缸体水套经暖风机进水软管9流入暖风机芯，与暖风机芯热交换，然后经暖风机出水软管6流回水泵。吹过暖风机芯的空气被冷却液加热之后，一部分送到挡风玻璃除霜器，一部分送入驾驶室或车厢。

第三节 冷却系统的主要部件

一、散热器

1. 散热器的功用及分类

散热器俗称水箱，其主要功用是将水套出来的高温冷却液的热量散给环境大气，使冷却液的温度降低。

按照散热器中冷却液的流动方向，散热器可分为纵流式和横流式两类，如图8-3所示。纵流式散热器的散热器芯8竖直布置，上接进水室2，下连出水室6，冷却液由进水室经散热器芯按箭头方向自上而下流到出水室（图8-3(a)），应用于东风EQ1090E型等货车的发动机。横流式散热器的散热器芯横向布置，左右两端分别为进、出水室，冷却液自进水室经散热器芯按箭头方向流到出水室（图8-3(b)）。横流式散热器的高度较低，这可以使发动机机罩的高度较低，有利于改善车身前端的空气动力性，应用于桑塔纳等大多数轿车的发动机。

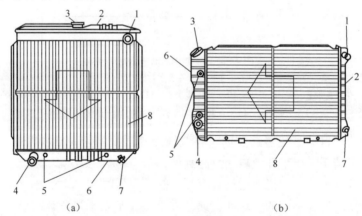

图8-3 散热器类型
(a) 纵流式散热器；(b) 横流式散热器。
1—进水口；2—进水室；3—散热器盖；4—出水口；5—自动变速器油冷却器进、出口；
6—出水室；7—放水阀；8—散热器芯。

2. 散热器的结构

散热器的结构如图 8-4 所示,由进水室 1、出水室 7、散热器芯 3、散热器盖 10 和放水阀 8 等组成。进水室有进水口 2 和散热器盖 10,出水室有出水口 6 和放水阀 8,散热器芯由散热管 4 和散热片 5 组成,散热管穿过散热片,上下两端分别与进水室与出水室焊接在一起,使进水室与出水室相通,进水室的冷却液通过散热管流到出水室,冷却液通过散热管和散热片与空气接触的表面,共同向空气散发热量。散热器通常置于车辆的前端、风扇的前面。

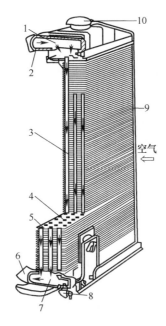

图 8-4 散热器剖切轴测图
1—进水室;2—进水口;3—散热器芯;4—散热管;5—散热片;
6—出水口;7—出水室;8—放水阀;9—框架;10—散热器盖。

3. 散热器芯

散热器芯的种类很多,车用发动机散热器芯大多数采用管片式与管带式两种形式,这两种形式有成熟的制造工艺。

管片式散热器芯(图 8-5(a))由纵向散热管与横向散热片组成,散热片叠套在按一定规律排列的散热管上,由于其散热管与散热片连成一个整体,因此整体刚度较好,散热管内部所能承受的压力较高,空气阻力也比较小。散热管多为扁圆形直管,根据传热学基本原理,扁管与圆管相比,在相同的容积下,扁管具有更大的散热表面积;而且,如果散热管内的冷却液冻结,扁管的变形能力强于圆管,对散热管抗防冻裂性能增强有利;再者,空气沿扁管长轴方向流动时,空气流动阻力较小。

管带式芯部(图 8-5(b))由纵向散热管与呈带状并折叠成波纹形的散热片焊接而成,通常会在散热片表面布置一些缝槽,达到破坏气流表面边界层,增强换热的目的。这种散热器芯制造比较简单,散热能力比管片式散热器芯强。散热带成波浪形,散

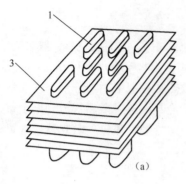 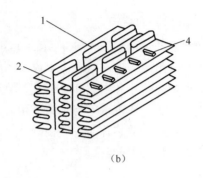

图 8-5 散热器芯
(a) 管片式；(b) 管带式。
1—散热管；2—散热带；3—散热片；4—缝槽。

热片平行，在散热器芯外形尺寸相同时，管带式比管片式散热器芯增加 6% ~ 7% 的散热面积。由于它的散热带与水管是靠装在一起而不是套装成一个整体，因此，其整体刚度不如管片式散热器芯好，空气流动阻力稍大。一般在使用条件比较好的轿车上使用。

散热器芯的材料多采用导热性、焊接性和耐腐蚀性均好的黄铜。为减小质量，节约铜材，铝制散热器芯目前广泛用于许多使用条件较好的轿车上。也有些汽车发动机的散热器芯，其散热管仍用黄铜，而散热片则改用铝锰合金材料制成。为减轻散热器的质量，有些散热器的进、出水室用复合塑料制造。

4. 散热器盖

目前汽车发动机多采用闭式水冷系统，即用散热器盖严密地盖在散热器冷却液加注口上，使水冷却系统成为封闭系统。

散热器盖的结构如图 8-6 所示，散热器盖 1 安装有空气阀 6 和蒸气阀 4，均为单向阀。当发动机热状态正常时，两阀在弹簧力作用下处于关闭状态，将冷却系统与大气隔开，防止水蒸气逸出，使冷却系统内的压力稍高于大气压力，从而可以提高冷却液的沸点，扩大散热器与大气的温差以增强散热能力。当冷却系统内蒸汽压力超过大气压力 0.026 ~ 0.037MPa 时，蒸汽阀便开启，此时，从蒸汽排出管 10 中放出一部分冷却液流到补偿水桶，使散热器内的压力下降，防止被涨坏。当冷却系统内蒸汽压力低于大气压力 0.01 ~ 0.012MPa 时，空气阀便开启。补偿水桶内的冷却液从蒸汽排出管进入散热器，以防止散热器被大气压瘪。补偿水箱如图 8-2 所示，用塑料制造，用软管与蒸汽排出管连接，其外表面刻有"低"线和"高"线，补偿水箱内液面应位于两刻线之间。

二、水泵

1. 机械离心式水泵

水泵的功用是对冷却液加压，保证其在冷却系统中以一定的流速循环流动。它由水泵壳体 1、水泵轴 2 和叶轮 3 组成，如图 8-7 所示，为机械离心式水泵。水泵壳体将叶

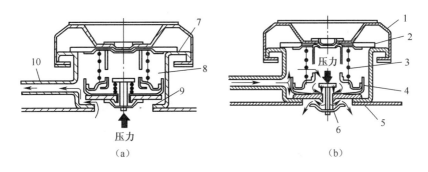

图 8-6 散热器盖的结构

(a) 蒸汽阀开启；(b) 空气阀开启。

1—散热器盖；2—上密封垫；3—蒸汽阀弹簧；4—蒸汽阀；5—蒸汽阀密封垫；6—空气阀；
7—加冷却液口上密封面；8—加冷却液口；9—加冷却液口下密封面；10—蒸汽排出管。

轮包围，有进水口 4 和出水口 5。图 8-8 为水泵叶轮，叶轮的叶片一般是径向弯曲，有 6~9 片。

水泵的工作原理如图 8-7 所示，当叶轮旋转时，水泵内的水被叶片推动一起旋转，在离心力的作用下甩向叶轮边缘，在轮廓线为对数螺旋线的水泵壳体 1 内将动能转变为水的压力能，经与叶轮成切线方向的出水口压入发动机的机体水套。与此同时，叶轮中心因具有负压而使散热器中的水经进水口被吸入水泵。

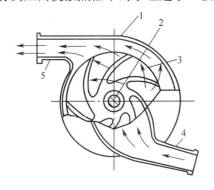 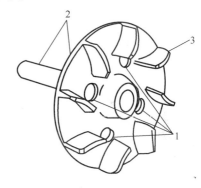

图 8-7 离心式水泵的结构和工作原理　　　　　图 8-8 水泵叶轮

1—水泵壳体；2—水泵轴；3—叶轮；4—进水口；5—出水口。　　1—减压孔；2—叶轮及叶轮轴；3—叶片。

EQ6100—1 型发动机的水如图 8-9 所示，安装在发动机前端，由曲轴通过皮带增速驱动。水泵轴 12 用两个轴承 11 支承在水泵壳体 1 内，水泵轴的一端用半圆键 13 与凸缘盘 14 连接，凸缘盘上安装带轮，用来驱动水泵；水泵轴的另一端安装水泵叶轮 2，并用螺栓紧固。在叶轮 2 与轴承 11 之间，用水封皮碗 6 密封。带轮通过凸缘盘、水泵轴带动叶轮旋转，冷却液由进水口 A 沿箭头方向进入水泵内腔 B，再经出水腔直接进入气缸体水套。

水泵壳体上有泄水孔 C，位于轴承和水封皮碗之间。一旦有冷却液漏过水封皮碗，可从泄水孔泄出，以防止冷却液进入轴承而破坏轴承的润滑。泄水孔上方有甩水盘，将水甩向水泵壳体，不进入轴承。如果发动机停机后仍有冷却液渗漏，则表明水封已经损坏。

汽车发动机广泛采用离心式水泵。它具有结构紧凑、泵水量大及因故障而停止工作时,不妨碍水在冷却系统内自然循环等优点。

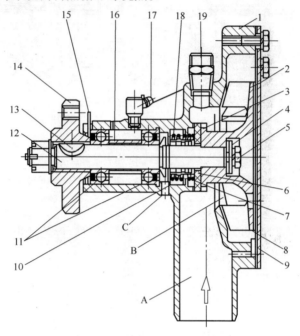

图8-9 EQ6100—1型发动机的水泵

1—水泵壳体;2—叶轮;3—夹布胶木密封垫圈;4、8—衬垫;5—螺栓;6—水封皮碗;7—弹簧;9—水泵盖;10—水封座圈;11—轴承;12—水泵轴;13—半圆键;14—凸缘盘;15—轴承卡环;16—隔离套;17—润滑脂嘴;18—水封环;19—管接头;A—进水口;B—水泵内腔;C—泄水孔。

2. 电动水泵

电动水泵如图8-10所示,径向叶轮和水泵壳体组成离心泵,电动机带动径向叶轮转动,冷却液由进水口流入离心泵,随径向叶轮转动后,再由出水口流出离心泵。电动水泵由发动机的ECU通过电流控制,可根据发动机的水温需要调整径向叶轮的转速,不受当时发动机转速的影响,冷却效果好。电动水泵已用于宝马6系等发动机的冷却系统。

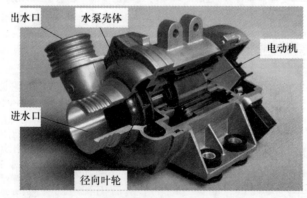

图8-10 电动水泵

三、冷却风扇及冷却强度调节装置

1. 冷却风扇

冷却风扇是散热器散热部位的通风装置，其功用是使空气流过散热部位，促进散热器的热交换，加速冷却液的冷却。除了高速行驶和气温较低的情况外，一般都必须利用冷却风扇来给散热器的散热部位通风。

冷却风扇常采用的形式有两种：轴流式（图8-11）和离心式。目前汽车水冷发动机上应用较普遍的是吸气轴流式风扇，风扇装在散热器后面，用螺钉固定在水泵轴前端的皮带轮或凸缘盘上，在风扇旋转时，空气沿着风扇旋转轴的轴线方向流动，并抽吸空气，再通过散热器芯部。

图8-11是冷却风扇的结构。冷却风扇4有4~7个叶片，叶片与冷却风扇旋转平面成30°~45°；叶片之间的夹角或相等，或不相等，夹角不相等的叶片可减小旋转时的振动和降低噪声；冷却风扇的外径略小于散热器的宽度与高度，其布置应对准散热器芯的中心。在风扇外围装设导风罩3，使风扇吸进的空气全部通过散热器1，以提高风扇的散热效率。

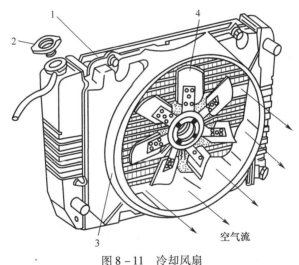

图8-11 冷却风扇
1—散热器；2—散热器盖；3—导风罩；4—冷却风扇。

2. 风扇冷却强度调节装置

汽车发动机需要冷却强度调节装置。发动机的冷却系统通常根据发动机在某一常用工况下得到可靠的冷却而设计，这使发动机冷却强度受到使用条件的影响，由于汽车行驶过程中环境、工况等变化与设计条件有差别，因此，发动机冷却强度必须随时调节。据统计，轿车用发动机，水冷系统只有25%的时间需要风扇工作，而在冬天仅5%的时间需要风扇工作，大部分时间不需要风扇工作。因此，为了使发动机保持良好的热状态（冷却液温度为80℃~90℃），现代汽车安装冷却强度调节装置。

冷却强度通常有两种调节方式：一种是改变冷却液的循环流量和循环范围；另一种是

改变通过散热器的空气流量。调节冷却液循环流量的方法是采用节温器。改变通过散热器的空气流量可以在散热器前安装百叶窗，由驾驶员操纵驾驶室中的手柄来调节百叶窗的开度（图8-2），从而调节通过散热器的空气量；也可以通过安装可调速风扇来实现。

风扇离合器是置于风扇传动机构中的离合机构，其功用是调节风扇冷却强度。根据发动机的温度采用风扇离合器来自动控制风扇的转速，调节风量，以达到改变通过散热器的空气流量的目的。常见的风扇离合器形式有硅油风扇离合器、机械式风扇离合器、电磁风扇离合器及液力耦合器等，其中硅油风扇离合器应用比较广泛。

1）硅油风扇离合器

硅油风扇离合器的结构如图8-12所示，它是一种以硅油为转矩传递介质，利用散热器后面的气流温度来控制的液力传动离合器，主要由主动板9、从动板2、双金属片感温器5、前盖7及离合器壳体8等构成。主动板与驱动轴12用螺钉连接，驱动轴与曲轴通过带轮驱动，风扇装在离合器壳体上，通过螺栓孔C与风扇连接。从动板与离合器壳体之间的空间为工作腔9，从动板与前盖之间为储油腔，硅油存于其中。从动板上有进油孔A，控制阀片3由感温阀片和双金属感温器控制，在常温时被控制阀片3所关闭，储油腔的硅油此时不能流入工作腔内。从动板外缘有一个由单向球阀控制的回油孔。

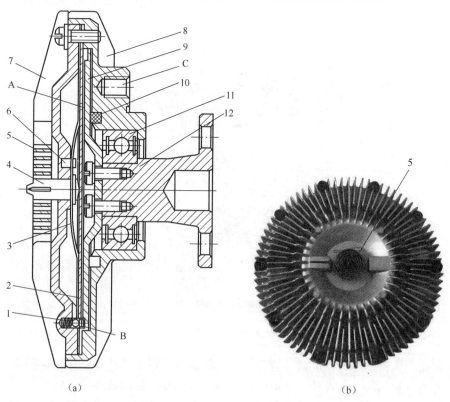

图8-12 硅油风扇离合器的结构

(a) 硅油风扇离合器；(b) 双金属片感温器。

1—单向阀；2—从动板；3—控制阀片；4—阀片传动销；5—双金属片感温器；6—阀片限位销钉；
7—前盖；8—离合器壳体；9—主动板；10—密封毛毡圈；11—轴承；12—驱动轴；
A—从动板上的进油孔；B—从动板上的回油孔；C—螺栓孔。

硅油风扇离合器的工作原理：冷却液温较低时，通过散热器的空气温度不高，感温阀片将进油孔关闭，储油腔的硅油不能进入工作腔，主动板的旋转运动不能传给从动板，离合器分离，但由于从动板与主动板之间仍有少量硅油，使离合器不能彻底分离，带动风扇相对驱动轴滑转，此外，密封毛毡圈10压在主动板和离合器壳体之间，也有一定的驱动力矩，使风扇以很低的转速旋转。冷却液温较高时（超过65℃），通过散热器的空气温度也随之升高，双金属感温器受热变形，从而带动控制阀片轴和控制阀片转过一定角度，将进油孔打开，硅油进入工作腔，由于硅油黏度大，主动板通过硅油带动壳体和风扇一起转动，使风扇转速迅速升高，离合器处于接合状态。

装上这种离合器不仅能调节风扇冷却强度，还可减少发动机的功率损失，节省燃油，降低发动机的噪声，提高发动机的使用寿命，但要增大发动机的重量，并使结构复杂。

2）电磁式风扇离合器

电磁式风扇离合器是根据发动机的水温、通过电磁离合器的接合与分离，来自动控制风扇的运转。

电磁式风扇离合器的结构如图8-13所示，电磁式风扇离合器总成分为主动和从动两部分。主动部分包括电磁壳体3、线圈2、主动摩擦片4和滑环1，线圈装在电磁壳体内，电磁壳体外是带轮，水泵轴的左端与电磁壳体外连接。从动部分包括风扇毂7、导销6和衔铁环12等，衔铁环可随导销作轴向移动，风扇毂通过轴承装在电磁壳体上，风扇与风扇毂用螺栓11连接。引线壳体15装在防护罩上，其中心孔内的电刷16靠弹簧14压紧在滑环1上，电刷上端的接线柱13通过导线与温控开关相连。

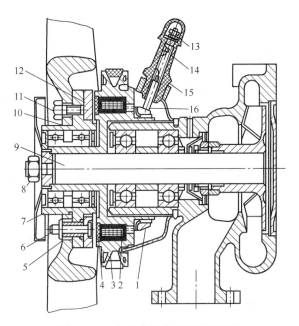

图8-13 电磁式风扇离合器的结构

1—滑环；2—线圈；3—电磁壳体；4—主动摩擦片；5—分离弹簧；6—导销；
7—风扇毂；8—螺母；9—水泵轴；10—风扇；11—螺栓；12—衔铁环；
13—接线柱；14—弹簧；15—引线壳体；16—电刷。

电磁式风扇离合器的工作原理：发动机工作时，曲轴通过带轮等带动电磁壳体转动。当冷却液温度低于92℃时，温控开关电路不通，线圈中没有电流，电磁壳体对衔铁环不产生吸引力，衔铁环在分离弹簧5作用下贴在风扇毂上，与主动摩擦片分离，此时，离合器处于分离状态，风扇不转动。当冷却液温度超过92℃时，温控开关的电路自动接通，线圈通电，产生吸力，吸引衔铁环使其压紧在主动摩擦片上，此时，离合器处于结合状态，电磁壳体通过主动摩擦片、衔铁环、导销和风扇毂带动风扇转动。在无电供应或线圈失效时，可通过风扇轮毂所备的两个M6螺孔旋入螺钉，将衔铁环压紧在主动摩擦片上，使其机械接合，此时，风扇始终随电磁壳体转动。

3. 电动风扇

电动风扇的结构如图8-14所示，由电动机7、风扇1、温控热敏电阻开关2等组成。电动机与风扇形成一个部件，为电动风扇。导风罩8通过中部的3个螺栓孔与电动风扇连接，电动风扇上有螺栓6，导风罩通过边缘的螺栓孔与散热器3连接。风扇采用电动机单独驱动的方式。风扇转速由温控热敏电阻开关控制，与发动机的转速无关。

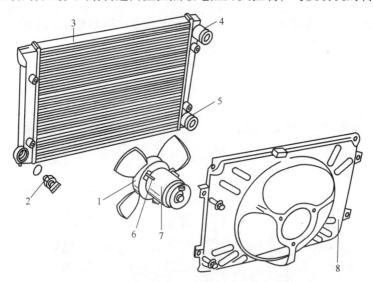

图8-14 电动风扇
1—风扇；2—温控热敏电阻开关；3—散热器；4—散热器进水口；
5—散热器出水口；6—螺栓；7—电动机；8—导风罩。

电动风扇的工作原理：当冷却液流出散热器的温度低于冷却液84~91℃时，热敏开关切断电源，风扇停转；当冷却液的温度为92~97℃时，热敏开关接通风扇电动机的1挡，风扇转速为2300r/min；当冷却液温度升高到99~105℃时，热敏开关接通风扇电动机的2挡，这时风扇转速为2800r/min。

电动风扇现已应用于奥迪100型、红旗CA7220型、捷达和桑塔纳等轿车的发动机上，它的优点是结构简单，布置方便，可以有效地控制冷却风扇的运转，提高效率。例如在寒冷的季节起动发动机需要加温时，自动停止风扇的运转，可避免不必要的热量和动力浪费。另外，将冷却风扇用于空调装置的热交换器，即使在堵车时也能在一定程度上保证空调的制冷能力。

四、节温器

节温器安装在水泵的进水口或气缸盖的出水口处,如图 8-2 所示。其作用是根据发动机冷却液温度的高低,自动改变冷却液的循环路线及流量,以使发动机始终在最合适的温度下工作。目前汽车上多采用蜡式节温器,其核心部分为蜡质感温元件。蜡式节温器有蜡式单阀门和双阀门节温器两种形式。

1. 双阀门节温器

上海桑塔纳轿车冷却系统所用的蜡式双阀门节温器如图 8-15 所示。在橡胶套 11 与感温体 9 之间充满石蜡 10。发动机工作后,因温度逐渐升高而使石蜡逐渐变为液态,体积开始膨胀。在发动机冷却水温度低于 85℃时,因石蜡产生的膨胀力小于主阀门弹簧 12 的预紧力,主阀门 8 在主阀门弹簧的作用下压在出水口上,处于关闭状态,从散热器来的低温冷却液不能进入发动机水套内,此时,副阀门处于开启状态,从发动机气缸盖出水口流出的高温冷却液可以不经散热器而由旁通管 5(图 8-2 和图 8-16)直接进入水泵,于是,未经散热的冷却液被水泵重新压入发动机水套内,因而减少了热量损失,此时冷却液的循环路线称为小循环(图 8-16 (a))。当发动机冷却水温度超过 85℃时,石蜡产生的膨胀力克服了主阀门弹簧的预紧力,因推杆 5 上方固定,使主阀门和副阀门 14 向下移动,主阀门开始打开,副阀门开度减小。水温达到 105℃时,主阀门完全打开,而副阀门 14 则彻底关闭了小循环通路。这时来自气缸盖出水口的高温冷却液全部进入散热器进行冷却,之后再由水泵重新压入发动机的水套内。此时冷却水的循环路线称为大循环(图 8-16 (b))。当冷却水的温度在 85~105℃时,主、副阀门都打开一定的程度,此时,冷却系统中的大小循环同时进行。

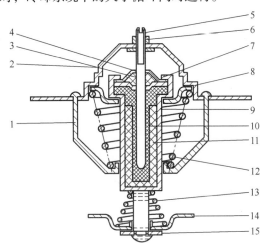

图 8-15 蜡式双阀门节温器

1—下支架;2—上支架;3—密封橡胶圈;4—节温器盖;5—推杆;6—螺母;7—隔圈;8—主阀门;9—感温体;10—石蜡;11—橡胶套;12—主阀门弹簧;13—副阀弹簧;14—副阀门;15—垫圈。

蜡式节温器的工作介质为石蜡,在固相与液相之间转变,基本可以视为不可压缩介质,因此对冷却系统内的压力变化不敏感,工作可靠性高,使用寿命长,结构简单、制造方便、成本较低。

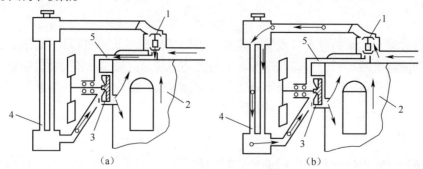

图 8-16 冷却液大小循环
(a) 小循环；(b) 大循环。
1—双阀节温器；2—机体水套；3—水泵；4—散热器；5—旁通管。

节温器在冷却系统内的布置有两种方式：一种是布置在气缸盖出水管路上；另一种是布置在气缸体进水管路上。前者结构简单，易于排除气泡，是广泛采用的一种布置方式，后者则易于控制冷却液温度，减少节温器短时内反复开闭的振荡现象，特别适于冬季或寒冷地区高速行驶的车辆。

2. 单阀门节温器

蜡式单阀门节温器的结构如图 8-17 所示。推杆 1 的一端紧固在带状上支架 2 上，而另一端则插入感温体 5 内的橡胶套 6 中。感温体支承在有带状孔下支架 3 及节温器阀 8 之间。在感温体与橡胶套中间充满精制石蜡。蜡式单阀门节温器与蜡式双阀门节温器相比，少了一个副阀门，节温器阀在主阀门的位置。

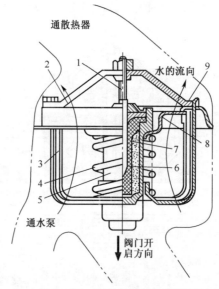

图 8-17 蜡式单阀门节温器
1—推杆；2—上支架；3—下支架；4—弹簧；5—感温体；6—橡胶套；7—石蜡；8—节温器阀；9—阀座。

蜡式单阀门节温器的工作原理：当冷却液温度低于 85℃ 时，节温器感温体内的石蜡呈固态，节温器阀在弹簧的作用下关闭冷却液流向散热器的通道，冷却液经旁通孔、水泵返回发动机，进行小循环。当冷却液温度大于85℃后，石蜡开始熔化而逐渐变成液体，体积随之增大并压迫橡胶套使其收缩，对推杆作用以向上的推力，由于推杆上端固定，推杆对胶管和感温体产生向下的反推力使阀门开启，这时冷却液经节温器阀进入散热器，并由散热器经水泵流回发动机，进行大循环。当冷却液温度达到105℃后，节温器阀全部打开。由于没有关闭旁通管的阀门，无论是节温器阀全部还是部分打开，都有冷却液从旁通管流到水泵，影响冷却效果。

第四节　电子控制发动机冷却系统

电子控制发动机冷却系统采用电子节温器，由ECU通过电子节温器控制冷却液的循环路线，使之相对于装备传统的机械控制冷却系统的发动机，在部分负荷时具有更好的燃油经济性及较低的CO/HO排放。它已在大众奥迪APF（1.6L直列4缸）发动机上应用，将会在未来生产的发动机上逐步推广。

一、冷却液的循环路线

1. 小循环

电子控制发动机冷却系统小循环路线如图8-18所示。当发动机冷车起动、暖机期间，与传统的冷却系统一样，为了使发动机尽快达到正常工作温度，系统采用小循环工作方式。水泵使冷却液按图中箭头方向循环，冷却液经过发动机机体吸收热量后流入电子节温器，此时，电子节温器的小循环阀门打开（图8-19），冷却液通过小循环阀门直接流回水泵，形成小循环。在暖机后的小负荷时，冷却液温度为95~110℃。

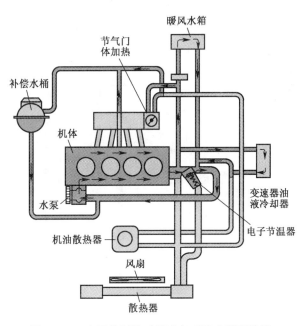

图8-18　电子控制发动机冷却系统小循环路线

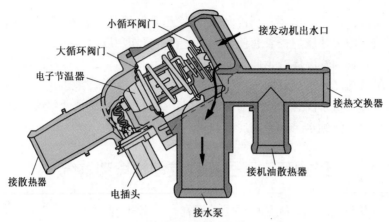

图 8-19 电子节温器的小循环阀门打开

2. 大循环

电子控制发动机冷却系统大循环路线如图 8-20 所示。发动机全负荷运转时，要求较高的冷却能力，系统采用大小循环工作方式。水泵使冷却液按图中箭头方向循环，冷却液经过发动机机体冷却气缸等高温零件、吸收热量后，流入散热器散发热量，再流入电子节温器，此时，控制单元根据传感器信号得出的计算值对温度调节单元加载电压，溶化石蜡体，电子节温器的大循环阀门打开（图 8-21），同时，关闭小循环阀门，切断小循环通道，冷却液通过大循环阀门流回水泵，形成大循环。在大循环时，冷却液温度为 85~95℃。

在电子控制发动机冷却系统中，冷却液按图 8-18、图 8-20 中箭头方向流过暖风水箱、变速器油冷却器。大、小循环阀门有不同的开度，由发动机控制单元控制。

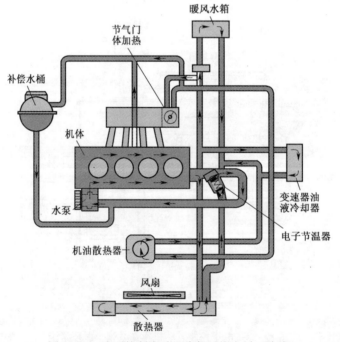

图 8-20 电子控制发动机冷却系统大循环路线

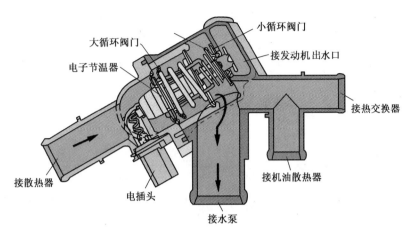

图 8-21 电子节温器的大循环阀门打开

二、电子节温器

电子节温器如图 8-22 所示，由小循环阀门、大循环阀门、温度调节单元、弹簧等组成。温度调节单元如图 8-23 所示，由石蜡体、加热电阻、升程销和膨胀元件等组成。加热电阻位于膨胀式温度调节单元的石蜡中，加热石蜡，使石蜡膨胀，升程销发生位移 x，温度调节单元通过此位移调节大、小循环阀门的开度；加热电阻的加热是由发动机控制单元发出的一个脉冲信号来完成的，加热程度由脉冲宽度和时间决定。

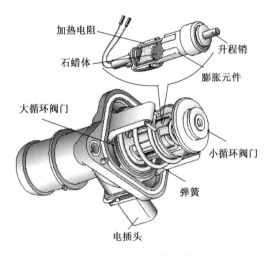

图 8-22 电子节温器

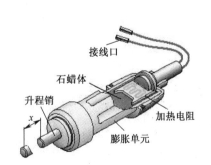

图 8-23 温度调节单元

三、冷却控制系统

冷却控制系统的组成如图 8-24 所示。发动机控制单元中存有冷却系统的控制程序，通过冷却液温度传感器、散热器出口温度传感器、温度旋钮上电位计、温度翻版位置开关等采集必要的信息,并对这些信息时刻进行计算,根据计算结果进行如下相应的控制:激活加热电阻,打开大循环,调节冷却液温度;激活冷却风扇(两个风扇分别用单独的输出信号),迅速降低冷却液温度。冷却控制系统还设计了监控电路,具有冷却系统自诊断功能。

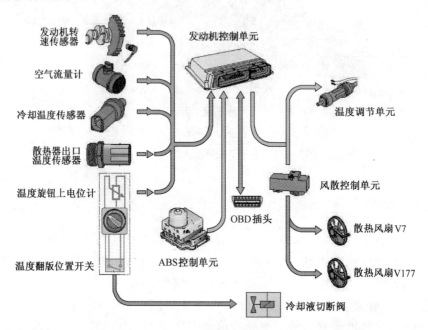

图 8-24 冷却控制系统的组成

第五节 冷 却 液

　　冷却液是水与防冻剂的混合物。纯净水在 0℃ 时会结冰。如果发动机水冷系统中的水结冰,将使冷却水终止循环而引起发动机过热。尤其严重的是水结冰时体积膨胀,可能将机体、气缸盖和散热器胀裂。为了适应冬季行车的需要,在水中加入防冻剂制成冷却液,以防止循环冷却水冻结。

　　冷却液用水最好是软水,否则将在发动机水套中产生水垢,使传热受阻,易造成发动机过热。

　　最常用的防冻剂是乙二醇。冷却液中水与乙二醇的比例不同,其冰点也不同(表8-1)。50%的水与50%的乙二醇混合而成的冷却液,其冰点约为 -35.5℃。在水中加入防冻剂还同时提高了冷却液的沸点。例如,含50%乙二醇的冷却液在大气压力下的沸点是103℃。因此,防冻剂有防止冷却液过早沸腾的附加作用。采用乙二醇配制的防冻液使用时蒸发损失的是水,因此在使用时应及时补充水,以调节其浓度。乙二醇吸水性强,易渗漏,要求系统密封性好。可参考表8-1加配乙二醇,乙二醇有毒,在配制或使用时防止吸入体内。在防冻剂中,一般还要加入着色剂,使冷却液呈蓝绿色或黄色,以便识别。

表 8-1 冷却液的冰点与乙二醇质量分数的关系

冷却液冰点/℃	乙二醇的质量分数/%	水的质量分数/%	密度/(kg/m)
-10	26.4	73.6	1.0340
-20	36.2	63.8	1.0506
-30	45.6	54.4	1.0627
-40	52.3	47.7	1.0713
-50	58.0	42.0	1.0780
-60	63.1	36.9	1.0833

防冻剂中通常含有防锈剂和泡沫抑制剂。乙二醇容易氧化生成酸性物质，腐蚀金属后生锈，所以一般在配制冷却液时加入防锈剂，每升防冻液中加入 2.5~3.5g 磷酸氢二钠和 1g 糊精，以防冷却系统腐蚀和锈蚀。冷却液中的空气在水泵叶轮的搅动下会产生很多泡沫，这些泡沫将妨碍水套壁的散热。泡沫抑制剂能有效地抑制泡沫的产生。在使用过程中，防锈剂和泡沫抑制剂会逐渐消耗殆尽，因此，定期更换冷却液是十分必要的。

思考题

8-1 冷却系统的功用是什么？典型水冷系统主要由哪些主要零部件构成及功用？

8-2 发动机为什么要在适宜温度内工作？

8-3 管片式散热器芯和管带式散热器芯各有何特点？

8-4 简述水泵的功用和工作原理。

8-5 调节通过散热器空气流量的方法有哪几种？试述硅油风扇离合器的工作原理。

8-6 水冷却系统中为什么要装节温器？什么叫大循环？什么叫小循环？如果蜡式节温器的石蜡漏失，发动机会出现什么故障？

8-7 简述电子控制发动机冷却系统的大循环和小循环路线。简述电子节温器的工作原理。

第九章 发动机润滑系统

第一节 润滑系统的功用及组成

一、润滑系统的功用

发动机工作时,润滑系统连续不断地把数量足够、温度适当的洁净机油输送到全部传动件的摩擦表面,并在摩擦表面之间形成油膜,减小摩擦阻力、降低功率消耗、减轻机件磨损,提高发动机工作的可靠性和耐久性。此外,润滑油流过润滑表面,带走摩擦表面的热量和部分杂物,起冷却和清洗作用;润滑油附着于活塞与活塞环表面,减小间隙,提高密封效果。

发动机需要润滑的主要部件有曲轴的主轴颈、连杆轴颈、凸轮轴的轴颈、凸轮、活塞及活塞环与气缸壁表面、活塞销表面、连杆小头轴承、配气机构各运动副及齿轮等。

二、润滑方式

发动机的润滑方式有压力润滑、飞溅润滑和润滑脂润滑,对负荷及相对运动速度不同的传动件,采用不同的润滑方式。

(1) 压力润滑。以一定的压力把润滑油供入摩擦表面的润滑方式。其润滑可靠,但需复杂的润滑系统。主要用于曲轴主轴承、连杆轴承及凸轮轴轴承等负荷较大的摩擦表面的润滑。

(2) 飞溅润滑。利用发动机运动件在运动中溅泼油滴或油雾润滑摩擦表面的润滑方式。该方式结构简单,但可靠性较差。主要用于润滑气缸壁面和配气机构的凸轮、气门杆、摇臂等零件的工作表面。

(3) 润滑脂润滑。通过定期加注润滑脂来润滑零件工作表面的方式,如水泵、起动机及发电机轴承等。

三、润滑系统的组成及润滑油路

1. 润滑系统的组成

发动机的润滑系统如图 9-1 所示，不同的发动机，润滑系统的基本组成大体相同，主要由以下零部件组成。

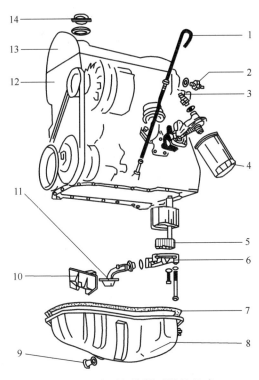

图 9-1 发动机润滑系统的组成

1—机油标尺；2—溢流阀；3—限压阀；4—机油滤清器；5—机油泵齿轮；6—机油泵盖；7—油底壳密封垫；8—油底壳；9—放油螺栓；10—隔板；11—机油集滤器；12—气缸体；13—气缸盖罩；14—机油加油口盖。

(1) 油底壳。油底壳 8 与机体通过螺栓相连，用来储存润滑油。在大多数发动机上，油底壳还起到为润滑油散热的作用。润滑油由气缸盖罩 13 上机油加油口盖 14 注入。

(2) 机油泵。机油泵（包括机油泵齿轮 5、机油泵盖 6）大多装于曲轴箱内，也有些柴油机将机油泵装于曲轴箱外面，机油泵有齿轮泵、转子泵等形式，通过凸轮轴、曲轴或正时齿轮来驱动。它将定量的润滑油从油底壳中抽出加压后，源源不断地送至各零件表面进行润滑，维持润滑油在润滑系统中的循环。

(3) 主油道。是润滑系统的重要组成部分，直接在缸体与缸盖上铸出，用来向各润滑部位输送润滑油。

(4) 机油集滤器。机油集滤器 11 串联安装于机油泵进油口之前，伸到油底壳的机油中，它多为滤网式，能滤掉润滑油中粒度大的杂质，其流动阻力小。

(5) 机油滤清器。机油滤清器 4 用来过滤掉润滑油中的杂质、磨屑、油泥及水分等杂物，使送到各润滑部位的都是干净清洁的润滑油。分粗机油滤清器和细机油滤清器。机油泵输出绝大多数的机油通过粗机油滤清器，只有很少部分通过细机油滤清器。机油粗滤器串联安装于机油泵出口与主油道之间，用来滤掉润滑油中粒度较大的杂质，其流动阻力小。机油细滤器与主油道并联安装，能滤掉润滑油中的细小杂质，但流动阻力较大，只有少量的润滑油通过细滤器过滤，汽车每行驶5km，机油被细机油滤清器滤清一遍。

（6）检测报警装置（机油压力表、机油标尺1、机油温度表、报警器）。检测发动机润滑系的工作情况，当油位（或油压）超过允许值时报警。

（7）辅助装置（机油冷却器、溢流阀2、限压阀3、安全阀、回油阀）。以使润滑系统的使用性能更加完善。

2. 润滑油路

桑塔纳轿车发动机润滑油路如图9-2所示。齿轮式机油泵2位于曲轴箱内，由曲轴10驱动。机油滤清器7安装于机油泵出口与机体上的主油道8之间。发动机工作时，油底壳4内的机油在机油泵的抽吸下，经机油集滤器3过滤掉较大颗粒的杂质后，进入机油泵。经机油泵加压后的机油，再经机油滤清器过滤掉较小杂质后进入主油道。进入主油道的机油分五路送到曲轴各主轴承，对曲轴各道主轴颈进行润滑。同时，通过曲轴与连杆轴颈的油道，将油送到连杆轴颈，对连杆轴颈进行润滑。主油道内的机油还通过机体上的一条分油道进入凸轮轴的五个轴承处，对凸轮轴五道轴颈进行润滑。对活塞及活塞环与气缸壁表面、连杆小头轴承、配气机构的定时齿轮等，则采用飞溅润滑，润滑

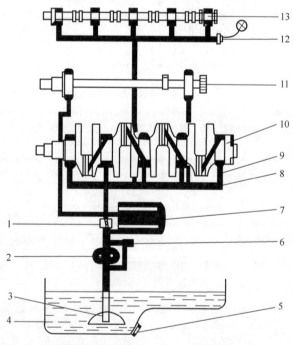

图9-2　桑塔纳轿车发动机润滑系统示意图

1—旁通阀；2—机油泵；3—集滤器；4—油底壳；5—放油塞；6—溢流阀；7—机油滤清器；8—主油道；9—分油道；10—曲轴；11—中间轴；12—限压阀；13—凸轮轴。

完毕的机油靠重力流回油底壳,以便继续循环使用。

旁通阀 1 与机油滤清器 7 并联位于机油泵与主油道之间,平时该阀关闭。当机油滤清器堵塞,进出油口之间压力差达到 180kPa 时,该阀打开,润滑油不经机油滤清器过滤直接进入主油道,保证各部分正常润滑。

溢流阀 6 在机油泵 2 的端盖上,当机油泵输出的油压太高或者流量太大时,该阀打开,机油泵的进油口与出油口接通,一部分机油经溢流阀 6 返回进油口,降低机油泵出油压力和流量。

第二节 润滑系统的主要部件

一、机油泵

根据机油泵的结构,分为齿轮式和转子式,齿轮式机油泵又分为外啮合齿轮泵和内啮合齿轮泵。

1. 外啮合齿轮式机油泵

外啮合齿轮式机油泵的工作原理如图 9-3 所示,由装在油泵壳体内的两个模数和齿数相同的主动齿轮 6、从动齿轮 2 和机油泵体 1 等组成。齿轮和机油泵体之间形成空间,分别为进油腔 A、出油腔 C、过渡油腔 B。当发动机工作时,主动齿轮带动从动齿轮按图 9-3 所示箭头方向旋转,轮齿脱离啮合后润滑油进入齿槽,齿轮将润滑油按图示箭头所示方向从进油腔带到出油腔,增大出油腔油压,在此压力下,润滑油便经出油口被压送到发动机油道中。同时,进油腔因部分机油被带走而形成真空,机油便从油底壳经进油口被吸入进油腔。机油泵不断工作,保证机油在润滑油路中不断循环。

卸压槽 4 是机油泵体上与出油腔相通的小槽,使齿顶间隙内的机油经卸压槽流入出油腔,避免因封闭在齿顶间隙内的油压过高引起的工作阻力加大和机油泵轴衬套磨损加快。

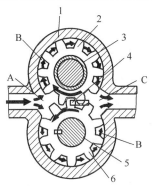

图 9-3 外啮合齿轮式机油泵的工作原理图

1—机油泵体;2—机油泵从动齿轮;3—衬套;4—卸压槽;5—驱动轴;6—机油泵主动齿轮;
A—进油腔;B—过渡油腔;C—出油腔。

外啮合齿轮式机油泵如图 9-4 所示。机油泵主动齿轮 6 与机油泵主动轴 2 用键连接,机油泵从动齿轮 5 松套在从动齿轮轴 7 上;两齿轮上方有机油泵体 4,机油泵体与分电器壳连接,分电器壳与气缸体连接;两齿轮下方有机油泵盖13,机油泵体与机油泵盖用螺栓14连接;进油管9的上方插在机油泵盖下方的孔中,进油管9的下方有机油集滤器。分电器轴通过机油泵主动轴上方的键带动机油泵主动轴和机油泵主动齿轮转动,再通过轮齿啮合,带动机油泵从动齿轮转动,机油经机油集滤器、进油管进入机油泵,提高压力后流出。

外啮合齿轮式机油泵广泛使用在桑塔纳、捷达等轿车发动机上,具有结构简单、加工方便、工作可靠、能产生较高压力等优点。

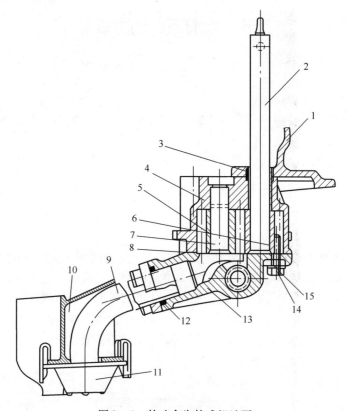

图9-4 外啮合齿轮式机油泵
1—分电器壳;2—机油泵主动轴;3—定位套;4—机油泵体;5—机油泵从动齿轮;
6—机油泵主动齿轮;7—从动齿轮轴;8—衬垫;9—进油管;10—支架;11—机油集滤器;12—O形圈;
13—机油泵盖;14—螺栓;15—垫圈。

2. 内啮合齿轮式机油泵

内啮合齿轮式机油泵也称内接齿轮泵,其工作原理与外啮合齿轮式机油泵相同。内啮合齿轮式机油泵的工作原理如图9-5(a)所示,其结构如图9-5(b)所示,外齿轮2为主动齿轮,套在曲轴前端,通过花键套直接由曲轴驱动。内齿轮4为从动齿轮,安装在机油泵体7内,机油泵体固定在发动机机体前端。当主动齿轮旋转时,带动从动齿轮旋转,进油腔形成真空,从进油口6吸入机油;出油腔9油压增大,从出油口5压出机油。

内啮合齿轮式机油泵直接由曲轴驱动,无需中间传动机构。所以零件数少,体积小,成本低,但泵油效率较低。

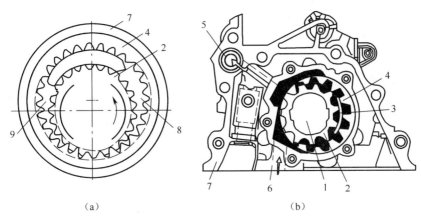

图9-5 内啮合齿轮式机油泵
1—油泵轴；2—主动齿轮；3—月牙块；4—从动齿轮；5—出油口；
6—进油口；7—机油泵体；8—进油腔；9—出油腔。

3. 转子式机油泵

转子式机油泵的结构如图9-6所示，它由内转子4、外转子3、机油泵体2等零件组成。内转子4有多个凸齿，固定在驱动轴5上。外转子3比内转子多一个的凹齿，它自由地安装在机油泵体内，并与内转子啮合转动。内、外转子有一定的偏心距，齿廓曲线为次摆线，与机油泵体和泵盖组成了进油腔A、过渡油腔B和出油腔C。

转子式机油泵的工作原理：机油泵工作时，驱动轴带动内转子旋转，内转子通过齿廓啮合带动外转子朝同一方向旋转，由于内、外转子偏心及齿数不等，使进油腔A容积由小变大，腔内产生一定真空度，润滑油从油底壳经进油口6被吸入进油腔，随后经过渡油腔B进入出油腔C，出油腔容积由大变小，使润滑油压力升高，经出油口8送往各润滑油道。为了防止压力过高，设置安全阀7，当机油压力超过规定值时，安全阀打开，多余的润滑油经安全阀流回机油泵的进油腔。

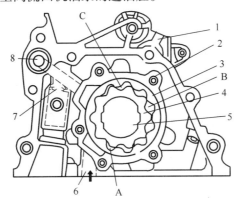

图9-6 转子式机油泵
1—发动机体；2—机油泵体；3—外转子；4—内转子；5—驱动轴；6—进油口；
7—安全阀；8—出油口；A—进油腔；B—过渡油腔；C—出油腔。

转子式机油泵的优点是结构紧凑，吸油真空度高，泵油量大，供油均匀，成本低，对安装位置无特殊要求，可布置在曲轴箱外或吸油位置较高的地方。其缺点是内、外转子啮合表面的滑动阻力比齿轮泵大，因此，功率消耗较大。日本丰田2Y、3Y发动机和天津夏利TJ7100型轿车的TJ376Q型发动机以及玉柴YC6105QC柴油机都装用了转子式机油泵。

二、机油滤清器

1. 集滤器

集滤器一般为滤网式，安装在油底壳中、机油泵之前，用来滤除润滑油中粗大的杂质，有浮式和固定式两种。

浮式集滤器如图9-7所示，由浮筒罩1、滤网2、浮筒3、吸油管4、固定油管5等组成。空心浮筒3能随油底壳的油平面高低浮动，始终浮在油面上，以吸入上层干净的机油。滤网2采用金属丝编织，有弹性，中央有环口，一般情况下，借助滤网的弹性，环口压紧在浮筒罩1上。浮筒罩边缘有缺口，浮筒罩与浮筒装配后形成进油狭缝。浮式集滤器正常工作时，机油从油底壳经进油狭缝、滤网进入吸油管（图9-7（a）），大杂质被滤网滤除。当滤网被杂质堵塞时，滤网上方真空度提高，将滤网吸向上方，环口离开浮筒罩，机油经进油狭缝和环口直接进入吸油管（图9-7（b）），以防供油中断。浮式集滤器由于浮在机油面上，容易吸入油面的泡沫而使机油压力下降，可靠性差。

固定式集滤器（图9-4机油集滤器11）淹没在油面下，其他结构与浮式集滤器类似，虽然吸入润滑油的清洁度稍差，但结构简单，并可防止油面上的泡沫吸入润滑系统，工作可靠，应用广泛。

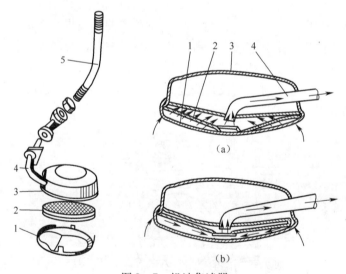

图9-7 机油集滤器
（a）滤网未堵塞；（b）滤网堵塞。
1—浮筒罩；2—滤网；3—浮筒；4—吸油管；5—固定油管。

2. 全流式滤清器

全流式滤清器的外壳内安装有纸滤芯总成，如图9-8所示，可以滤除机油中直径为0.05mm以上的较大杂质。它串联安装在机油泵与主油道之间，所有来自机油泵的机油沿箭头方向全部从滤芯外围进入滤清器中心，过滤后的干净机油经出油口进入主油道。

第九章　发动机润滑系统

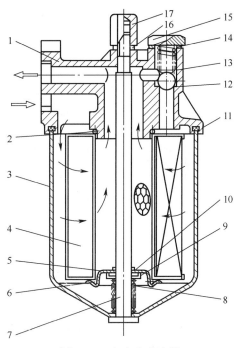

图9-8　全流式滤清器

1—上盖；2、6—密封圈；3—外壳；4—滤芯；5—托板；7—拉杆；8—托簧；9、14、16—垫圈；
10、11—密封圈；12—球阀；13—弹簧；15—阀座；17—螺母。

滤清器使用一定时间后，滤芯外留下了较多杂质，应该按说明书要求及时更换新滤清器。为了防止用户未及时更换新滤清器造成滤芯堵塞，发生供油短缺的严重后果，在滤清器中设置旁通阀，当滤芯堵塞时，机油压力升高，克服弹簧13的压力，顶开球阀12，直接进入主油道，以保证主油道所需要的机油量。

滤清器的滤芯材料有纸质、锯末和金属等，纸质滤芯结构简单、质量小、体积小、滤清效果好、成本低、保养方便，得到广泛应用。

3. 离心分流式滤清器

离心分流式滤清器为细滤清器，用于滤除机油中直径为0.001mm以上的细小杂质。滤清器与主油道并联安装，只有一部分机油经过滤清器过滤，滤清后的机油返回油底壳。

离心分流式滤清器的结构如图9-9所示，滤清器壳体1上固定着带中心孔的转子轴3，转子体14与转子体端套6连成一体，其中心孔内压装着三个衬套13，套在转子轴上可自由转动。压紧螺母12将转子盖8与转子体紧固在一起。转子下面装有推力轴承4，上面装有支承垫9，并用弹簧10压紧以限制转子轴向移动。滤清器罩7用压紧螺套11装在滤清器壳体上以使转子密封。转子下端有两个水平安装互成反向的转子喷嘴5。滤清器盖与壳体具有高度的对中性，保证转子正常平稳运转。

离心分流式滤清器的工作原理：发动机工作时，从机油泵来的润滑油进入滤清器的进油孔B。若油压低于0.1MPa，进油限压阀19不开启，机油不经细滤器而全部流入主油道，以保证发动机可靠润滑。当油压高于0.1MPa时，进油限压阀被顶开，润滑油沿外壳和转子轴的中心油道，经出油孔C进入转子内腔，然后经进油孔D、油道E从两转子喷嘴喷出。在油的喷射反作用力作用下，转子及其内腔的润滑油高速旋转，转速可达 5000~6000r/min。润滑油中的杂质在离心力的作用下被甩向转子盖的内壁并沉积下来，清洁的机油从出油口 F 流回油底壳。

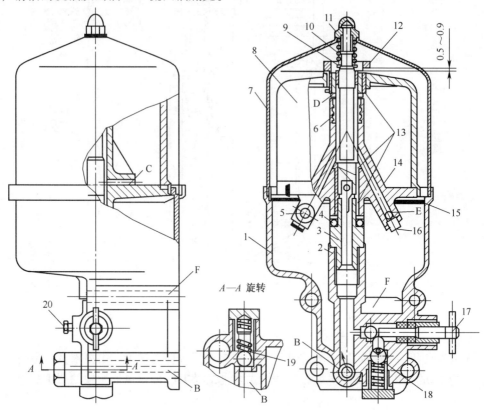

图 9-9　离心分流式滤清器

1—壳体；2—锁片；3—转子轴；4—推力轴承；5—转子喷嘴；6—转子体端套；7—滤清器盖；8—转子盖；9—支承垫；10—弹簧；11—压紧螺套；12—压紧螺母；13—衬套；14—转子体；15—挡板；16—螺塞；17—调整螺钉；18—旁通阀；19—进油限压阀；20—管接头；B—滤清器进油孔；C—出油孔；D—进油孔；E—通喷嘴油道；F—滤清器出油孔。

管接头 20 与机油散热器相连。当油压过高时，逆时针旋松机油散热器调整螺钉 17 使部分润滑油流向散热器。当油压高于 0.4MPa 时，机油散热器旁通阀 18 被打开，部分润滑油经此流回油底壳，保护机油散热器不因油压过高而受损坏。

转子喷嘴又是油的限量孔，保证通过细滤器的油为油泵出油量的 10%~15%。离心式滤清器滤清能力强，特别是对机件磨损剧烈的金属屑和沙粒有良好的滤清效果，油的通过性好，不需更换滤芯，只要定期清洗即可。但离心式滤清器对胶质的滤清效果差，制造和装配精度要求较高；此外，滤清器无出油压力，一般只作分流式连接；还有，当机油从转子喷嘴高速喷出时，将与空气强烈混合并形成泡沫，这将加快机油氧化变质。

无喷嘴离心式机油滤清器（图 9-10）利用转子上的偏心进油孔（见 $B-B$ 剖面）和偏心出油孔（见 $A-A$ 剖面），获得驱动转子的旋转力矩，可以减轻机油的泡沫化。

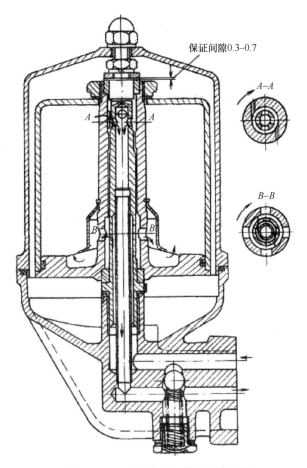

图 9-10 无喷嘴离心式机油滤清器

三、机油冷却器

机油在发动机机体内循环,温度高达95℃以上,尤其是热负荷较高的发动机。过高的温度使机油黏度下降,不利于在摩擦表面形成油膜润滑,同时加快机油氧化变质,失去作用,所以有些发动机带有机油冷却器。

机油冷却器分风冷和水冷两种。以空气为冷却介质的机油散热器,称为风冷式机油散热器;以冷却液为冷却介质的机油散热器,称为水冷式机油散热器。

风冷式机油冷却器靠空气冷却,如图 9-11 所示,油管 1 为黄铜管或铝管,油管外面有散热片 2。风冷式机油冷却器安放在发动机的前部,一般与主油道并联,从机油泵中分流一部分机油从油管流过,将热量传递给散热片,汽车行驶时迎面风从散热片流过,带走热量,使机油冷却,冷却后的机油流回油底壳。

水冷式机油冷却器靠冷却液冷却,如图 9-12 所示,在全流式机油滤清器 4 上带有水冷式机油冷却器,从冷却系统散热器出水管引来的冷却液自下而上在冷却器芯 2 的外面流过,而从机油泵来的机油经冷却器芯进入机油滤清器过滤,再经冷却器芯流出,机油的热量经冷却器芯传递给冷却液,冷却液带走热量,使机油冷却。

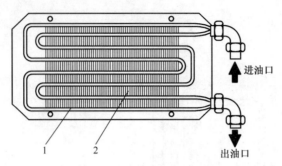

图 9 - 11 风冷式机油冷却器
1—油管；2—散热片。

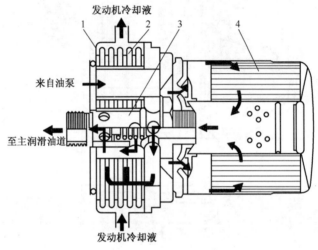

图 9 - 12 水冷式机油冷却器
1—冷却器壳体；2—冷却器芯；3—安全阀；4—机油滤清器。

水冷式与风冷式的机油散热器相比，水冷式机油散热器的优点是：当发动机负荷、转速及环境温度变化时，机油温度受冷却液温度的控制可以实现相对稳定控制；在发动机冷起动后，机油从冷却液吸收热量，机油温度升高较快；机油散热器的形状和安装位置比较随意。但其缺点是：受冷却液温度的控制，不可能将机油冷却到较低的温度；过高的机油温度加重冷却液冷却负担。

第三节 润 滑 剂

汽车发动机润滑剂有润滑油（机油）和润滑脂（黄油）两类。

一、润滑油

1. 润滑油的主要性能

（1）黏度。是指润滑油受外力作用移动时，分子间产生的内摩擦力大小。它是润滑油分级和选用的主要依据。润滑油黏度过小，在高温、高压下，容易从摩擦表面流失，不能形成足够厚度的油膜；黏度过大，增加冷起动阻力，起动困难。

（2）黏温性。是指润滑油黏度随温度而变化的特性。发动机从起动到满负荷工作，温度变化范围大，导致润滑油温度变化大于100℃。若润滑油的黏度随温度变化太大，就会使高温时黏度太低，而低温时黏度太高，影响正常润滑。

（3）氧化安定性。是指润滑油抵抗氧化作用不使其性质发生永久变化的能力。润滑油工作温度高达95℃，产生氧化后，颜色变暗，黏度增加，酸性增大，并产生胶状沉积物。氧化变质的润滑油将腐蚀发动机零件，甚至破坏发动机的正常工作。

（4）其他性能。如极压性、防腐性、起泡性、清净分散性等，它们对发动机的润滑都产生一定的影响，需要加入各种添加剂，保证润滑油的性能。

2. 润滑油的分类

在我国润滑油的分类中，发动机的润滑油分为汽油机油和柴油机油，汽油机油的国家标准见 GB 111121—2006，柴油机油的国家标准见 GB 111122—2006。汽油机油有 SE、SF、SG、SH、GF-1、SJ、GF-2、SL 和 GF-3 品种。柴油机油有 CC、CD、CF、CF-4、CH-4 和 CI-4 品种。

汽油机使用汽油机油，柴油机使用柴油机油，这是因为发动机的工作原理、工作条件不同所致。可按汽车发动机生产厂家给出的润滑油品种使用，也可根据发动机的强化程度选用合适的润滑油使用等级。

二、润滑脂

润滑脂是将润滑油与稠化剂在高温下混合再冷却，形成一种稳定的固体或半固体产品，具有良好的黏附性，在常温下可附着于垂直表面而不流淌，可以在敞开或密封不良及受压较大的摩擦部位工作，并有防水、防尘、密封作用。

汽车发动机主要在水泵及发电机的轴承中使用润滑脂。使用较多的是汽车通用锂基润滑脂，它具有良好的高低温适应性，可在 -30℃~120℃ 的温度范围内使用，具有良好的抗水性、防锈性和润滑性，在高速运转的水泵及发电机轴承中使用，不变质，不流失，保证良好的润滑。

思考题

9-1 名词解释：压力润滑、飞溅润滑、润滑油的黏度、黏温性、氧化安定性。

9-2 润滑系统的功用是什么？由哪些零部件组成？说明压力润滑和飞溅润滑的部件。

9-3 简述齿轮式机油泵和转子式机油泵的构造和工作原理。

9-4 简述集滤器的构造和工作原理。

9-5 简述全流式滤清器的构造和工作原理。

9-6 简述离心分流式滤清器的构造和工作原理。

9-7 简述风冷式机油冷却器的构造和工作原理。

9-8 简述水冷式机油冷却器的构造和工作原理。

第十章 汽油发动机点火系统

第一节 点火系统的功用及分类

一、点火系统的功用

点火系统的基本功用是在发动机各种工况和使用条件下，在气缸内适时、准确、可靠地产生足够能量的电火花，点燃汽油发动机气缸内已压缩的可燃混合气，使汽油发动机实现作功。

二、点火系统的分类

目前，在国内外汽车上使用的点火系统种类较多，主要有以下两类。

1. 普通电子点火系统

普通电子点火系统是利用半导体器件（如三极管、晶闸管）作为开关来控制点火系统初级电路的通断，也称晶体管式点火系统。相对传统点火系统具有高速性能好、点火时间精确的优点。普通电子点火系统主要分为有触点式电子点火系统和无触点式电子点火系统两大类。有触点式电子点火系统克服不了触点式点火装置的固有缺点。例如：高速时触点臂振动，触点分开后不能及时闭合；顶推触点臂的顶块或凸轮磨损时，会改变点火时刻；触点污染时不能可靠地点火等。因此，有触点式电子点火系统目前已很少使用。

2. 微机控制点火系统

微机控制点火系统是根据各种传感器输入信号，经过数学运算和逻辑判断，最终确定最佳点火提前角，实施点火。相对普通电子点火系统，它的控制精度高，满足发动机在各种工况下的点火需求，基本取代了普通电子点火系统。

第二节　无触点普通电子点火系统

一、无触点电子点火系统的组成

无触点电子点火系统的基本组成如图 10-1 所示，主要由点火信号发生器 3、电子点火器 4、点火线圈 5、分电器 2、火花塞 1 等组成。

无触点电子点火系统的基本工作原理为：发动机工作时，通过由分电器轴驱动的点火信号发生器产生脉冲电压信号，此脉冲电压信号经电子点火器前置电路的整形、放大等处理后，控制串联于点火线圈初级回路的大功率晶体管的导通和截止，来接通和切断点火线圈初级线圈的电路，从而在次级线圈产生高压电，击穿对应缸的火花塞的电极，实现点火。大功率晶体管导通时，点火线圈初级绕组通路，点火线圈储能；当输入电子点火器的点火脉冲信号使大功率晶体管截止时，点火线圈初级绕组断路，次级绕组便产生高压电。

目前，无触点电子点火系统按信号发生器的类型不同可分为磁脉冲式、霍耳效应式、光电式、电磁振荡式等多种类型。

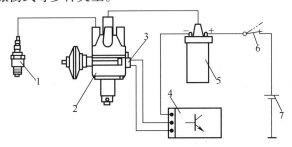

图 10-1　无触点式电子点火系统的组成
1—火花塞；2—分电器；3—点火信号发生器；4—电子点火器；5—点火线圈；6—点火开关；7—电源。

二、磁脉冲式无触点电子点火系统

磁脉冲式无触点电子点火系统也称磁感应式无触点电子点火系统，其点火信号发生器是采用电磁感应的原理制成的，故因此而得名。丰田汽车常用的磁脉冲式无触点电子点火系统电路如图 10-2 所示，由磁脉冲点火信号发生器 1、电子点火器 2、分电器、点火线圈 3、火花塞等组成。

1. 磁脉冲式点火信号发生器的工作原理

磁脉冲式点火信号发生器的功用是用来产生点火信号，控制电子点火器的工作。它装在分电器内，由装在分电器轴上的信号转子 3、永久磁铁 2 和绕在支架上的传感线圈 1 等组成，如图 10-3（a）、图 10-3（b）所示。其信号转子的凸齿数与发动机的气缸数相同。永久磁铁经信号转子凸齿、线圈铁芯构成磁回路。当信号转子由分电器轴带动旋转时，转子凸齿与线圈铁芯间的气隙变化，导致磁路的磁阻发生变化，从而通过传感线圈的磁通量发生变化，因而在传感线圈内产生感应电动势，如图 10-3（c）所示。

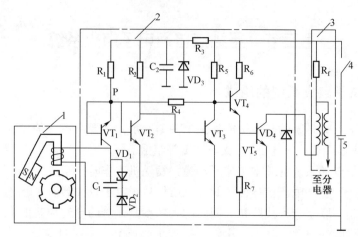

图 10-2 磁脉冲式无触点半导体点火系统电路

1—磁脉冲信号发生器；2—电子点火器；3—点火线圈；4—点火开关；5—蓄电池。

磁脉冲式点火信号发生器具有点火信号电压的大小随发动机转速变化而变化的特点。发动机转速越高，点火信号发生器磁路的磁阻变化速率越高，相应磁通量的变化速率也越高，在传感线圈中产生的信号电压也越大。

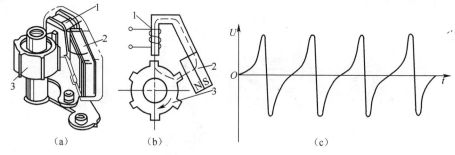

图 10-3 磁脉冲式点火信号发生器的工作原理

(a) 点火信号发生器的结构；(b) 原理示意图；(c) 输出信号。

1—传感线圈；2—永久磁铁；3—信号转子。

2. 电子点火器的工作原理

电子点火器（图 10-2）功用是将从点火信号发生器得到的信号进行整形、放大来控制点火线圈初级电路的通断。它由点火信号检出电路（三极管 VT_2）、信号放大电路（三极管 VT_3、VT_4）和功率放大电路（大功率三极管 VT_5）等组成。其工作原理如下：VT_2 为触发管，当它导通时，其集电极的电位降低，使 VT_3 截止。VT_3 截止时，蓄电池通过 R_5 向 VT_4 提供偏流，使 VT_4 导通。VT_4 导通时 R_7 上的电压降又加在 VT_5 的发射极上，使 VT_5 导通。这样点火系统的初级电路便导通，其电路是：蓄电池正极—点火开关 4—附加电阻 R_f—点火线圈初级绕组—大功率三极管 VT_5—搭铁—蓄电池负极。当 VT_2 截止时，蓄电池通过 R_2 向 VT_3 提供偏流，使 VT_3 导通。VT_3 导通则 VT_4 截止，同时 VT_5 也截止，于是点火线圈的初级电流被切断，在次级绕组中产生高压电，击穿火花塞间隙，点燃混合气。

当环境温度变化时，三极管 VT_2 的导通电压也会随之变化，这样就会导致点火时刻的变化,所以在点火器电路设计时加入了温度补偿的电路。其原理如下:三极管 VT_1 的基极和发射极相连,相当于发射极为正、集电极为负的二极管,当环境温度升高时,三极管 VT_2 的导通电压会降低,这样就导致 VT_2 会提前导通而滞后截止,从而导致点火时刻的推迟。加入 VT_1 之后,由于 VT_1 的正向导通电压也会降低,使 P 点电位 U_P 下降,正好补偿了温度升高对 VT_2 工作电位的影响,而使 VT_2 的导通和截止时间与常温时相同。但是需要注意的是,在选择 VT_1 与 VT_2 时要选择相同型号,具有同样的温度特性系数三极管。

三、霍耳效应式无触点电子点火系统

1. 霍耳效应

霍耳效应式无触点电子点火系统是利用霍耳效应的原理制成的传感器产生点火信号来触发和控制电子点火系统工作的。霍耳效应的原理如图 10-4 所示。当电流 I 通过放在磁场中的半导体基片(即霍耳元件)且电流方向和磁场方向垂直时,在垂直于电流和磁场的半导体基片的横向侧面上会产生一个电压,这个电压称为霍耳电压 U_H。霍耳电压的高低与通过的电流和磁感应强度成正比,可用下式表示:

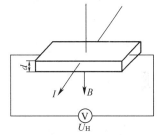

$$U_H = \frac{R_H}{d}IB$$

图 10-4 霍耳效应原理

式中:R_H 为霍耳系数;d 为半导体基片厚度(m);I 为通过霍耳元件的电流(A);B 为磁感应强度(T)。

由上式可知,当通过的电流 I 为一定值时,霍耳电压 U_H 随磁感应强度 B 的大小而变化;同时也可看出,霍耳电压 U_H 的高低与磁通的变化速率无关。

2. 霍耳效应式点火信号发生器

霍耳效应式点火信号发生器装在分电器内,其基本结构如图 10-5(a)所示,由触发叶轮 1、霍耳集成块 2、信号触发开关 3、永久磁铁 4 等组成。

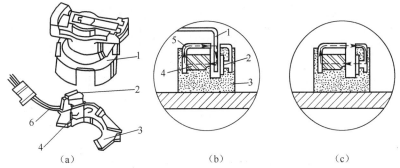

图 10-5 霍耳效应式点火信号发生器的组成和原理
(a)结构;(b)触发叶轮的叶片进入空气隙;(c)触发叶轮的叶片离开空气隙。
1—触发叶轮;2—霍耳集成块;3—信号触发开关;4—永久磁铁;5—导磁板;6—导线。

触发叶轮1与分火头制成一体，由分电器轴带动，其叶片数与气缸数相等。信号触发开关3由霍耳集成块2和带导磁板的永久磁铁4组成。霍耳集成块2的外层为霍耳元件，同一基板的其他部分制成集成电路。由于霍耳信号发生器工作时，霍耳元件产生的霍耳电压U_H是mV级，信号很微弱，还需要进行信号处理，这一任务由集成电路完成。这样霍耳元件产生的霍耳电压U_H信号，经过放大、脉冲整形，最后以整齐的矩形脉冲（方波）信号输出。其工作原理如图10-5（b）、图10-5（c）所示，当触发叶轮1的叶片在霍耳集成块2和永久磁铁4之间转动时，每当叶片进入永久磁铁与霍耳元件之间的空气隙时，磁场即被叶片旁路，因为没有磁场穿过霍耳元件，所以不产生霍耳电压。当触发叶轮的叶片离开空气隙时，永久磁铁的磁通便通过霍耳元件经导磁板构成回路，霍耳元件产生霍耳电压。电子点火器就是依靠霍耳信号发生器输出的方波信号进行触发并控制点火系统工作。

3. 霍耳效应式无触点电子点火系统的工作原理

霍耳效应式无触点电子点火系统的点火装置一般由专用点火集成块IC和一些外围电路组成。霍耳效应式无触点电子点火系统电路如图10-6所示。接通点火开关S，由发动机凸轮轴驱动的分电器中霍耳信号发生器触发叶轮的叶片周期地通过传感器的空气隙。当叶片进入空气隙时，霍耳信号发生器输出信号U_g为高电位，该信号通过点火器插座③和⑥进入点火器。此时，点火器通过内部电路，适时地控制点火器末级大功率达林顿管VT导通和截止，从而控制初级电路的通断。其电路是：蓄电池"+"极—点火开关S—点火线圈初级绕组N_1—点火器（大功率达林顿管VT、反馈电阻R_s）—搭铁—蓄电池"-"极。当触发叶轮的叶片离开空气隙时，霍耳信号发生器输出信号U_g变为低电位，点火器末级大功率达林顿管VT立即截止，切断点火线圈初级电路，从而在次级绕组中产生高压电，使火花塞跳火。

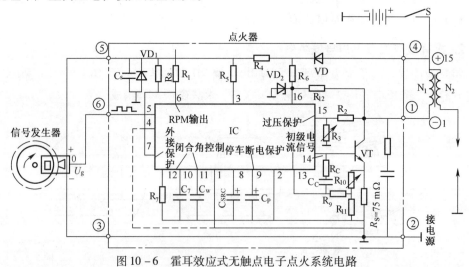

图10-6 霍耳效应式无触点电子点火系统电路

四、光电式无触点电子点火系统

光电式无触点电子点火系统是应用光电效应的原理，采用光电式点火信号发生器产生点火信号，控制电子点火系统的工作。图10-7所示的光电式点火信号发生器安装在分电器内，由安装在分电器轴上的转盘2、安装在分电器底板上的光触发器（光敏三极管3和发光二极管1）组成。转盘的外缘开有与发动机气缸数相对应的缺口。当发光二极管的光线照射光敏三极管时，光敏三极管导通，产生与曲轴位置相对应的电压脉冲，即点火信号。

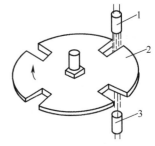

图10-7 光电式点火信号发生器示意图
1—发光二极管；2—转盘；3—光敏三极管。

光电式点火信号发生器的缺点是抗污能力差，光触发器表面沾灰和油污就会影响正常信号电压的产生，故这种点火信号发生器对分电器的密封性要求高。因此，光电式点火信号发生器不如磁脉冲式和霍耳效应式应用广泛。

第三节 微机控制点火系统

微机控制点火系统是在无触点电子点火系统之后，点火系统发展的又一次飞跃，其特点是用微机控制点火正时，将点火提前角的机械调节方式改变为微机控制方式，同时增加了爆震控制内容，使发动机实际点火提前角接近理想点火提前角，从而使发动机获得最佳的燃烧工况，提高了发动机的动力性、经济性的同时减少了排放污染。同时针对发动机不同工况，如在怠速时，最佳点火提前角控制的主要目标是发动机运转平稳、排放污染最低、油耗最小；在部分负荷时，主要要求是降低油耗和提高行驶特性；在大负荷时，重点是提高发动机输出的最大转矩和避免工作中产生爆震。

在发动机微机控制点火系统中，点火控制包括点火提前角控制、通电时间（闭合角）控制和防爆震控制三个方面。

一、微机控制点火系统的组成

微机控制点火系统主要由传感器、微机控制器（ECU）和点火执行器等组成。图10-8是有分电器微机控制点火系统的组成示意图，图10-9是无分电器微机控制点火系统的组成示意图。

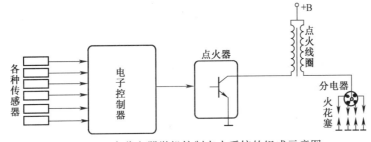

图10-8 有分电器微机控制点火系统的组成示意图

1. 传感器

在微机控制点火系统中，传感器是用来在发动机工作时不断地检测发动机运行工况的信息，并输入微机控制器，作为控制系统进行运算和控制的依据或基准。微机控制点火系统中传感器（包括各种开关）主要有曲轴位置传感器、凸轮轴位置传感器、曲轴转角与转速传感器、空气流量计（或绝对压力传感器）、水温传感器、进气温度传感器、氧（O_2）传感器、节气门位置传感器、车速传感器、爆震传感器、空调开关信号等。

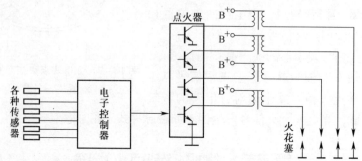

图 10-9　无分电器微机控制点火系统的组成示意图

2. 微机控制器（ECU）

微机控制器的作用是根据发动机各传感器输入的信息及内存的数据，进行计算、处理、判断，然后输出控制信号来控制有关执行器，达到快速、准确地控制发动机点火系统工作的目的。

微机控制器的基本构成如图 10-10 所示，包括输入回路、输出回路、A/D 转换器、微型计算机及电源电路等。

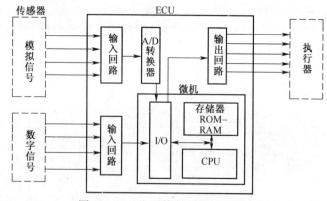

图 10-10　电子控制器的基本组成

在微机的只读存储器 ROM 中，存放着各种程序和该车在各种工况下最佳点火提前角等数据。发动机工作时，微机根据各传感器及开关信号输入的发动机工况信息，时刻检测曲轴位置及发动机负荷和转速。根据发动机负荷和转速，查出此刻基本点火提前角，再根据此时的发动机工况进行修正，计算出最佳点火提前角。微机适时按最佳点火提前角向输出回路发出控制信号，通过点火器切断点火线圈初级电流，产生高压电，并按发动机的点火顺序将高压电分配到各缸火花塞进行点火。

3. 点火执行器

点火执行器由电子点火器、点火线圈、分电器及火花塞等组成。点火执行器的作用是根据微机控制器输出的控制信号,通过内部大功率三极管的导通和截止,控制初级电流的通断,完成点火工作。

二、微机对点火时刻的控制方式

1. 开环控制方式

开环控制是指微机检测发动机各种工作状态信息,并根据这些信息从内部存储器中查出相应的点火提前角,然后输出控制信号对点火时刻进行控制。这种控制方法对控制结果不予以反馈。

2. 闭环控制方式

闭环控制是指微机以一定的点火提前角控制发动机工作时,同时还不断地检测发动机的有关工作状态,然后根据检测到的信息(反馈信号)再对点火提前角进行修正。在进行闭环控制时,反馈信号可以有多种,如爆震信号、转速信号、气缸压力信号等。目前汽车上最实用的是使用爆震传感器检测发动机是否有爆震信号,对点火提前角实现最佳控制。

三、微机控制点火系统的控制内容

1. 点火提前角的确定

1) 起动时点火提前角控制

起动时,发动机转速较低(一般在500r/min以下),进气流量信号或进气管压力信号不稳定,故点火时刻一般都固定在某一个初始点火提前角,大小因发动机而异。除此之外,有的发动机起动时的点火提前角还考虑冷却液温度的影响。例如:日本日产汽车TCCS系统,当冷却液温度在0℃以上时,其点火提前角固定在16°;而当冷却液温度低于0℃时,则根据冷却液温度适当增大起动时的点火提前角。

2) 起动后点火提前角控制

起动后,当发动机转速超过一定值(如500r/min)时,自动转换为由ECU的点火正时信号控制,即ECU根据发动机转速和负荷(进气流量或进气管压力、急速时的空调开关通断)信号,从存储器的标定数据中调取对应的最佳基本点火提前角,再根据有关传感器信号值加以修正,得出实际点火提前角,即

实际点火提前角 = 初始点火提前角 + 基本点火提前角 + 修正点火提前角

(1) 基本点火提前角。当节气门位置传感器中的急速触点闭合时,发动机处于急速工况运行,ECU根据发动机转速和空调开关是否接通确定基本点火提前角,如图10-11所示。当节气门位置传感器中的急速触点断开时,发动机处于正常运行工况,ECU根据发动机转速和负荷(进气流量或进气管压力、节气门开度)信号,在存储器的数据中查找到这一工况运行时对应的最佳基本点火提前角。

(2) 点火提前角的修正值。

①暖机修正。发动机冷车起动后,当冷却液温度较低时,应增大点火提前角。暖机

过程中，随冷却液温度升高，点火提前角的变化趋势如图 10-12 所示。修正曲线的形状与点火提前角的大小随车型不同而异。

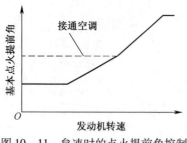

图 10-11　急速时的点火提前角控制

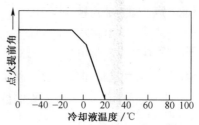

图 10-12　暖机时点火提前角控制

②急速稳定性修正。发动机在急速运行期间，若发动机负荷变化（如空调、动力转向等）而使转速改变，ECU 则随时调整点火提前角，使发动机在规定的急速转速下稳定运转。ECU 不断地计算发动机的平均转速，当平均转速低于规定的急速目标转速时，ECU 根据两者的差值大小相应地增大点火提前角，如图 10-13 所示；当平均转速高于规定的急速目标转速时，相应地推迟点火提前角。

点火提前角的急速稳定性修正是与急速控制系统随急速转速变化调节旁通空气量同时进行的，这样有助于提高急速转速的控制精度及稳定性。

③过热修正。发动机处于正常运行工况（急速触点 IDL 断开），当冷却液温度过高时，为了避免爆燃发生，应将点火提前角减小；而发动机处于急速运行工况（急速触点 IDL 接通），当冷却液温度过高时，为了避免发动机长时间过热，应将点火提前角增大，如图 10-14 所示。

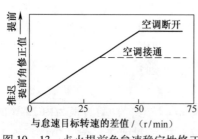

图 10-13　点火提前角急速稳定性修正

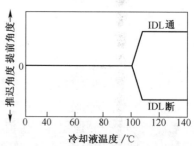

图 10-14　点火提前角的过热修正

④空燃比反馈修正。装有氧传感器的电控燃油喷射系统进行闭环控制时，ECU 根据氧传感器的反馈信号对空燃比进行修正。随着修正喷油量的增加或减少，发动机的转速在一定范围内波动。为了提高发动机转速的稳定性，在反馈修正油量减少、混合气变稀时，也应适当地增大点火提前角。

发动机正常运行期间，实际点火提前角就是初始点火提前角、基本点火提前角和修正点火提前角之和。发动机曲轴每运转一周后，ECU 就可以计算并输出一次点火提前角的调整数据，使点火提前角随着发动机工况的变化作出相应的改变。但是，若 ECU 计算出的实际点火提前角超过允许的最大或最小点火提前角，则 ECU 就以允许的最大或最小点火提前角进行控制。

2. 通电时间（闭合角）控制

对于发动机电控系统常用的电感储能式点火系统，当点火线圈的初级电路被接通后，其初级电流是按指数规律增长的。初级电路被断开瞬间，初级电流所能达到的值即初级断开电流与初级电路接通的时间长短有关，只有通电时间达到一定值时，初级电流才可能达到饱和。而次级电压最大值是与断开电流成正比的，所以必须保证通电时间才能使初级电流达到饱和。但是，如果通电时间过长，点火线圈又会发热，并使电能消耗增大。

因此，要获得一个最佳的初级电流通电时间，必须兼顾上述两方面的要求。另外，当蓄电池的电压变化时，也将影响初级电流大小。如蓄电池电压下降时，在相同的通电时间内，初级电流所能达到的值将会减小，因此必须对通电时间进行修正。图 10 – 15 所示为通电时间随蓄电池电压变化的修正曲线。

这种通电时间修正曲线与发动机基本点火提前角脉谱图及其修正曲线一起存储在 ECU 的存储器中。如前面电控点火系统的控制方法中所述，在发动机工作期间，ECU 根据蓄电池电压信号从存储器中查得所需的通电时间（以 ms 计），再根据发动机转速换算成曲轴转角，以决定闭合角的大小，由点火正时信号的上升沿来控制初级电路的导通时间，保证初级电路断开时达到必需电流值。

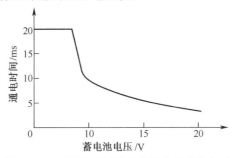

图 10 – 15 通电时间随蓄电池电压变化修正

四、有分电器微机控制点火系统

有分电器微机控制点火系统一般由传感器、微机控制器、点火执行器等组成。图 10 – 16 为有分电器微机控制点火系统的组成框图。

1. 有分电器微机控制点火系统主要电路

1) 点火确认信号（IGf 信号）发生电路

点火确认信号也称为点火安全信号。当点火线圈初级电流被切断时，产生反电动势触发 IGf 信号发生电路，使其输出一个点火确认信号（IGf）给 ECU。

在微机控制喷油系统中，喷油器的驱动信号来自曲轴转速与曲轴位置传感器，如果点火系统出现故障使火花塞不能点火，而该传感器工作正常时，喷油器会继续喷油。为避免这种现象的发生，当 IGf 信号连续 3~6 次没有反馈给 ECU 时，ECU 就判断此时发动机已熄火，并向电控燃油喷射（EFI）系统的喷油控制电路发出中断供油的指令，避免燃油浪费、起动困难以及行驶时三元催化转换器过热等现象的发生。

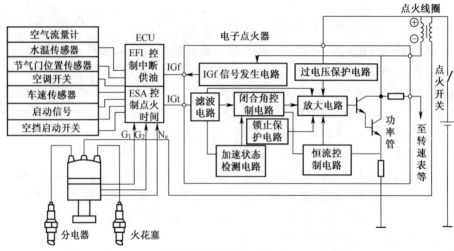

图 10-16　有分电器微机控制点火系统的组成框图

2）过电压保护电路

当汽车电源供电电压过高时，该电路使点火器放大电路中的功率晶体管截止，以保护点火线圈与功率管。

3）闭合角控制电路

闭合角是指点火线圈初级电路的通电期间曲轴转过的角度。

闭合角控制电路可控制点火器中开关功率管的导通时间，即控制点火线圈初级电路的通电时间来保证次级电路产生合适的点火电压。

4）锁止保护电路

锁止保护电路也称发动机停转断电电路。如发动机熄火后点火开关仍处接通状态，当点火线圈和开关功率管的导通时间超过设定值时，该电路控制功率管截止，切断初级电路的电流，以保护点火线圈和功率管不致过热损坏，同时也避免了电能消耗。

5）恒流控制电路

保证在任何发动机转速下，使点火线圈初级电流都能达到规定值（一般为 6 ~ 7A），以减少转速变化对次级电压的影响，改善点火性能。同时，还可防止因初级电流过大而烧坏点火线圈，这是因为微机控制点火系统采用了高能点火线圈，其初级线圈本身电阻值很小。

6）加速状态检测电路

当发动机转速急剧上升时，该电路检测到发动机的加速状态，并将检测到的状态信号输入闭合角控制电路，使功率管提前导通，以增大闭合角。

2. 有分电器微机控制点火系统的工作原理

发动机工作时，ECU 不断地采集发动机的负荷、转速、进气温度、冷却液温度等信号，并与微机控制器的存储器中预先储存的最佳控制参数进行比较，确定出该工况下最佳点火提前角和初级电路的最佳导通时间，并以此向点火控制模块发出控制信号。

点火控制模块根据 ECU 的点火控制信号来控制点火线圈初级回路的导通和截止。当电路导通时，有电流从点火线圈的初级回路流过，点火线圈此时将点火能量以磁场的形式储存起来。当初级线圈中的电流被切断时,在其次级线圈中将产生较高的感应电动势(15~30kV),经分电器送到工作气缸的火花塞,并迅速点燃气缸内的混合气,发动机完成作功过程。

此外,在带有爆震传感器的点火提前角闭环控制系统中,ECU 还可根据爆震传感器的输入信号来判断发动机的点火提前角是否合适,并将点火提前角控制在爆震界限的范围内,使发动机获得最佳点火提前角。

五、无分电器微机控制点火系统

常见的无分电器微机控制点火系统根据高压配电方式的不同分为同时点火方式(图10-17)和独立点火方式(图10-18)两种,其工作原理也各不相同。

1. 同时点火方式的无分电器微机控制点火系统

同时点火方式的无分电器微机控制点火系统如图10-17所示,是利用一个点火线圈对活塞接近压缩行程上止点和排气行程上止点的两个气缸同时进行点火的高压配电方法。其中,压缩行程气缸火花塞产生的电火花是有效火花;排气行程火花塞产生的电火花是无效火花。同时点火方式又分为点火线圈配电方式和二极管配电方式两种,其中常见的为点火线圈配电方式。

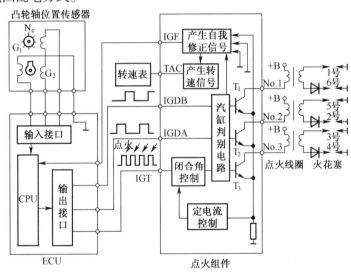

图 10-17 同时点火方式的无分电器微机控制点火系统

点火线圈配电方式是一种直接用点火线圈分配高压电的同时点火方式。几个相互屏蔽、结构独立的点火线圈组合成一体,称为点火线圈组件。对于4缸机来说,点火线圈组件有两个独立的点火线圈,6缸机的点火线圈组件有三个独立的点火线圈。每个点火线圈供给配对的两个缸的火花塞。点火控制器中有与点火线圈数量相等的功率三极管,分别控制一个点火线圈的工作。点火控制器根据计算机提供的点火信号,由气缸判别电路按点火顺序轮流激发功率三极管,使其导通或截止,以控制点火线圈初级绕组的通断,产生次级点火电压。有些同时点火方式的无分电器微机控制点火系统,在点火线圈的次级绕组中串联一个高压二极管，其作用是防止高速时初级绕组导通而产生的次级电压形成误点火，如图10-17所示。还有的无分电器点火系统点火线圈的次级绕组与火花塞之间的高压电路中留有3~4mm的间隙，其作用与次级绕组中串联的高压二极管的作用一样，也是防止初级电路接通时的误点火。

点火线圈配电方式的无分电器微机控制点火系统是目前应用最广泛的一种无分电器微机控制点火系统，如桑塔纳轿车的发动机、日本三菱公司的部分直列4缸机和部分V6发动机、美国福特公司的V6和V8发动机的无分电器点火系统均采用点火线圈配电方式；丰田皇冠轿车的DLI、通用别克轿车C31、雪佛兰的DIS等也都是点火线圈配电方式的无分电器微机控制点火系统。

2. 独立点火方式的无分电器微机控制点火系统

独立点火方式的无分电器微机控制点火系统是一个缸的火花塞配一个点火线圈，如图10-18所示，各个独立的点火线圈直接安装在火花塞上，独立向火花塞提供高压电，各缸直接点火。这种结构的特点是去掉了高压线，因此可以使高压电能的传递损失和对无线电的干扰降低到最低水平。由于一个线圈向一个气缸提供点火能量，因此在发动机转速相同时，单位时间内线圈中通过的电流要小得多，线圈不易发热，所以这种线圈的初级电流可以设计得较大，即使在发动机高速运行时，也能够提供足够的点火能量。

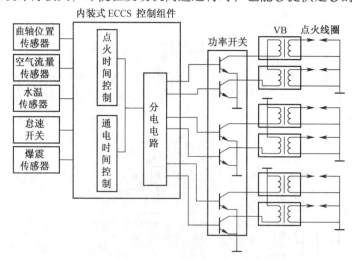

图10-18 独立点火方式的无分电器微机控制点火系统

独立点火方式因车型的不同，其控制电路也存在一定的差异。有些采用一个点火控制器，有些则采用多个点火控制器，但工作原理相同。发动机工作时，微机控制器（ECU）不断检测传感器的输入信号，根据微机存储器存储的数据计算并求出最佳点火提前角和通电时间，以点火基准传感器为标准，按照发动机作功顺序，确定每一缸点火线圈的通断时间，并将其转换为该缸点火线圈的控制信号IGi（i指第i个气缸）。如某缸的控制信号为低电平时，点火控制器中对应此缸的功率管导通，初级线圈电路导通；当该缸的控制信号变为高电平时，对应的功率管截止，初级线圈电路被切断，在次级线圈产生高压电，击穿火花塞电极，点燃气缸中混合气。独立点火的点火控制器需要判别的点火气缸的数目多，因此气缸判别电路较复杂。

第四节 点火系统主要部件

一、分电器

1. 无触点电子点火系统分电器

霍耳式无触点分电器的结构如图 10-19、图 10-20 所示,主要由霍耳式点火信号发生器、配电器和点火提前机构组成。霍耳效应式分电器的真空点火提前机构的拉杆拉动的是装有霍耳传感器的托盘。

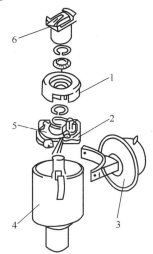

图 10-19 霍耳式无触点分电器的分解结构
1—触发叶轮;2—霍耳传感器;3—真空点火提前机构;4—分电器外壳;5—托盘;6—分火头。

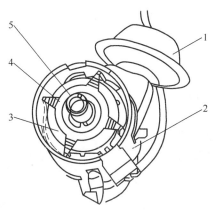

图 10-20 霍耳式无触点分电器的主要装配结构
1—真空点火提前机构;2—分电器壳;3—托盘;4—信号转子;5—转子轴。

2. 微机控制点火系统分电器

微机控制点火系统的分电器主要由曲轴转角与位置传感器、配电器组成,曲轴转角与位置传感器安装在分电器内,向电子控制器 ECU 输入活塞位置(上止点)、曲轴转角、曲轴转速等信息。配电器的作用是将点火线圈产生的高压电送至各缸火花塞。

曲轴转角与位置传感器常采用磁电式（即磁脉冲式），其基本结构如图 10-21 所示。曲轴转角与位置传感器由上、下两部分组成，上部分为 G 信号发生器 1，下部分为 N_e 信号发生器 2。

1）N_e 信号

曲轴转角与位置传感器的下部产生 N_e 信号，为曲轴转角及发动机转速信号。N_e 信号装置主要由信号转子 2 与传感线圈 1 组成。其结构如图 10-22 所示。信号转子上有 24 个轮齿，固定在分电器轴上，传感线圈固定在外壳内。其工作原理与普通电子点火系统中的磁脉冲信号发生器基本相同。当信号转子随分电器轴旋转时，轮齿与传感线圈凸缘部的空气隙交替发生变化，导致传感线圈内磁通变化而产生交变电动势信号 N_e。因信号转子上有 24 个轮齿，所以转子转一圈时，传感线圈中将产生 24 个交变电动势信号。信号

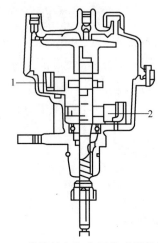

图 10-21　曲轴转角与位置传感器的基本结构

转子（固定在分电器轴上）转一圈，相当曲轴旋转 720°，所以每产生一个交变电动势信号相当于曲轴转角 30°（720°/24 = 30°）。ECU 通过内部设定的转角脉冲发生器，将 30°转角再均分为 30 等份，使转角的步长为 1°，以满足精度的要求。同理，发动机转速可由 ECU 依据 N_e 信号中两个脉冲波（60°曲轴转角）所经过的时间，准确地计算出发动机转速。

2）G 信号

曲轴转角与位置传感器的上部产生 G 信号，它是测试曲轴位置的基准信号，用来判别气缸及活塞上止点的位置。G 信号发生器由带有一个凸缘的信号转子及相对的 G_1、G_2 两个传感线圈组成。基本结构如图 10-23 所示，信号产生原理与 N_e 信号发生器相同。当 G 信号转子上的凸缘通过 G_1 传感线圈的凸缘时，产生 G_1 信号；当 G 信号转子上的凸缘通过 G_2 传感线圈的凸缘时，产生 G_2 信号。G_1 与 G_2 在分电器内相差 180°。分电器轴转一圈（相当于曲轴转角 720°），G_1 或 G_2 分别出现一次。G_1、G_2 和 N_e 信号间的关系如图 10-24 所示。

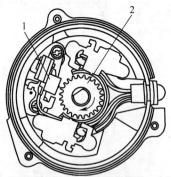

图 10-22　N_e 信号发生器

1—传感线圈；2—信号转子。

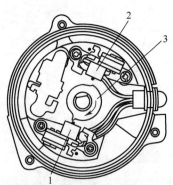

图 10-23　G 信号发生器

1—G_2 传感线圈；2—G_1 传感线圈；3—信号转子。

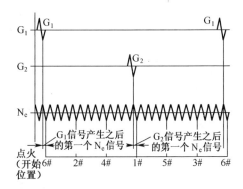

图 10-24 G_1、G_2 和 N_e 信号间的关系

G_1 信号用来检测 6 缸发动机第六缸上止点的位置，G_2 信号用来检测第一缸上止点的位置。当传感线圈产生的电压波形为 0V 时，微机检测出的活塞位置是上止点前（BTDC）10°。

二、点火线圈

按磁路的结构形式不同，点火线圈分为开磁路式点火线圈和闭磁路式点火线圈。

1. 开磁路式点火线圈

开磁路式点火线圈的结构如图 10-25 所示，点火线圈由初级绕组 14、次级绕组 15 和铁芯 17 等组成。点火线圈的中心是用硅钢片叠成的铁芯，在铁芯外面套上绝缘的纸板套管，套管上绕有次级绕组，它用直径为 0.06～0.10mm 的漆包线绕 11000～26000

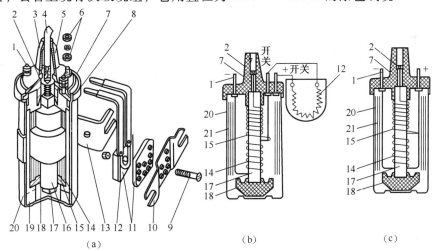

图 10-25 开磁路式点火线圈
(a) 结构示意图；(b) 三接线柱式原理图；(c) 二接线柱式原理图。
1—"-"接线柱；2—次级绕组引出头及弹簧；3—橡胶罩；4—高压阻尼线；5—高压线插座；
6—螺母及垫片；7—绝缘盖；8—橡胶密封圈；9—螺钉及螺母；10—附加电阻盖；11—附加电子瓷质绝缘体；
12—附加电阻及接线片；13—固定夹；14—初级绕组；15—次级绕组；16—绝缘纸；17—铁芯；
18—瓷绝缘体；19—沥青材料；20—外壳；21—导磁钢套。

匝。初级绕组用直径为 0.5～1.0mm 的高强漆包线绕在次级绕组的外面（以利于散热），一般绕 230～370 匝。绕组绕好后在真空中浸以石蜡和松香的混合物，以增强绝缘。绕组和外壳之间装有导磁钢片（加强磁通），底部有瓷质绝缘支座，上部有绝缘盖，外壳内充满沥青或变压器油等绝缘物，加强绝缘并防止潮气侵入。

三接线柱式点火线圈的绝缘盖上有接线柱"开关+"、"开关"、"-"和高压插孔，它们分别接点火开关、起动机附加电阻短路接线柱、断电器和配电器。其与两接线柱式点火线圈的主要区别是外壳上装有一个附加电阻。附加电阻接在标有"开关+"和"开关"的两接线柱上，与点火线圈的初级绕组串联。附加电阻可用低碳钢丝、镍铬丝或纯镍丝制成，具有受热时电阻值迅速增大，而冷却时电阻值迅速降低的特性。因此，在点火系统工作时，可自动调节初级电流，改善高速时的点火特性。

当初级电流流过开磁路式点火线圈的初级绕组时，铁芯被磁化，其磁路如图 10-26 所示。由于磁路的上、下部分都从气隙中通过，铁芯未构成闭合磁路，所以称为开磁路式点火线圈。

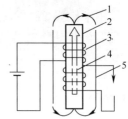

图 10-26 开磁路式点火线圈的磁路
1—磁感线；2—铁芯；3—初级绕组；
4—次级绕组；5—导磁钢套。

2. 闭磁路式点火线圈

闭磁路式点火线圈的结构如图 10-27 所示。在"口"字形或"日"字形铁芯内绕有初级绕组 1，在初级绕组外面绕有次级绕组 2。由图 10-27 可知，初级绕组在铁芯中产生的磁力线通过铁芯形成闭合磁路，故称其为闭磁路式点火线圈。

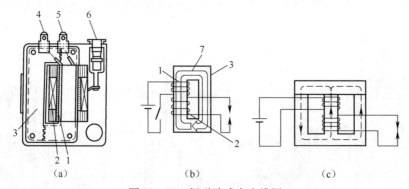

图 10-27 闭磁路式点火线圈
(a) 闭磁路点火线圈；(b) "口"字形铁芯；(c) "日"字形铁芯。
1—初级绕组；2—次级绕组；3—铁芯；4—正接线柱；5—负接线柱；6—高压接线柱；7—磁力线。

与开磁路式点火线圈相比，闭磁路式点火线圈具有漏磁少、能量转换效率高、磁阻小、体积小、质量小、铁芯裸露易于散热等优点，故已在电子点火系统中广泛采用。

下面介绍在无分电器微机控制点火系统中常见的几种闭磁路点火线圈。

1）二极管分配式

二极管分配同时点火方式的点火线圈的结构特点是具有两个初级绕组、一个次级绕组。高压二极管有直接安装在点火线圈内部和连接在点火线圈外部两种结构形式，如图 10-28、图 10-29 所示。

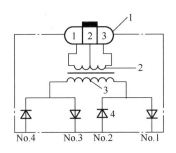 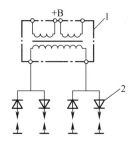

图 10-28 二极管分配式点火线圈（内装）
1—低压接线端子；2—初级绕组；3—次级绕组；
4—高压二极管。

图 10-29 二极管分配式点火线圈（外装）
1—点火线圈；2—高压二极管。

2）点火线圈分配式

点火线圈分配同时点火方式的点火线圈每个都有一个初级绕组和一个次级绕组，两个或三个点火线圈多采用组合安装的形式。组合式点火线圈其外形可能不同，但内部电路结构相似，如图 10-30 所示。

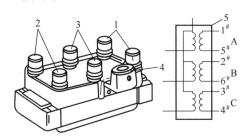

图 10-30 点火线圈分配式点火线圈
1—点火线圈 A 高压线插座；2—点火线圈 B 高压线插座；3—点火线圈 C 高压线插座；
4—点火线圈低压导线插座；5—点火线圈内部电路。

3）单独点火方式

单独点火方式的点火线圈可直接安装在火花塞上端，如图 10-31 所示，这样不仅可省去高压导线，而且使点火能量的损失和系统的故障率进一步降低。与同时点火方式相比，单独点火方式的点火系统结构与控制电路要复杂一些，目前使用相对同时点火方式要少。

三、火花塞

火花塞的作用是将点火线圈产生的高压电引入发动机的燃烧室，在其电极间隙中形成电火花，点燃混合气。火花塞的工作条件极其恶劣，它受到高压、高温以及燃烧产物的强烈腐蚀。因此，对火花塞提出了一些具体要求，它必须具有足够的机械强度，能承受剧烈的温度变化，能够承受冲击性高压电的作用，具有良好的热特

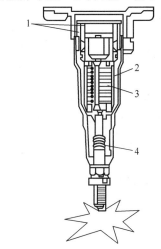

图 10-31 单独点火方式的点火线圈
1—接 ECU；2—初级绕组；3—次级绕组；4—火花塞。

性，并要求火花塞的材料能抵抗燃气的腐蚀。

火花塞的结构如图 10-32 所示。在钢制壳体 5 的内部固定有高氧化铝陶瓷绝缘体 2，使得中心电极与侧电极之间保持足够的绝缘强度。绝缘体孔的上部装有金属杆 3，通过接线螺母与高压导线相连，下部装有中心电极 10。金属杆与中心电极之间用导电玻璃 6 密封。中心电极用镍锰合金制成，具有良好的导电、耐高温和耐腐蚀的性能。火花塞通过壳体下部的螺纹旋入气缸盖中，旋紧时密封垫圈受压变形保证壳体与缸盖之间密封良好。为了适应不同类型发动机的需要，火花塞因下部的形状和绝缘体裙部长度的不同有多种形式。

火花塞在工作时，周期性地受到高温燃气作用，使绝缘体裙部温度升高，这部分热量主要通过壳体、绝缘体、中心电极、金属杆等传至缸体或散发到空气中。当吸收和散发的热量达到平衡时，火花塞的各个部分将保持一定的温度。火花塞的发火部位吸热并向发动机冷却系统散发的性能，称为火花塞的热特性。实践证明，火花塞绝缘体裙部的温度保持在 500~600℃ 时，落在绝缘体上的油滴能立即烧去，不易形

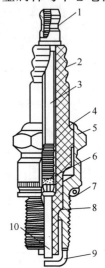

图 10-32 火花塞的构造
1—接线柱；2—绝缘体；3—金属杆；4—垫圈；
5—壳体；6—导电玻璃；7—多层密封垫圈；8—内垫；
9—侧电极；10—中心电极。

成积炭，这个温度称为火花塞的自净温度。低于这个温度时，火花塞会因产生积炭而漏电；高于这个温度时，则当混合气与炽热的绝缘体接触时，可能早燃而引起爆燃。

火花塞的热特性主要取决于绝缘体裙部的长度。绝缘体裙部长的火花塞，受热面积大，传热距离长，散热困难，裙部温度高，称为热型火花塞；反之，裙部短的火花塞，受热面积小，传热距离短，容易散热，裙部温度低，称为冷型火花塞。热型火花塞适用于低速、低压缩比、小功率发动机；冷型火花塞适用于高速、高压缩比、大功率发动机。

火花塞的热特性常用热值或炽热数表示。我国以绝缘体裙部长度标定的热值（1~11）表示火花塞的热特性。热值代号 1、2、3 为热型火花塞；4、5、6 为中型火花塞；7、8、9、10、11 为冷型火花塞。常用火花塞的种类如图 10-33 所示。

  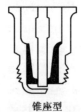 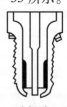 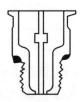

标准型　　绝缘突出型　　细电极型　　锥座型　　多极型　　沿面跳火型

图 10-33 常用火花塞的种类

第五节 汽车电源

汽车电源由蓄电池和发电机两个电源并联而成,如图 10-34 所示。在发动机工作时,发动机带动发电机发电,向汽车用电设备提供电能,并向蓄电池充电。在起动发动机时,则由蓄电池向起动机及点火系统等提供电能。蓄电池除了用于起动电源外,还具有如下功能。

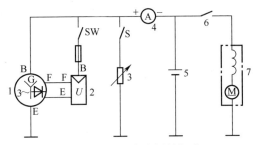

图 10-34 汽车电源的组成
1—发电机;2—调节器;3—用电设备;4—电流表;5—蓄电池;6—起动开关;7—起动机。

(1) 在发动机怠速运转或停转(发电机电压低或不发电)时,向车载用电设备供电。

(2) 当同时启用的车载用电设备总功率超过了发电机的额定功率时,协助发电机供电。

(3) 在其存电不足及发电机负载不多时,通过充电的方式将发电机的电能转换为化学能储存起来。

(4) 蓄电池内部的极板构成了一个容量很大的电容器,它可以吸收电路中的瞬变电压脉冲,对汽车电路中的电子元件起到保护作用。

(5) 对汽车电子控制系统来说,蓄电池是电子控制器的不间断电源。

一、铅酸蓄电池

1. 铅酸蓄电池的构造

铅酸蓄电池的构造如图 10-35 所示。它是在装有稀硫酸的容器中插入两组正、负极板组而构成的一个化学电源。它由极板、隔板、外壳、电解液等部分组成。容器分为 3 格或 6 格,每格里装有电解液,正、负极板组浸入电解液中成为单格电池。每个单格电池的标称电压为 2.1V,3 格串联起来成为 6.3V 蓄电池,6 格串联起来成为 12.6V 电池。

1) 极板

极板是铅酸蓄电池的基本组成部件。极板分正极板和负极板两种。正极板上的活性物质是二氧化铅,呈现棕红色;负极板上的活性物质是海绵状纯铅,呈青灰色。蓄电池在充电与放电过程中,电能和化学能的相互转换是依靠极板上活性物质和电解液中硫酸的化学反应来实现的。

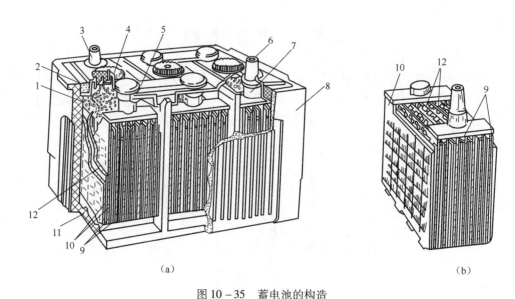

图 10-35 蓄电池的构造
(a) 整体结构；(b) 单格结构。
1—护板；2—封料；3—负极接线柱；4—加液孔螺塞；5—连接条；
6—正极接线柱；7—电极衬套；8—外壳；9—正极板；10—负极板；11—肋条；12—隔板。

正、负极板上的活性物质分别充填在铅锑合金铸成的栅架上。铅锑合金中，铅占94%，锑占6%。加入少量的锑的目的是为了提高栅架的机械强度并改善浇铸性能。但是，铅锑合金耐电化学腐蚀性能较差，锑含量高的栅架势必导致使用寿命的降低。因此，采用低锑合金就十分重要了，目前生产的栅架含锑量为2%~3%。在栅架合金中加入0.1%~0.2%的砷，可以减缓腐蚀速度，提高硬度与机械强度，增强其抗变形能力，延长蓄电池的使用寿命。目前，国内外已使用铅锑砷合金作栅架。

正极活性物质脱落和栅架腐蚀是影响蓄电池使用寿命的主要原因。因此，正极板要做的厚一些，负极板厚度一般为正极板栅厚度的70%~80%。国产蓄电池负极板厚度为1.6~1.8mm，也有薄至1.2~1.4mm的；正极板厚度为2.2~2.4mm，也有薄至1.6~1.8mm的。薄形极板的使用能提高蓄电池的比能量，改善汽车的起动性能。

为了增大蓄电池的比容量，一般将多片正极板（4~13片）和多片负极板（5~14片）分别并联，组成正、负极板组。安装时，将正、负极板组相互嵌合，中间插入隔板，就成了单格电池。在每个单格电池中，负极板的数量总是比正极板要多一片。正极板都处在负极板之间，最外面2片都是负极板。主要原因是因为正极板活性物质较疏松，机械强度低，这样把正极板都夹在负极板中间，使其两侧放电均匀，保持正极板工作时不易因活性物质膨胀而翘曲，造成活性物质脱落。

2）隔板

为了减少蓄电池内部尺寸，降低蓄电池的内阻，蓄电池内部正、负极板应尽可能靠近。但是为了防止距离太近导致相互接触而短路，正、负极板之间要用绝缘的隔板隔开。隔板材料应具有多孔性结构，便于电解液自由渗透，且化学性能应稳定，具有良好的耐酸性和抗氧化性。常见的隔板材料有木质、微孔塑料、微孔橡胶、玻璃纤维纸浆和玻璃丝棉等。

3）外壳

蓄电池外壳为一整体式结构的容器，极板、隔板和电解液均装入外壳内。蓄电池电压一般有6V和12V两种规格，因此，外壳内由间壁分成3个和6个互不相通的小容器。各个单格底部有垫角，其突起的肋条用于搁置极板组，使其下方有足够的空间容纳脱落的活性物质，避免活性物质堆积起来造成正、负极板相互接触而短路。

蓄电池外壳应耐酸、耐热、耐寒、抗震动，并具有足够的机械强度。常用的材料有硬质橡胶、工程塑料等。工程塑料外壳美观透明，耐酸抗腐蚀，质量小，机械强度高，目前国内生产的蓄电池外壳大部分采用聚丙烯等工程塑料外壳。

4）电解液

铅酸蓄电池的电解液，是由相对密度为 $1.84g/cm^3$ 的纯硫酸和蒸馏水配制而成，密度一般在 $1.24～1.30g/cm^3$ 的范围之内。电解液的纯度是影响蓄电池的性能和使用寿命的重要因素，因此，蓄电池电解液要用规定的蓄电池专用硫酸和蒸馏水配制，硫酸标准见 HG/T 2692—2007《蓄电池用硫酸》规定，蒸馏水标准见 ZBK 84004—1989 的规定。

电解液的配制应在耐酸的陶瓷或玻璃容器内进行。先将蒸馏水倒入容器内，然后慢慢地加入硫酸，并且要不停地用耐酸棒搅拌。绝对不允许将水倒入硫酸中，否则将产生剧烈的反应，可能造成人身事故。配制不同密度的电解液必须按一定的体积比或质量比进行，如电解液密度为 $1.20g/cm^3$，则硫酸与蒸馏水的体积比应为 1∶4.33，硫酸与蒸馏水的质量比应为 1∶2.36（以25℃时硫酸相对密度为1.83 计算），其他密度的电解液可按此关系进行换算。

2. 铅酸蓄电池的工作原理

根据双极硫酸盐化理论，铅酸蓄电池中参与化学反应的物质，正极板上是 PbO_2，负极板上是 Pb，电解液是 H_2SO_4 的水溶液。蓄电池放电时，正极板上的 PbO_2 和负极板上的 Pb 都变成 $PbSO_4$，电解液中的 H_2SO_4 减少，相对密度下降。蓄电池充电时，则按相反的方向变化，正极板上的 $PbSO_4$ 恢复成 PbO_2，负极板上的 $PbSO_4$ 恢复成 Pb，电解液中的 H_2SO_4 增加，相对密度增大。

蓄电池在充放电过程中的化学反应可以用下式来表示：

$$PbO_2 + Pb + 2H_2SO_4 \underset{充电}{\overset{放电}{\rightleftharpoons}} 2PbSO_4 + 2H_2O$$

1）蓄电池电动势的建立

极板浸入电解液后，由于少量的活性物质溶解于电解液，产生了电极电位，并且由于正负极板的电极电位不同而形成了蓄电池的电动势。

在正极板处，少量的 PbO_2 溶入电解液中，与水生成 $Pb(OH)_4$，再分离成四价铅离子和氢氧根离子，即

$$PbO_2 + 2H_2O \rightarrow Pb(OH)_4$$

$$Pb(OH)_4 \rightarrow Pb^{4+} + OH^-$$

式中：溶液中的 Pb^{4+} 有沉附于极板的倾向，使极板呈正电位，同时由于正、负电荷的吸引，极板上 Pb^{4+} 有与溶液中 OH^- 结合，生成 $Pb(OH)_4$ 的倾向，当两者达到动态平衡时，正极板的电极电位约为 +2.0V。

同理，在负极板处，金属铅受两方面的作用：一方面它有溶解于电解液的倾向，因而极板表面上有少量 Pb^{2+} 进入电解液，使极板带负电；另一方面，由于正、负电荷的吸引，Pb^{2+} 有沉附于极板表面的倾向。当两者达到动态平衡时，极板的电极电位约为 -0.1V。

因此，一个充足电的单格蓄电池，在静止状态下的电动势 E_0 约为 2.1V。

2) 蓄电池的放电过程

如果将蓄电池与外电路的负荷接通，例如接亮汽车前照灯，蓄电池与前照灯就组成了完整的电路。当电路中产生电流时，电子 e 从负极板经过外电路的负荷流往正极板，使正极板的电位下降，从而破坏了原有的平衡状态。流到正极板的电子 e 与 Pb^{4+} 结合，变成二价离子 Pb^{2+}，Pb^{2+} 与 SO_4^{2-} 化合，生成 $PbSO_4$ 而沉附在正极板上，即

$$Pb^{4+} + 2e \rightarrow Pb^{2+}$$
$$Pb^{2+} + SO_4^{2-} \rightarrow PbSO_4$$

在负极板处，Pb^{2+} 与电解液中的 SO_4^{2-} 化合也生成 $PbSO_4$，沉附在负极板上，而极板上的金属铅继续溶解，生成 Pb^{2+}，留下电子 2e。

在外部电路的电流继续流通时，蓄电池正极板上的 PbO_2 和负极板上的 Pb 将不断转变为 $PbSO_4$，电解液中的 H_2SO_4 逐渐减少，而 $2H_2O$ 逐渐增多，电解液密度下降。铅蓄电池放电时的化学过程如图 10-36 所示。

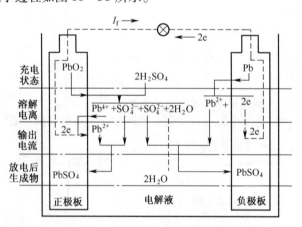

图 10-36 铅蓄电池的放电过程

从理论上说，蓄电池的这种放电过程将进行到极板上的所有活性物质全部转变为 H_2SO_4 为止，而实际上不可能达到这种情况，因为电解液不能渗透到极板活性物质最内层中去。在使用中所谓放完电的蓄电池，极板上的活性物质材料实际上只有 20%~30% 转变成了 $PbSO_4$。因此，采用薄型极板，增加多孔性，提高极板活性物质的利用率是蓄电池工业的发展方向。我国已经有一些厂家生产薄型极板蓄电池。

3) 蓄电池的充电过程

充电时蓄电池的正负两极接通直流电源，当电源电压高于蓄电池的电动势时，在电源力的作用下，电流将以相反的方向通过蓄电池，即由蓄电池的正极流入，从蓄电池的负极流出，也就是电子由正极板经外电路流往负极板。这时正负极板发生的化学反应正好与放电过程相反，其化学反应过程如图 10-37 所示。

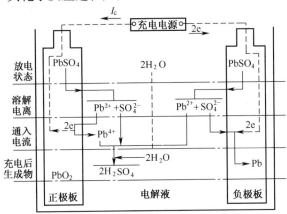

图 10-37　铅蓄电池的充电过程

在正极板处，有少量的 $PbSO_4$ 溶于电解液中，产生 Pb^{2+} 和 SO_4^{2-}，Pb^{2+} 在电源力作用下失去两个电子变成 Pb^{4+}，它又和电解液中解析出来的 OH^- 结合，生成 $Pb(OH)_4$，$Pb(OH)_4$ 再分解成为 PbO_2 和 H_2O，而 SO_4^{2-} 与电解液中的 H^+ 化合生成 H_2SO_4。正极板上的总反应为

$$PbSO_4 - 2e + 2H_2O + SO_4^{2-} \longrightarrow PbO_2 + 2H_2SO_4$$

在负极板处，也有少量的 $PbSO_4$ 溶于电解液中，产生 Pb^{2+} 和 SO_4^{2-}，Pb^{2+} 在电源力的作用下获得两个电子变成金属 Pb，沉附在极板上，而 SO_4^{2-} 则与电解液中的 H^+ 化合生成 H_2SO_4。负极板上的总反应为

$$PbSO_4 + 2e + 2H^+ \longrightarrow Pb + H_2SO_4$$

由此可见，在充电过程中，正负极板上的 $PbSO_4$ 将逐渐恢复为 PbO_2 和 Pb，电解液中的硫酸（H_2SO_4）成分逐渐增多，水（H_2O）逐渐减少。

充电期间，电解液密度将升到最大值，并且引起水的分解。其反应式为

$$2H_2SO_4 \longrightarrow 4H^+ + 2SO_4^{2-}$$

负极上的反应为

$$4H^+ + 4e \longrightarrow 2H_2 \uparrow$$

正极上的反应为

$$2SO_4^{2-} - 4e + H_2O \longrightarrow 2H_2SO_4 + O_2 \uparrow$$

蓄电池的总反应为

$$2H_2SO_4 + 2H_2O \longrightarrow 2H_2SO_4 + 2H_2 \uparrow + O_2 \uparrow$$

因此，实际上分解的是 H_2O，即

$$2H_2O \longrightarrow 2H_2 \uparrow + O_2 \uparrow$$

二、交流发电机

1. 交流发电机的构造

硅整流交流发电机主要由转子、定子、硅整流器和端盖等四个部分组成。转子用来建立磁场,定子中产生的三相交流电,经硅整流器整流后输出直流电。交流发电机的构造如图 10-38 所示。

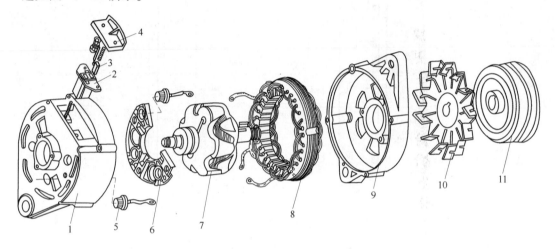

图 10-38 JF132 型交流发电机的组件
1—后端盖；2—电刷架；3—电刷；4—电刷弹簧压盖；5—硅二极管；
6—散热板；7—转子；8—定子总成；9—前端盖；10—风扇；11—带轮。

1) 转子

转子是交流发电机的磁场部分,它主要由激磁绕组、磁极和滑环组成。单个磁极的形状像鸟嘴形,但它的整体像一个爪子。所以一个极性的整体磁极也称爪极。磁极数目有4对、5对、6对、7对等几种,目前国产交流发电机大多采用6对磁极,例如JF系列350W交流发电机。磁极用冲制或铸造方法加工而成,每台交流发电机有两个爪极,它们中间放置激磁绕组,然后压装在滚有花纹的转子轴上。当激磁绕组通电后,一个爪极形成 N 极,另一个爪极形成 S 极。

2) 定子

定子是产生和输出三相交流电的部件,由铁芯和三相绕组组成。铁芯是由相互绝缘的内圆带槽的环状硅钢片叠压而成,定子铁芯槽内放置三相对称绕组。国产交流发电机定子绕组为星形连接,即每相绕组的末端连在一起,每相绕组的首端分别与散热板和端盖上的硅整流二极管相连。当转子旋转时产生旋转磁场,使定子三相绕组切割磁力线,由此产生三相交变感应电动势。

国产交流发电机定子三相绕组展开图如图 10-39 所示。定子铁芯36槽。线圈绕法为单层绕组,就是在一个定子槽中嵌入一个线圈边。绕组节距为4,每极每相槽数为1,每相绕组有6个线圈。三相绕组的3个起端 U_1、V_1、W_1 在定子槽内的排列应分别相隔 120° 电角度。

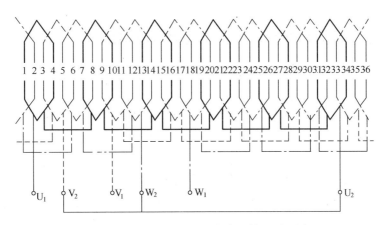

图 10-39 国产交流发电机三相定子绕组展开图

3）整流器

交流发电机的整流器大多由 6 只硅二极管组成（图 10-40 右边 6 个二极管）。近年来又生产了 9 管交流发电机，增加了 3 只小功率的磁场二极管。在负极搭铁的 6 管交流发电机中，压装在后端盖上的 3 只二极管，壳体为正极，引线为负极，称为负极管，管壳底上注有黑字标记。压装在散热板上的 3 只二极管，壳体为负极，引线为正极，称为正极管，管壳底上有红色标记。

4）端盖

端盖包括驱动端盖、整流端盖以及安装在其上的轴承、轴承盖等零部件。端盖由铝合金制成。整流端盖内侧电刷架的结构形式有两种：一种电刷的拆装在交流发电机内部进行；另一种电刷的拆装在交流发电机外部进行。

激磁绕组的搭铁方式也有两种：一种是内搭铁，其引线是螺钉固定在后端盖上，标记为"-"；另一种是外搭铁，搭铁电刷引线与机壳绝缘接到后端盖外部的接线柱上，标记为"F"。

交流发电机前端装有带轮，由发动机通过带轮驱动。在带轮后面装有风扇，给发电机强制通风。前后端盖用 3~4 个螺栓与定子紧固在一起。

2. 交流发电机的工作原理

三相交流发电机的工作原理图如图 10-40 所示。当转子旋转时，磁力线与定子绕组作相对运动，在三相绕组中便产生了交变感应电动势。由于汽车交流发电机采用了爪形磁极，在定子绕组表面沿圆周方向形成了近似的按正弦规律分布的磁感应强度，所以发电机产生三相对称的正弦电动势。由交流发电机的发电原理可以得到，每相电动势的有效值为

$$E_\Phi = Cn\Phi$$

式中：E_Φ 为每相电动势（V）；C 为交流发电机结构常数；n 为交流发电机转速（r/min）；Φ 为转子磁通量（Wb）。

上式说明，使用中的交流发电机，其交变感应电动势的有效值取决于发电机的转速和转子的磁通量，这一性质将直接决定交流发电机的输出电压值的大小。

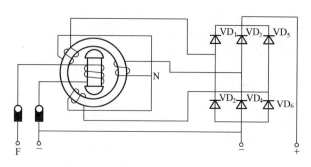

图 10–40　三相交流发电机的工作原理图

3. 电压调节器

1）晶体管电压调节器

晶体管电压调节器是利用晶体管的开关特性，来控制发电机的磁场电流，从而使发电机的输出电压在发电机转速变化的过程中保持恒定。目前，国内外生产的晶体管调节器一般都是由 2~4 个三极管、1~2 个稳压管和一些电阻、电容、二极管等组成，再由印制电路板连接成电路，然后用轻而薄的铝合金外壳将其封闭。调节器对外伸出有"+"（或"S"、"点火"）、"F"（或"磁场"）、"E"（或"搭铁"、"–"）等字样的接线柱或引出线，分别与交流发电机对应的接线柱相连构成汽车电器设备的电源之一。下面以 JFT106 型晶体管电压调节器为例说明电压调节原理。

CA1091 型汽车用 JFT106 型晶体管电压调节器电路原理图如图 10–41 所示，该调节器共有"+"、"F"和"–"三个接线柱，其中"+"接线柱与发电机的"F2"接线柱连接后经熔断器接至点火开关，"F"接线柱与发电机的"F1"接线柱连接，"–"接线柱搭铁。

JFT106 型晶体管电压调节器属于负极外搭铁式电压调节器，它可与 14V、750W 的九管交流发电机配套使用，也可与 14V 功率小于 1000W 的负极外搭铁式六管交流发电机配套使用。

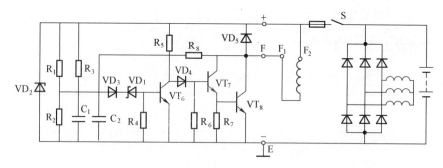

图 10–41　CA1091 型汽车用 JFT106 型晶体管调节器电路原理图

该调节器由电压传感电路和二级开关电路组成。R_1、R_2、R_3 和稳压管 VD_1 构成了电压传感电路，其中 R_1、R_2、R_3 为分压器，将交流发电机的端电压进行分压后反向加在稳压管 VD_1 的两端；稳压管 VD_1 为稳压元件，随时感受着发电机端电压的变化。当交流发电机的端电压在稳压管 VD_1 上的分压低于稳压管 VD_1 的稳压值时，VD_1 稳压管截止；当交流发电机的端电压在稳压管 VD_1 上的分压高于稳压管 VD_1 的稳定电压时，稳压管 VD_1 导通。可见，电压敏感电路可以非常灵敏地感受出交流发电机端电压的变化，起到控制开关电路的作用。晶体三极管 VT_6、VT_7、VT_8 组成复合大功率二级开关电路，利用其开关特性控制磁场电路的接通或断开。

闭合点火开关时，蓄电池通过分压器将电压加在稳压管 VD_1 两端，由于此电压低于稳压管 VD_1 的稳定电压值，VD_1 截止，使 VT_6 截止，VT_7、VT_8 导通，这时蓄电池经大功率三极管 VT_8 供给励磁电流，使发电机处于他励状态，建立电动势。

发动机起动后，随着发电机转速逐渐升高。当发电机端电压高于蓄电池端电压时，发电机的激磁方式由他励转为自励。由于此时转速尚低，输出电压未达到调节电压值，VT_6 仍然截止，VT_7、VT_8 仍然导通，因此发电机的端电压可以随转速和自励电流的增大而升高，逐渐提高输出电压。

当转速升至使发电机的输出电压达到调节压值时，经分压器加至稳压管 VD_1 两端的反向电压达到稳定电压值，VD_1 反向击穿导通，使 VT_6 导通，VT_7、VT_8 截止，断开了励磁电路，发电机端电压便下降。当发电机端电压下降到调压值以下时，经分压器加至稳压管 VD_1 两端的反向电压又低于稳定电压值，使 VT_6 又截止，VT_7、VT_8 又导通，又一次接通了励磁电路，发电机端电压又上升。

如此循环下去，就能自动调节发电机的端电压保持在一个恒定的调压值上。

图 10-41 所示晶体管调节器中其他一些电子元件的作用如下：

电阻 R_4、R_5、R_6、R_7 为晶体管的偏置电阻。

稳压管 VD_2 起到过电压保护作用，利用稳压管的稳压特性，可对发电机负载突然减小或蓄电池接线突然断开时，发电机所产生的正向瞬变过电压起保护作用，并可以利用其正向导通特性，对开关断开时电路中可能产生的反向瞬变过电压起保护作用。

二极管 VD_3 接在电压敏感电路中的稳压管 VD_1 之前，以保证稳压管安全可靠工作。当发电机端电压很高时，它能限制稳压管 VD_1 电流不致过大而烧坏；当发电机端电压降低时，它又能迅速截止，保证稳压管 VD_1 可靠截止。

二极管 VD_4 接在 VT_6 集电极与 VT_7 基极之间，提供 0.7V 左右的电压，使 VT_7 导通时迅速导通，截止时可靠截止。

二极管 VD_5 反向并联于发电机励磁绕组两端，起续流作用，防止 VT_8 截止时，磁场绕组中的瞬时自感电动势击穿 VT_8，保护三极管 VT_8。

反馈电阻 R_8，具有提高灵敏度、改善调压质量的作用。

电容 C_1、C_2 能适当降低晶体管的开关频率。

2）集成电路电压调节器

集成电路电压调节器又称 IC 电压调节器。与分立元器件的晶体管电压调节器一样，IC 电压调节器也是利用晶体管组成开关电路，以控制磁场电流来调节发电机的输出电压。所不同的是，在集成电路电压调节器上，所有的晶体管都不再用外壳，而是把二极管、三极管的管心都集成在一块基片上，这样就实现了调节器的小型化，故可将其装在发电机内部，减少了外部导线的连接，缩小了整个充电系统的体积。目前国内外生产的集成电路调节器的结构大多采用混合式，即由混合电路加集成电路组成，并没有完全集成化，一般由一个集成块、一个三极管、一个稳压管、一个续流二极管和几个电阻等部分构成。引出线有 3 根和 4 根两种。例如，上海桑塔纳轿车采用的发电机调节器应用了混合电路加集成电路技术，集成电路和保护电阻共同贴在一块陶瓷基片上，封装在一个金属盒中，并和电刷架连成一体，便于安装和维修。

国产 JFT151 型电压调节器为薄膜混合集成电路调节器，其外形尺寸为 38mm × 34mm × 10.5mm，安装在 JF132E 型和 JF15 型交流发电机的外壳上，其线路图如图 10 - 42 所示。

在该调节器电路中，由分立元件 R_1、R_2 组成分压器，稳压管 VD_1 从分压器上获得比较电压。当发电机电压低于规定值时，稳压管 VD_1 和三极管 VT_1 截止，在 R_4 偏置下 VT_2 导通，此时发电机磁场绕组中有励磁电流通过，使发电机端电压升高。当发电机端电压高于规定值时，稳压管 VD_1 击穿导通，VT_1 导通，VT_2 截止，切断了发电机的磁场电路，使发电机端电压下降。当发电机端电压下降到低于规定值时，VD_1 和 VT_1 又截止，VT_2 和磁场电路又接通，发电机端电压又升高。如此循环下去，使发电机端电压保持稳定。

图 10 - 42 中其他电子元件的作用如下：分流电阻 R_3 接在三极管 VT_1 的基极与发射极之间，可提高 VT_1 的耐压。电阻 R_5、电容 C_1 组成正反馈电路，可以加速 VT_2 的翻转，并减小 VT_2 的过度损耗。电容 C_2 并联在 VT_1 集电极与基极之间，组成电压负反馈，可降低开关频率，进一步减少 VT_1 的管耗。二极管 VD_2 反向并联在发电机励磁绕组两端，保护 VT_2。稳压管 VD_3 与电源并联，起过电压保护作用。

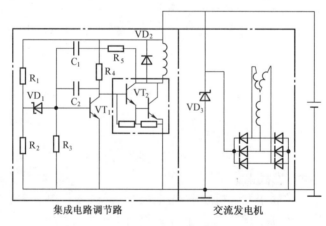

图 10 - 42　JFT151 型集成电路调节器线路图

思考题

10 - 1　点火系统的功用？点火系统分为哪两大类？

10 - 2　无触点电子点火系统的信号发生器有哪些类型？其工作原理如何？

10 - 3　微机控制点火系统由哪几部分组成，各部分有何功用？

10 - 4　简述无分电器微机控制点火系统的工作原理。

10-5 简述闭磁路式点火线圈的结构和工作原理。
10-6 简述车用蓄电池的功用、结构和工作原理。
10-7 交流发电机由哪几部分组成？各部分有何功用？
10-8 简述交流发电机的结构和工作原理。
10-9 简述晶体管电压调节器的工作原理，并说明各主要电子元件的功用。

第十一章 发动机起动系统

第一节 起动系统的功用及组成

一、起动系统的功用

起动系统的基本功用是将汽车发动机由静止状态加速到规定的起动转速,使发动机能怠速运转。一般汽油发动机在环境温度为 0~20℃ 时,最低的起动转速为 30~40r/min,随着环境温度的降低,起动转速应作相应的提高。柴油发动机为了保证压缩终了时气缸内有足够的压力和温度,要求起动转速较高,可达 150~300r/min,否则会导致发动机起动困难。

二、起动系统的组成

起动系统由蓄电池、起动机、起动继电器、点火开关等组成,如图 11-1 所示。起动机与蓄电池通过电路连接,安装在汽车发动机飞轮壳前端的座孔上,通过齿轮输出,飞轮上有起动齿圈。点火开关安装在转向盘的下方。

起动系统的工作过程是:驾驶员转动点火开关,放在起动挡,先接通起动机控制电路,再接通起动机供电电路,蓄电池电流经电磁开关流入起动机,并使其转动起来;与此同时,电磁开关还将起动机的驱动齿轮向外推出,使其与发动机飞轮上的起动齿圈相啮合,拖转发动机。待发动机被拖转到自己完成工作循环并加速运转后,飞轮有反过来带动起动机驱动齿轮运转的趋势时,起动机上的单向离合器使起动机的驱动齿轮相对于起动机电枢轴空转(以保护起动机),这时,发动机已起动,驾驶员再及时将点火开关转到点火挡,切断起动机控制电路,在控制机构弹簧恢复力作用下,驱动齿轮退回原处,脱离与飞轮上起动齿圈啮合。由于起动机供电电路同时被切断,起动机停止运转,完成发动机的起动。

第十一章 发动机起动系统

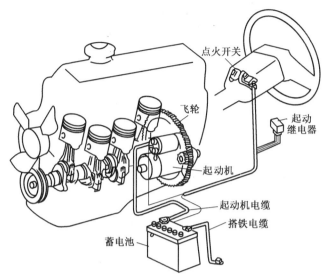

图 11-1 起动机在发动机上安装位置

第二节 起 动 机

起动机由直流串激电动机、传动机构和控制装置三个部分组成，如图 11-2 所示。

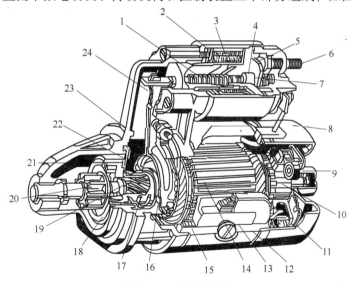

图 11-2 起动机构造

1—回位弹簧；2—保持线圈；3—吸拉线圈；4—电磁开关壳体；5—触点；6—接线柱；7—接触盘；8—后端盖；
9—电刷弹簧；10—换向器；11—电刷；12—磁极；13—磁极铁芯；14—电枢；15—励磁绕组；16—移动衬套；
17—缓冲弹簧；18—单向离合器；19—电枢轴花键；20—驱动齿轮；21—罩盖；22—制动盘；
23—传动套筒；24—拨叉。

一、直流串激电动机

直流串激电动机的功用是将蓄电池输入的电能转换为机械能，产生驱动发动机曲轴旋转的电磁转矩和转速。它由电枢、磁极、电刷等主要部件构成。

1. 电枢

电枢是直流串激电动机的转子部分,包括有电枢轴、电枢铁芯、电枢绕组、换向器。为了获得足够的电磁转矩,电枢绕组的电流一般为 100~600A,因此电枢绕组采用较粗的矩形截面裸铜线绕制而成。电枢绕组一般采用波绕法绕制,图 11-3 所示为 QD124 型起动机电枢绕组的展开图,其中,铁芯 27 槽,换向器片 27 片,槽节距 1~8mm,换向器节距 1~14mm,线圈数 27 个,铜线截面积 2.0mm×4.4mm。

电枢绕组各线圈的端头均焊接在换向器片上,通过电刷和换向器将蓄电池的电流引进来。换向器由换向器片和云母片叠压而成,为了避免电刷磨损的粉末落入换向器片之间造成短路,换向器片间的云母一般不能割得太低。

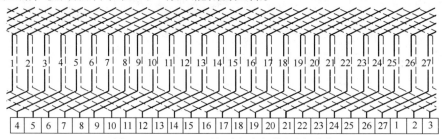

图 11-3 QD124 型起动机电枢绕组展开图

2. 磁极

电动机的磁极一般为 4 个,相对交错安装在电动机定子内壳上。定子与转子铁芯形成的磁回路如图 11-4 所示,低碳钢板制成的机壳也是磁路的一部分。4 个励磁线圈可相互串联,也可两两串联后再并联,如图 11-5 所示。

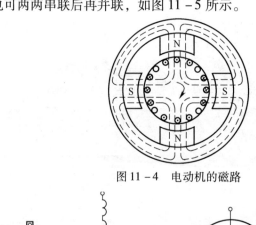

图 11-4 电动机的磁路

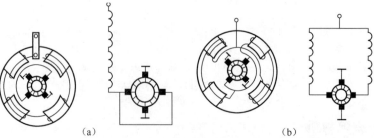

图 11-5 励磁绕组的接法
(a) 励磁绕组相互串联;(b) 励磁绕组两两串联后并联。

起动机内部接线如图 11-6 所示，励磁绕组一端接在外壳的绝缘接线柱上，另一端与两个非搭铁电刷相连。当起动开关接通时，起动机的电路为蓄电池正极—接线柱 1—励磁绕组 4—电刷 6—电枢绕组—搭铁电刷 5—搭铁—蓄电池负极。

3. 电刷、电刷架、机壳及端盖

电刷由铜粉与石墨粉压制而成，呈棕红色，加入铜可减少电阻并增加其耐磨性。电刷架多制成框式结构，其中正极刷架与端盖绝缘安装，负极刷架直接搭铁。刷架上装有弹性较好的盘形弹簧。

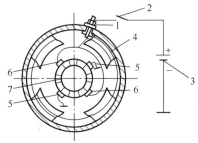

图 11-6 起动机接线图

1—接线柱；2—起动开关；3—蓄电池；4—励磁绕组；
5—搭铁电刷；6—非搭铁电刷；7—换向器。

起动机机壳的一端有 4 个检查窗口，中部只有一个电流输入接线柱，并在内部与励磁绕组的一端相连。端盖分前、后两个，前端盖由钢板压制而成，后端盖由灰口铸铁浇制成缺口杯状。它们的中心均压装着青铜石墨轴承套或铁基含油轴承套，外围有 2 个或 4 个组装螺孔。电刷装在前端盖内，后端盖上有拨叉座，盖口有凸缘和安装螺孔，还有拧紧中间轴承板的螺钉孔。

4. 电动机工作原理

直流电动机是将蓄电池输入的电能转换为机械能并产生电磁转矩的设备，它是根据带电导体在磁场中受到电磁力作用这一理论为基础而制成的。

1）电磁转矩的产生

如图 11-7（a）所示，电动机工作时，电流通过电刷和换向片流入电枢绕组。换向片 A 与正电刷接触，换向片 B 与负电刷接触，绕组中电流从 a 至 d，根据左手定则判定绕组匝边 ab、cd 均受到电磁力 F 的作用，由此产生逆时针方向的电磁转矩 M 使电枢转动；当电枢转动至换向片 A 与负电刷接触，换向片 B 与正电刷接触时，绕组中电流改由 d 至 a，如图 11-7（b）所示，虽然绕组中电流的方向发生改变，但电磁转矩的方向仍保持逆时针方向不变，使电枢仍然按逆时针方向继续转动。但实际中，直流电动机为了产生足够大且转速稳定的电磁力矩，其电枢上绕有很多组线圈，换向器的铜片数也随其相应增加。

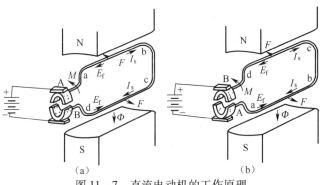

图 11-7 直流电动机的工作原理

(a) 电流 a 至 d；(b) 电流 d 至 a。

根据安培定律，可以推导出直流电动机通电后所产生的电磁转矩 M 与磁极的磁通量 Φ 及电枢电流 I_s 之间的关系为

$$M = C_m \Phi I_s$$

式中：C_m 为电动机的转矩常数，与电动机磁极对数 P、电枢绕组导线总根数 Z 及电枢绕组电路的支路对数 a 有关，即 $C_m = PZ/2\pi a$；Φ 为磁极的磁通量；I_s 为电枢电流。

2) 直流电动机转矩自动调节原理

根据上述原理分析，电枢受到电磁力矩 M 作用而旋转时，电枢绕组会因切割磁力线而产生感生电动势。根据右手定则判定其方向与电枢电流 I_s 的方向相反，故称反电动势 E_f。反电动势 E_f 与磁极的磁通量 Φ 和电枢的转速 n 成正比，即

$$E_f = C_e \Phi n$$

式中：C_e 为电动机结构常数；n 为电枢的转速。

由此可得到电枢回路的电压平衡方程式，即

$$U = E_f + I_s R_s$$

式中：R_s 为电枢回路电阻，包括电枢绕组的电阻和电刷与换向器的接触电阻。

在直流电动机刚接通电源的瞬间，电枢转速 n 为 0，电枢反电动势也为 0。此时，电枢绕组中的电流达到最大值，即 $I_{smax} = U/R_s$，将产生最大电磁转矩，即 M_{max}，如果此时的电磁转矩 M_{max} 大于电动机的阻力矩 M_z，电枢就开始加速转动起来。随着电枢转速的上升，E_f 增大，I_s 下降，电磁转矩 M 也就随之下降。当 M 下降至与 M_z 相等（$M = M_z$）时，电枢就以此转速运转。

如果直流电动机在工作过程中负载发生变化，就会出现以下的变化：

工作负载增大时，$M < M_z \rightarrow n \downarrow \rightarrow E_f \downarrow \rightarrow I_s \uparrow \rightarrow M \uparrow \rightarrow M = M_z$，电动机在降低后的转速下稳定运转；

工作负载减小时，$M > M_z \rightarrow n \uparrow \rightarrow E_f \uparrow \rightarrow I_s \downarrow \rightarrow M \downarrow \rightarrow M = M_z$，电动机在升高后的转速下稳定运转。

由上可见，当负载变化时，电动机能通过转速、电流和转矩的自动变化来满足负载的需要，使之能在新的转速下稳定工作，即直流电动机具有自动调节转矩功能。

二、起动机的传动机构

传动机构是起动机的主要组成部分之一，其功用是在发动机起动时使直流电机轴上的驱动齿轮啮入飞轮齿圈，将电动机的转矩传递给发动机曲轴；在发动机起动后又能使驱动齿轮与飞轮齿圈自动脱开。它的主要组成部件有单向离合器和拨叉，减速起动机则增加了一组减速齿轮。

1. 单向离合器

单向离合器的作用是将电动机的电磁转矩传递给发动机飞轮，同时又能在发动机起动后自动打滑，保护起动机不致飞散损坏。传动机构中的离合器分为滚柱式离合器、摩擦片式离合器、弹簧式离合器几种。

1) 滚柱式单向离合器

滚柱式单向离合器是目前汽车起动机中使用最多的一种单向离合器，有外十字块式

和内十字块式，其结构如图 11-8 所示。图 11-8（b）中，驱动齿轮 7 与外壳 1 连成一体，外壳内装有十字块 10 和 4 套滚柱 6 及弹簧 9，装配后外壳与十字块之间形成四个楔形槽，滚柱的直径大于槽窄端又小于槽宽端，弹簧及活柱将滚柱推向槽窄端，使得滚柱与十字块及外壳表面有较小的摩擦力。十字块与花键套筒 2 刚性连接，壳底与外壳相互折合密封。花键套筒的外面装有缓冲弹簧及衬圈，末端固装着拨环与卡圈。整个离合器总成利用花键套筒套在电动机轴的花键部位上，可以作轴向移动。

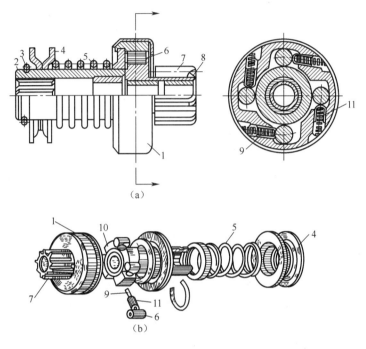

图 11-8 滚柱式离合器的结构
（a）外十字块式；（b）内十字块式。
1—外壳；2—花键套筒；3—卡圈；4—拨环；5—缓冲弹簧；
6—滚柱；7—驱动齿轮；8—铜衬套；9—弹簧；10—十字块；11—活柱。

滚柱式离合器的工作原理如下：如图 11-9（a）中所示，发动机起动时，拨叉将单向离合器沿花键轴推出，驱动齿轮啮入发动机飞轮齿圈。由于十字块处于主动状态，随电动机电枢轴一起旋转，促使 4 套滚柱进入槽的窄端，将花键套筒与外壳楔紧，于是电动机的转矩就可由十字块经离合器外壳传给驱动齿轮，从而达到驱动发动机飞轮齿圈旋转、起动发动机运转的目的。在图 11-9（b）中，发动机起动后，飞轮齿圈的转速高于驱动齿轮，十字块处于被动状态，促使滚柱进入槽的宽端而自由滚动，仅有驱动齿轮随飞轮齿圈作高速转动，电枢轴的转速并不升高。此时离合器处于打滑阶段，从而防止发动机动力反向传递，导致电枢超速飞散的危险。起动完成后，拨叉经拨环 4 使离合器退回，驱动齿轮完全脱离飞轮齿圈。

这种滚柱式单向离合器具有结构简单、坚固耐用、体积小、质量小、工作可靠等优点，因此得到广泛使用，但是由于其在传递较大扭矩时滚柱容易卡死，所以不适应于大功率起动机上。

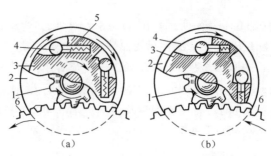

图 11-9 滚柱式离合器的工作原理
(a) 发动机起动时；(b) 发动机起动后。
1—驱动齿轮；2—外壳；3—十字块；4—滚柱；5—弹簧；6—飞轮齿圈。

2）摩擦片式单向离合器

摩擦片式单向离合器如图 11-10 所示，花键套筒 10 套在电枢轴的螺旋花键上，它的外圆表面上制有三线螺旋花键，其上套着内接合鼓 9。内接合鼓上有 4 个轴向槽，主动摩擦片 8 的内凸齿插在其中，被动摩擦片 6 的外凸齿插在与驱动齿轮成一体的外接合鼓的槽中，主、被动摩擦片相间排列。在花键套筒的左端拧有螺母 2，螺母与摩擦片之间装有弹性圈 3、压环 4 及调整垫片 5。组装好的离合器，摩擦片间应无压力。

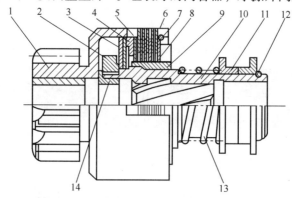

图 11-10 摩擦片式单向离合器
1—驱动齿轮与外接合鼓；2—螺母；3—弹性圈；4—压环；5—拨环；6—被动摩擦片；
7、12—卡环；8—主动摩擦片；9—内接合鼓；10—花键套筒；11—移动衬套；13—缓冲弹簧；14—挡圈。

发动机起动时，由于内接合鼓开始瞬间是静止的，在惯性力作用下内接合鼓因花键套筒的旋转而左移，从而使主、被动摩擦片压紧在一起，电枢转矩经内接合鼓及主、被动摩擦片和外接合鼓传给驱动齿轮。发动机起动后，飞轮齿圈的转速高于驱动齿轮，于是内接合鼓又沿花键套筒的螺旋花键右移，使主、被动摩擦片放松而打滑，避免了电枢的超速飞散。

起动时若起动机过载，弹性圈 3 在压环 4 凸缘压力下的弯曲程度增大，当其弯曲到内接合鼓的左端面顶住弹性圈的中心部位时，内接合鼓便停止左移，于是摩擦片间开始打滑，从而限制了起动机的最大输出转矩，防止了起动机过载。单向离合器所能传递的最大扭矩可通过增减调整垫圈的数量，即改变内接合鼓左端面与弹性圈之间的间隙大小来加以调整。

摩擦片式单向离合器可以传递较大的转矩，并能在超载时自动打滑，以防止损坏起动机。但由于其摩擦片容易磨损而影响起动性能,因此要经常检查、调整,另外其结构也较复杂,目前采用的不多。

3) 弹簧式单向离合器

弹簧式单向离合器如图 11-11 所示,花键套筒 8 套装在电枢轴的花键上,驱动齿轮套筒套在电枢轴的光滑部分,在驱动齿轮套筒与花键套筒外圆上装有扭力弹簧 5,扭力弹簧内径略小两套筒的外径。起动发动机时,传动叉拨动滑环 10,并压缩缓冲弹簧 9,推动离合器移向飞轮齿圈一端,使驱动齿轮啮入飞轮齿圈。电枢旋转时带动花键套筒,在摩擦力的作用下,扭力弹簧被扭紧,将两个套筒抱死,起动机转矩便由此传给飞轮。起动机起动后,驱动齿轮和飞轮齿圈的主动与从动关系改变,因驱动弹簧被放松而打滑,从而使电枢轴避免了超速运转的危险。

弹簧式单向离合器具有结构简单、成本低、制造工艺简单等优点,但由于驱动弹簧所需圈数较多,使其轴向尺寸增大。

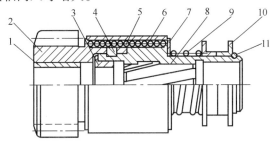

图 11-11 弹簧式离合器
1—衬套;2—驱动齿轮;3—挡圈;4—月形圈;5—扭力弹簧;
6—护套;7—垫圈;8—花键套筒;9—缓冲弹簧;10—滑环;11—卡簧。

2. 拨叉

拨叉的作用是使单向离合器做轴向移动,将驱动齿轮啮入和脱离飞轮齿圈。汽车上采用的拨叉一般有机械式拨叉和电磁式拨叉两种。

1) 机械式拨叉

机械式拨叉的结构如图 11-12 所示。拨叉为一整体构件,上部为拨叉杆 1,下部为拨叉头 2。拨叉杆的顶端有一与传动杠杆相铰连的孔,上部有一调整的起动开关顶块,中间有一轴孔,用销钉和回位弹簧安装在起动机后端盖的拨叉座中,下端的叉形头内侧有圆形拨销,插装于离合器的拨环槽沟内。

起动发动机时,踏下起动踏板,经传动杠杆使拨叉克服回位弹簧张力绕轴转动,下端的拨叉头即可将离合器沿轴向推出,使驱动齿轮啮入飞轮齿圈,如图 11-12 中的实线位置。起动结束后,只需驾驶员松开起动踏板,拨叉在回位弹簧作用下复原,拨叉也将处于打滑状态下的离合器自动拨回,使驱动齿轮脱离飞轮齿圈,如图 11-12 中的双点画线位置。

机械式拨叉的优点是结构简单,操作方便,工作可靠,故障少。它的不足是驱动齿轮啮入时缺乏过渡性,操作也比较费力,安装位置也受到一定限制。

2) 电磁式拨叉

电磁式拨叉的结构如图 11-13 所示。电磁式拨叉一般安装在起动机壳体上,由静止部分和可动部分组成。静止部分包括绕在电磁铁心钢套外的线圈 1、拨叉轴 9 和回位弹簧 12。可动部分包括拨叉 10 和电磁铁芯 3，两者之间用螺杆活动地连接。

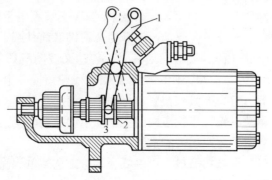

图 11 - 12 机械式拨叉的结构
1—拨叉杆；2—拨叉头；3—离合器拨环。

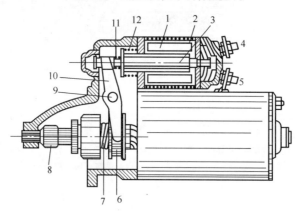

图 11 - 13 电磁式拨叉的结构
1—线圈；2—外壳；3—铁芯；4、5—接线柱；6—拨环；
7—缓冲弹簧；8—驱动齿轮；9—拨叉轴；10—拨叉；11、12—回位弹簧。

发动机起动时，接通起动开关，线圈通电产生电磁力将铁芯 3 吸入，从而带动拨叉转动，由拨叉头推出离合器，使前端的驱动齿轮 8 啮入飞轮齿圈。发动机起动完成后，只要关闭起动开关，线圈即断电，电磁力消失，在回位弹簧的作用下，铁芯退回，拨叉返回，拨叉头将处于打滑工况下的离合器拨回，驱动齿轮脱离飞轮齿圈，从而切断动力传递。

3. 减速机构

减速起动机是在电枢和驱动齿轮之间设有减速机构，起到减速增扭，增加起动机驱动扭矩的作用，一般减速比为 2～4。增设减速机构后，起动机可采用小型高速低转矩的电动机，这样不仅减小电动机电流，而且减速起动机的重量小、体积小，便于布置安装。此外，减速起动机的起动性能还得到提高，减轻了蓄电池的负担。

减速起动机减速机构有外啮合式、内啮合式和行星齿轮啮合式，分别采用外啮合齿轮机构、内啮合齿轮机构和行星齿轮机构，如图 11 - 14 所示。

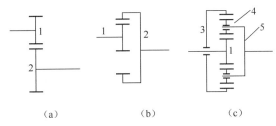

图 11-14 减速起动机减速机构的类型
(a) 外啮合式；(b) 内啮合式；(c) 行星齿轮啮合式。
1—主动齿轮；2—从动齿轮；3—齿圈；4—行星轮；5—行星架。

1) 外啮合式减速机构

外啮合式减速机构传动中心距较大，受起动机结构的限制，其减速比不能太大，因此，一般只在小功率的起动机上应用。外啮合式减速机构的从动齿轮通常是固定在单向离合器的壳体上。一些外啮合式减速机构的主、从动齿轮之间还用一个惰轮作过渡传动，以使电磁开关铁心与驱动齿轮同轴心，电磁开关铁芯的移动可直接推动驱动齿轮轴向移动。由于这种外啮合式减速起动机无需拨叉，其外形与普通起动机有较大的差别。

2) 内啮合式减速机构

内啮合式减速机构传动中心距小，可以有较大的减速比，故可适用于较大功率的起动机。内啮合式减速起动机的驱动齿轮轴向移动需用拨叉拨动，因此，内啮合式减速起动机的外形与普通起动机相似。

3) 行星齿轮啮合式减速机构

行星齿轮传动具有结构紧凑、传动比大、效率高的特点。行星齿轮啮合式起动机由于输出轴与电枢轴同心、同旋向，电枢轴无径向载荷，可使整机尺寸减小；除了增加行星齿轮减速机构的差别，行星齿轮式减速起动机在其他轴向位置上的结构与普通起动机基本相同。

三、起动机的控制装置

起动机控制装置的作用是用来接通和断开电动机与蓄电池之间的电路，常用的控制装置一般有两种：机械式起动开关和电磁式起动开关。

1. 机械式起动开关

机械式起动开关总成是利用外壳的两个螺钉拧装在起动机壳体上的，顶部有检查用的小盖。开关的一端有两个截面较大而且与外壳绝缘的铜质主接线柱，其中一个与电动机接线柱连接，另一个与蓄电池的电源线相接。开关中心有一个滑杆，滑杆上固定着与之绝缘的铜质接触盘，接触盘的两侧都装有弹簧，与滑杆相对的顶块安装在拨叉杆上。铜质接触盘与两个主接线柱通断是通过起动踏板、拨叉上的顶压螺栓直接控制的。

发动机起动时，踏下起动踏板，由拨叉推出离合器使驱动齿轮初步啮入飞轮齿圈一半位置，拨叉杆上的顶块即开始顶动开关滑杆。于是，接线盘接通主接线柱，使起动可靠地将发动机起动。

发动机起动后,由于起动踏板和拨叉迅速回位,顶块也离开滑杆,主接触盘自动断开主接线柱。主接线柱断电,使起动机停止运转。

2. 电磁式起动开关

电磁式起动开关分为直接控制式电磁开关和带起动继电器式电磁开关两类。起动机的电磁开关与电磁式拨叉合装在一起,利用衔铁进行控制。

1) 直接控制式电磁开关

直接控制式电磁开关采用电磁控制电路。在电路中采用起动机的电磁开关作为控制电路的一部分。在各种控制电路中,电磁开关的作用和工作原理都是相同的,图11-15是其最基本的电磁控制电路。

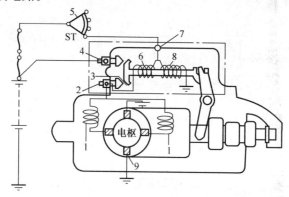

图 11-15 起动机控制电路
1—励磁绕组;2、4—主接线柱;3—旁通接柱;5—点火开关;
6—吸拉线圈;7—电磁开关接线柱;8—保持线圈;9—电刷。

起动时,点火钥匙打到 ST 位,电流由蓄电池正极—电磁开关接线柱 7—吸拉线圈 6—主接线柱 2—起动机励磁绕组 1—电枢—搭铁—蓄电池负极构成回路,起动机慢慢转动,同时电流由电磁开关接线柱 7 经保持线圈 8,回到蓄电池负极。吸拉线圈与保持线圈产生同方向的电磁力,在电磁力作用下,铁芯压缩回位弹簧,向左移动,带动拨叉,使驱动小齿轮与发动机飞轮啮合,电磁开关内的接触盘此时将主接线柱 2 与 4、旁通接柱 3 相继接通,电流由蓄电池正极—主接线柱 4—接触盘—主接线柱 2—起动机励磁绕组 1—电枢—搭铁—蓄电池负极构成回路,起动机主电路接通,起动机电枢产生电磁转矩,起动发动机。此时吸拉线圈 6 被短路,保持线圈 8 的电磁力使驱动齿轮与飞轮保持啮合,保证发动机起动。起动后,发动机飞轮转速超过起动机电枢时,单向离合器切断飞轮与驱动齿轮之间的动力传递,保护起动机。松开点火钥匙,电磁开关接线柱 7 断电,由于机械惯性,短时间内接触盘仍将主接线柱 4 与 2 接通,蓄电池电流经接触盘—吸拉线圈 6—保持线圈 8—搭铁—蓄电池负极构成回路,吸拉线圈与保持线圈产生相反方向的电磁力,接触盘接触不牢,在回位弹簧的作用下,铁芯迅速回位,接触盘与主接线柱 2、4 分开,起动主电路被断开,起动完毕。

2) 带起动继电器控制的电磁开关

QD124 型起动机采用带起动继电器控制的电磁开关,其接线如图 11-16 所示。发动机起动时,将点火开关旋至起动挡,起动继电器通电后,吸下可动臂使触点闭合,接通了电磁开关线圈电路,起动机投入工作。发动机起动后,只需松开点火开关,点火开关自动转回到点火工作挡位,起动继电器线圈断电,触点打开,电磁开关也随即断开,起动机停止工作。

利用起动继电器控制电磁开关,能减小通过点火开关起动触点的电流,避免烧蚀触点,延长使用寿命。

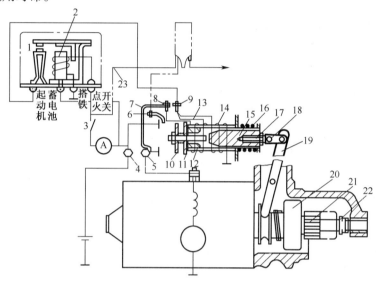

图 11-16　QD124 型起动机控制电路

1—起动继电器触点;2—起动继电器线圈;3—点火开关;4、5—主接线柱;6—辅助接线柱;7—导电片;8—吸引线圈接线上;9—电磁开关接线柱;10—触盘;11—活动杆;12—固定铁芯;13—吸引线圈;14—保持线圈;15—电磁铁芯;16—回位弹簧;17—螺杆;18—连接头;19—拨叉;20—滚柱式离合器;21—驱动齿轮;22—止推螺母;23—点火线圈附加电阻线。

3) 带起动保护继电器控制的电磁开关

带起动保护继电器的起动机电路如图 11-17 所示。起动时,将点火开关置于Ⅱ挡(起动挡),此时组合继电器的起动继电器线圈有电流通过,电路为:蓄电池正极—电磁开关接线柱 1—快速熔断片 10—电流表—点火开关 7—组合继电器 SW 接线柱—起动继电器线圈—保护继电器触点 5—搭铁—蓄电池负极。在电磁力作用下起动继电器触点闭合,于是接通电磁开关中吸引线圈和保持线圈的电路,使起动机电磁开关动作。

发动机起动后,若点火开关仍处于起动挡,起动机将会自动停止运转,这是因为此时交流发电机在发动机的带动下已达较高转速,电压已经建立。发电机中性点电压加在保护继电器的线圈上,产生电磁吸力使其常闭触点打开,切断了起动继电器线圈的电路,于是起动继电器的触点开启,电磁开关的线圈断电,起动机停止工作。

发动机正常工作过程中,由于保护继电器的触点已经打开,即使由于误操作而将点火开关转至起动挡,起动继电器也不会动作,因此起动机的主电路就不能接通,从而防止了齿轮的撞击,对起动机起到了自动保护作用。

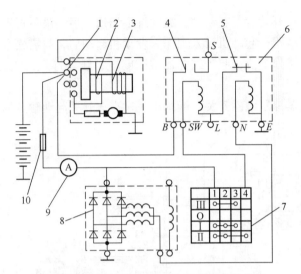

图 11-17 带起动保护继电器的起动机电路

1—电磁开关主接线柱；2—吸引线圈；3—保持线圈；4—起动继电器触点；5—保护继电器触点；
6—组合继电器；7—点火开关；8—发电机；9—电流表；10—保险丝。

第三节　起动预热装置

为保证低温条件下迅速可靠地起动发动机，在多数柴油机和少数汽油机上设有低温起动预热装置，以提高进入气缸空气（或可燃混合气）的温度。

进气预热的类型有分缸预热和集中预热两种。分缸预热装置安装在各气缸内或进气歧管上，一般用在柴油机上；集中式预热装置安装在发动机的进气管上，常用于汽油机及部分柴油机上。

目前常用的起动预热方式有电热塞式、进气加热式和火焰加热式三种。

一、电热塞式

电热塞一般安装在柴油机的预热室内或进气口处，通电时间为 10~15s，电热丝温度可达 800℃，最高温度可达 1000~1100℃，对进入发动机气缸的空气进行预热。电热塞的结构如图 11-18 所示。

图 11-19 所示为五十铃 N 系列汽车电热塞式起动预热电路。其工作原理为，在发动机冷却液温度低于 0℃ 时，温度开关处于闭合状态。接通点火开关 ON 挡时，预热定时器控制电热塞继电器触点闭合，电热塞通电发热，与此同时仪表板上的预热指示灯亮，显示预热系统正在工作，约在 3.5s 后，预热指示灯熄灭，表示可以起动发动机。接通点火开关 ST 挡，定时器继续维持电热塞继电器通电，电热塞能达到最高温度，使发动机顺利起动。自点火开关打至 ST 挡约 18s 后，定时器自动切断预热电路。

如果冷却液温度高于 0℃，温度开关断开，电源起动开关打到 ON 挡（或 ST 挡）时，电热塞继电器不通电，电热塞不发热，预热指示灯亮约 0.3s 后熄灭。

在图 11-19 的预热系统中，还设置了预热电磁阀。它安装于喷油泵的溢流管处，在发动机冷却液温度低于0℃时，预热系统工作的同时，该电磁阀通电动作，切断溢油回路，提高喷油压力，使喷油提前进行。

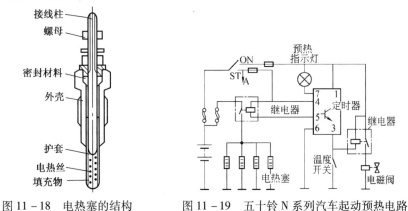

图11-18 电热塞的结构　　图11-19 五十铃N系列汽车起动预热电路

二、进气加热式

柴油发动机普遍采用的电热丝网加热器如图11-20所示。电热丝网加热器安装在进气管上，由起动开关控制继电器给其供电。

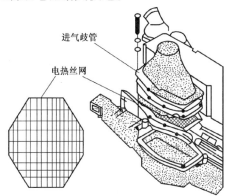

图11-20 电热丝网加热器

三、火焰加热式

在中、小功率柴油发动机上，常采用火焰式加热式冷起动预热装置。图11-21为预热装置组成及电路图。其中，进气预热器构造如图11-22所示。空心阀体2由热线胀系数较大的金属材料制成，其一端与油管接头5相连，另一端通过内螺纹与阀心3相连。在进气预热器不工作时，阀心3的锥形端将进油管的进油孔堵塞。阀体2的外侧绕有外壳绝缘的电热丝1。

起动发动机时，预热器开关接通后，电热丝通电发热并加热阀体，阀体受热伸长带动阀心下移，其锥形端离开进油孔。燃油流入阀体内腔受热而汽化，从阀体的内腔喷出，并被炽热的电热丝点燃生成火焰喷入进气管道，使进气得到预热。切断预热开关时，电热丝断电，阀体温度降低而收缩，阀心上移，其锥形端堵住进油孔，火焰熄灭，停止预热。

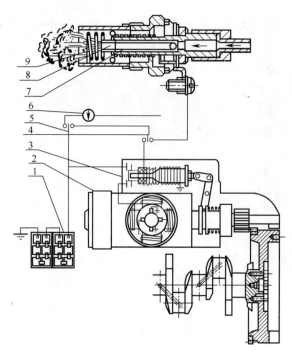

图 11-21 电起动预热装置组成及电路图
1—蓄电池组；2—起动机；3—电磁开关；4—起动按钮；5—电路钥匙；
6—电流表；7—预热器阀体；8—预热器阀心；9—电热丝。

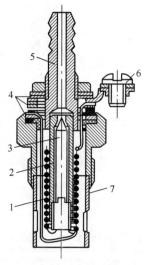

图 11-22 进气预热器的构造
1—外壳绝缘的电热丝；2—阀体；3—阀心；4—绝缘垫圈；
5—油管接头；6—预热开关接线螺钉；7—稳焰罩。

思考题

11-1 简述串励直流电动机的工作原理。

11-2　电磁控制强制啮合式起动机电磁开关中的吸拉线圈和保持线圈在起动前后其电流方向有无变化？为什么？

11-3　简述起动机电磁开关的工作原理。

11-4　滚柱式、摩擦片式和弹簧片式三种离合器各有什么优缺点？

11-5　简述带起动保护继电器的起动电路工作原理。

11-6　起动预热装置一般有哪几种形式？各自的特点是什么？

第十二章 新型车用动力装置

为了解决能源短缺,环境污染等社会问题,一些国家开始重视醇类、液化石油气(LPG)、液化天然气(LNG)、压缩天然气(CNG)、氢气、太阳能等研究,并在汽车上应用,形成以醇类、液化石油气(LPG)、液化天然气(LNG)、压缩天然气(CNG)、氢气等为燃料的新型车用动力装置,电动汽车和混合动力汽车的动力装置有电动机在汽车上应用的特点。本章介绍的新型车用动力装置包括:醇类燃料发动机、液化石油气发动机、天然气发动机、氢气发动机和电动汽车动力系统。

第一节 醇类燃料发动机

一、醇类燃料

醇类燃料主要是指甲醇(CH_3OH)和乙醇(CH_3CH_2OH)。乙醇可以通过植物来获取,如秸秆、木材等,这是较为理想的燃料;乙醇可以实现 CO_2 的全球循环平衡,只要有太阳照射,植物就可以进行光合作用,实现可持续发展。20世纪60年代,为了内燃机的排气净化,一些国家就对低污染的醇类燃料产生了兴趣,一些农业发达的国家特别重视开发乙醇燃料。现有的汽油发动机经过改造可以直接燃烧醇类燃料,在巴西,人们将甘蔗渣发酵后生产的乙醇掺入汽油做汽车燃料,醇汽油已经成为该国的标准汽车燃料。在我国某些地区,乙醇已掺入到汽油中,作汽油发动机的燃料。

甲醇是可以由煤和天燃气生产的产品,其燃烧速度快,燃烧时几乎不排烟,同时燃烧产物中水分较多,可以降低燃烧温度,抑制 NO_x 的生成。全球的煤资源要比石油资源丰富,按目前的能源消耗水平,至少可以再用几百年,所以甲醇也是一种比较有发展前景的发动机燃料。

二、醇类燃料发动机

目前,日本、美国、巴西等都已开发出醇类发动机,不过造价比汽油机要高。下面重点讨论甲醇发动机。甲醇发动机有两种类型：点燃式甲醇发动机和柴油机式甲醇发动机。

点燃式甲醇发动机从进气管供给预混合气，然后利用火花塞点燃混合气，由于甲醇的辛烷值高，所以适合用于点燃式发动机。但仅采用甲醇燃料时，由于其蒸汽压力低，所以低温起动性差。为了提高甲醇燃料的蒸汽压力，改善甲醇发动机低温起动性，通常在醇类燃料中添加一定比例的汽油，形成甲醇—汽油混合燃料。

柴油机式甲醇发动机将燃料直接喷入气缸内，利用电热塞和高压缩比使其着火，如图 12-1 所示。由于甲醇的十六烷值比较低，发火性差，因此需要电热塞 2 等着火装置或采用 EGR 阀 5 进行排气再循环，同时提高燃烧室 1 的压缩比，以提高着火性。为了提高排气催化转化装置 6 的排气净化效果，一般采用纯甲醇燃料。

作为醇类燃料的推广，主要困难是甲醇产量较低，成本稍高；甲醇有毒，具有较强腐蚀性，公众不易接受；此外，甲醇发动机冷起动困难。随着技术的进步和石油的短缺，醇类燃料将有很大的发展和使用空间。

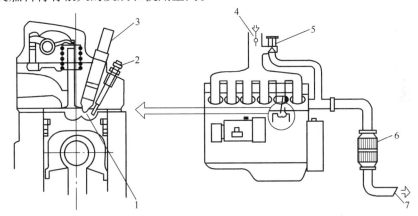

图 12-1 柴油机式甲醇发动机的示意图
1—高压缩比燃烧室；2—电热塞；3—喷油器；4—进气口；5—EGR；6—催化转化装置；7—排气口。

第二节 液化石油气发动机

一、液化石油气

液化石油气（简称 LPG）的主要成分为丙烷、丙烯以及丁烷，另外含有少量的丙烯、丁烯及其他烃类物质。在常温常压下是气体，在一定的压力下或冷冻到一定温度可以液化为液体，易于运输和储存。使用 LPG 燃料的优点有：LPG 中不含有硫磺成分，减小了发动机的腐蚀和磨损，有利于提高废气催化转化装置的耐久性；可以减轻对机油的稀释作用；PLG 本身热值较高，为 $92100 \sim 121400 \mathrm{kJ/m^3}$，燃烧过程释放大量的热。

二、液化石油气发动机

1. **液化石油气发动机类型**

液化石油气发动机是以液化石油气作为燃料的发动机。液化石油气发动机按燃料供给系统的不同可分为三种：单燃料（LPG）发动机、两用燃料（LPG 和汽油）发动机及双燃料（LPG 和柴油）发动机。

（1）单燃料发动机。其发动机的燃料供给系统专为燃用 LPG 燃料而设计，其结构保证气体燃料能有效利用。

（2）两用燃料发动机。可在 LPG 和汽油两种燃料中进行转换使用，设有两套燃料供给系统，无论是使用 LPG 还是汽油，发动机都能正常工作，利用选择开关实现发动机从一种燃料到另一种燃料的转换，两种燃料不允许同时混合使用。

（3）双燃料发动机。是指当汽车发动机工作于双燃料状态时，用压燃的少量柴油引燃 LPG 与空气的混合气而实现燃烧，对外作功。该种发动机也可用纯柴油工作。因此，该系统有同时供给汽车两种燃料的装备，配备两个供给系统及两个独立的燃料储存系统。依据发动机的运行工况、燃料品质和发动机参数，按一定比率同时向发动机供给 LPG 和柴油。低负荷及怠速时自动转换到纯柴油工作方式。

LPG 与汽油、柴油相比，燃烧完全，积炭少，减少了冲击载荷及发动机磨损，提高了使用寿命，噪声低，环境污染少。加之油气差价较大，降低了运输成本。另外，LPG 与 CNG 相比，LPG 单位体积的热值高，发动机动力性好；LPG 携带使用方便，续驶里程长，且 LPG 改车费用低，投资较少。因此，社会效益及经济效益都很好。

2. 液化石油气发动机的供给系统

LPG 发动机，多数是在原汽油机或柴油机的基础上改装而成，其总体结构与传统内燃机基本相同，只是燃料供给系统有所不同，因此这里只讨论 LPG 燃料供给系统。

图 12-2 为电控多点喷射式 LPG 发动机燃料供给系统。LPG 燃料供给系统主要由储液罐、燃料选择开关 3、蒸发器压力调节器 6、节流阀 7、分配器 8 等组成。来自储液

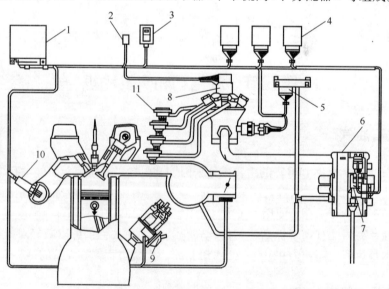

图 12-2　电控多点喷射式 LPG 发动机燃料供给系统示意图

1—ECU；2—诊断插头；3—燃料选择开关；4—继电器；5—进气压力传感器；6—蒸发器压力调节器；
7—节流阀；8—分配器；9—转速传感器；10—氧传感器；11—喷射器。

罐的 LPG 经节流阀 7 节流后，进入蒸发器压力调节器 6，使 LPG 压力调整到一定值，再通过步进电动机式分配器 8 分配给各缸喷射器 11 进行喷射。LPG 燃料的喷射量和喷射开始时刻是由 ECUl 根据发动机的工况自动控制。

对 LPG 与汽油（或柴油）两用发动机，可通过燃料选择开关 3，根据发动机的工况要求选择不同的燃料供给系统工作。

LPG 储液罐（LPG 钢瓶）是高压容器，如图 12-3 所示，用来储存液化石油气。LPG 储液罐的材料一般为钢，也有复合材料。在燃料加注阀 5 上设有过量安全装置，当加注燃料至规定液面高度时，安全装置自动关闭，以防止燃料加注过量，为保证安全，规定燃料加注极限为储液罐容量的 85%。液体输出阀 6 具有自动限流功能，当输出流量超过规定值或压差超过 50kPa 时，输出阀将会自动关闭。

在小轿车上，LPG 储气瓶一般安装在后行李厢内，圆柱筒形是液化石油气钢瓶的基本形状，为紧凑起见，有的采用车轮形，以便将其放置在原备胎位置处。储气瓶的公称工作压力为 2.2MPa。LPG 储气瓶没有 CNG 储气瓶的工作压力高，但也属于压力容器，车用 LPG 储气瓶的生产也须经国家劳动部的认证，我国已经有了机动车用液化石油气钢瓶国家标准，标准代号为 GB 17259—2009。

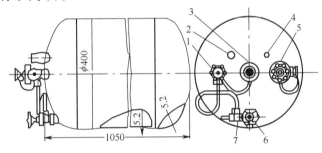

图 12-3　液化石油气储液罐的结构示意
1—气体输出阀；2—安全阀；3—液面指示器；4—最大充量液面指示器；
5—燃料加注阀；6—液体输出阀；7—三通输出阀。

第三节　天然气发动机

一、天然气

天然气（简称 NG）的主要成分是甲烷（CH_4），根据 CNG 燃料的 C 原子和 H 原子的组成比例，其中 CO_2 排放量比汽油机降低 28% 左右。天然气辛烷值高达 130，燃烧天然气可提高发动机的压缩比，从而获得较高的发动机热效率。另外，其燃烧界限宽，稀燃特性优越，可以减少 NO_x 的生成和改善燃料经济性。

天然气分为液化天然气（简称 LNG）和压缩天然气（简称 CPG）。液化天然气是天然气加压后以液态形式储存在容器中；压缩天然气是天然气加压后以气态形式储存在容器中。

液化天然气的温度极低，必须将温度降至 -82.3℃ 以下并在一定的压力下才能液化，因此，在发动机上使用液化天然气时，往往要对由液化天然气汽化而成的天然气加温和控温。

二、天然气发动机

1. 天然气发动机类型

天然气发动机是以天然气作为燃料的发动机。其中，以液化天然气作为燃料的发动机，称为液化天然气发动机，简称 LNG 发动机；以压缩天然气作为燃料的发动机，称为压缩天然气发动机，简称 CPG 发动机。由于同样体积的容器，液化天然气的存放量比压缩天然气的存放量多，使得用液化天然气发动机的汽车较用压缩天然气发动机的汽车的续驶里程长。

2. 天然气发动机的供给系统

根据天然气在储存容器中的形式，天然气发动机的供给系统分为液化天然气发动机供气系统和压缩天然气发动机供气系统。

根据天然气在发动机上的喷气位置，天然气发动机的供给系统分为缸外喷气的天然气发动机供气系统和缸内喷气的天然气发动机供气系统。

天然气发动机供给系统与液化石油气发动机供给系统相近，只是系统的压力不同。

1）液化天然气发动机供气系统

液化天然气发动机供气系统如图 12-4 所示，液化天然气从气瓶流出，经低压切断阀流入稳压器稳压，再经燃气滤清器过滤后流入热交换器吸收热量，提高低温的液化天

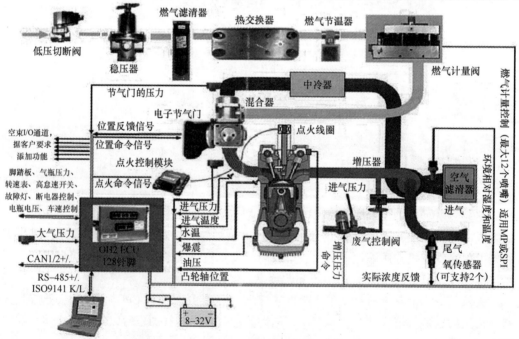

图 12-4 液化天然气发动机供气系统

然气的温度，发动机散热器中的热水经节温器流入热交换器对天然气加热，并由燃气节温器对流出热交换器的天然气控温，燃气计量阀是喷射阀，天然气经燃气计量阀喷入混合器；空气经空气滤清器滤清后由涡轮增压器增压，再经中冷器降温，流入混合器，与天然气混合成可燃混合器，进入气缸燃烧；ECU 控制供气系统中各个部件的工作。

2）压缩天然气发动机供气系统

压缩天然气发动机供气系统如图 12-5 所示，压缩天然气从气瓶流出，经减压器减压后流入燃气滤清器，减压器对压缩天然气减压，并保证提供给燃气计量阀（喷射阀）的燃气压力与进气管中气体的压力差基本恒定；以一定压力的天然气进入燃气滤清器后的供气系统与图 12-4 基本相同。

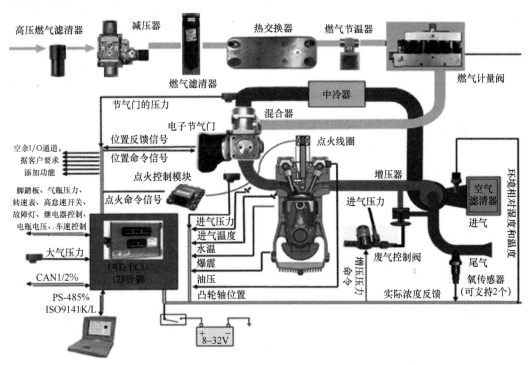

图 12-5 压缩天然气发动机供气系统

3）缸外喷气的天然气发动机供气系统

缸外喷气的天然气发动机供气系统是将压缩天然气喷射到进气管中。图 12-6 为电控缸外喷气的本田（Honda）天然气发动机供气系统，由 CNG 储气罐、调压阀、CNG 喷射器和电磁阀等组成。CNG 储气罐中高压天然气经调压阀两次调压和分配后，由 CNG 喷射器多点喷射到进气管中，CNG 喷射器的数量与气缸数量对应。

缸外喷气可以减轻和消除由于气门重叠角存在造成的燃气直接逸出、恶化排放和燃料浪费的不良影响；可以由 ECU 严格控制气体燃料喷射时间与进排气门及活塞运动的相位关系，易于实现定时定量供气和层状进气；可根据发动机转速和负荷，更准确地控制对发动机功率、效率和废气排放有重要影响的空燃比指标，实现稀薄混合气燃烧，更进一步提高发动机的动力性、经济性，以及更进一步改善排放特性。缸外喷气虽然可以降低供气对空气充量的影响，但这种影响仍然在一定程度上存在着。

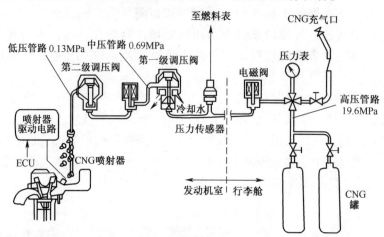

图12-6 电控缸外喷气的本田（Honda）天然气发动机供气系统

4）缸内喷气的天然气发动机供气系统

缸内喷气的天然气发动机供气系统是将压缩天然气喷射气到缸中。图12-7为电控缸内喷气的天然气发动机供气系统示意图，由CNG储气瓶1、充气手动阀门4、充气阀5、电磁阀6、管线7、减压阀8、电控单元9、气体喷射器10等组成。CNG储气瓶中高压天然气经电磁阀、调压阀分配和调压后，由CNG气体喷射器喷射到气缸中。充气手动阀门、充气阀用于向储气瓶充天然气。

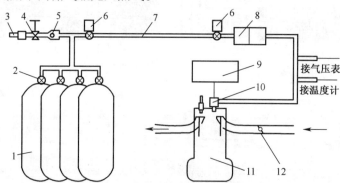

图12-7 电控缸内喷气的天然气发动机供气系统示意图
1—CNG储气瓶（20MPa）；2—阀门；3—接头；4—充气手动阀门；5—充气阀；6—电磁阀；7—管线；8—减压阀；9—电控单元；10—气体喷射器；11—发动机；12—节气门。

90年代以来，人们开始研制开发缸内喷气的天然气发动机供气系统，其喷气方式有缸内高压喷气和低压喷气两种。其中低压喷气主要用在压缩比较低的点燃式气体燃料发动机上；高压喷气主要用在压缩比较高和压缩终点喷气的气体燃料发动机上。对于大型发动机和高速发动机，往往采用高压喷气达到较高的燃料供给量及延续较短的供气喷气时刻。缸内喷气完全实现了燃料供给的质调节，对空气充量几乎没有影响，为进一步完善发动机各项性能提供有利条件。

电控气体喷射器如图12-8所示，主要包括由阀座1、球阀2组成的喷气阀组件和由电磁线圈 6、衔铁 7 组成的电磁阀组件以及阀体 3 等。电磁线圈 6 通电时，衔铁 7 在电磁力作用下，通过推杆 4 推动球阀 2 向左与阀座 1 密合，喷气阀处于不供气状态；当电磁线圈 6 不通电时，带有一定压力的气体燃料将球阀 1 推开，实现供气。

电控气体喷射器为常开式，其结构特点是取消了回位弹簧，简化了结构，体积也小，响应速度快，喷气阀的寿命高，实验寿命高达 2 亿次。

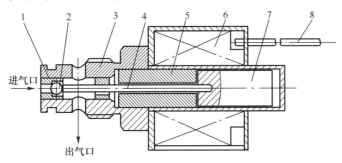

图 12-8 电控气体喷射器

1—球阀座；2—球阀；3—阀体；4—推杆；5—极靴；6—电磁线圈；7—衔铁；8—导线。

电控气体喷射器在发动机的安装布置如图 12-9 所示，电控气体喷射器安装在气缸盖 6 上，可对缸内喷气。隔热垫 5 用于隔热，电磁线圈、天然气等的温度不可过高。这种结构布置可消除高温高压燃气反流的现象。由于该喷射器在火花塞点火之前就已完全关闭，作功行程时缸内燃气的高压可使喷射器出气口处的压力高于喷射器进气口，这个压差和电磁推力一起使钢球阀更紧密地靠在密封座上，从而可确保高压燃气不会反流到 CNG 供气管道内。

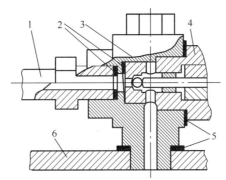

图 12-9 电控气体喷气器在发动机上的安装布置

1—CNG 管线接头；2—密封垫；3—阀座；4—喷气阀；5—隔热垫；6—气缸盖。

第四节　氢气发动机

一、氢气

氢气燃烧后生成水，并放出热量，为氢气发动机的动力源。氢气作为汽车能源的主要优点如下：

（1）来源非常丰富。氢是宇宙中含量最丰富的元素之一。氢气可从水、煤、天然气中大量制取，尤其是从污水中制取氢。由于水在地球上量大取之，又由于它燃烧生成的也是水，对水资源的影响不大，所有它被认为是未来能源结构中重要的组成部分。

（2）污染很少。氢气燃料是唯一不含碳的燃料，废气中的主要成分是氢燃烧后的生成物 H_2O、空气中的 N_2、燃烧后空气中剩余的 O_2 以及在高温下生成的 NO_x；此外，润滑油窜入燃烧室会有少量 CO、HC 的排放污染。没有汽油机及柴油机所排出的令人困扰的大量的 CO、HC 以及微粒、硫等有害物质，不会诱发光化学烟雾，也没有导致地球温室效应的 CO_2。

（3）热效率高。氢的火焰传播速度为 4.85m/s，比汽油的 0.83m/s 高许多；氢是气态燃料，混合气形成质量好、分配均匀，加之火焰传播速度高，允许采用较稀的混合气稀薄燃烧；氢的自燃温度比汽油高，辛烷值高，允许有较高的压缩比。这些因素都使得燃氢时热效率较高，燃料消耗率较低及 NO_x 排放少。

氢气用作汽车能源的主要问题如下：

（1）成本高。制取氢的成本高是氢气发动机发展的第一个主要问题。地球上氢气储量固然丰富，但按目前的技术条件，制取氢的成本太高，不利于氢气发动机商业化推广。

（2）储带不便。氢气储带不便是氢气发动机发展的第二个主要问题。氢气储带有气态、液态和金属氢化物储带。在三种储带方式中，气态储带，能量密度低的缺点很突出，这使储氢罐的体积很大，解决必要的续驶里程相当困难，已被德国本茨和巴依尔两大汽车公司所否定。液态储带要求 -253℃ 的超低温，无论液态氢或储氢罐，成本都很高，且储存中，每天会由于蒸发而损失掉 3% 的氢。金属氢化物储带方式进展较大，是储氢的发展方向。

（3）动力性较差。氢的热效率高，动力性理应较高。但其密度很小（仅为空气的 1/14.5），在气缸中将挤占相当一部分容积，影响空气量，反过来也影响了氢气量。此外，氢的单位质量热值虽然高，但单位容积热值低。这都会影响氢气发动机的动力性。

从长远的发展观念来看，氢气发动机是最有前途的。但要进一步推广氢气发动机，需要解决以上主要问题，此外还有加氢、加氢站等一系列问题。

二、氢气发动机

氢气发动机属于点燃式发动机，可以由汽油机改制，也可以由柴油机改制。由汽油机改制要考虑喷氢器的安装，由柴油机改制则要考虑点火系统等问题。目前，氢气发动机按混合气形成方式可分采用进气管喷射的预混式和氢气直接喷入燃烧室的缸内直喷式；缸内直喷式又分为低压喷射型（即氢气在压缩行程前半行程喷入，采用火花点火和热表面点火）和高压喷射型（即氢气在压缩行程末期将压力为 6MPa 以上的氢气喷入气缸，采用缸内炽热表面点火和火花点火）。

图 12-10 为日本研制的液化氢汽车的供氢系统，主要由储氢容器（液氢油箱）、液氢泵、热交换器、稳压筒（储氢筒）和喷气阀等组成。

氢燃料发动机工作时，直流电机驱动液氢泵，将液态氢从液氢油箱中抽出。进入热交换器，热交换器使氢的温度升高、并使尚未气化的液氢气化，经稳压筒（储氢筒）稳压，使进入喷气阀的氢气保持所需要的压力，喷气阀将氢气按要求喷入气缸。

压力传感器随时检测稳压筒（储氢筒）的压力并传给转速控制系统，后者根据需要调整直流电动机的转速，从而改变提供给稳压筒（储氢筒）的氢量。

该液氢汽车液氢油箱的容积为82L，质量35kg，一次加料，续驶里程达350~400km。

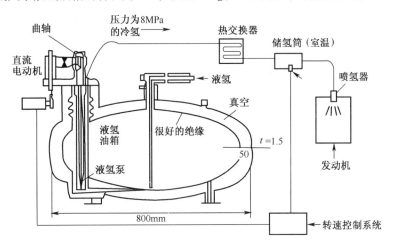

图12-10 液氢汽车的燃料供给系统

液态氢泵是供氢系统的关键部件，其结构和工作原理示意如图12-11所示。液氢泵一般安装在液氢油箱内。液氢泵工作时，柱塞固定不动，缸筒由直流电机通过曲轴带动作往复运动。在吸氢行程，缸筒下行，柱塞下方空间容积增大，使供氢单向阀关闭，吸氢单向阀开启，液氢油箱中的液氢被吸入缸筒的空腔；在泵氢行程，缸筒上行，柱塞下方空间容积减小，使吸氢阀被关闭，缸筒中氢的压力升高到8MPa时，供氢阀开启，将气态高压氢经输气高压管路输往热交换器。

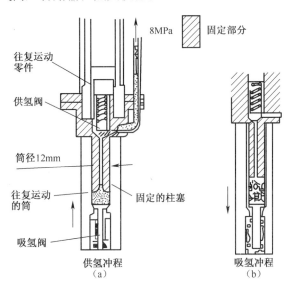

图12-11 液氢泵的结构和工作原理示意图

液氢泵对柱塞和缸筒材料的要求很高,它们应有很小的膨胀系数、良好的自润滑和抗磨损能力。

喷氢阀的结构如图 12-12 所示。这是一个用 1.925L 水冷四冲程增压柴油机改制的液氢发动机采用的 8 孔喷氢阀。该发动机压缩比为 13.5:1,用电热塞引燃。被喷油泵压入喷氢器的柴油用作工作液体,它推动喷氢阀针阀上移,打开下部喷氢阀门,氢气便通过喷头上的 8 个喷孔喷入燃烧室。

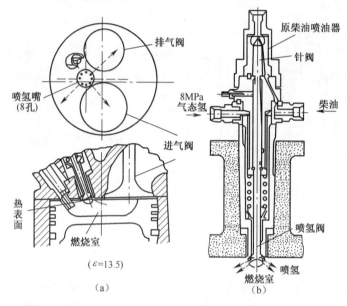

图 12-12 喷氢阀

第五节　电动汽车动力系统

电动汽车是依靠电能驱动的车辆。电动机将电能转变为转动的机械能,再通过传动系统驱动车辆,电能来自蓄电池、燃料电池等。

一、电动汽车的电动机

1. 电动汽车对电动机的要求及电动机的分类

1) 电动汽车对电动机的要求

(1) 结构简单,体积小、重量小,便于制造和维修。
(2) 一次充电续驶里程长,效率高,特别是行使方式频繁改变时,具有高效率。
(3) 低速大转矩特性及宽范围内的恒功率特性。
(4) 高电压,高转速,高可靠性,高安全性。
(5) 价格低。

2) 电动机的分类

电动汽车所用电动机的基本类型如图 12-13 所示,包括直流电机、交流异步电机、永磁电机和开关磁阻电机。最早应用于电动汽车的是直流电机,这种电机的优点是控制性能好、成本低。随着电子技术、机械制造技术和自动控制技术的发展,交流异步电机、永磁电机和开关磁阻电机显示出比直流电机更加优越的性能,这些电机正在逐步取代直流电机。表 12-1 是电动汽车所用电机基本性能比较。

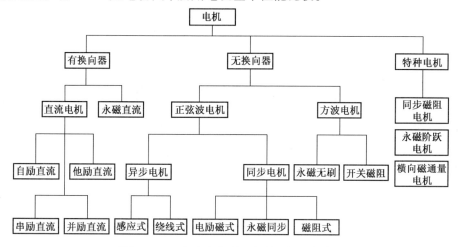

图 12-13 电动汽车所用电动机的基本类型

表 12-1 电动汽车所用电动机基本性能比较

电动机类型 基本情况	直流电动机	交流异步电动机	永磁电动机	开关磁阻电动机
功率密度	低	中	高	较高
过载能力/%	200	300~500	300	300~500
峰值效率/%	85~89	94~95	95~97	90
负荷效率/%	80~87	90~92	85~97	78~86
功率因数/%		82~85	90~93	60~65
恒功率区		1:5	1:2.25	1:3
转速范围/(r/min)	4000~6000	12000~20000	4000~10000	>15000
可靠性	一般	好	优	好
结构坚固性	差	好	一般	优
电机外形尺寸	大	中	小	小
电机质量	重	中	轻	轻
控制操作性能	最好	好	好	好
控制器成本	低	高	高	一般

2. 直流电动机

直流电动机由于控制性能好,最早在电动汽车中获得应用。20 世纪 80 年代前,几乎所有的车辆牵引电机均为直流电机,如法国雪铁龙 SAXO 电动轿车和日本大发 HIJET 电动面包车。

直流电动机大致可分为永磁式电动机和绕组式电动机。前者没有励磁绕组且永磁体的磁场是不可控制的,后者有励磁绕组且磁场可由直流电流控制。在电动汽车所采用的电动机中，小功率电动机采用的是永磁电动机，而大功率的电动机，大多采用的是像串励、并励以及复励电动机等一样的有励磁绕组的电动机。

直流电动机的基本构造如图12-14所示，直流电动机主要由转子、定子、端盖和电刷架四部分组成。定子主要由主磁极4、换向极和机座2等部分组成。定子的功能是用来产生磁通和进行机械固定。定子的主磁极的作用是产生主磁场，磁极可以是永磁体，也可以使励磁式的。励磁式磁极通常由厚0.5~1mm的低碳钢片叠装而成，在磁极铁芯上有励磁绕组。换向极的作用是改善换向，使电机运行时电刷下不产生有害的火花。转子主要由电枢铁芯、电枢绕组3及换向器6等部分组成。端盖10上装有轴承以支撑电动机转子旋转，端盖固定在机座两端。电刷架5装在段盖上，电刷则与换向器相接触，实现电枢绕组的电流换向，将蓄电池的直流电变为电枢的交流电。在电机的定子和转子之间留有气隙，气隙的大小以及定子和转子的结构形式对电机的性能有重要影响。

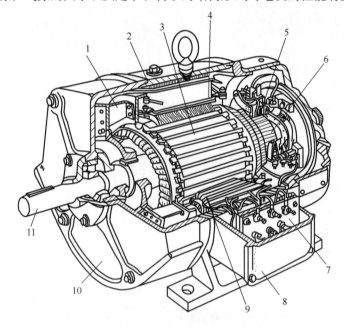

图12-14 直流电机的构造

1—风扇；2—机座；3—电枢；4—主磁极；5—刷架；6—换向器；7—接线板；
8—出线盒；9—换向极；10—端盖；11—电枢轴。

直流电动机是利用电枢通电，在主磁极的磁场中受力后转动的原理工作，动力由电枢轴11输出。

直流电动机具有起步加速牵引力大、控制系统较简单等优点。直流电动机的缺点是有机械换向器，当在高速大负荷下运行时，换向器表面会产生火花，所以电动机的运转不能太高，要通过增大电枢力的方式增大电动机的功率，使电动机的结构、体积和质量增大。由于直流电动机采用机械式电刷和换向器，其过载能力、转速范围、功率体积比、功率重量比、系统效率、使用维护性均受到限制。除小型车外，目前一般已不采用。

3. 交流电动机

电动车辆驱动用交流电动机多为三相异步（感应）电动机。图12-15为三相异步电动机的结构图,由定子(磁场)4、转子7和其他辅助装置等部分组成。电动机的定子由三相定子绕组和定子铁芯等组成,定子绕组嵌放在定子铁芯的内圆周纵槽内,当通入相位差120°的三相交流电时,产生旋转磁场。电动机的外壳5用于安装定子铁芯和端盖2、轴承6等部件,并形成电动机的闭合磁路。电动机的转子由转子绕组(线圈)、转子铁芯等组成。转子铁芯用硅钢片叠成圆柱体,其外表面开有纵槽,用于放置转子绕组。转子的绕组做成封闭状,称为鼠笼式转子。鼠笼式转子由铜或铝导体焊接或浇铸而成。转子绕组的作用是在旋转磁场中产生感应电动势,通过闭合的回路形成感应电流。此外,电动机轴的外侧常常设有风扇,以利于电动机的散热。

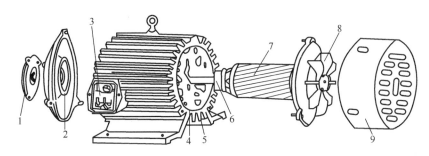

图12-15 三相异步电动机的结构图
1—轴承盖;2—端盖;3—接线盒;4—定子;5—外壳;6—轴承;7—转子;8—风扇;9—风扇罩。

交流电动机的工作时,定子绕组流过交流电,产生旋转磁场。该旋转磁场在转子绕组中产生感应电流,感应电流的磁场与定子旋转磁场相互作用,便产生电磁力推动转子旋转,动力由转子输出。

交流电动机用变频器控制,使电动车辆具有以下特点:一是直接用变频器控制电动机,实现无级调速,使车辆的操纵控制自动化,可以取消机械变速器,使传动系统效率提高。二是采用交流异步电动机,由于无直流电动机那样的换向器和电刷,并且可以采用鼠笼式转子,使驱动部件的结构简单、无需维护、可靠性高,电动机的转动惯量小,速度响应好。三是交流异步电动机与直流电动机相比,电动机的控制更加完善,正反转(前进与倒车)可轻易实现,制动能量的回收利用更加简单。此外,交流异步电动机具有结构简单、坚固耐用、价格便宜、工作可靠、效率高、无需保养等特点,已经成为电动车辆驱动与控制技术的发展方向。

4. 永磁电动机

永磁电动机如图12-16所示,由轴承、端盖、定子绕组、电机引线、永久磁铁、绕组、转轴、机座、定子铁芯、转子铁芯、永磁体、信号检测器、检测器引线等组成。定子与传统电动机一样,通常为三相对称绕组,产生的旋转磁场的角速度与电动机的磁极对数成反比,与电源频率成正比。转子采用径向永久磁铁做成的磁极,转子上黏有钕铁硼(NdFeB)磁钢。转子与旋转磁场同步旋转,旋转磁场的转速取决于电源频率。工作时,旋转磁场与已充磁的磁极作用,带动转子与旋转磁场同步旋转并力图使定、转子磁场轴线对齐。当外加负载转矩以后,转子磁场轴线将落后定子磁场轴线一个功率角,负载越大,功率角也越大,直到一个极限角度,电动机失步为止。与多相交流同步电动机和感应电动机类似,永磁同步电动机产生理想的恒转矩或称平稳转矩。

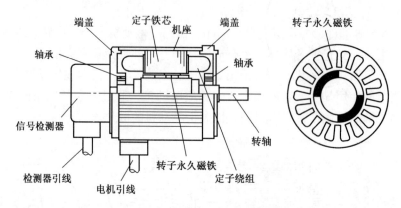

图 12-16　永磁电动机结构示意图

在驱动电机中,永磁电动机的能量密度高、效率高、体积小、转动惯量小、响应快、结构简单、便于维护、调速精度高,在电动汽车上有良好的应用前景。

5. 开关磁阻电动机

开关磁阻驱动电动机系统的构成如图 12-17 所示,主要由开关磁阻电动机、功率变换器、传感器和控制器四部分组成。功率变换器将电源电压变换为其开关磁阻电动机所需要的电压;传感器的作用是检测转子的位置和输入电流的大小;开关磁阻电动机将电能转变成转动机械能,供电动汽车使用。

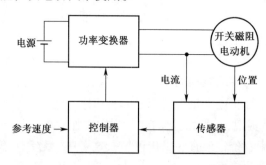

图 12-17　开关磁阻驱动电动机系统的构成

开关磁阻电动机的定子和转子结构剖面如图 12-18 所示。开关磁阻电动机的定子和转子采用"凸极"结构,定子和转子由硅钢片叠片组成,开关磁阻电动机的定子和转子极数不同,有多种组合方式,最常见的为三相 6/4 结构和四相 8/6 结构。三相开关磁阻电动机的定子上有 6 个凸极,转子上有 4 个凸极(图 12-18(a))。四相开关磁阻电动机的定子上有 8 个凸极,转子上有 6 个凸极(图 12-18(b))。在定子相对称的两个凸极上的集中绕组互相串联,构成一相,但在转子上没有任何绕组。因此,定子上有 6 个凸极的为三相开关磁阻电动机,定子上有 8 个凸极的为四相开关磁阻电动机,如此类推。由于开关磁阻电动机的定子凸极数量不同,形成不同极数的开关磁阻电动机,转子比定子极数少 2。

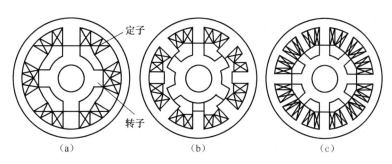

图 12-18 开关磁阻电动机的定子和转子结构剖面示意图
(a) 三相6/4凸极；(b) 四相8/6凸极；(c) 三相12/8凸极。

三相6/4极开关磁阻驱动电动机的工作原理如图12-19所示。开关磁阻电动机的工作原理遵循磁阻最小的原则。控制器根据位置传感器栓测到的定转子间相对位置信息，结合给定的运行命令（正转或反转），导通相应的定子相绕组的主开关元件。对应相绕组中就有电流流过，并产生磁场。由于磁场总是趋于"磁阻最小"，因而电磁转矩使转子转向"极对极"位置。当转子转到被吸引的转子磁极与定子激磁相相重合（平衡位置）时，电磁转矩消失。此时控制器根据新的位置信息，在定转子即将达到平衡位置时，向功率变换器发出命令，关断当前相的主开关元件，而导通下一相，则转子又会向下一个平衡位置转动。当Ⅰ相绕组受到激励时，为减小磁路的磁阻，转子顺时针旋转，直到转子极 a 与定子极Ⅰ相对，此时磁路的磁阻最小（电感最大）。切断绕组Ⅰ的激励，给绕组Ⅱ施加激励，磁阻转矩使转子极 b 与定子极：Ⅱ相对 d 切断绕组Ⅱ的激励，给绕组Ⅲ施加激励，磁阻转矩使转子极 c 与定子极Ⅲ相对。如果相绕组按Ⅰ→Ⅱ→Ⅲ→Ⅰ的顺序导通，转子沿顺时针方向连续旋转；反之，则按逆时针方向旋转。

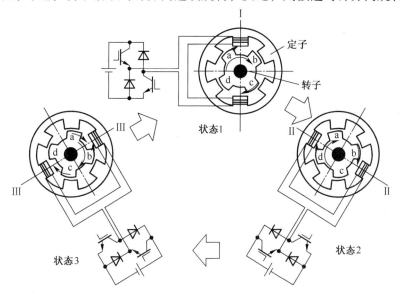

图 12-19 三相6/4极开关磁阻驱动电动机的工作原理

控制器根据相应的位置信息按一定的控制逻辑连续地导通和关断相应的相绕组主开关，就可产生连续的同转向的电磁转矩，使转子在一定的转速下连续运行；再根据一定的控制策略控制各相绕组的通、断时刻以及绕组电流的大小，就可使系统在最佳状态下运行。

开关磁阻电动机的电流的方向对转矩没有任何影响，电动机的转向与电流方向无关，而仅取决于相绕组的通电顺序。若通电顺序改变，则电动机的转向也发生改变。为保证电动机能连续地旋转，位置检测器要能及时给出定转子极间相对位置，使控制器能及时和准确地控制定子各相绕组的通断，使 SRM 能产生所要求的转矩和转速，达到设计的性能要求。

开关磁阻电动机的优点如下：

（1）结构简单、成本低、适用于高速。开关磁阻电动机的结构比通常认为最简单的鼠笼式感应电动机还要简单。其突出的优点是转子上没有任何形式的绕组，其转子机械强度极高，可以用于超高速运转，使电动机结构小，适合在汽车上布置。

（2）功率电路简单可靠。因为电动机转矩方向与绕组电流方向无关，即只需单方向绕组电流，故功率电路可以做到每相一个功率开关，并且每个功率开关元件均直接与电动机绕组相串联，从根本上避免了直通短路现象。因此开关磁阻电动机调速系统中功率电路的保护电路可以简化，既降低了成本，又具有高的工作可靠性，便于车辆维护。

（3）起动电流小、转矩大，适合汽车起步。

（4）频繁起、停及正、反向转换运行，可控参数多，调速性能好，适合汽车工况变化。

（5）损耗小，效率高。因为开关磁阻电动机的转子不存在绕组铜损，使其有较高效率，电机易于冷却。

开关磁阻电动机的缺点如下：

（1）转矩有脉动现象，不利于汽车稳定运转，有振动与噪声。

（2）控制系统复杂。开关磁阻电动机必须安装位置检测器和电流检测器等总成，因而引线比其他电动机要多，使得控制和接线比其他电动机复杂一些。

（3）脉冲电流对电源有影响。开关磁阻电动机的相电流是脉冲电流，使直流电源产生很大的脉冲电流，需要在电路上安装一个很大的滤波电容器。

二、电动汽车的电池

1. 蓄电池

蓄电池电动汽车的能源，其主要性能指标如下：

（1）电池容量。是指在一定放电制度下，电池给出的电量或有效工作时间$(A \cdot h)$。电池容量表征电池的蓄电能力。

（2）比能量（能量密度）。单位电池质量所能存储的电量$(W \cdot h/kg)$，是评价电动汽车一次充电所能行驶里程的指标。

（3）比功率（动力密度）。单位电池质量所能输出的功率(W/kg)，是评价电动汽车加速度、爬坡能力及最高车速的指标。

（4）循环寿命。电池充、放电一次称为一个循环，表示更换电池前所能完成的循环数。循环寿命短，将增加电动汽车的维护费用。

蓄电池用于电动汽车的主要缺点是一次充电所能行驶的里程短，充电时间长，电池本身价格较贵，这些，影响电动汽车的推广应用。

目前正在使用或将来可能作为电动汽车使用得蓄电池有数十种：铅酸蓄电池、镍镉蓄电池、镍氢蓄电池、锂离子蓄电池等。不过截至目前还没有一种能够胜任工作。虽然可以降低一些要求，但既然是汽车就必须具有作为汽车所必备的基本素质，且不谈其他性能，仅就续驶里程来说，如果只有几十千米或100多千米，则一不能出城，二不能上高速公路，无论如何算不上是真正意义上的现代汽车。

从已经达到的指标和发展看，一般认为新型铅酸蓄电池、镍氢蓄电池和锂离子蓄电池等是最有潜力的电动汽车动力蓄电池。表12-2是电动汽车蓄电池的比较。

蓄电池的最终目标，除了保持其零污染、噪声小等优势品质之外，在比能量、比功率、快速添加能量（充电）和售价等方面应当向内燃机汽车看齐，这还需要走过一段艰巨的路程。

表12-2 电动汽车蓄电池的比较

		铅酸	镍镉	镍氢	锂离子	钠硫	锌空	镍锌
比能量/(W·(h/kg))		比较基准 40	好 55	好 75~80	好 100	很好 118	很好 160	好
比功率/(W/kg)		比较基准 150~200	好 >190	好 160~230	好 200	很好 243	差	很好 500
循环寿命/次		比较基准 500~700	好 2000	与基准相当 600	好 1200	差 300	差	与基准相当 600
相对价格		1	7	10	20			
安全性		比较基准	与基准相当	差	差	很差	与基准相当	
特点	优点	可靠性高，成本低，比功率较高	可快速充电，使用寿命长，比功率较高	比能量和比功率较高，可快速充电	比能量和比功率高，使用寿命长	比能量和比功率高	比能量高	比功率高
	缺点	过充、放电能力差，使用寿命短	成本较高，报废电池镉污染	成本高，氢处理时须注意安全，使用寿命短	成本高，安全性较差	成本高，安全性差，使用寿命短	比功率小	比能量低，使用寿命短

2. 燃料电池

燃料电池是通过电化学反应将燃料的化学能直接转变为电能的高效率发电装置，由多个1V以下的单体燃料电池串连组成，如图12-20所示。

单体燃料电池的基本结构及工作原理如图12-21所示。它由多孔质燃料夹层1、氢电极2、氧电极4、多孔质空气夹层5及电解质组成。氢电极为负极，氧电极为正极，正、负极板采用活性炭制成，置于电解质溶液中。燃料电池工作时，外界不断供给负极氢气，供给正极空气，在催化剂（铂、多孔石墨等）作用下，产生如下反应：

负极：

$$2H_2 \rightarrow 4H^+ + 4e^-$$

正极：

$$O_2 + 4H^+ + 4e^- \rightarrow 2H_2O$$

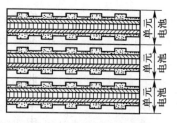

图 12-20 燃料电池的结构

负极经催化剂作用，氢原子中的电子被分离出来，在正极吸引下，在外电路形成电流，供给负载 3，失去电子的氢离子，在正极与氧及电子结合为水，氧可从空气中获得，只要不断地供给燃料氢气和带走水，燃料电池就可不断供地向负载给电能。

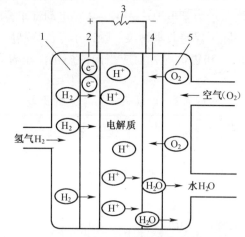

图 12-21 单体燃料电池的基本结构及工作原理
1—多孔质燃料夹层；2—氢电极；3—负载；4—氧电极；5—多孔质空气夹层。

燃料电池的电解质有氢氧化钾、浓磷酸等，不同电解质类型的燃料电池用不同的电解质。碱性燃料电池 AFC（Alkaline Fuel Cell）一般以氢氧化钾为电解质，磷酸燃料电池 PAFC（Phosphoric Acid Fuel Cell）以浓磷酸为电解质，熔融碳酸盐燃料电池 MCFC（Melten Carbonate Fuel Cell）以熔融的锂—钾碳酸盐或锂—钠碳酸盐为电解质；固体氧化物燃料电池 SOFC（Solid Oxide Fuel Cell）以氧化钇稳定的氧化锆膜为电解质，质子交换膜燃料电池 PEMFC（Proton Exchange Membrane Fuel Cell）以质子交换膜作为电解质，直接甲醇燃料电池 DMFC（Direct Methanol Fuel Cell）以磷酸载体离子交换膜作为电解质。

燃料电池的主要优点：以氢作燃料，可实现零排放，水是唯一的产物。燃料电池的主要缺点：氢的储带难度大。

3. 太阳能电池

太阳能电动汽车是通过贴在车身上的太阳电池吸收太阳能，又通过光电的转化将电能储存在车内蓄电池里以供电机使用而驱动车辆行驶。太阳电池也是太阳能汽车的"心脏"。

太阳能电池工作原理的基础是半导体 PN 结的光生伏打效应。在本征半导体中，自由电子和空穴总是成对出现的，且数量极少，导电能力很弱。如果掺入微量的某种杂质，将使掺杂后的半导体（杂质半导体）的导电能力大大增强。如果掺入能够释放电子的磷、砷等元素，它就成为 N 型半导体（电子型半导体）；如果掺入硼、镓等元素，由于这些元素能够俘获自由电子，它就形成 P 型半导体（空穴半导体）。如果把 P 型半导体和 N 型半导体结合，在其交界面就会形成一个 PN 结。太阳光入射到太阳电池表面上后，被太阳电池吸收。此时，在太阳电池内部因吸收了光能而产生了带正电和负电的粒子（空穴和自由电子），这些粒子各自在太阳电池内部自由移动，而且它们绝大多数具有这样的性质，即电子（-）朝 N 型半导体汇集，空穴（+）则朝 P 型半导体汇集。如果这时分别在 P 型层和 N 型层焊上金属导线，接上负荷，就会产生电流。图 12-22 就是太阳能电池的输出特性曲线。

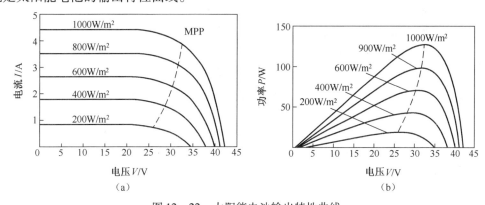

图 12-22　太阳能电池输出特性曲线
(a) 输出电压—电流特性曲线；(b) 输出电压—功率特性曲线。

图 12-23 为太阳能电池单体、组件和方阵。目前常见的太阳电池主要是晶体硅太阳电池，分为单晶硅太阳电池和多晶硅太阳电池。单体太阳电池是光电转换的最小单元，尺寸一般为 2cm×2cm 到 15cm×15cm 不等，工作电压为 0.45~0.5V，工作电流为 20~25mA/cm^2，一般无法单独使用。将单体太阳电池进行串并联封装后就成为太阳能电池组件，组件的性能和参数因生产厂家而异，其功率一般为几瓦至几十瓦、百余瓦。太阳能电池组件在生产厂家被密封成物理单元，形成太阳电池板，具有一定的防腐、防风、防雹、防雨等能力，供实际使用，可在汽车上安装。根据需要的电流和电压把太阳电池组件串并联组合而成的太阳电池阵列，就可以满足负载所要求的输出功率，太阳能电动汽车上使用太阳电池阵列。

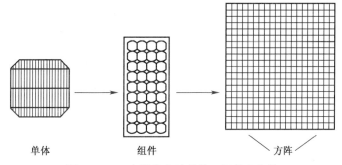

图 12-23　太阳能电池单体、组件和方阵

太阳能电池是绿色能源，受到汽车发展的重视，也是未来汽车能源发展的方向，由于目前每平方米太阳电池板约产 135W 的电能，功率太小，且太阳电池板在汽车上可安

装面积太小，又受阴雨天使用的影响，这些影响太阳能电池的随车使用和太阳能电动汽车的实际应用。

12-1 名词解释：LPG、LNG、CNG、电池容量、比能量、比功率、循环寿命。
12-2 甲醇发动机的类型分为哪几种？
12-3 简介电控多点喷射式LPG发动机燃料供给系统。
12-4 简介液化天然气发动机供气系统。
12-5 简述液氢泵的工作原理。
12-6 简述三相6/4极开关磁阻驱动电动机的工作原理。
12-7 简述燃料电池的工作原理。
12-8 简述太阳能电池的工作原理。

参 考 文 献

[1] 陈家瑞. 汽车构造（上册）[M]. 3版. 北京：机械工业出版社，2009.
[2] 史文库，姚为民. 汽车构造（上册）[M]. 6版. 北京：人民交通出版社，2013.
[3] 关文达. 汽车构造[M]. 3版. 北京：清华大学出版社，2012.
[4] 臧杰，阎岩. 汽车构造（上册）[M]. 2版. 北京：机械工业出版社，2011.
[5] 肖生发，赵树朋. 汽车构造[M]. 2版. 北京：北京大学出版社，2012.
[6] 高秀华，郭建华. 内燃机[M]. 北京：化学工业出版社，2006.
[7] 闫光辉，高鲜萍. 汽车发动机构造与原理[M]. 北京：科学技术出版社，2009.
[8] 姚春德. 内燃机先进技术与原理[M]. 天津：天津大学出版社，2010.
[9] 常思勤. 汽车动力装置[M]. 北京：机械工业出版社，2006.
[10] 曹红兵. 现汽车电子控制技术[M]. 北京：机械工业出版社，2012.
[11] 杜家让. 汽车发动机简明教学图解[M]. 2版. 北京：电子工业出版社，2007.
[12] 凌永成，于京诺. 汽车电子控制技术[M]. 北京：中国林业出版社；北京大学出版社，2006.
[13] 吕采琴. 汽车发动机电控技术[M]. 北京：国防工业出版社，2009.
[14] 李建秋，赵六奇，韩晓东，等. 汽车电子学教程[M]. 北京：清华大学出版社，2011.
[15] 李春明. 汽车发动机电控燃油喷射技术[M]. 北京：国防工业出版社，2009.
[16] 鲁植雄. 汽车电子控制基础[M]. 北京：清华大学出版社，2011.
[17] 徐家龙. 柴油机电控喷油技术[M]. 北京：人民交通出版社，2004.
[18] 李岳林. 汽车排放与噪声控制[M]. 北京：人民交通出版社，2007.
[19] 安相璧，朱道伟. 汽车环境污染检测与控制[M]. 北京：国防工业出版社，2008.
[20] 周庆辉. 现代汽车排放控制技术[M]. 北京：北京大学出版社，2010.
[21] 陈全世，仇斌，谢起成，等. 燃料电池电动汽车[M]. 北京：清华大学出版社，2005.
[22] 边耀璋. 汽车新能源技术[M]. 北京：人民交通出版社，2003.
[23] 康龙云. 新能源汽车与电力电子技术[M]. 北京：机械工业出版社，2010.
[24] 冯幸福，吴同起. 燃气汽车及加气站技术[M]. 北京：电子工业出版社，2001.
[25] 李兴虎. 电动汽车概论[M]. 北京：北京理工大学出版社，2005.
[26] 李兴虎. 混合动力汽车结构与原理[M]. 北京：北京理工大学出版社，2009.
[27] 吴铁庄. 电动车辆及使用维修[M]. 北京：人民邮电出版社，2002.
[28] 陈清泉，孙逢春，张承宁，等. 现代电动汽车技术[M]. 北京：北京理工大学出版社，2002.
[29] 王贵明，王鑫懿. 电动汽车及其性能优化[M]. 北京：机械工业出版社，2010.
[30] 王长贵，王斯成. 太阳能光伏发电实用技术[M]. 北京：化学工业出版社，2005.

[31] 黄银娣. 新型汽车电控系统及其检修［M］. 北京：中国林业出版社，2001.
[32] 栾琪文. 汽车电控柴油机结构原理与维修［M］. 北京：机械工业出版社，2006.
[33] 鲁植雄，刘奕贯. 汽车电控柴油机故障诊断［M］. 南京：江苏科学技术出版社，2007.
[34] 严安辉，韦忠霞. 汽车柴油发动机电控系统原理与检修［M］. 北京：国防工业出版社，2007.
[35] 魏建秋. 依维柯系列柴油车结构与维修［M］. 北京：机械工业出版社，2009.
[36] 凌永成，谢在玉. 汽车电气设备［M］. 北京：北京大学出版社，2007.
[37] 冯渊. 汽车电器与电子控制技术［M］. 北京：高等教育出版社，2009.
[38] 赵福堂. 汽车电器与电子设备［M］. 北京：北京理工大学出版社，2009.